近代哲学の根本問題

K・リーゼンフーバー著

上智大学中世思想研究所
中世研究叢書

村井則夫　監訳

序　文

本書は、一貫した計画の下に書かれたものではなく、数十年の期間に書かれた論考を集めたものである。それらはおおむね、日本でのさまざまな哲学関連の学会・シンポジウムの機会を得て発表したものではあるが、振り返ってみると、そこにはあるひとつの思考の道筋が見て取れるようにも思える。これらの論考は、多様な問題を取り上げながらも、常に同一の根本的主題を見据え、近代・現代における哲学的思考の領域から、その対象や問題意識を汲み取っている。本書の標題を『近代哲学の根本問題』とした所以である。

現象する現実全体を視野に収め、その全体が本来は何であるのか、すなわち何がその根拠であり意味であるのかを問いただすときにこそ、そこで思考は哲学となる。そのため本書は、思考自身が自らの根拠と意味を理解しようとするそうした思考の試みに貢献しようとしている。なぜなら、近代の始めより、思考は自己自身に関わり、自らをあらゆる理解内容に意味を与える基盤と捉え、それゆえ自己自身をその根拠と意味に関して確証することを迫られてきたからである。こうした近代的思考が、思考を自己自身から把握する努力において限界に突き当たるとき、思考によって作り出されるのではない「他」――それが真理を顕現させる限り、むしろ思考を担うものと言うべき「他」――に対して思考が自らを開くことが、思考にとって切実な課題となる。近代における哲学の根本問題を論じるに際してはそれゆえ、現代において必要とされるこうした問いの形態から出発しなければならない。

本書の考察はこのような問題意識に即して展開されている。第一部では、思考が言語性や歴史的性格を有し、呼びかけという言葉の生起の内に根づいていることを省察することで、思考の可能根拠や制約、およびその多様な様相を理解しようとする。思考は言葉の内で自らを理解し、自己自身を見出すものである。思考は言葉を源泉として、言葉の内に具現化されるが、その際に語られた事象を浮き彫りにし、その事象の側から自らを理解し、その事象を把握することによって、思考は自己自身を自覚し、自己自身を我が物とすることができる。言語分析と解釈学は、一方は言語を規則の体系として、他方は意味了解として捉えることによって、言葉という現象の全体像を相補的に理解するが、それによって言語が反省の内に解消されてしまうわけではない（第一章「解釈学と言語分析」）。なぜなら言葉は、思考を生き生きと伝承された事実的な過去と出会わせるからである。それゆえ歴史は言葉に先行し、底流としてそれを活性化し、現実をその意味の内に現前させる（第二章「歴史哲学と歴史理解」）。こうして思考は、歴史的世界に取り巻かれていることを自覚し、そのような制約の内から、理論的領域と実践的領域にわたる純粋な意味を理解する課題を、その可能性とともに獲得し、生をその遂行の中で洞察することを目指す（第三章「時間と歴史」）。言葉としての性格が本質的要件として思考に属していることが理解されるなら、純粋理性の自己同一性も、真理を現前化するその根本的な機能ゆえに、了解の受容的な基底層、すなわち呼びかけられた言葉への傾聴の内に組み込まれる。この呼びかけは応答を誘い、それによって、真理の要求の下に、間人格的な対話としての歴史と了解を開示する（第四章「呼びかけへの傾聴」）。

第二部で考察されるように、思考は、自らを凌駕する真理と現実からの呼びかけによって構成されるものであるため、そうした真理経験を中枢として、自由でしかも責任ある人間主体の自立性の構成要素となる。したがって人間の自由もまた、意味のさまざまな可能性に関して自らを自由に規定すべき課題についての根源的な知にもとづいて理解されるが、それらの可能性も、純粋な呼びかけによって、世界の事実性との緊張の内で開かれるものである（第五章「自由な自己規定と意味への関わり」）。自由は恣意的意志と意味を欠いた中立性を克服し、存在からの呼びかけを善として実践的に了解する中で、多様だが一定の秩序をもった価値の世界の内に真理が分節されることによって、そこに自らの本質的課題を見出していく（第六章「意味と価値」）。それゆえ自由の本質とは、主導的意味を承認しながら、諸々の価値のあいだの選択を通じて自らを人格的に構築する能力の内にこそ存するのである（第七章「価値と存在」）。このような選択の課題からは、自己理解を含む世界理解全体を、対立的に構造化することによって可能になるが、その識別的な構造化は、意味と善の普遍性と無制約性を無効化するものではなく、それらを確証し、明確化するものである。対立構造による識別の働きは、根本的には否定の内にある。この否定は、顕在的な判断や決定に先立って、あらゆる有限な理解と経験において、「……でない」、「……がない」、あるいは「何も……ない」、つまり「無」という契機としてすでに機能しているものである（第八章「無の概念と現象」）。

本書前半（第一部・第二部）は、理論的かつ実践的観点から体系的に――なお現代哲学との対話を通じて――展開されているが、そこでの主題群は、フィヒテ・ハイデガー・西田の思想における超越の哲学を解釈する本書後半（第三部・第四部）にとっても、理論的基盤となっていると言えるであろう。ここでは、哲学史の通史的理解や現代哲学全体の概観が目指されるわけではなく、それぞれ有意味な思想を、現代における哲学の根本問題と考えられる共通の中心的主題を考察している事例として取り上げている。ここで扱った三人の思想家は、超越論哲学・現象学・純粋経験といった異なった視点に立ちながらも、ひとしく神の問題に直面している。しかもここで言う神の問題とは、特定の宗教に限定された特殊問題や特定の宗教哲学ではなく、思考や哲学そのものの自己根拠づけや自己解明のために各々に固有の出発点をもち、超越者に向かう思考の自己超出の可能性や必然性を探究するものである。

フィヒテはその初期の思想より、思考の完結した自己同一性から出発しつつ、その中期思想において、絶対者の「像」ないし現象としての知の根本的性格を見出し（第九章「フィヒテと現象学」）、その後期思想をも特徴づける宗教論にまで到達している（第十章「フィヒテの宗教思想の生成」）。このように知を先行的で不可捉の超越へと自己媒介する運動は、高次の道徳性をともないながら、神の愛における浄福の内に完成する。こうした浄福は、哲学によってただ反省されるのみであって、けっして構成されることはない（第十一章「フィヒテの宗教哲学的思惟の発展」）。

フィヒテがキリスト教的な神理解に近い神論に向かう一方で、ハイデガーは――彼自身がそう解釈しているように――形而上学的に客観化された超越理解を存在忘却として拒絶しながらも、伝統的な超越理解において示された問いと主題に触発され、存在の理解と聖なるものの経験などを通じて、それ自身としては現前の場からなお身を退ける「神的な神」への眼差しを思考の内で慎重に準備しようとしている（第十二章「ハイデガーにおける神学と神への問い」）。

これに対して初期西田（第十三章「西田幾多郎」）は、神の洞見の根源的な場としての「純粋経験」に直接に遡ろうとする（第十四章「〈純粋経験〉の宗教的側面」）。純粋経験は、現実の遂行の中で、神と呼びうる無制約者の統一力によって自らが背後から支えられていることを理解し、さらには、自由意志の事行において神の意志によって生き生きと貫かれていることを自覚するのである（第十五章「前期西田における自己意識と自由意志」）。こうして純粋経験においては、絶対的意志の現前が、人間の意志の根源であることが示唆される（第十六章「純粋経験と絶対意志」）。西田自身は、その後こうした神秘思想の道に進むことはなく、世界内の存在者の論理的・存在論的な弁証法的構造の解明に向かったが、晩年の最後期著作においては再び宗教思想を展開することになった。

本書が成立するに当たっては、多くの協力者の手を煩わせることになった。友情と協力を惜しむことなく筆者を支え、とりわけ各論考の翻訳の労を取ってくださった方々に感謝の意を表したい。これらの論考を一書にまとめる企画は、村井則夫氏とともに立案することになった。本書に収録した諸論考の初出時の訳者の一人でもある村井氏には、今回その他の論考に関しても旧訳を全面的に改め、再編集に当たっていただいた。その多大な尽力に感謝するものである。また、本書の出版をその企画段階から支援し、公刊に導いてくださった知泉書館の小山光夫氏、および高野文子氏、そして齋藤裕之氏に深甚の謝意を捧げたい。本書は、中世哲学に関する著者自身の活動と主題的に繋がるところから、上智大学中世思想研究所の叢書に収められることになり、同研究所臨時職員諸氏、および上智大学特別研究員・梅田孝太氏の協力を得られたことを、併せて感謝したい。本書が新たな領域に道を拓くことに貢献し、そうした思考の歩みをともにする読者の刺戟となることを願ってやまない。

二〇一四年四月一日

著者識

目次

第二部　自由とその根底

目次

第三部　超越理解と宗教論――フィヒテ、ハイデガーをめぐって

近代哲学の根本問題

第一部　言葉と歴史

第一章　解釈学と言語分析

――対話への手掛かり――

序

ヨーロッパ圏において、アングロ・サクソン系の言語分析と科学哲学が及ぼす影響はますます大きくなり、一九七〇年代以降には、ドイツ語圏に発した解釈学の立場から、分析哲学、とりわけ「日常言語の哲学」に対して立ち入った論議がなされるに至った。現代の言語哲学を代表するこの二大潮流は、従来は互いに交わることがないと考えられてきたものの、まずはドイツ語圏の側から対話の試みがなされるようになった(1)。本章では、そこで提起された議論の個々の論点や、双方の思潮の歴史的展開や問題設定を前提としたうえで、両者の対話を可能にするいくつかの基本的な共通点や、対話の契機となるはずの相違点を指摘することにしたい。こうした包括的な見通しを立てることによって、歴史上の細目や議論の個々の主題に十分に踏み込んで展開することまではできないにせよ、日常的な言語行為を主題化し、そこにおいてそのつど遂行されていることを、その基盤をめぐって反省する機会を提供することになるのではないだろうか(2)。

一　了解と言語

（1）了解の位置づけ

言語分析と解釈学とは、了解を世界に対する人間の関与全体の根底に位置づける点では、まずは共通の基盤に立っている。ハイデガー（Martin Heidegger 一八八九―一九七六年）の『存在と時間』によれば、人間存在（「現存在」Dasein）にとっては、了解によってその「究極目的」（Worumwillen）へと関わることによってはじめて、「有意義性の全体」（Bewandtnisganze）としての世界が開示される。この了解の開示性においてのみ、存在者は現象し、「何ものかとして」（als etwas）解釈されうるのである。その場合、現存在の意味に関して具体的状況を包括的に解釈する解釈学的な「として」は、対象化的な言表の命題論的な「として」――経験的な確定や、フッサール（Edmund Husserl 一八五九―一九三八年）の言う「本質直観」など――よりも根本的なものである。そしてその点では、ハイデガーの了解概念は、論理的原子論にもとづくウィトゲンシュタイン（Ludwig Wittgenstein 一八八九―一九五一年）の客観主義的命題論と対象理論に対する批判として理解することができるであろう。

ウィトゲンシュタインは、『論理哲学論考』ではまだ、対象の命名を言語の意味付与のモデルとする言語観に捕われてはいるが、その考察はすでにこの初期の段階から、根底ではもっぱら了解の条件と限界の問題に関わるものであった(3)。ウィトゲンシュタインにとっても了解の問題は、言表可能なものと認識可能なものの範囲全体に及んでいる。この場合、論理形式の概念が、主観と客観との超越論的統一、および了解における部分と全体の循環を表すものとなっている。なぜなら、命題の論理形式の中では、超越論的であるがゆえに対象化されえない世界の構造が示されるからである。しかしながら『論理哲学論考』では、了解の地平を論理的で、純粋に超越論的なものと理解しているために、了解の遠近法的制約、および了解と行為との関連が考察されないままに終わった。『論理哲学論考』のア・プリオリな言語理解が挫折したことによってはじめて、ウィトゲンシュタインは、行為の状況が有する多様な言語的開示性を洞察することになったのである。このような言語的開示性に比べれは、客観的な事物認識は、すでに言語を前提しているがゆえに、単に派生的で部分的な領域を成しているにすぎない。

(2) 了解の言語的制約

ウィトゲンシュタインにとってと同様、ハイデガーにとっても、了解の遂行を通じて開示される人間の世界関与は、そのつどすでに言語によって媒介され、構造化されている。すなわち、「語り」(Rede)は、了解の分節化として、了解と等根源的なのである。(4)

言語分析の立場では、純粋に内面的・精神的な志向作用の可能性に関する批判的な論議によって、言語と思考の統一性を指摘しようとする試みがなされている。そしてその場合、この志向作用は、すでにそのつど言語的に形成され、制約されたものとして示される。精神的作用についてのデカルト(René Descartes 一五九六―一六五〇年)的解釈では、このような作用は、あたかも外的関係や世界関与には依存しない内的事態のように考えられているが、こうした解釈を防止しようとして、後期ウィトゲンシュタインや、それ以上にライル(Gilbert Ryle 一九〇〇―七六年)、そしてまたトゥーゲントハット(Ernst Tugendhat 一九三〇―)の場合では、(5) 精神的了解を否定する行動主義の立場とほとんど紙一重の発言がなされている。しかしウィトゲンシュタイン自身は、このような行動主義的な誤解とは一線を画している。(6) ウィトゲンシュタインにおける言語ゲームは、行動主義的に言語行動を外部から観察し、それに対してある規則を説明的に設定することによってではなく、当の言語行動に積極的に参与し、了解過程に自らを介入させることによって理解されるのである。

近代哲学に見られるように、言語を思考の表現やその道具とみなして、思考へと還元する試みが不可能なように、逆にまた了解を外的言語だけに還元することはできない。むしろ了解と言語とは、非自立的で、相互に基礎づけ合いながらも、その相互関係の中で変動する二つの契機として、根源的に解きがたく一体となっている。このような緊張を含んだ統一の中では、言語的要素そのものは、二重の働きを有している。つまり言語は、世界が具体的に現出する地平を照らし、了解の遂行に対してその理解の方向を示す一方で、このようにして得られた認識を、具体的に表現可能なところまで分節化し、限定するのである。そのため、具体的な個々の言語表現として実現された言語は、了解に対して外的であるわけではないにしても、いわば二次的な性格をもつのであり、その点は、言語における言い換えや翻訳が可能であることからも裏づけられる。このように、言語を考察するに際して、個々の言語表現を強調する観点からすると、言語に対して、何らかの思考が相対的に先行しているかのように考えられるのではあるが、全体として捉えられた言語は、了解の意味投企や構造として、個々の了解のはたらきに先行しているのである。

(3) 深層文法の理解

全体として捉えられた言語も、単に観念論的に理解された意味での地平ではなく、——例えば、表層文法と区別された深層文法のようなかたちで[7]——文法的規則に従っており、言語学の研究対象となる文法構造という経験的な領域と関係している点を指摘したことは、ウィトゲンシュタインの功績である。この場合の経験的所与としての文法は、それ自体がまた、外的言語形態にもとづいて想定される（仮想的）文法から区別されなければならないが、この経験的文法には、深層文法との類似が存在する以上、ウィトゲンシュタインが構想した超越論的な言語思想は、オクスフォード学派においては、経験論的な言語学の意味に偏向したかたちで限定的に解釈されてしまう危険をともなっていた。

このような意味での深層文法に即して考えるなら、言語の中に先在的に含まれる存在解釈や世界解釈は、第一義的には志向される命題内容としてではなく、諸命題の可能性の条件として具体化されるものであり、つまり、個々の具体的な了解がはたらく際の形式や規則として表現されるということになる。内容と形式のこうした（前反省的な）統一は、日常の言語表現の活動においてそのつど遂行されているが、経験的な言語形態の記述や分析によってそれを十分に跡づけることはできない。「本質は文法の中で述べられている」(8)、あるいは、「ア・プリオリに妥当する命題は文法的である」(9)といったウィトゲンシュタインの記述は、それ自らが形式となった意味内容といった超越論的な意味で受け取られ、解釈されなければならないだろう。それゆえ、例えばカルナップ（Rudolf Carnap 一八九一―一九七〇年）の規約主義におけるように、これらのウィトゲンシュタインの記述そのものを、公理体系の任意な変更によって処理できる「単なる」言葉として理解することがあってはならないのである。深層文法を形式と内容の一致として理解するこのような超越論的な理解に立つなら、言語分析的立場からも、例えばハイデガーが提起した洞察――すなわち、本来的思考においては、語るものはわれわれではなく、言葉がわれわれを通じて、自らを示すものを言い表すというような見解(10)――も、理解可能となることだろう。

（4） 日常言語と人工言語

了解の可能性の先行的条件としての言語という考え方によって、ウィトゲンシュタインにおいても、ハイデガーと同様に、日常的に使用する言語が、自由に構成されるあらゆる言語に対して優位をもつことになる。この意味で、『論理哲学論考』におけるウィトゲンシュタインの言語論も、――のちに彼自身によって誤りとして修正されることになるが――通常の経験において先行的に与えられる日常言語の構造を明確化するにすぎないものとして提起されているのである。そして、ウィトゲンシュタインの後期の著作において、ありのままの日常言語へと直接に向かう姿勢は、前期ハイデガーの洞察とも一致する。なぜなら、『存在と時間』において、現存在は、あらかじめ現存在自身が帰属している日常的な解釈から逃れることはできないのであり、「あらゆる真正な了解はこの解釈の中で、またそれにもとづいたり、それに反撥したりする仕方で遂行される」(11)とみなされるからである。

理想言語を探求する論者たちが批判するように、日常言語には論理的厳密性が欠けているが、日常言語のそうした性格は、言語の外的な表面化に隠れてはたらく深層文法を探求することで解消されるような見掛け上のものではない。そのため、例えばオクスフォード学派において進められているような、日常言語に含まれる潜在的な形式や規則の探求には、事柄そのもののあり方から見て、限界があるように思われる。

日常言語には論理的厳密性を認めることはできないとしても、だからといって形式化された人工言語が日常言語に取って代わるということはありえないという認識は、後期ウィトゲンシュタインと解釈学によって示されたように、ぜひとも堅持されなければならないだろう。なぜなら、形式化された言語が、部分的にではあっても日常言語の機能を果たしうると考えられるなら、言語の本質に関わるあらゆる領域で、相変わらず日常言語に依存せざるをえないからである。つまり、構文論の領域で、日常言語が人工言語の規則を規定する最高度のメタ言語としてはたらき、意味論の領域で、形式的記号体系が事物や事態に関係づけられるためには、日常言語の中で遂行されている世界解釈の媒介を必要とし、同様に語用論の領域において、記号体系が意味解釈として遂行される限り、その記号体系は日常言語によって開示される意義付与に依存するのである(12)。

もとより、形式的な言語体系の構築は、日常言語に具わっている特定の了解可能性を抽象化し、一面的に展開したものとして、種々の専門分野においては、それなりの意義をもっている。そして、こうした人工言語が独白《モノローグ》的な性格をもつのに対して、日常言語は、開かれた無作為の言語的可能性を多様に展開することによって、多面的・対話的なコミュニケーション共同体の基盤となる。しかしこのような共同体の構造は、限定的で単一的な法則に従って、ア・プリオリに再構成することはできない。日常言語は、その柔軟性によって多様な言語的・生活世界的な可能性の母胎となり、それゆえ日常言語の無規定性は、かえって人工言語の論理的厳密性に対して優位をもつのである。

(5) 日常言語の背進不可能性と、超越論的反省の限界

日常言語全体は、個々の部分に関して批判と修正を施されることはあっても、全体としてはその事実性の背後に遡ることができないものである(13)。そのため、絶対的な懐疑を通じて知識を根底から理性的に再構成し、正当化しようとする伝統的な反省哲学は、解釈学、およびウィトゲンシュタインの言語哲学においては、日常言語の解明にとっては不十分なものとみなされる。

言語学が、「直線的志向」(intentio recta)に即して言語を分析し、そしてオクスフォード学派もしばしばそう

した方向を共有しているのとは対照的に、ウィトゲンシュタインの言語哲学は、言語への反省において、この反省そのものが言語によって制約されていることを（超越論的に）反省することで、反省の遂行それ自身を相対化することができるという点では、徹底した洞察を示している。それゆえウィトゲンシュタインの初期の著作を「純粋言語批判」[14]と呼ぶのは適切な理解ではあるが、そこにおいては超越論的反省それ自身の自己反省によって、反省そのものの限界が認識されていることに注目するなら、それはある意味で、超越論的な思考をカント（Immanuel Kant 一七二四―一八〇四年）以上に徹底して遂行しているものとも言える。日常言語はその背後に遡りえないばかりではなく、あらゆる言表可能なものそのものの可能の制約である以上、メタ言語によって完全に包括されるようなものではないし、超越論的反省においてくまなく叙述されるものでもない[15]。むしろ日常言語は、ウィトゲンシュタインとハイデガーが等しく詳述しているように、直接に語られている事柄において、しかもそれに先行しながらも随伴的に、それ自身の側から自らを示すのである。対象的に言表可能なものと、端的に自らを示すものとを原理的に区別することが、ウィトゲンシュタインの『論理哲学論考』の主要な関心事であった。しかし、そのような区別が成り立つ一方では、ハイデガーが示したように、日常言語は主題化される際にはその前提となる一方で、到達不可能な目標でもあり続けるといった循環において、解釈を通じて自らを現すのであり、このような循環的構造が、まさに日常言語の再帰的・反省的性格を表しているのである[16]。

ウィトゲンシュタインと同様にハイデガーも、その前期の著作の超越論的言語観を、転回以後はさらに深めて、より根源的であると同時により具体的な次元へと進んでいった。ここにおいて言語は、単に主観のア・プリオリな超越論的な了解構造であるばかりではなく、まさに具体的・日常的な了解構造として、主観に先立つものとされたのである。前期ウィトゲンシュタインの超越論的「独我論」においては、主観と言語はまだ必然的に重なっており、そこからア・プリオリに明晰で単一的な言語構造という要求が生じていた。これに対し、言語が人間存在をあらかじめ基礎づけるものであり、しかもそれ自身は超越論的な主観として実体化されることはないという後期ウィトゲンシュタインの洞察は、言語形態のア・プリオリな単一性と明晰性、および主観の唯一性と静止状態を解体することになる。こうして言語は、事実として前もって与えられているが、予期不可能で、経験によってはじめて発見されうる意味空間、そして行為的な意思疎通を可能にする意味空間と理解されるのである。

超越論的な思考図式からの解放は、反省以前の経験論的な立場に逆戻りすることではなく、むしろより深い反省に向かうことを意味している。その反省を通じて、反省はそれ自身の制約と有限性を認識し、それによって、超越論的自己確証にともなう自己完結的な循環関係から解放され、言語によってあらかじめ解釈された事実的・歴史的連関の世界に達することになる。アーペル（Karl-Otto Apel 一九二二―）やハーバーマス（Jürgen Habermas 一九二九―）による解釈学の展開においては、ハイデガーとウィトゲンシュタインにおいて超越論的思考形態が超克されていることの意味が、十分に捉えられていないように思われる。なぜなら、彼らにおいては真理は、自らを示すというよりも、「超越論的な言語ゲーム」や「理想的コミュニケーション共同体」という理念によって究極的に保証されると考えられているからである。[17]

二　言語と行為

（１）語用論《プラグマティクス》への転回

論理学と構文論の優位の下で始まった言語分析は、第二段階の論理的経験主義（実証主義）においては、検証による意味の確証という意味論的な問題をめぐって展開され、後期ウィトゲンシュタインとモリス（Charles Morris 一九〇一—七九年）の記号論以降は、構文論と意味論の問題が、言語の語用論的機能から解釈されるようになった。そのため、それまでは（自然）科学的言表の客観性が、実証主義において言語的意味の範型とみなされていたのに対して、その科学的言表自体がいまや派生的なものとして、つまり前理論的な生活実践にもとづいたものと理解されるようになった。言語分析と同様に、解釈学もまた、言語を理論と実践との根源的媒介とみなすところから、言語を理論的局面だけからではなく、実践的行動とも関わり、それと一致するものとして理解すべきことを強調している。オースティン（John Langshaw Austin 一九一一—六〇年）やサール（John Searle 一九三二—）の言語行為論《スピーチアクト》において典型的に主題とされているように、言語そのものが行為なのであり、また逆に、見かけは言語と無縁な行為でも、やはり言語の地平の内で遂行される以上、言語と行為とは相互に照らし合うかたちで解明されるのである。

行為において、知識における主観と客観の媒介である意味論的契機は、行為の構造ないし「構文」の内的要素である。しかし行為の構造そのものは、ただ語用論的・実用論的な次元、つまり個々の主体の間主観的な活動性からのみ理解される。行為のこうした複合的な構成体は、世界のある局面を個々人の自己実現の場として解放するような、何らかの理論的・実践的な意味の地平開示を通して構築される。「言語ゲーム」の概念は、世界の個々の領域の地平において、言語と行為とが根本的に調和するあり方を巧みに捉えており、そのためその概念は解釈学においても受け入れられたのである。

解釈学は、言語行為の意味地平を主題とするのに対して、言語分析は言語行為の特定の規則を問題にするという点で、両者の関心は区別されるだろう。言語行為において、意味地平と規則とは互いに制約し合いながら統合されているため、解釈学は、あらゆる規則的行動様式の根底にはたらく意味地平を反省することによって、言語分析においては見逃されがちな、言語の根本に対する反省に寄与することができるだろう。逆に言語分析は、具体的で経験的に確証された基礎を提供する意味で、解釈学にとって有用なものとなるだろう(18)。具体例を挙げると、言語上の諸範例《パラダイム》をめぐる議論を通して、言語分析は、地平の解明という解釈学的な関心にも応じることになった。なぜなら、このような言語的範例を分析するなら、解釈学的考察のひとつの焦点である先行了解が、具体的な語の使用の内に結実していることが明らかとなるからである。こうして、経験的に確証可能な言語慣習を、了解との関係において解釈学的に分析することで、準超越論的な言語構造と行為構造が探求されるが、こうした考察は同時に、ハーバーマスの意味で解釈学的・超越論的に構想された社会科学の主要な欠陥を補充するものとなるだろう(19)。

(2) 言語様式の多様性

行為に関する前述の理解に立脚することによって、言語分析と解釈学には、言語をめぐる一定の見解が共有される。それはつまり、日常的な生活世界の多様性に応じて、言語はさまざまに分岐し、それぞれが一つの生活様式を特徴づけるような、多様で構造的にもそれぞれ固有の了解様式に分化するという見解である。そこで例えば、解釈学的論理学の記述を確立しようとする試みにおいては(20)、客観的陳述には収まらないような言語形態――つまり、アリストテレス（Aristoteles 前三八四―三二二年）が陳述を優先したことによって、古典論理学から除外された言語様式――が注目されるようになった。確かに哲学的解釈学は、了解の諸形式の多元性を表面的に指摘したうえ、了解の普遍的構造を主張し、そこから短絡的に個々の一回的な意味形成と、そのつどの特定の解釈に向かおうとする傾向を示す。しかしそうなると、言語ゲームにおいてあらかじめ社会的に与えられたある特殊な了解構造——普遍的でもなければ、個人による規定に委ねられたものでもない特殊的な了解構造——の次元は見落とされてしまうだろう。それとは反対に、言語分析は、個人的に規定されたそれぞれの言語様式を、標準的な言語規則へと平板化し、個人的な言語様式において現れる話者の意図を考慮せずに、個別的な言語様式を批判する傾向をもつと言えるだろう。

(3) 言語の意味と客観的陳述

出発点を異にしながらも、言語分析と解釈学はともに、言語的に規定された意味と間主観的な行為とは不可分である点を指摘したガダマー(Hans-Georg Gadamer 一九〇〇—二〇〇二年)が、神学的解釈学と法解釈学をモデルとして強調するように、行為としての言語の規則や概念を含むような実践的な規則や概念は、技術的な規則のもつ抽象的で一般的な特性と異なり、その内容的な拡がりと無規定性を特徴とする。こうした拡がりや無規定性は、状況への適用によって、つまり事柄そのものに対する話者個人の体験的な関係において、はじめて特定のものとして確定されるのである。[21]

日常言語においては、さらにそれ以上に、言語習得という意味の生成の次元では、その間主観的な条件がその了解可能性の条件と重なり合う。これはウィトゲンシュタインが、「私的言語」の可能性を批判する議論において示そうとしたことである。[22] 日常言語は形式化されえない、つまりア・プリオリな規則によっては解明されえないものであるため、それはただ、自らがすでに組み込まれているコミュニケーションへと参与することによってしか習得されえない。つまりその意味は、相手の反応によって試行錯誤を繰り返すコミュニケーションの試みを通じて開示されるのである。そのため言語の意味の了解もまた、習得過程が前提とされる行為が潜在的に先取りされることによって可能になる。[23] 言語的規則はすでに間主観的な相互作用を含んでいるため、文法は社会的な生活世界の構成的秩序とみなしうるのである。

一つの語の意味が規定される条件を、その語が最初に習得された状況に求める考え方は、[24] 言語の意味を外的な行動に還元することではなくて、意味の規定にとって構成的な役割を果たす解釈学的状況を明らかにすることを目指すものである。[25] 理論的意味もまた、言語行為を通じて構成される以上、言語分析にとっては、使用状況の解明から歩みを進めて、理論的意味の理論をも展開するという課題が生じることだろう。こうした課題は例えば、オースティンの「発話行為」(locutionary act)や、トゥーゲントハットが基礎的言語単位として強調した「命題」(propositio)の理論において展開されている。[26] 一面的に行為として理解された言語のモデルにおいては、理論的真理と意味志向への問いが後退しがちであったが、客観的陳述を再評価するこうした新たな試みが生まれることによって、真理と客観的意味に関する問題が新たに提起されると同時に、意味の概念を要とする解釈学との対話も容易になることであろう。

三　言語と主体

(1)　他者理解と言語の多義性

言語の語用論の次元から、言語了解における主体の役割への問いが生じる。後期ウィトゲンシュタインの意味での言語分析にとっては、了解の連関体制の根幹を成すのは、もはや『論理哲学論考』におけるような主体(私)

ではなく、公的な言語的慣習（他者）である。(27)例えば、明らかに行為的な言明において「私」が文法上の主語として現れる場合でさえ、それはただ一般的な言語的機能を果たしているにすぎないものと考えられる。

解釈学は、後期ディルタイ（Wilhelm Dilthey 一八三三―一九一一年）以降、心理学的な言語了解に対して距離を置く点で、言語分析と一致する。解釈されるのは、言葉やテクストであって、自己を表現する主体の主観的意識ではない。しかしながら、あるものを「何ものかとして」解釈することは、ハイデガーが指摘するように、解釈者の自己了解に基礎づけられる。それというのも、世界了解の根底には、自らに固有の「究極目的」の了解がはたらいているからである。一定の方向性をもったこのような自己了解は、さしあたり「世間人《ひと》」（das Man）の様式を取った日常的共存在において、そしてまたその共存在から生ずるのであるが、それにもかかわらず、この日常的共存在における自己了解は、反省でもあり、理論的・実践的自己解釈でもある。(28)したがって言語性（Sprachlichkeit）とは、現代の哲学的解釈学も主張するように、話者の反省的自己解釈をも、その構成要件としているのである。そしてこのことは、形式化された言語と異なり、自己自身を反省しうる日常言語の特質の内に反映しているものと考えられる。

しかしながら、自己了解は――ブルトマン（Rudolf Bultmann 一八八四―一九七六年）において時にそのような傾向が見られるが――自己完結的にそれ自身の内に閉ざされたものではない。むしろそれは、了解の努力において、自らに固有の了解地平を他者の了解地平に対して開放し、ガダマーが述べているように、共通の事柄を了解することにおいて他者と融合するのである。了解の対話的構造は了解の投企的性格によって可能となるものであるため、了解および言語自体――そしてまた、歴史学や精神科学――の内には、将来に向かって開かれ、期待をともなう未規定性がその構造として含まれることになる。

他者の了解地平と出会うこの場面こそ、真に解釈学的な問題が生じる次元でもある。自己完結した自己の言語ゲームを打ち破るとともに、対話相手の言語ゲームを反省し、さらには他者のゲームを部分的に対象化することによってはじめて、他者の言語ゲームを、自己の言語ゲームのさまざまな可能性――しかも、その内に含まれてはいるがいまだ顕在化していない可能性――にもとづいて了解することができる。その了解の過程においては、他者の言語をめぐって言語が遂行されるのであり、そのような遂行を通して、自己の言語体系の構造が拡大され、変形されていく。こうした言語の可塑性と言語の潜在的な内的自己超越は、例えば他国語からの翻訳において顕著に示される。それというのも、翻訳においては、形式論理的な変形ではなく、創造的解釈が必要とされるからである。すでに日常的コミュニケーションの場面ですら、誤解がつきものであり、歪曲や阻害が生じる以上、そこでは、言語における適応と言語の自己超越が不可欠である。

すべての具体的な言語活動は、言語の遂行において一定の限界が気づかれることによって、言語のより包括的な可能性を指し示し、それとともにまた、理念的目標として理性全体を目指すことによって、その限界を自ら相対化していく(29)。こうして、個々人の言語活動が志向する意味は、言語ゲームの既定の規則の内部で、当の規則を乗り越え、変形するものであるため、言語そのものの内には、個々人の志向的意味と言語ゲームの規則のあいだの差異が生じるのであり、それが言語の発展を可能とする条件ともなる。対話が継続的に深まる過程と、伝承の成立過程は、こうした言語の反省的自己超越にもとづいている。こうして、言語が歴史的に形成されることが明らかになることによって、語の意味と用法を一義的に確定可能であるかのようにみなす先入見が打ち破られ、個々の語の使用は多層的で、さまざまな可能性をはらんでいることが確認されるだろう。

（2） コミュニケーションの可能性

ウィトゲンシュタインや、現代の日常言語学派の言語哲学は、その言語ゲーム論において、このような解釈学的な言語了解の問題に立ち入ることは稀である。その理由の一つとしては、ウィトゲンシュタインや日常言語学派の場合、慣習的なコミュニケーションを分析対象とすることが多く、解釈学とは違って、阻害されたコミュニケーションをあまり考慮していない点が挙げられる。しかしながら、コミュニケーションに障害が起こる場面においてこそはじめて、言語に対する自己了解の構成的役割、ひいては言語の反省的性格と自己超越が現れると言えるだろう。さらに後期ウィトゲンシュタインは、論理的に厳密な規定を理想とする『論理哲学論考』の発想に、なおも多分に縛られるところがあったため、対話者同士の意思疎通が可能であることの根拠を、両者の言語規則の同一性に求める見解に傾きがちであった。このような前提からは、明確な境界をもって、外部に対して閉ざされた言語構造という考えが生まれざるをえない。しかしながら実際のところは、完全な同意可能性を求める期待と、最少限の柔軟な相互了解があれば、何らかのコミュニケーションは成立しうるのである。言語分析においては、異なった意義地平や、異なった言語ゲームのあいだに生じる実り豊かな緊張が主題となることもなければ、意味志向的で言語創造的な主体の役割が解明さることもないため、そこにおいては、言語ゲームのあいだの相互作用の可能性や、双方の融合の可能性が明らかにされることもなかったのである。

（3） 先行的な言語理解の問題

言語分析においては、言語理解が単純化されることによって、言語に関して経験的に探求可能な正常な構造が、現実に適用されうる意味の公準としての役割を担うようになる。それというのも、言語分析では、日常的言語使用の分析にもとづいて、ある語や言語形態を使用する正常なあり方を網羅し尽くせるものと考えられているため、正常な構造への包摂や変形がむずかしい命題は、無意味とみなされることになるからである。その場合、自身にとって慣用となった言語ゲームを相対化しながら、他者の発言を他者自身の地平から了解しようとする解釈学的努力は不可能で不必要となってしまう。

解釈学においては、人間の「究極目的」——人間存在や世界存在の意義——をめぐる対話的な合意が何よりも重要な課題であるのに対して、後期ウィトゲンシュタイン的な言語分析においては、そうした合意は深層文法の中に始めから与えられたものとみなされているように思われる。言語分析において、言語の習得や言語の行使は、人間が自らの存在の可能性を歴史的に見出していく自己形成《ビルドゥング》（Bildung 教養）の過程としてよりも、人間が社会的に固定した規則を身につけていく技術習得の過程として扱われるのである(30)。

言語分析は、記述や分析を行う場面において、特定のモデルを範型とした限定的な言語理解を無反省に前提して、特定の自己了解や世界了解から言語を解釈する傾向が強い。しかしながら、このような言語理解は、かならずしも日常言語自身の世界了解と完全に一致しているわけではない。その点は、記述や分析に用いられる言語が、それ自身けっして単なる日常的な言語ではないという言語学的な事実によっても示される(31)。解釈学的な立場から見るなら、ウィトゲンシュタイン的な言語分析は、反省を介さず歴史的次元を捨象して、きわめて人為的に設定されたその行動概念と了解概念を再検討し、拡大する必要があると言えるだろう。しかしまた同様に、解釈学の側においては、詩的言語に優位を与えるその言語理解が、どの程度まで言語全体に当てはまるのかが問われなければならないだろう。

四　言語と方法

（1）　伝統と規範

解釈学的思考は、了解の歴史性に対する洞察にもとづいて、通常は自明とみなされている了解図式を、その歴史的前提に関して問い直すことができる。しかしながら、言語分析に習熟した立場からすると、解釈学的思考は自らが解明する歴史的な了解地平を、ともすると無批判に権威とみなし、根源的で真なるものとして承認しかねないといった弱点をもつように見える。例えば、リッター（Joachim Ritter 一九〇三―七四年）の解釈学が、多種多様に屈折した伝統の権利をそれなりに考慮することによって、批判の可能性を開いているのに対し、[32]ハイデガーによる根源的な始源についての遡源的問い、またはガダマーによる「先入見」の復権や、権威を真理規範として承認する思想[33]などは、解釈学の弱点を助長する面をもっているように思われる。それだけでなく、もし言語が、後期ハイデガーやガダマーが言うように、存在の自己解釈と理解されるとするなら、そのような存在論化によって、言語は最終的にあらゆる批判を免かれてしまうことにもなりかねないのである。

伝統を過大評価するこうした傾向に対し、ハーバーマスとアーペルにおいては、ウィトゲンシュタインによる形而上学的伝統に対する批判と並行して、批判的理性の力が強調される。[34]彼らによれば、反省は確かに言語的伝統の意味連関から生ずるのであるが、それはまた、歴史的意味連関を批判的に遡って洞察し、超越することもできる。そのため伝統は、解釈学的な意味で習得されるにしても、その習得はイデオロギー批判を介して遂行されなければならない。その際、イデオロギー批判とは、フロイト（Sigmund Freud 一八五六―一九三九年）の精神分析をモデルとして、言語的・社会的行動形態の伝承において生じる歪曲を暴露するものと考えられる。(35) 批判的・超越論的な自己吟味を通じて、自らの歴史的制約に対して距離を取ろうとする反省においてこそ——もちろんそれによって歴史的制約が完全に無効になることはありえないにせよ——歴史的制約の内に解消されることのない解釈学的命題の位置も正当に評価されうるのである。さらに言語的伝統は、歴史的意味の内在的展開からのみ生ずるのではなく、例えば社会的・政治的な支配関係のように、外部から言語と意味構造に影響を及ぼす現実的諸要因にも依存しているため、アーペルとハーバーマスは、ハイデガーやガダマーに見られる解釈学の普遍的要求に制限を加え、解釈学の自己限定と、経験的・客観的方法による解釈学の補完を主張している。このように複数の方法を統合することによってのみ、歴史学や社会科学の要求に応じた理論構築が可能になるものと、彼らは考えているのである。(36)

(2)　方法と真理

解釈学に対して、その正当性の主張を自己限定すべきであるという要求が生じる場合、そこでの解釈学は、始めからある特定の科学の方法ないし道具として、機能的に考えられていることによるように思われる。解釈学は、精神科学における厳密な意味での学問的方法であるとすれば、言語を研究対象とせざるをえない。しかしながら、方法論的に客観化された言語自身は対象化されており、もはや事柄そのものをそれ自身に即して顕わにするものではなくなるため、解釈学を学問の方法と理解する立場からは、それを経験的で言語外的な実在を考慮する別種の方法によって補完されなければならないという要求が生じるのである。

それに対し、例えばガダマーにおいては、了解構造の普遍妥当性を主張する解釈学の要求は、解釈学の体系化と方法化に対する抵抗と一貫して結び付いている。[37] 後期ハイデガーもまた、学問的・方法論的思考、あるいは客観化的思考や叙述から解釈学的経験を完全に切り離し、[38] 言語分析と解釈学とを媒介する同時代の試みを斥けている。解釈学は、言語の客観化を避け、言語了解それ自体の循環の内に反省的に参入することによって、言語において事柄そのものが顕現する場を開こうとするがゆえに、解釈学が科学方法論として適用されることに対して強い抵抗を示すのである。[39] 解釈学的哲学は、言語そのものではなく、言語という媒体を通じて現れる事柄そのものを目指すものなのである。

言語における事柄そのものの顕現と、事柄そのものを顕わにする言語の開示性とは、どちらか一方が他方に還元されるということはなく、両者の相互的な関係において、先に論じた言語の柔軟性や、他の言語様式への自己超越の根底にはたらいている。そしてそれとは対照的に、言語を客体として考察する言語分析的思考においては、言語における事柄の顕現のみならず、言語内の自己超越や可塑性も見失われかねないだろう。ガダマーが強調するように、（単なる方法論としてではなく）普遍的な意味で理解された解釈学は、言語内での自らの位置づけを放棄することのないまま、事柄との関連を開き、伝統に対する批判や、事柄そのものの分析を遂行する可能性をもっているのである。

（3） 解釈学と言語分析との対話

解釈学は、了解の先行的地平は、批判が可能ではあっても、それ自体を方法論的に完全に対象化することはできないという洞察を提示することで、近代的方法理念や自然科学をモデルとする認識理解から哲学を解放する。その意味で解釈学は、ウィトゲンシュタインとも根本的動機を共有するものではあるが、「語りえないことについては沈黙しなければならない」という姿勢を示した『論理哲学論考』のウィトゲンシュタインとは異なり、解釈学においては、哲学の課題が、言語の及ばない領域や、批判的了解が効力をもたない次元へと閉め出されるようなことはない。

普遍的意味で理解された解釈学は、客観化をともなう方法論に先行し、そのような方法論によっては捉えきれない事態を主題とするが、その考察の内には副次的に、客観的な契機に近いものも含まれる。それというのも解釈学は、言語をただ遂行するばかりではなく、言語活動を反省するに際して、具体的な発話や書記言語を手掛かりとするからである。言語の理解においては、解釈学的な自己了解が優先するにしても、個々の言葉は対象的事実でもある以上、その了解においては、分析的方法——例えばシュライエルマッハー（Friedrich Daniel Ernst Schleiermacher 一七六八—一八三四年）の言う「比較的了解」といった方法——が必要となる。哲学的解釈学は、当初はこうした言葉と命題の分析方法を十分に展開することがなかったため、一九六〇年代以降ドイツ語圏で始まったように、言語分析との親近性にもとづいて、言語分析を自らの意義分析における部分的契機として取り入れることは可能である。このような仕方で解釈学が言語分析を吸収するにしても、それはけっして、人為的な適用のモデルに即して考えられるべき事態ではなく、むしろ二つの異なった了解地平同士が交わる、その発展が予測不可能な対話的・歴史的関係の過程と理解されるべきなのである。

註

（1）とはいえ、アングロ・サクソン側からも以下のような研究が現れていることを指摘しておこう。Th. A. Fay, *Heidegger on Logic. An Encounter of his thought with Wittgenstein*, (diss.) Fordham University 1971; G. F. Sefler, *The structure of language and its relation to the world. A methodological study of the writings of Martin Heidegger and Ludwig Wittgenstein*, (diss.) Georgetown University 1970; Symposium on saying and showing in Heidegger and Wittgenstein, *Journal of the British Society for Phenomenology* 3 (1972), pp. 27-45.

（2） 例えば次のような文献を参照のこと。 K.-O. Apel, *Transformation der Philosophie*, 2 Bde., Frankfurt a. M. 1973; J. Habermas, *Zur Logik der Sozialwissenschaften*, Frankfurt a. M. 1970, bes. III, 7-8; id., *Erkenntnis und Interesse*, 2. Aufl. Frankfurt a. M. 1973, bes. Nachwort; E. Tugendhat, *Vorlesungen zur Einführung in die sprachanalytische Philosophie*, Frankfurt a. M. 1976; O. Pöggeler (Hg.), *Hermeneutische Philosophie*, München 1972; K.-O. Apel et al., *Hermeneutik und Ideologiekritik*, Frankfurt a. M. 1971; K.-O. Apel (Hg.), *Sprachpragmatik und Philosophie*, Frankfurt a. M. 1976.

（3） L. Wittgenstein, *Tagebücher*, 22. 1. 15: *Schriften* 1, Frankfurt a. M. 1969, S. 129; cf. *Schriften* 3, S. 167.

（4） M. Heidegger, *Sein und Zeit*, 4. Aufl. Tübingen 1935, S. 161.

（5） E. Tugendhat, Phänomenologie und Sprachanalyse, in: R. Bubner et al. (Hgg.), *Hermeneutik und Dialektik*, Bd. 2, Tübingen 1970, S. 15.

（6） L. Wittgenstein, *Philosophische Untersuchungen*, Nr. 307f.

（7） *Ibid.*, Nr. 664.

（8） *Ibid.*, Nr. 371.

（9） *Ibid.*, Nr. 458.

（10） M. Heidegger, *Unterwegs zur Sprache*, Pfullingen 1959, S. 12f., 19f., 30f.; id., *Phänomenologie und Theologie*, Frankfurt a. M. 1970, S. 44.

（11） Id., *Sein und Zeit*, S. 169.

（12） K.-O. Apel, Sprache und Ordnung: Sprachanalytik versus Sprachhermeneutik, in: id., *Transformation der Philosophie*, Bd. 1, S. 171.

（13） M. Heidegger, *Unterwegs zur Sprache*, S. 150, 191; L. Wittgenstein, *Tractatus logico-philosophicus* 3. 332; 4.12.

（14） E. Stenius, *Wittgenstein's Tractatus, a critical exposition of its main lines of thought*, Oxford 1960, chapter XI も参照。

(15) L. Wittgenstein, *Tagebücher*, 3. 11. 14: *Schriften* 1, S. 114.

(16) M. Heidegger, *Holzwege*, Frankfurt a. M. 1950, S. 8.

(17) K.-O. Apel, Sprechakttheorie und transzendentale Sprachpragmatik zur Frage ethischer Normen, in: id. (Hg.), *Sprachpragmatik und Philosophie*, S. 43.

(18) E. Tugendhat, Phänomenologie und Sprachanalyse, S. 3.

(19) J. Habermas, *Zur Logik der Sozialwissenschaften*, S. 221.

(20) Cf. H. Lipps, *Untersuchungen zu einer hermeneutischen Logik*, 4. Aufl. Frankfurt a. M. 1976.

(21) H.-G. Gadamer, *Wahrheit und Methode*, 3. Aufl. Tübingen 1972, S. 290-295.

(22) L. Wittgenstein, *Philosophische Untersuchungen*, Nr. 199, 293.

(23) J. Habermas, *Zur Logik der Sozialwissenschaften*, S. 237-242.

(24) L Wittgenstein, *Philosophische Untersuchungen*, Nr. 43.

(25) J. Zimmermann, *Wittgensteins sprachphilosophische Hermeneutik*, Frankfurt a. M. 1975, S. 112f.

(26) E. Tugendhat, *Vorlesungen zur Einführung in die sprachanalytische Philosophie*, S. 100.

(27) L. Wittgenstein, *Philosophische Untersuchungen*, in: *Schriften* 1, S. 517.

(28) M. Heidegger, *Sein und Zeit*, S. 144f.

(29) J. Habermas, *Zur Logik der Sozialwissenschaften*, S. 252f.

(30) K.-O. Apel, Heideggers philosophische Radikalisierung der „Hermeneutik“ und die Frage nach dem „Sinnkriterium“ der Sprache, in: id., *Transformation der Philosophie*, Bd. 1, S. 330; cf. W. Schulz, *Wittgenstein — die Negation der Philosophie*, Pfullingen 1967.

(31) H. Schnelle, *Sprachphilosophie und Linguistik*, Hamburg 1973, S. 24.

(32) O. Pöggeler, Einführung, in: id. (Hg.), *Hermeneutische Philosophie*, S. 48.

(33) H.-G. Gadamer, *Wahrheit und Methode*, S. 261-269.

(34) J. Habermas, Der Universalitätsanspruch der Hermeneutik, in: K.-O. Apel (Hg.), *Hermeneutik und Ideologiekritik*, S. 120-159.

(35) J. Habermas, Zur Logik allgemeiner Interpretation, in: O. Pöggeler (Hg.), *Hermeneutische Philosophie*, S. 236-251.

(36) J. Habermas, *Zur Logik der Sozialwissenschaften*, S. 289.

(37) H.-G. Gadamer, Replik, in: K.-O. Apel et al., *loc. cit.*, S. 287; 297.

(38) M. Heidegger, *Phänomenologie und Theologie,* Frankfurt a. M. 1970, S. 38-45.

(39) Cf. O. Pöggeler, Der Nachbar des Todes. Martin Heideggers Revision des philosophischen Ansatzes, *Rheinischer Merkur*, 4. 6. 1976, S. 26.

第二章　歴史哲学と歴史理解

序

古くから親しまれた共同体の形態や伝統が途絶えたとき、われわれは新たな自己理解の可能性を求めて、歴史へと目を転じる。歴史の由来を理解することは、動揺する伝統を明確に浮き彫りにすると同時に、未来への道を開き、その伝統をあらためて甦らせることを目指すものである。二十世紀における精神諸科学の興隆は、啓蒙主義における伝統の断絶への応答として生じたものであり、啓蒙主義の批判的精神と、過去の遺産を現代へと連続させる復古的・ロマン主義的な努力とを結び付けようとするものなのである。

近代の歴史概念の発祥の国であるドイツでは、一九六〇年代後半以降、歴史と歴史学の本質をめぐって、活発で創造的な議論が展開された。哲学と歴史学においては、イデオロギー的な歴史解釈の挑戦を受けて、社会学や文芸学および芸術学などとの対話を深めながら、批判的な自己省察のかたちで、歴史哲学・歴史理解・歴史記述の諸前提と構造が問題とされた。ここでは、これらの議論で提示されたさまざまな問題や論証の基本構造を体系的に再構築することで、歴史概念の歴史的発展を背景に――新たな歴史理論とまではいかなくても――現代における歴史の問題意識の解明を試みたい。

歴史とは何であり、歴史がいかに認識されるかをめぐっての理解は、それ自身が歴史的変遷にさらされているため、まずは歴史概念の発展史を——もとより、現代の問題状況に照らして——概観することで、既存の歴史理解のいくつかのモデルを取り上げることにする。このような背景を踏まえて、歴史解釈に関する現代の問題を展開し、その意味を考察する。歴史とは何かといった問題は、歴史認識そのものの歴史的展開を通じてはじめて明らかとなるため、ここでは、歴史的生起とその認識の不可分の関係のみならず、さらにそうした歴史認識そのものの歴史的制約が示されることになる。

一　歴史理解の歴史的変遷

ギリシア思想は、等しいものが循環的に還帰する宇宙《コスモス》と考えられた自然を大枠として、人間の運命におけるあらゆる変転をもこの枠組みに沿って捉えている。そこで歴史は、そうした自然の永遠の秩序からの逸脱や堕落とみなされるだけで、それ自体として、そしてまたその総体において考察されるには至らなかった。とはいえギリシアでは、出来事の流れの中から、重要な意味をもった事件をその経過の構造に関して取り出して整理し、さまざまな典型的な言語形態によって叙述する歴史記述が成立している。このことは、哲学の歴史を真理への道とみなし、学説誌的かつ体系的に叙述するアリストテレス（Aristoteles 前三八四—三二二年）の試みのみならず、例えば彼の弟子アリストクセノス（Aristoxenos 前三四五—三〇〇年頃）の伝記風、また逸話風の物語りにも見受けられる。歴史は繰り返し可能なものと考えられていたため、「歴史は人生の導師である」（historia magistra vitae）というキケロ（Marcus Tullius Cicero 前一〇六—四三年）の言葉にあるように、歴史は教訓的な物語の宝庫とみなされた。この意味で、「状況—決断—新しい状況」という様式化された形態において、「手本」（exemplum）が人間の行動や運命の典型的な事例を明示することになり、このことによってこの模範は、道徳哲学的論証や政治的な説得力の拠りどころとなった。ギリシアの歴史記述は、それが歴史の全体性から目を転じて、形式的な経過の構造と叙述の型を練り上げたというまさにその点で、現代の歴史学の関心を惹いている。例えば現代の分析哲学の歴史記述などでは、アリストテレスの言う「寓話」の古典的図式が再び参照されている。

キリスト教において、人間の運命の独自の意味が、またそれとともに「歴史が歴史として、新しい意味で発見された」。そのためキリスト教の誕生は、歴史理解にとって「概念史の観点から言って、絶対的な時代転換の経験(1)」と言うことができる。歴史はもはや自然の秩序からの偶然的な逸脱とはみなされることはなく、全人類をその時間的・空間的な拡がりにおいて包括する神の普遍的な救済意志に支えられたものと考えられる。神自身が歴史の中に介入するがゆえに、歴史の意味はキリストの受肉を中心に理解されるが、その一方で歴史の終末論的な成就に向かっては、神の摂理の内にいまだ隠されたまま、未決定の状態で開かれている。このように見ることによって、歴史ははじめて包括的な統一性と積極的な意味を得ることになる。というのは、歴史は神の贈与として、また人間にとっての課題として経験されることになるため、意味の充実を目指す自由が、歴史理解の原理となるからである。歴史は本質的にそのつど一回的なものとして認識されるところから、歴史的瞬間や歴史的個性といったものが、歴史解釈の基本範疇となる。初期キリスト教と中世における歴史記述において、「範例」と並んで、出来事や人物を「像」（figura 予型）と理解する予型論が登場してきた。こうして歴史の経過の中で救済史的に変化しつつ展開していく「像」が、予型—原型—歴史的変容という諸段階において看取できるようになり、歴史の意味の連続性が取り出される。

このようなキリスト教の歴史経験にもとづいて、アウグスティヌス（Augustinus 三五四―四三〇年）からボシュエ（Jacques-Bénigne Bossuet 一六二七―一七〇四年）まで千年以上にわたって歴史記述の思想的枠組みとなった歴史神学が成立した。この歴史神学は、歴史形而上学へと展開された限り、歴史的な過程を一般的法則によって把握するように努めてきた。しかしながら、終末的救済がいまだ成就されず隠されているとみなされることで、このような歴史形而上学的なアプリオリズムが歴史理解をくまなく覆い尽くすには至らなかった。歴史の意味を歴史の事実的な経過と同一視することが、終末論によって妨げられていることで、まさにそのことによって――例えばアウグスティヌスの場合に指摘されるように――具体的な生起がいっそう柔軟に、事実に即した仕方で解釈されることが可能になったのである。(2)

中世の歴史記述は、なるほど普遍的で救済史的なカテゴリーの下で行われたにしても、主題としては個々の民族などの主題の歴史に限られていた。ようやく十四・十五世紀になり、ヨーロッパが次第に自らの地理的・歴史的な特殊性を自覚するようになってはじめて、当時興りつつあった人文主義によって、具体的な記述にもとづく包括的な世界史が要求された。とはいうものの、このような歴史記述のさまざまな試みも、おおむね多くの雑多な個別的歴史の寄せ集め以上のものではなかった。(3)

世界史への移行、特に典型的に近代的な歴史理解への転換がなされたのは、啓蒙主義時代の後半である一七五〇年と一七九〇年のあいだであった。「歴史」という語がこの時期以来はじめて、現代の言葉遣いに見られるように、もはや第一義的に複数としてではなく、集合単数として用いられるようになったこと、つまり一つの人類の歴史を指すようになったことは、その変化を窺わせる。(4) 歴史全体が一つのものであるという経験は、確かにキリスト教的な歴史観においてその素地が作られてはいたが、その具体的な形態としての成立は、当時の社会構造の加速度的な変化を背景としている。なぜならそうした社会の変化によって、歴史が反復されえないこと、つまり歴史の動きが連続的で一貫した過程であることが実感されるようになったからである。特筆すべきことは、歴史を反復可能な過程とみなして、歴史の内に道徳的認識の源となる「手本」を求めるような姿勢が、十八世紀の終わりとともに、歴史記述から姿を消したことである。それに対して十九世紀の始めには、ヘーゲル（Georg Wilhelm Friedrich Hegel 一七七〇―一八三一年）がすでに、「諸民族や諸々の統治者たちが、歴史から何かを学んだことは一度たりともなかったし、学ぶこともできなかった(5)」ことを歴史は教えているものとみなしている。

新しく発見された歴史の統一性から、今度はその基礎として、歴史の意味とその担い手や展開の原理が求められ、体系としての歴史哲学が要請された。この新たな歴史哲学は、啓蒙主義の進化論的な進歩史観に始まり、ヴィンケルマン（Johann Joachim Winckelmann 一七一七―六八年）、ヘルダー（Johann Gottfried Herder 一七四四―一八〇三年）、シュレーゲル（Karl Wilhelm Friedrich von Schlegel 一七七二―一八二九年）などの有機体論の諸構想を経て、世界精神による絶対的な自己還帰というヘーゲルの体系にまで及ぶものであるが、この歴史哲学はキリスト教的な歴史形而上学に媒介されたことで、諸カテゴリーをも歴史神学の基本範疇にもとづいて展開することになった。しかし歴史神学が世俗化されると、その根本構造が変質してくる。なぜならその場合には、歴史を支えている神の自由な超越性が、歴史内部の諸々の原動力のはたらきに解消されることになり、それにともない、歴史の進行過程がそのまま、歴史の意味の表現や実現と理解されてしまうからである。そこで歴史は、終末論的完成を自分自身から産出しなければならないため、完結した理性の体系としてそれ自身の内に閉ざされてしまう。こうすることによって、歴史全体の中での個々の出来事の意味や機能を一義的に規定することが可能になると思われたのである。しかしながら、歴史が自由によって形成されるのではなく、内在的な必然性によって駆り立てられていると考えられる限り、歴史哲学は、その次の段階として、歴史のイデオロギーや政治的ユートピアへとすみやかに転じることになり、歴史法則を理解しているとの確信にもとづいて、歴史を予言可能で操作可能とみなすようになるのである。(6)

観念論的な歴史形而上学が挫折し、歴史が時間における理性の自己実現に還元されえないことが実感されるとともに、まずは学問としての信用を失った歴史学的精神科学に対して、当時支配的であった自然科学と肩を並べるだけの存在意義を保証する必要が生じた。そこで新カント学派の西南ドイツ学派（バーデン学派）においては、歴史に関する学問の対象が認識論的に、了解に対して開示されるような個別的な価値の担い手と規定され、それに対して自然科学は、価値中立的な事実を一般法則に包摂することで説明するものとされた。歴史を理性の諸規定から再構成しようとする試みが挫折したのち、具体的な世界史における必然性への問いは、歴史そのものの本質への問いへと移り、歴史性の問題が浮上した。世紀の転換期にディルタイ（Wilhelm Dilthey 一八三三―一九一一年）は、自己意識や理性というヘーゲルの原理に代えて、「生」の概念を提唱することによって、非観念論的な歴史把握を達成した。すなわち、生の思考活動は、歴史的な思想や文化の無限に多様な諸形態の内にその時間的な現れを見出すという考えがそれである。しかしながら、人間存在が根本的に歴史的であるとすれば、ハイデガー（Martin Heidegger 一八八九―一九七六年）が指摘しているように、人間存在はディルタイの言うような意味で、客観的な観察者として歴史の流れに対峙することはできず、むしろすべてのもの――特に歴史そのもの――を、歴史的刻印を帯びた自分自身の了解の地平から理解し、歴史的作用連関の中で解釈せざるをえないはずである。また、ハイデガーから出発し、ガダマー（Hans-Georg Gadamer 一九〇〇―二〇〇二年）に代表される歴史的了解の解釈学は、古典的・現代的いずれの形態の思弁的な歴史形而上学とも相容れないばかりか、歴史学が伝統的に主張してきた、事実にもとづく客観的な歴史認識という——例えばランケ（Leopold von Ranke 一七九五—一八八六年）が主張したような——理想とも対立するように思われる。こうして現代では、事実に即した歴史記述、形而上学的歴史哲学、解釈学的な歴史理解が絡み合う三つ巴《どもえ》の状況において、歴史と歴史学についての対話が繰り広げられているのである。

二　歴史哲学のアポリア

（1）　歴史の意味

歴史が近代的な意味で、全人類の唯一の歴史であると理解されるならば、そこからは必然的に、歴史の統一性と連続性の問題が提起される。このような統一性は、個々の特殊な歴史の形成に類似した仕方で、多数の過去の生起から抽象によって取り出されるものではない。なぜなら、諸々の出来事を一つの歴史に整理して取りまとめることは、それらの生起を完結したもの、つまり過ぎ去ったものとして見渡すことができる一つの立場を前提しているからである。したがって、のちに詳述するように、歴史把捉と歴史記述は、単に未来の出来事は知りえないからという理由からではなく、その本質において過去の事柄に関係するのである。過去と未来を全体として統一するような普遍的な歴史の概念は、歴史認識や歴史記述によって実現されえないため、例えば分析哲学の歴史理解では、不当な実体化とみなされ斥けられている(7)。

それにもかかわらず、歴史の統一性についてのそのような理解を方法的に明確なかたちで捉えるためには、歴史の連続性を——進歩・堕落・促進・遅延・停滞などの——きわめて一般的で形式的な時間構造の組み合わせにもとづいて考えようとする試みがありうる。[8] しかしながら、そもそもそのような時間的経過のパターンは、人間の行為の志向的な意味の地平からはじめて歴史として理解されるようになるという点を別にしても、そうした抽象的な構造概念によっては、歴史の一回限りの意味内容は捉えられない。そのうえ、歴史の単一性、すなわち多くの個々の過程を人類の歴史全体にまとめた統一体は、個別的な歴史の構造上の共通点から読み取ることはできないのである。[9]

そのため歴史の統一性は、それが未来をも包括する限りでは、カント（Immanuel Kant 一七二四―一八〇四年）の超越論哲学の意味での統制的理念や要請と理解されるのが最も容易であると思われる。このような統一性は、それ自体で存立しているのではなく、人間の精神的な自発性に由来する構想であり、個々の歴史的認識を位置づける包括的な秩序の枠組みという役割を果たすものである。なぜなら人間の理性とは、その超越論的機能にもとづいて統一性を目指すものとして、時間における人間存在の全体性を追求し、そのようにして時間における自由の諸現象の総体として、唯一の歴史を構想するものだからである。[10]

ところで歴史の統一性と全体性に対する超越論的な要求は、人間にとって本質的であり、人間存在そのものの意味への問いに根差している。というのは、この意味への関わりから、個々人の生涯は統一性と全体性を獲得するからである。すなわち人間は、自分が人類の運命共同体の一員であることを自覚する限り、自らの個別的人間存在は、確かに抽象的な意味での全体性に解消されるものではないにしても、すべての人間の意味と関連があるものと理解されるのであり、それゆえ人間は、歴史の中に自らの意味と同一性を求めるのである。[11]「この〈向かう先〉（Wozu）が、すべての歴史の、したがってまた、すべての歴史記述の主題なのである」[12]。ここでいう「向かう先」、すなわち意味とは、決定論的な必然性ではなく、統一性を成立させるような、複数の経験や自由な行為の地平を指している。「歴史的経験を開示し、統合するような意味関連が与えられている場合にはじめて、歴史は統一あるものとして理解されうる」[13]。歴史の意味についてのこのような問いこそが、思弁的な歴史哲学を導く推進力となったものにほかならない[14]。

人間を歴史の担い手とみなす近代の歴史哲学と歴史学の背後には、弁神論の動機——つまり世界の不完全性に直面しながら無制約的な意味の救済を求める思考——が潜んでいると考えることができる。それというのも、意味や完全性一般への信念を放棄しないためには、歴史の悲惨な状態の根拠を、完全であるはずの神に求めることはできないからである。したがって、無制約的な意味を求める意欲ゆえに、歴史の不完全性は、その担い手である人間の不完全性に起因すると考える必要が生じてくる。

歴史においても自然の目的論が機能していると見ているカントとは異なり、フィヒテ（Johann Gottlieb Fichte 一七六二―一八一四年）によれば、歴史の意味はまず、人間の自由にとっての倫理的課題として解釈される[15]。そこで事実としての歴史は、定言命法に応じてなされた人間の自由な決断の連鎖と理解される。その場合、歴史全体の意味は、人間性の全面的実現という仕方で定言命法の内に含まれていることになる。しかしそこで自由に決断する者はあくまでも個々の人間である以上、この場合の事実としての歴史の統一性は、一つの包括的な意味の実現として保証されているわけではない。しかもこの場合、歴史は自由の所産と考えられているのみであって、自由そのものの内的な歴史性は視野に入っていない[16]。なぜなら、倫理的な命令のもつ無媒介的な無制約性と一般性のため、自由の主体である人間は、いかなる有限的な遠近法的性格をも隔絶した高みにあるものとみなされているからである。これに対してヘーゲルは、歴史を「自由の意識における進歩」[17]と規定することによって、歴史の事実性と主体そのものの歴史性を強調している。ヘーゲルにおいては、近代に典型的な「目的論の内面化」

（シュペーマン［Robert Spaemann 一九二七―］）が完成形態にまで至り、歴史の力動性は、自己意識が絶対的な自己所有にまで極まる過程として、精神形而上学的に理解されている。

とはいえヘーゲルにとって自己意識は、客体において、つまり労働を通じて、それも人と人との交流の中で言語を媒介に実現されるものである。ハーバーマス（Jürgen Habermas 一九二九―）の「コミュニケーション行為」の理論による歴史理解は、このヘーゲルの歴史観に準拠している(18)。フランクフルト学派の批判的理論を刷新するハーバーマスの構想は、マルクス（Karl Marx 一八一八―八三年）から出発して、実践を基礎づけると同時に、歴史的状況に対する批判を可能にする理論を目指している。その鍵となるものは、それ自体が対話的で相互主観性に根差した言語と、真理との関係である。反省を遂行し、真理を目指す理性は、他者によって承認されるためには、その真実性の訴えを相互主観的に主張しなければならない。真理とは、言明と現実との、明証的に認識される一致であるとする古典的な真理概念は、合意の理論によって取って代わられることはないにしても、補完されなければならない。こうして、意味論的・構文論的な言語レベルに加えて、「普遍的語用論」の意味での実用的・遂行論的な言語レベルが主題となる。そしてこの考えの着想源となったのは、フランクフルトでハーバーマスの同僚であったアーペル（Karl-Otto Apel 一九二二―）の無限の解釈共同体の理論であった。

ハーバーマスにおいて、言語の基礎的な位置づけは、人間とは言葉をもつことによってこそ自然を超え出て人間となるという考えから正当化される。しかし、言語を語ることそれ自体の中には、自由なコミュニケーション共同体という理想が、すなわち人間の成熟という理念が前提され、暗黙の内に承認されている。このことは、反省によって、人間にとって本質的な対話の不可避的な前提として認められる唯一の理念である以上、無制限の規範的機能を獲得することになる。「最初の発話とともに、普遍的で非強制的な合意への志向が表明されているのは明らかである」[19]。すなわち発話する者は誰でも、相互主観的に妥当するような意味の構築を目指しており、そのためには、自分が表明した意味と、聞き手が受け取る意味とが同一であること、それとともに聞き手が自己と同等の主体であること、つまり我と汝とが本質的に互換可能であり、相互的であることを前提しなければならない。つまり言語は、相互的な承認という基盤のうえでのみ、真理の主張として了解されるようになる。

自己と他者とのこの相互関係においては、相手の自由な自律性を尊重し、相手に対する強制力の行使を断念するとともに、同時に正義の基礎である相互性の原理が認められている。いかなる話し手も、相手もまた胸襟を開いているのでなければ、自身も心を開く義務はない。こうしてどの発話の場合でも、力による支配ではなく、より強力な論証と真理のみが有効とみなされる理想的な発話状況が目指されているのである。そこで、歴史に意味があるとすれば（このことは、人間が歴史的に行動する場合に、その行為の志向性においてそのつど肯定されていることである）、その意味はただ、すべての人の解放ないし成熟が実現する中で、すなわち自由なコミュニケーション共同体と真理とが実現することによってしか存立しえないのである。

ハーバーマスは、実証主義的ないし相対主義的な歴史記述や、歴史的意味を技術上の進歩と同一視する立場に対抗するとともに、晩年のアドルノ（Theodor Ludwig Wiesengrund Adorno 一九〇三―六九年）のような、歴史に対する悲観主義的な諦念を克服しようとして[20]、歴史的意味の実践的な判定基準を提出しているが、この基準は、実質的な内容をもった歴史哲学を意味するものではない。ハーバーマスもそこまでの主張は行き過ぎだと考えている[21]。実践的な判定基準は、事実としての歴史を分析しコミュニケーションの構造が暴力に左右されたり、歪曲されていることを摘発し批判することを可能にする。このことを、ハーバーマスは後期資本主義について試みている。それと同時にこの基準は、実践に対して、有意義な未来を求める努力の指針を指示するものとなる。

批判理論に対する反対者からすると、批判理論は、同一性《アイデンティティ》を喪失し一貫性を欠いた現代の状況にあって、納得しやすい意義の将来における成就が約束されたからこそ、一定の成功を収めたにすぎないと理解される。しかしまず問われるべきことは、支配関係から解放されたコミュニケーション共同体という——根本的には肯定されるべき——目標理念は、何によって方法的に正当化されるのかということである。ハーバーマス自身は、この点では、経験的人間論的構想や超越論的発想、あるいは解釈学的着想などのあいだで動揺しているように見える。明らかなことは、批判理論のカテゴリーが、伝統や既成社会から獲得されたものであって、その限りで歴史的に制約されたものであり、それ自体が批判を必要としていることである。例えば、「支配関係から解放された、万人と万人との対話」という中心的理念が、その起源をキリスト教神学の中にもつことは否定することができない(22)。「成熟」という啓蒙主義に由来する理念は、ハーバーマスの場合、疑問の余地なしに支持されるべき人間の自己責任と考えられていると同時に、人間にとって超越的とみなされるあらゆる力からの解放という、かならずしも当然とは言えない要請としても理解されているように思われる(23)。

その一方で、コミュニケーション能力をもつすべての人間同士の普遍的な対話という要請は、人間に対してあまりに過大な要求を課すものであり、人間の共同体形成のうえではむしろ妨げとなるとも考えられる。例えばゲーレン（Arnold Gehlen 一九〇四―七六年）の制度論やルーマン（Niklas Luhmann 一九二七―九八年）の組織論によれば、「論議を自律的に展開する能力をもつ者は、きわめて少数でしかない以上、そうした議論において常に必要となる決断の重圧を弱めることにこそが、個人の真の発達の可能性を促進することになる」ということにもなる(24)。さらに、ハーバーマスにおいては、とりわけ「相互主観性のもつ真理価を途方もなく過大評価していること」、すなわち「相互主観性は、個人では見出しえない真理を保証するといった先入観」に対して、さまざまに疑念が向けられている[25]。ハーバーマスにおいても真理は依然として、なるほどもはや独断的な決定という意味ではないにしても、方法的に作成可能なものや進歩の枠組みの内に収まっていることに変わりはない。主体が歴史的に制約されていることを十分に洞察したと称するにもかかわらず、ハーバーマスは、観念論的な歴史形而上学と同様に、歴史における絶対的理性の力に対する信仰を固持しているように見える。それというのも、歴史に左右されない無制約的な妥当性を求めるハーバーマスの主張は、歴史的に媒介されたコミュニケーションによる真理発見という理論によっては正当化されえないものである以上、そこでは観念論的な歴史形而上学における絶対知の要求が背景となっていると考えられるからである[26]。

ハーバーマスの場合に典型的に見られるような、体系的な歴史理論のアポリアは、歴史の意味が人間によって作り出されるものと考えられていることに起因するように思える。その場合に歴史における意味は、反省的で産出的な意味の意識と同一視される。それによって、反省による意味の確認と自己確証という理想は、未来に託され、歴史はそこに向かって、絶えざる進歩として進んで行くことになる。アドルノやホルクハイマー（Max Horkheimer 一八九五―一九七三年）も後期の著作において苦心の結果到達したように、現代において進歩への信仰に対して批判が加えられる以上、それはまた、意味や歴史がそれ自体自発的に作成可能であるとする観念を根本的に修正するところにまで展開されなければならない。意味の概念を、絶対的理性の反省といったカテゴリーから切り離そうとするそうした企ては、ガダマーの歴史解釈学において試みられる。

ガダマーの哲学的解釈学によれば、歴史的意味――いかなる人間的意味も歴史的である――は、そのつど伝達・共有されるものであり、先行的な所与として、反省的批判や自律的実践よりも力をもつ。それというのは、反省的批判や自律的実践は、歴史的意味によってはじめて権利と可能性を獲得するものだからである。それゆえ歴史的意味は、個々人固有の自発的投企によって設定されるのではなく、所与的事象の了解によって人間に媒介されるものである。したがって自覚的な了解は、創造的なものであるとしても、反省的な仕方で、伝統によって媒介された意味へと立ち返る。それゆえ伝統や影響史は、自覚的な歴史意識よりも包括的で、主導的な役割を果たす。歴史的意味は根本的に経験において伝えられるのではあるが、その場合に当の経験の可能性は、認識による萎縮と平板化の傾向に逆らって、了解を目指す努力を通じて切り開かれなければならない。こうして解釈学は、絶対的な進歩の理念に対する不信ゆえに、歴史的経験の有限性や個別性を介した具体的な方途に従って、真理や意味へと接近しようとするのである。このような解釈学的な立場——詳細は後述するが——に対しては、伝統と、批判的反省ないし自律的創造との微妙な均衡が、歴史性を重視するあまり、伝統の側へと一面的に傾いてしまうのではないかといった懸念が提起される。

（2） 歴史の主体

歴史の統一性と意味への問いは、歴史の主体と担い手の問題に立ち戻ることになる。なぜなら、歴史の概念的な統一性が一つの現実的根拠を必要とするように、歴史の意味の統一性は、歴史的な出来事の経過を通じてその意味を実現するような行為的主体を前提しているからである。歴史の主体という問題に関しては、どうしてもヘーゲルを参照せざるをえない。それは単に、社会主義やマルクス主義の陣営において、程度の違いはあれ、ヘーゲルの影響が継続して見られるからだけではなくて、何よりもヘーゲルの思考においては、歴史の哲学と主体の哲学との統一が典型的に叙述されているからである。

ヘーゲルはまず歴史の中に、経験的な主体の活動——つまり国家にまで組織化された諸民族と、（カエサルやナポレオンのような）世界史的諸個人の活動――を見ている。これらの主体は、歴史の新しい時期を導入し、その時期を担うにしても、一つにして全体であるような歴史の主体そのものではない。ヘーゲルによれば、歴史の真の主体は――表現はさまざまであるが――理性や摂理、あるいは、絶対精神の現れとみなされる世界精神である(27)。つまりヘーゲルは、形而上学的な意味で世界歴史の普遍的な主体を想定し、その主体を神学的・超越的に定義しているのである(28)。これによって彼は始めから、「社会的に同定しうる具体的な勢力が、世界史的な過程のその場面での政治的主体の役割を果たす可能性」をことごとく拒否している(29)。したがってヘーゲルの思想は、絶対的であることを自負するような政治的実践の拠りどころとはなりえない。むしろ、世界内のいかなる具体的なものも、歴史を全体として駆り立て、その方向を定めるような役割を担うことはできないといったこの考えの内には――自由主義や保守派の側からも、マルクス主義の側からも認められているように(30)――ヘーゲルの反全体主義的な意図が表明されていると言えるだろう。したがって歴史は、それ自体としては目的に関わる生起ではあるが、その生起の具体的な遂行者たちといえども、当の生起の目指すところを十分に把握することはできないし、遂行者自身の行動目的とみなされることもないのである。自由主義の歴史論はこの考えをさらに推し進め、歴史を実践の直接の対象としてではなく、むしろ「個々の実践が行われる場や制約であり、その契機のいずれにおいても実践を通じて媒介されていると同時に、いかなるときでも実践内に完全に汲み尽くされることがない(31)」ものとみなしている。したがって個人や社会的集団の歴史的同一性も、意図的に計画することはできず、その過程をあとからふり返ってみたとき、結果的に一定のまとまりと理解されるものにすぎないのである。そのため、個人に関しても集団に関しても、自らが何であるかという理解は、理論からではなく、歴史をあとから物語ることによってはじめて獲得される。このように歴史とは、予測不能なさまざまな状況や行動が干渉し合った偶然の結果なのであり、せいぜいのところ個々の場面に関して記述されるのみで、全体としては了解されえない。こうして自由主義的歴史解釈は、ヘーゲルに反して、歴史全体の意味と統一性を断念し、歴史哲学の構想を放棄するのである。

キリスト教的ないしヘーゲル的な歴史神学は、歴史の主体として、絶対者ないし神に代って人間が指名されると、近世に特有の歴史哲学に転化する。(32) 個人や特定の集団は歴史全体の担い手としてはふさわしくないため、その観点から、歴史の根源には、類としての人類が挙げられざるをえない。この場合、人間の類という概念は、カントの意味での超越論的主観という意味と、具体的な人類という意味のあいだで揺れ動いている。というのは一方で、実際の歴史に先行する統一性――歴史の主体や担い手にとって必要な統一性――は、せいぜいのところ超越論的な主観について言われうるのみだからであるが、他方で歴史的行為は、経験的に実在する人間についてしか語ることができないからである。このように、歴史の主体としての人類という概念の中には、超越論的実体化の次元と、経験的実在の次元とが混在している。(33) しかし結果として、超越論的な構造はそれ自体が行為するものではなく、責任を問われることもありえないため、その限りでは歴史の課題は具体的な人間に課せられるということになる。そこで例えば、自律的な人間存在の諸原理に従って、自然に対して完全な秩序を付与することは、人間の計画や労働の義務となるが、これはカントの場合には、超越論的な主観によって果たされる課題とみなされる。しかしながら、世界の秩序の責任を全面的に人間に帰するようなこの要求は、人間には元来過大な要求であると思われる。なぜなら有限な意識は、自分の状況全体を反省によって見通したり、計画的に形成することはできないからである。むしろ人間は、このような過大な要求を果たそうとすると、アドルノの「啓蒙の弁証法」が示しているように、機械的な自然法則に振り回されそれによって支配される傀儡《かいらい》となり、自分本来の人間性から疎外されざるをえないのである。人間を歴史の主体と考えることは、人間に対して過大な要求を負わせることになるため、そこから——例えばホルクハイマーやハーバーマスに見られるように——人間の負担を軽減し、人間存在を自然の規範的な構造に引き戻す試みが生じる。(34) これによって、主体としての人間の占める中心的な地位が放棄されるばかりでなく、歴史哲学そのものが自然存在論の中で基礎づけられ、歴史哲学固有な意図が解消されてしまう。歴史哲学があくまでも人間を歴史の主体として設定する限り、これは歴史哲学の自己解消を意味するが、そうした過程の諸段階を、マルクヴァルト（Odo Marquard 一九二八—）は批判的理論に目を向けながら、近代の歴史哲学が弁神論の世俗化によって発生した経緯を論じている。(35) すなわち歴史の中で起こる悲惨ゆえに、歴史の原因を神とみなす考えが決定的に反駁されることで、自律して成熟した人間は、自身を歴史の遂行者とみなすに至ったのである。ところが人間は歴史の完成を望んでいるため、歴史の悲惨さの自らの責任に帰することはできないが、さりとてもはや超越的な原因にその責任を転嫁することもできない。そのため自律した人間は、歴史の悲惨を弁明するために他律を必要とし、それに応じて敵のイメージが作り上げられる。こうして人類は原則として敵と味方に分けられ、歴史は、悲惨さに対して責任を取るべき社会的な支配勢力に対する闘争とされる。だが敵対者も人間であって、そのうえ相手との相互作用が常に生じるのは当然であるため、結局のところ人類そのものが、それに先立って存在している自然に還元されるということになる。自然は悪の根底にあるか、あるいは悪を克服する基準を成すものとされる。こうしてこの考えに従うなら、自律性の主張は、自然の宿命に対する諦念に落ち着くのである。

歴史の幸・不幸に対して、人間は全面的に責任を取ることはできない以上、人間中心的な歴史哲学は、その基本的傾向としては、歴史の主体を自然的な構造に委ね、実証主義や構造主義、あるいはまた人間論や類型論的着想など、非歴史的思考に立脚する考察の内に受け継がれるか、あるいは晩年のホルクハイマーのように、歴史哲学の神学的な起源に立ち返って、全体としての歴史に対する責任を、超越者に返還することになる。後者の場合には、パネンベルク（Wolfhart Pannenberg 一九二八―）が指摘したように、歴史神学的な思考によって、人間中心的な関心を自らの内に取り込むことができるし、より正確に言えば、歴史神学はそのキリスト教的な出自ゆえに、人間中心主義的思考を始めから自らの内に含んでいる。というのも、聖書によれば、なるほど歴史の主であるのは人間ではなく神であるが、それにもかかわらず人間はその人間性において、すなわちその行為や苦難において、この歴史の主題であり内容だからである[36]。つまり人間は、全体で一つのものとしての歴史にとって、歴史を遂行する「遂行者」（Agent）ではないにしても、「関与者」（Referent）、すなわち歴史を有する主体なのである[37]。このように、超越者の側から歴史的に位置づけられた人間には、自由な行為が当然のものとして認められている。すでに聖書では、人間の自由な活動の中で、神の業《わざ》がはっきりと描き出されている。このように歴史哲学が歴史神学に還元され、その内に接合されるならば、全体としての歴史は、有限な自由にとっての包括的な意味の場として――世俗化による歴史哲学の変質にあくまでも抗して――起源において神学的であるばかりではなく、本質的にもそのような現象であると理解されるものと思われる[38]。

三　歴史的了解の解釈学

思弁的な歴史哲学は、歴史から獲得されたのではなく、体系的哲学や社会学にもとづく一連のカテゴリーによって歴史を判定している。歴史がこのような図式の支配下に置かれている限り、歴史の意味はそのイデオロギーによって狭められているのではないかという疑いがつきまとう。これに対して現代の哲学的解釈学は、歴史の概念を超時間的な理性の体系から解放しようとしている。解釈学においては、人間の了解の有限性を反省することこそが、いっそう柔軟な歴史理解への道を開くことになると考えられているのである。解釈学が意味や真理を求めながら、あらゆるア・プリオリな構成に対して不信の念を抱き、その代わりに個々の歴史的経験の解釈を徹底し、思弁的な近道を避けることによって、(39)解釈学は同時に、具体的な歴史認識と歴史記述の理論に接近していくことになる。

人間にとって歴史は、人間が自分の歴史的責任を自覚し、社会的な行動を起こそうと決心するときにはじめて始まるのではない。歴史は、具体的な事態の複合として、また了解の地平として、そのつどあらかじめ与えられている。現在を構成する歴史の基底を理解することによってはじめて、将来に関する批判や実践は的確なものとなりうるのである。したがって歴史の意味は、第一義的には作り出されるのではなく受け容れられるものであり、それどころか了解しようとするあらゆる意図以前に、そのつど先行的に了解されており、同時に誤解もされているのである。人間はいつもすでに歴史の動きの中に組み込まれているところから、自らの歴史的起源を継承しながら、未知の未来へと次の一歩を踏み出すことが、人間にとっての課題となる。

了解が有限であり、完結しえないものであるならば、歴史は常に異質なもの、了解されないものでもあり続ける。歴史は、いかに自己意識を拡大しようとも、その主観性の中に解消することはできないし、したがってはるか未来においても、了解と一つになって絶対知の体系に集約することはない。むしろ了解は、「歴史の意味の断片を解読すること、つまりは、事実のもつ暗い偶然性に触れ、とりわけいかなる現在の意識にとっても未来が霞んで見える薄明の状態を前にして限定され砕け散る歴史の意味の断片を新たに判読すること」(40)でなければならない。この暗闇を抜け出て聳え立つようないかなる理想的なユートピアも存在しない。なぜなら、そのようなユートピアといえども、歴史の変遷に連れて変わっていく理想像の一つにすぎないからである。つまり、人間に課せられているのは、「一つのまとまった経過として歴史を了解することではなく、歴史の中で聴き取られ遭遇するかたちでわれわれが出会うものを了解すること」なのである。(41) このような了解は、中立的な客観的認識のもつ無時間的一般性とは異なるが、任意のものではなく、無制約的な真理を目指すものであるため、歴史的了解は、非歴史的な絶対知か、それとも歴史的相対主義かという二者択一に縛られるものでもない。

歴史的客観性の概念が、あくまで自然認識の客観性にならって考えられるとするなら、歴史的認識が循環的構造をもつ点で、歴史における客観性は成立しえないということになる。この循環は、シュライエルマッハー(Friedrich Daniel Ernst Schleiermacher 一七六八―一八三四年)が指摘したように、まず個々の事実とその意味地平とのあいだで生じる。なぜなら、歴史的事実は断片的な具体的意味として、例えば一時代の精神などの、一つの包括的な意味の全体を背景としてのみ了解されるが、その全体の方もまた具体的な事実を通してしか現れえないからである。歴史的認識はこのように、事実が帰属していると推定される意味の全体地平から事実の意義へと向かい、また逆に事実の側から意味地平の了解を深めるのである。部分と全体とのこの交互関係はどこかで終息するということがない。なぜなら、事実は意味地平においてはじめて事実となるのと同様に、意味地平は個々の事実によって支えられているからである。

ところで、事実の了解を可能にする意味地平は、事実の内にその具体化された姿を認めるばかりでなく、事実によって絶えず修正されてもいる。(42) そのため意味地平は、単にそれ自体で成立しているのではなく、主観の認識期待にも依存していることが明らかになる。このことによって、ハイデガーが指摘しているように、対象の側での部分と全体との循環は、意味地平に取り巻かれた歴史的事実と、主体の先行把握とのあいだの循環運動へと尖鋭化されるのである。

歴史的事実は、こうした超越論的で解釈学的な循環運動において、継承される伝統の一要素として、まず認識する者の関心を引き起こし、その事実にとって本質的な意味地平から当の事実を了解することを要求する(43)。というのは、歴史的事実はそれ自体、歴史的状況から生じた問いに対する応答として成立したものである以上、それが応答しようとした問いを新たに発見することによってはじめて了解されるからである。こうして歴史的な了解にとっては、歴史的事実を独自で自立したものとして成り立たせている問いを再構成することが課題となる。このような問いの再構成のために解釈者は、ディルタイが考えたように、歴史上の行為者へ心理的に移入するのではなく、歴史的状況の内に入り込もうとするのであり、その際に解釈者は、歴史的状況の事実と、その意味地平についての自身の最初の了解内容を、自らの生に適応させ、過去の問題提起を新たに呼び起こそうとする。過去を自らの現在へ適応することによって、解釈者の前反省的な自己了解が、歴史的な了解の内に入り込む。意図的な解釈に先立つ先行的な投企において歴史的意味が想定されることによってのみ、解釈者にとって事実の歴史的意義が成立する。それゆえ歴史的了解において、解釈者の了解地平と歴史的事実の意味地平とが融合するとき、無媒介的な精神的直視にとって単に事実的で歴史的な対象と思われていたものが、実はすでに解釈者の自己了解によって媒介されたものであったことが判明する。したがって歴史認識の「客観性」とは、主観性からの独立を指すのではなく、むしろ事実と観察者の二つの意味地平が双方に適切な仕方で交差する形態を意味するのである。

具体的な歴史的認識に先行し、それを制約している認識の立脚点《パースペクティヴ》は、「先行判断（先入見）」（Vorurteil）として、ガダマーによって特筆されている。この先行判断は、単に誤謬の源泉として認識の中に入り込んでいるばかりではなく、それ以上に、事実を開示する積極的な機能をもっている。なぜなら、先行する関心に照らされることで、意味や意義がはじめて明らかにされるためである。その場合にはもちろん、事実が単純に人間の認識の関心に従属するわけではない(44)。何と言っても人間は、自らの認識の先駆的性格を自覚している限りでは、自身の側から自らの先行判断を、歴史的事実の背景に、開かれた地平として投企し、同時にその先行判断をこの事実の側から補正するのである。開かれた投企においては、——肯定と否定ばかりでなく、さまざまな類似の——応答が返ってくる余地が生じるため、意味を投企するその領域においてこそ、事実は、投企された意味において浮彫りにされながらその意味とは区別されるかたちで、それ独自のあり方を際立たせ、またそれによって投企の力点や方向も変更されうるのである。

こうして了解の過程は、問いと応答の試みであり、しかもまたその応答自体が新たな問いとなるような、未完結の相互関係として、つまり我と汝とのあいだで行われるような対話的関係として洞察される(45)。ここで汝に当たるものは、根本的には歴史上のある人物ではなく、まさに意味志向の点で考えられた伝統そのものである。しかし対話が生じるには、相手との基本的な共通性を知ることが必要であるように、歴史的了解もまた、対話の相手同士に共通の意味に関与していることを前提している。このような過去との同意は——それ自身がまた歴史的に変容するものではあるにしても——歴史的な連続性によって保証されている。この連続性は、認識者の先行判断の内へと刻印されることによって、そのつどすでに認識者にも及んでいるものである。

先行了解が歴史的に制約されているというのは(46)、その了解内容が言語によって構成されている点から示される。伝統は、言語によって、そして言語ゲームの規則や見通しによって意識の中に根深く入り込んでいる。認識はあらゆる批判的反省に先立って、先行了解に導かれている限りで、伝統に大きく依存している。それゆえ認識は、その了解が制約され、限定されていることを承認し、伝統を真理が実現される場として受け取るのである。こうして了解が、ある種の権威、つまり伝統とその代表者たちを承認し受け容れることを出発点とする以上、理性と権威、洞察と先入見は、もはや啓蒙主義の意味で相互に対立するものではない。確かに伝統と権威は、その真理性の主張の点で常に吟味され続けなければならないが[47]、まずは了解に対しては、対象へ接近するその通路を確保するものである。反省的な認識は、このような歴史的意味の先取りを基盤にしてはじめて可能になるのである。

伝統と反省との関係は、批判理論の革命的な歴史観と哲学的な歴史解釈学とのあいだで、最も深刻な争点の一つとなっている。ハーバーマスは、批判的反省が主観の側においても歴史的な制約にもとづいていることを否定することはないが、真理性に向かって伝統を開き、伝統から自らを解放する反省の力を強調する。その一方でハーバーマスは、先入見や伝統や権威を擁護するガダマーの立場の中に、過去とそのイデオロギー的な支配状態を無批判に是認する態度を推定している。ハーバーマスによれば、解釈学は過去の正当さを先取りするのではなく、過去にイデオロギーの嫌疑を掛け、それを批判的に分析しなければならない[48]。精神分析との類比から考えられるように、社会的な領域でも、権力によって歪められた自己了解を想起させながら抑圧を暴き出し、そうすることによって自由な自己了解への道を開かなければならない[49]。過去のこのような分析のためには、過去の文化的所産の解釈学的了解を、歴史的状況の根底ではたらく現実の諸要因の客観的・方法的分析によって補完することが是非とも必要であると、ハーバーマスは考えている[50]。このような要因として挙げられるのが、とりわけ労働と支配である。このようにハーバーマスが個別科学の諸方法と並べて解釈学を提唱することにおいて、解釈学は基本的に、いわば妨げられたコミュニケーションや誤解を暴き出す技術や方法と理解されていることが明らかになる。しかしながらハーバーマスにおいては、解釈学と現実的諸要因の分析との関係、すなわちコミュニケーション共同体と労働の諸力との関係は不明瞭なままである。

解釈学を社会科学の内に導入したハーバーマスの功績は、ガダマーも認めるところだが、解釈学に対するハーバーマスの前述の批判は誤解にもとづいていると、ガダマーはみなしている。まず何よりも、ガダマーの解釈学は、例えばベッティ（Emilio Betti 一八九〇—一九六八年）が仕上げたような、了解の方法論を扱っているわけではなく、事象に即した事実的な了解の構造についての哲学的反省を行うものである。(51) 了解は、意図的な方法論の試みに先行するものとされるため、そうした了解においては、方法の理念は、限定された派生的な領域においてしか通用しないことが示される。それというのも方法とは、規範を定立する自由な主観の志向性に由来するものであるが、了解に対する反省においては、まさにそうした志向性こそ、すでに伝統によって形成されたものである点が明らかにされるからである。したがって方法的反省は、伝統によって媒介された意味へと事後的に立ち戻るにすぎない。もとよりこれによって、伝統批判の可能性が排除されるわけではないが、反省が影響作用史から抜け出して、例えば野生のままの非歴史的な自然状態を目指すといった可能性は否定される。それゆえ伝統は、反省よりも、それどころか反省された歴史意識よりも、(52) 包括的で強力なのである。なぜなら、「影響作用史的意識は、止揚不可能なあり方をもって、意識であるより以上に存在である」からである。(53) 確かに伝統も、現在からそのつど新たに捉えられなければならず、了解しようとする努力を通じて、衰退から守られなければならない。しかしながら、伝統の衰退といえども、純粋な自然状態への回帰などではなく、ただ歪曲され理解不可能となった伝統と化するだけなのである。伝統からの逃避によるのではなく、伝承の解釈学的循環の中に自ら進んで入り込むことによってこそ、伝統における意味と真理は、さまざまな歪曲から区別されうるようになるのである。

反省が完全に伝統から離れた立場に到達できないとすれば、その限りで歴史の反省と精神分析との類比は不完全である。(54) というのは、患者は原則として分析家の判断に服するのに対して、歴史との出会いは、過去と現在の双方から成る意味の語りかけという両極の緊張の内で生起するからである。これに対して、過去の一時期について原理的に完全な分析が可能であるとハーバーマスが考えるとき、そこにはむしろ、歴史を現在の観察者の立場へ還元しようとする思考が含まれている。それによって結果としては、歴史性は合理性ないし自然に解消されてしまう。ハーバーマスの思想の自然主義的・合理主義的な底層は、実在に関わる経験的方法によって解釈学を補おうとする要請においても明らかである。というのは、そこにおいては解釈学的了解の外部での一つの立場が前提されているからである。しかしガダマーが強調しているところによれば、いかなる対話においても、相手を了解することを通じて事柄そのものが問題になるのと同様に、解釈学は意味の志向内容を了解することによって、志向された事柄そのものの了解を目指すものであり、それゆえ解釈学は歴史的自己理解やテクストの意味にとどまらず、歴史的状況全体に関わるのである(55)。この歴史的状況の中には、例えば経済や社会構造のような現実的要因も含まれている。したがって経験などに関する客観的な分析は、解釈学によって開かれた了解の連関の内部にその場所と課題を有するのであり、外的な立場からそれを補うのではない。このことはすでに、経験科学の客体の選択や方法の設定などが、意味に対する関心、つまり了解への意志から発している点で明らかである。しかしガダマーとともに、了解の根本的な歴史性を認めた場合、歴史において無制約的真理や事柄を発見するためには、歴史性自体をいかに考えるべきかが、問われなければならないであろう(56)。

歴史と自然、経験と体系、了解と反省、言語と概念のあいだの優位性をめぐる論争、根本においては時間と存在、ないし自由と真理との関係をめぐる論争は、現代では歴史理論と解釈学とのあいだで行われているが、この論争はこの半世紀以来、ドイツ語圏内での哲学思想の最も深い、切実な問題を成している。この論争の今後の展開を予言するのは、時期尚早であろう。しかしながら、その根底にある二者択一的な概念形成においては、キリスト教思想とギリシア思想とのあいだの緊張が形を変えて現れているとみることはできるし、そこからさらに、現代の論争の根底に潜むより根本的な真理の思考へと掘り下げる方途も垣間見えることだろう。

四 歴史記述の諸問題

(1) 科学としての歴史学

現代の歴史学は、他の諸学との関係、およびその目的・対象・方法などに関してさまざまな問題に直面しており、そこにおいて歴史理論の問題や、さらに高度なかたちでは、歴史的了解の解釈学の問題が大きな役割を果たしている。

他の諸学との関係や目的設定に関して言えば、歴史記述は解釈学と同様に、伝統的に文献学や芸術学と並行して、審美的・文芸的な価値からその課題を理解してきた。これに対して一九六〇年代以降になると、批判的な歴史理論をも規定している実践的な社会科学が、歴史学への影響力を徐々に強めるようになった。さらには、事実を扱う科学を模範に、歴史的客観性を理想として、歴史学的認識そのものに認識としての価値を認めようとする、科学的・事実的な歴史記述の伝統も存続している。ところがこの伝統も現在では、歴史によって媒介される人間の自己理解に資するべく、歴史を人間の記憶の想起や拡大として記述しようとするのか、それとも、方法的な専門化や資料の蓄積を目指す科学固有の傾向に従って、独白の専門語をもった「大科学」(モムゼン [Theodor Mommsen 一八一七―一九〇三年])に発展させようとするのかという選択の前に立たされている。後者の場合には、この歴史学は一般人には理解されないものとなり、生き生きとした歴史意識の衰退に荷担しかねないといった代(57)

償がつきまとうことになる。(58)

歴史学の課題をめぐる議論は、その対象と方法の問題において具体化される。それというのは、歴史学は物理学や音楽学などと異なり、比較的明瞭に限定された独自の対象領域が定められているわけではなく、すべての精神科学と社会科学に関わり、それどころか――自然科学にも歴史的視点が組み込まれる限りでは――自然科学にまでも及ぶからである。これらの分野は、独自の方法を具えた個別的諸科学によって処理されるため、歴史学に固有の特殊性が問題となる。

歴史記述を、その対象を規定しないまま、もっぱらそこで用いられる形式的な時間構造から定義しようとする上述の試みは、自然の歴史と区別された人間の歴史に独特な特徴を主題としえないという点で難点がある。またヴィンデルバント（Wilhelm Windelband 一八四八―一九一五年）に従って、歴史を一般的法則から演繹されえない一回限りの生起の領域と規定するなら、(59)いかにして歴史をその意味において了解しうるのかが問題となる。そこで歴史とは、価値や意味の担い手として、それゆえとりわけ理念の歴史として捉えられ、あるいは意味が人間の行為の結果生ずるものである限りでは、主体を強調する自由な行為の歴史とみなされるのである。(60)個性に重点を置くこのような人格主義的な歴史記述に対しては、一九六〇年代後半頃から、むしろ大衆の集合的な運動や社会構造の重要性を強調する傾向も現れている。(61)個性を中心とする歴史的叙述と構造に関連する歴史的叙述とのあいだのこのような緊張が、歴史学の方法をめぐる現代の議論の要となっている。

（２）　出来事の生起と歴史の物語論《ナラトロジー》

解釈学的な歴史了解の理論は、最近になって、分析哲学の歴史論の中に思いがけない支援者を見出した。この歴史理論は、ドレイ(62)（William Herbert Dray 一九二一—二〇〇九年）と、とりわけダントー(63)（Arthur Coleman Danto 一九二四—二〇一三年）によって提唱され、ドイツ語圏内で好意的に迎えられた。

分析哲学の歴史理論では、歴史は一つで全体を成すものとしてではなく、多数の個々の歴史として捉えられる。歴史は物語形式において表現されるが、この形式においては、事実の報告と説明的な解釈とが、分かちがたく融合している(64)。自然科学が想定する演繹的説明は、「なぜ」という問いを手掛かりとしながら、一般的法則を適用することで、ある出来事の生起を予測可能な結果として演繹するのに対し、物語的説明は、事実上的な所与として前提される状態が「いかにして」成立したかを示そうとするものである(65)。したがって歴史は、ひとりの人物であれ、集団であれ、同一の主体の状態の変化を説明するものとされる。その中心に据えられるのは、歴史の主体の初期状態から後続の状態への推移を説明することになるような出来事の生起である(66)。これによって、あらゆる物語は次のような基本的図式にもとづくことが明らかにされる。

（1）xはt-1の時点ではFである。
（2）t-2の時点でのxに対して、Hが起こる。
（3）xはt-3の時点ではGである(67)。

つまり主体には、（1）の時点と（3）の時点では、相対立する述語が付され、両時点のあいだを媒介するのは、（2）の時点における事件Hである。簡単な物語の一例としては、カエサルの「来た、見た、勝った」が挙げられる。この場合、中間の「見た」が、発端の状況である「来た」を、結果である「勝った」へと転換したことを説明することになる。いかなる歴史もこのようにして、主題を示す発端と、説明に使われる中間（危機）、および説明されるべき終末をもっているとされるのである。

この意味での歴史物語は、年代記録に従って、すなわち現在の出来事に関する観察命題の結果として生ずるのではなく、計画的な組織化を必要とする。なぜなら、物語の統一的な一貫性はまず、主題である主体とその時間的状況の選択、到達点であるその後の状況の設定、さらに行為によるこの両者の結合にもとづいているからである。このような物語的構成が全体として成り立つには、諸々の行為や出来事が生ずる場として、それらの可能な諸関係を設定する意味の地平が前提される。しかし、物語全体を包括する意味の地平は、出来事が終了したあとにくる観察者の立場から投企されるほかはない(68)。そのような意味の地平は、多重に階層化されている。すなわちそれは、歴史に巻き込まれて行動するこれらのさまざまな主体の志向的な地平を前提し、それらの主体の状況や時代の地平全体にまで拡大され、最終的には、あらかじめ想定された物語の結末から規定される。その場合、この物語の結末そのものが、またもやその歴史の外部にある後代の出来事に照らして眺められ、最終的には将来への期待を抱いた語り手自身の意味地平の側から解釈されるのである。つまり語り手は、解釈学で言われているように、自分自身の了解の地平を移入するが、もとよりそれは単に恣意的な構成を意味するのではなく、過去の行為の中で自ずから現れ出る諸々の志向によって導かれ、訂正されることを通じて実現されるのである。諸々の地平のこのような階層化に応じて、ある出来事は、後世の出来事を前提するような——したがって直接に関与した者には捉えることができない——カテゴリーや基準を元に語られる。例えば「三十年戦争は一六一八年に始まった」という簡単な命題においても、一六一八年の出来事は、三十年後のその結末から解釈されているのである。

このように、歴史的に隔たりを取ることから、原則的には無限に多数な観点が開かれ、これらの観点の下で過去の諸々の出来事の生起が、そのつど真相に即して了解される。観点の自由な変容の可能性(69)は、ガダマーの影響作用史の意味で、時間的な距離とともに増大する。その結果、後世の解釈者の方が、当の出来事の目撃者よりも包括的に、またその真相を了解しうるようになる。[70] すでにドロイゼン[71]（Johann Gustav Droysen 一八〇八―一八八四年）が歴史学を基礎づける試みに際して認めていたように、歴史を開始と結末によってそれ自身で完結したものとみなしたり、その叙述が完全で客観的であるかのような錯覚を与えがちな歴史記述は、歴史理解の際の解釈学的諸条件という方向に差し戻して理解されなければならない。それゆえ歴史記述は、過去の出来事の生起をありのままに映した描写などではなく、それがその相対的な客観性に達するのは、過去を解釈する自らの立脚点を理解することによってなのである。[72] したがって歴史記述は本質的に断片的であり、遠近法的観点にもとづくものとして、後世の観察者の立場とその関心の地平に拘束され続けるのである。

（3）　構造と記述

すでに解釈学に対して、社会構造の経験的分析によってこれを補うべきだとの要求が出されたように、物語の古典的なモデルに対しても、ある異議がもち出されている。それはすなわち、物語の古典的モデルは、一回限りの出来事の生起とその個別的な担い手に限定されているが、歴史の広大な流れは、無名の大衆や長期にわたる過程によって、さらに大きく規定されているという異議である。したがって、出来事の物語は、構造の記述によって――取って代わられると言わないまでも――補われなければならないのである。この対立において、例えば法的事態、経済組織、社会構造、制度化された無意識の行動形態といった構造は、中期的ないし長期的持続として、連続性と、大抵はその集団的担い手の匿名性によって特徴づけられている。これに対して、出来事の特徴を成しているのは、時間的に比較的限定された枠組み、以前と以後との対比、特定の個人や集団とおおむね同定可能な行動の主体などである。出来事は、変遷するものとしては、それを説明する物語を必要とするが、構造は――それ自身がその成立に関して、すなわち出来事として捉えられるのでない限り――単に事実として記述されるほかはない(73)。

物語と記述との対立、または対象に関して言えば、生起と構造との対立は、例えば出来事の生起を主張する古典的な芸術史の意味で、あるいは構造を主張する非歴史的な構造主義の意味で、一面的に解決されてはならない。というのは、構造は出来事の生起の中ではじめて顕わになり、生起を通じて変遷する一方、逆に生起の側も、比較的持続性をもった状態や過程を前提しているからである。つまり両者は補完し合うべきものであり(74)、しかもその相互補完関係の中でも、事件の歴史に対立する極を、フランス語圏内の思想にあるように(75)構造だけに限定されるべきではなく、より適切には発展史が考慮されるべきであろう(76)。

このように構造や過程を強調する歴史叙述への着目は、歴史的な人間存在を比較的安定した日常の行動構造の中に見出したフランスのアナール学派の刺戟に負うところが大きい。一般の人間の生活様式や地平は、際立った出来事として現れ出ることはないが、方法的には概念史の研究や統計学、あるいは典型的な伝記などを介して把握される。出来事を強調する個性化による歴史記述が、ドイツでは今でも支配的であるとしても、構造に関わる社会史はその領域を拡大し、特に中世の制度史と経済史の分野では、めざましい成果を示している。その場合社会史は、個性化によってではなく、類型化による研究を進め、そうすることによって社会学の方法、すなわち出来事の類型と普遍的法則を形成する作業を歴史学の中に取り入れる一方で、また逆に社会学に対して、歴史的観点をより強調した見方を要求している。これによって社会史は、ヴェーバー（Max Weber 一八六四―一九二〇年）においても、個性化と類型化との相対立する方法によって隔てられていたこの二つの科学、つまり歴史学と社会学の橋渡しを試みるのである(77)。

意味を強調し、個性に重点を置く歴史物語と、事実を強調し、類型化を中心とする歴史記述との緊張関係は、上述したような解釈学的歴史理解と、社会科学によって鼓吹された歴史理論との相違に相当すると言えるだろう。しかし歴史的事実の分析は、解釈学的な立場を受け容れた場合にのみ十全な仕方で可能になるのと同様に、構造的な歴史記述も——不変の自然構造ではなくて、歴史を対象とする限り——歴史物語の中に位置づけられる必要があるだろう（78）。

註

（1）H-G. Gadamer, Die Kontinuität der Geschichte und der Augenblick der Existenz, in: *Kleine Schriften* (= *KS*) I, 2. Aufl. Tübingen 1976, S. 154.

（2）Cf. R. Koselleck, Geschichte, Geschichten und formale Zeitstrukturen, in: R. Koselleck, W.-D. Stempel (Hgg.), *Geschichte - Ereignis und Erzählung* (Poetik und Hermeneutik 5), München 1973 (=*GEE*), S. 217-222.

（3）Cf. A. Borst, Weltgeschichten im Mittelalter?, in: *GEE*, S. 452-456.

（4）Cf. R. Koselleck, Wozu noch Historie?, *Historische Zeitschrift* 212/1 (1971), S. 5-9.

（5）G. W. F. Hegel, *Die Vernunft in der Geschichte*, hg. von J. Hoffmeister, Hamburg 1955, S. 19.

（6）Cf. H.-G. Gadamer, *op. cit.*, S. 155.

（7）Cf. F. Fellmann, Das Ende des Laplaceschen Dämons, in: *GEE*, S. 119.

（8）Cf. R. Koselleck, Geschichte, Geschichten und formale Zeitstrukturen, in: *GEE*, S. 212f.

（9）Cf. W. Pannenberg, Erfordert die Einheit der Geschichte ein Subjekt?, in: *GEE*, S. 484; J. Taubes, Geschichtsphilosophie und Historik, in: *GEE*, S. 497.

（10）Cf. H. M. Baumgartner, Kontinuität als Paradigma historischer Konstruktion, *Philosophisches Jahrbuch* (= *PhJB*) 79 (1972), S. 265-267; W. Hardtwig, Geschichtsprozeß oder konstruierte Geschichte, *PhJB* 81 (1974), S. 381-390. Cf. I. Kant, *Ideen zu einer allgemeinen Geschichte in weltbürgerlicher Absicht*, Akademie-Ausgabe, Bd. 8, S. 17.

(11) Cf. H.-G. Gadamer, Das Problem der Geschichte in der neueren deutschen Philosophie, in: *KS* I, S. 3.

(12) J. Taubes, *op. cit.*, S. 497.

(13) W. Pannenberg, *op. cit.*, S. 482.

(14) Cf. H. Kuhn, Veritas Filia Temporis. Über die Glaubwürdigkeit der Geschichtsphilosophie, *PhJB* 84 (1977), S. 15.

(15) Cf. H. M. Baumgartner, *Kontinuität und Geschichte*, Frankfurt 1972, S. 320; F. Fellmann, Der Begriff der historischen Erklärung und seine geschichtsphilosophischen Folgen, *PhJB* 84 (1977), S. 100.

(16) Cf. W. Hardtwig, *op. cit.*, S. 390.

(17) G. W. F. Hegel, *op. cit.*, S. 63.

(18) Cf. E. Martens, Der Zwang der Wahrheit. Zum Dezisionismusproblem bei Jürgen Habermas, *PhJB* 83 (1976), S. 392-401; W. M. Sullivan, Communication and the Recovery of Meaning: An Interpretation of Habermas, *International Philosophical Quarterly* 18/1 (1978), pp. 68-86; H. Pilot, Jürgen Habermas' empirisch falsifizierbare Geschichtsphilosophie, in: Th. W. Adorno et al., *Der Positivismusstreit in der deutschen Soziologie,* 4. Aufl. Darmstadt 1975, S. 307-334.

(19) J. Habermas, Erkenntnis und Interesse, in: id., *Technik und Wissenschaft als Ideologie*, Frankfurt 1968, S. 163.

(20) Cf. A. Honneth, Adorno und Habermas, *Merkur* 33/7 (1979), S. 648-652.

(21) Cf. J. Habermas, Über das Subjekt der Geschichte, in: *GEE*, S. 470; id., *Theorie und Praxis*, 3. Aufl. Frankfurt 1974, S. 271-279.

(22) Cf. M. Theunissen, *Gesellschaft und Geschichte. Zur Kritik der kritischen Theorie*, Berlin 1969, S. 37-39; H.-G. Gadamer, Replik, in: K.-O. Apel et al., *Hermeneutik und Ideologiekritik*, Frankfurt 1971, S. 304.

(23) Cf. M. Theunissen, *op. cit.*, S. 33.

(24) E. Martens, *op. cit.*, S. 395.

(25) M. Theunissen, *op. cit.*, S. 25; cf. H. G. Gadamer, Replik, *loc. cit.,* S. 299.

(26) Cf. W. M. Sullivan, *op. cit.*, p. 84; M. Theunissen, *op. cit.*, S. 34.

(27) Cf. G. W. F. Hegel, *op. cit.*, S. 60.

(28) Cf. W. Pannenberg, *op. cit.*, S. 479.

(29) H. Lübbe, Geschichtsphilosophie und politische Praxis. in: *GEE,* S. 227.

(30) Cf. O. Marquard, Die Geschichtsphilosophie und ihre Folgelasten, in: *GEE*, S. 465.

(31) H. Lübbe, *op. cit.*, S. 229.

(32) Cf. W. Pannenberg. *op. cit.*, S. 479-481; M. Theunissen, *op. cit.*, S. 30, 33.

(33) Cf. M. Theunissen, *op. cit.*, S. 24f.

(34) Cf. *ibid.*, S. 13-15; 24f.

(35) Cf. O. Marquard, Beitrag zur Philosophie der Geschichte des Abschieds von der Philosophie der Geschichte, in: *GEE*, S. 242-247; id., Wie irrational kann Geschichtsphilosophie sein?, *PhJB* 79 (1972), S. 241-253.

(36) Cf. W. Pannenberg, Weltgeschichte und Heilsgeschichte, in: *GEE*, S. 308f.

(37) Cf. id., Erfordert die Einheit der Geschichte ein Subjekt?, in: *GEE*, S. 481.

(38) Cf. K. Löwith, *Weltgeschichte und Heilsgeschehen*, 6. Aufl. Stuttgart 1973. S. 11-26.

(39) Cf. H.-G. Gadamer, Die Universalität des hermeneutischen Problems. in: *KS* I, S. 111.

(40) Id., Replik, *loc. cit.*, S. 302.

(41) Id., Die Kontinuität der Geschichte und der Augenblick der Existenz, in: *KS* I, S. 158.

(42) Cf. J. Simon, Das Neue in der Geschichte, in: *PhJB* 79 (1972), S. 274.

(43) Cf. H.-G. Gadamer, *Wahrheit und Methode*, 3. Aufl. Tübingen 1972, S. 250-290, 344-360.

(44) Cf. J. Simon, *op. cit.*, S. 270-281.

(45) Cf. H.-G. Gadamer, *Wahrheit und Methode*, S. 340-342; id., Die Universalität des hermeneutischen Problems, in: *KS* I, S. 104f.; cf. H.-I. Marrou, *De la connaissance historique*, 2ème éd. Paris 1955, pp. 85-96.

(46) Cf. O. Pöggeler (Hg.), *Hermeneutische Philosophie*, München 1972, S. 23-26, 30-32.

(47) Cf. H.-G. Gadamer, Replik, *loc. cit.*, S. 300.

(48) Cf. J. Habermas, *Zur Logik der Sozialwissenschaften*, 2. Aufl. Frankfurt 1971, S. 282-287.

(49) Cf. id., *Erkenntnis und Interesse*, Frankfurt 1973, S. 262-364.

(50) Cf. id., *Zur Logik der Sozialwissenschaften*, S. 281; cf. H. Albert, *Traktat über kritische Vernunft*, 2. Aufl. Tübingen 1969, S. 149-157; L. Krüger, Über das Verhältnis der hermeneutischen Philosophie zu den Wissenschaften, in: R. Bubner et al. (Hgg.), *Hermeneutik und Dialektik*, Bd. I, Tübingen 1970, S. 21-27.

(51) Cf. H.-G. Gadamer, Replik, *loc. cit.*, S. 287-289; R. Bubner, Über die wissenschaftstheoretische Rolle der Hermeneutik, in: R. Bubner et al. (Hgg.), *Dialektik und Wissenschaft*, 2. Aufl. Frankfurt 1974, S. 91-97.

(52) Cf. H.-G. Gadamer, Replik, *loc. cit.*, S. 307.

(53) Id., Rhetorik, Hermeneutik und Ideologiekritik, in: *KS* I, S. 127.

(54) Cf. H.-G. Gadamer, Replik, *loc. cit.*, S. 302-308.

(55) Cf. Id., *Wahrheit und Methode*, S. 253f., 276-278, 319; id., Replik, *loc. cit.*, S. 289.

(56) Cf. H. R. Jauss, Geschichte der Kunst und Historie, in: *GEE*, S. 195f.

(57) Cf. J. Simon, *op. cit.*, S. 277, 280-282.

(58) Cf. Th. Schnieder, Selbstverständnis und Lage der Geschichtswissenschaft heute, *Universitas* 33/8 (1978), S. 245-251.

(59) Cf. H. Lübbe, Was heißt: »Das kann man nur historisch erklären«?, in: *GEE*, S. 550-554; id., Der kulturelle und wissenschaftstheoretische Ort der Geschichtswissenschaft, *Conceptus* X, nr. 27 (1976), Sonderausgabe: *Erklärung und Interpretation in der Geschichtswissenschaft*, S. 49-55.

(60) Cf. J. Simon, *op. cit.*, S. 275; F. Fellmann, *Der Begriff der historischen Erklärung und seine geschichtsphilosophischen Folgen*, S. 97.

(61) Cf. W. Conze, Sozialgeschichte, in: H.-U. Wehler (Hg.), *Moderne deutsche Sozialgeschichte*, 4. Aufl. Köln 1973, S. 19-26; H.-U. Wehler (Hg.), *Geschichte und Soziologie*, Köln 1972.

(62) Cf. W. Dray, *Laws and Explanation in History*, 3rd ed. Oxford 1964.

(63) Cf. A. C. Danto, *Analytical Philosophy of History*, 2nd ed. Cambridge 1968.

(64) Cf. *ibid.*, p. 115.

(65) Cf. J. Habermas, *Zur Logik der Sozialwissenschaften*, S. 112f.; F. Fellmann, Das Ende des Laplaceschen Dämons, in: *GEE*, S. 131-133.

(66) Cf. A. Borst, Das historische ›Ereignis‹, in: *GEE*, S. 536-540; H. R. Jauss, Versuch einer Ehrenrettung des Ereignisbegriffs, in: *GEE*, S. 554-560; H.-G. Gadamer, Die Kontinuität der Geschichte und der Augenblick der Existenz, in: KS 1, S. 153-155.

(67) Cf. A. C. Danto, *op. cit.*, p. 236.

(68) Cf. F. Fellmann. Das Ende des Laplaceschen Dämons, in: *GEE*, S. 117-119.

(69) Cf. A. C. Danto, *op. cit.*, p. 142.

(70) Cf. *ibid.*, p. 169.

(71) Cf. H. R. Jauss, *op. cit.*, S. 181-185.

(72) Cf. F. Fellmann, Das Ende des Laplaceschen Dämons, in: *GEE*, S. 134.

(73) Cf. R. Koselleck, Ereignis und Struktur, in: *GEE*, S. 560-563; F. M. Wimmer, *Verstehen, Beschreiben, Erklären. Zur Problematik geschichtlicher Ereignisse*, Freiburg 1978.

(74) Cf. R. Koselleck, Ereignis und Struktur, in: *GEE*, S. 563-567; K. Hübner, Apriorisches und Aposteriorisches in den Geschichtswissenschaften, *Conceptus* X, nr. 27 (1976), S. 72-76.

(75) Cf. W. Conze, *op. cit.*, S. 24.

(76) Cf. Ch. Meier, Narrativität, Geschichte und die Sorgen des Historikers, in: *GEE*, S. 580f.

(77) Cf. H. Mommsen, Sozialgeschichte, in: H.-U. Wehler (Hg.), *Moderne deutsche Sozialgeschichte*, S. 27-34; W. Conze, *op. cit.*, S. 23-26.

(78) Cf. R. Koselleck, Ereignis und Struktur, in: *GEE*, S. 564.

第三章　時間と歴史

一　理解と経験の時間性

人間の時間と歴史は、人間の生そのものと同様に多様であるため、われわれは生の遂行に際して常に時間と歴史に接してはいても、その当の時間と歴史は、包括的で俯瞰的な反省によって捉えきれるようなものではない。それというのも時間は、それ自身とは無関係な内容に当てはめられる外的で恒常的な形式などではなく、生の根源、また生における活動のありようとして、生において具体的に現前しているからであり、人間の一切の経験はそのような意味で、どれもが時間的だと言いうるからである。

オルフェウス教などの神話的思考にあっては、世界の始動者として一切を包括し再びそれらを呑み込む「クロノス」の形象によって時間の力が具象化されていた。これに対して、アリストテレス（Aristoteles 前三八四―三二二年）の哲学的分析においては、「時間は魂といかに関わるか(2)」、あるいは「もし魂が存在しないとしたら、時間は存在するのか、存在しないのか(3)」といったことが問題となった(1)。アウグスティヌス（Augustinus 三五四―四三〇年）によれば、「現在」における人間の魂の「延び広がり」（extensio）こそが、時間経験の場であり根源である。なぜなら、過去・現在・未来という時間の本質的諸次元は、「過去なるものについての現在、現在なるものについての現在、未来なるものについての現在」[4]として展開される包括的現在〔現前〕の諸変容（tempora）だからである。時間が意識の経験と結び付いているというこうした捉え方は、カント（Immanuel Kant 一七二四―一八〇四年）の超越論哲学において確固たるものとなり、時間は直観の純粋形式とみなされ、概念的・対象的認識の可能の制約にまで高められた。こうしてカントにおいて時間は、意識が対象に関係する際の条件とされたのに対して、ハイテガー（Martin Heidegger 一八八九―一九七六年）においては、「この存在者〔現存在〕の存在は歴史性によって構成されている」[5]と言われるように、時間ないし歴史が、現存在の前超越論的な根源として、人間存在の根底に据えられることになった。「こうして、現存在の歴史性の解釈は、基本的に、まさに時間性の具体的な仕上げであるということが明らかになる」[6]。

時間性は人間の存在と認識の全体を貫いており、そのためトマス・アクィナス（Thomas Aquinas 一二二四／二五―七四年）にとって、時間の理解は神や永遠性の認識の内でさえもはたらくものであり、そこにおいて言表されることになる。「まさに永遠性はすべての時間を包括するという理由により、動詞と、時間を共に表示する分詞は、彼自身〔神〕について語られる。……こうしてわれわれは、時間的事物の仕方に従ってでなければ、端的なる永遠性を知解したり、言葉によって表現したりすることはできない」[7]。了解と言語を貫くこのような時間性は、存在それ自体の了解にもとづき、それを頂点とするのであり、その存在は、無制限な現在という様相において現象し、自らについての言表を可能にするものである。「なぜならそれ〔「在るもの」という神の名称〕は、現在においてあるということを意味する。そしてこのことは、最も固有の仕方で、神――その存在は、過去も未来も知らない――に関して言われる」[8]。

純粋な現在というこのような存在の地平によってはじめて、「魂」は、過去と未来へと延長する自らの延び広がりを、先行する視点から一望して、時間を「時間の経過」として主題化し、それを数によって測ることができる。したがって魂の本質が時間にもとづくのではなく、時間と呼ばれる運動の測定の本質が理性的魂にもとづくのである。それゆえ理性的魂は、「視覚が眼に先行的に関わるような仕方で、先行的に時間に関わっている。眼を欠いては見ることはできないが、それにもとづいて視覚がそれであるところのものを、眼から受け取っているわけではないのと同様である[9]」。

時間を了解するこのような能力においては、認識者は自らの時間性に対して距離を取り、それを対象化する限りで、悟性にとって時間は――カントがそう理解したように――悟性それ自体からは区別されるような、悟性にとって認識の制約となる感覚的次元として捉えられる。そこで盛期スコラ学の概念を援用すれば、時間を時間として了解することにおいて、知性の理解遂行は、「永劫」(aevum)という次元――「永遠」(aeternum)ではなく、かといって、知性的活動と感受に際して時間に関わりながらも、その存在が時間の流れに全面的に服しているというのでもない中間領域――の内に自らが根差しているということを確証するということになる。「永劫は、時間と永遠の中間にあるものとして、そのどちらとも異なっている[10]」。古典古代と中世の伝統にあっては、この「永劫」(aevum; αἰών)という概念によって、自らの時間性を意識した有限な精神のあり方が表されていた。「霊的被造物は、その内で継起が起こる情感や知性に関しては、時間によって測られる。これに対して、その自然本性的存在に関しては、それは永劫によって測られる[11]」。このように、本質的には時間に関わりながらも「同時的全体[12]」(totum simul)として時間性を凌駕する存在の次元こそが、世界内のあらゆる知性的存在者に共通の地平を成し、歴史という共通の事態を可能にするのである。「そのような永劫は、一つだけであると言わなければならない[13]」。

自らの存在とその世界内の活動全体とを統一するものは、生の遂行という概念の内に求められる。生において時間は、そのつど「私のもの」あるいは「私たちのもの」として経験されるが、時間そのもののもつ時間としての性格は、時間自体の内容や遂行のありようによって変化する。時間というものは毎朝新たになるが、病床ではその在立が脅かされ、幸福なときには充実した持続をもたらし、また苦痛や退屈の際には果てしなく延び広がり、他者の呼びかけに触れるときには出会いの「今」へと凝集し、旅立ちにあたっては予測のつかない未来へと開かれるのである。

二　歴史としての時間

時間は人間の生と意識において生起する限り、そのつどの現在において、過去と未来への二重の関係を含み、そうすることで歴史的時間にまで拡張していく。なぜなら歴史の本質とは、その時間性において過去がそのものとして活現し、そうすることで、開かれてはいるがある方向をもった未来へと超越するのを可能にするところにあるからである。これに対して、古代における大プリニウス（Gaius Plinius Secundus 二三／二四―七九年）の伝統や、カントの「起源の自然探求」としての「自然史」(14)というかたちで考えられた時間の流れそのものは、それだけではまだ歴史とは言えない。それゆえ、人間の存在了解および自己了解が具体的な過去・現在・将来という三脱自態を通じて遂行される限り、歴史とは本質的に人間に固有のものなのである。「歴史とは、時間の内で起こる、実存する現存在の特有の生起である(15)」。

このように歴史を、人間と、人間によって形成された文化的世界とに限定することによって、まず自然と歴史との区別、およびそれに対応する学問上の区分が生じることになる。つまり、ディルタイ（Wilhelm Dilthey 一八三三―一九一一年）、リッケルト（Heinrich Rickert 一八六三―一九三六年）、ヴィンデルバント（Wilhelm Windelband 一八四八―一九一五年）に見られるように、事象と事実的生起を普遍的な合法則性から説明する法則定立的な自然諸科学と、歴史的事実をその一回限りの価値と意味に即して理解する個性記述的な精神諸科学ないし文化諸科学の区別が生じるのである。このような両学問の対立、およびそこに含まれる困難な問題――つまり個と普遍、あるいは価値と事実の連関、およびそれらに対応する認識様態の問題――を克服するために、ヴァイツゼッカー（Carl Friedrich Freiherr von Weizsäcker 一九一二―二〇〇七年）は、自然をも歴史的存在者として捉えようとしていた。すなわち、閉鎖システム内部のエントロピーや系統発生は、その過程が不可逆的であり、新たな形態を産み出し、しかもその際に一定の方向性を示すといった意味で本質的に時間によって規定されているとみなされるのである(16)。しかしながら、単なる自然物は、自らが時間的に条件づけられているということを自覚することはなく、したがって自らに内在する法則によって規定され続けるものであるため、それ自体としてはやはり歴史性によって構成されているとは言えない。これに対して人間は、自らが先行する歴史に発するものであることを自覚しているだけでなく、さらには本能から自由であることによって、非拘束的で未規定的である。そこで人間は、伝統に積極的に還帰し、予測のできない将来へ自由に関わることによってのみ、自己自身を実現することができる。またそうすることで人間は、歴史に依存しつつも同時に歴史に介入することを通じて、自らの具体的なあり方を本質的に変容させていくのである。

歴史性とは、人間の存在の時間性や、時間的・歴史的な被制約性の意識のみをその内実とするだけではない。歴史に対する回顧的または先駆的な関わりそのものは、「私の可能な実存の能動的な歴史的過程の内に組み込まれている」[17]とヤスパース（Karl Jaspers 一八八三―一九六九年）が言うように、歴史性は、時間的制約の中で自らの存在を意識的・創造的に変容させるような関与をもその本質とするのである。「ここにおいて存在と知は不可分に結び付く。知、すなわち明晰な把捉と関与がなければ、いかなる歴史的存在もありえないし、また歴史的現実なしには、いかなる知もありえないのである」[18]。

第一義的および本来的には人間のみが歴史的であるが、自然の世界もこのような歴史性に参与し、それによってさまざまな度合において歴史的な文化的世界にまで構成される。なぜなら、人間は他なるものとの相互関係においてのみ自らを把握し実現するものであるため、人間の自己理解は、人間自身が把握する外的存在および世界内の他の存在によって媒介されているからである。「現存在の歴史性は本質的に世界の歴史性である。しかし自然もまた、風景、入植地、開発地、または戦場や祭場として、歴史的である」[19]。さらに自然的世界は、歴史的な出来事が演じられる舞台、あるいはそれを設《しつら》える土壌として解釈することが可能であり、したがって歴史理解の側から遡って主題化されることもある。そのような仕方でアウグスティヌスは『神の国』において、創世記解釈をはじめとして、「発端―経過―終極」[20]という図式に従う歴史の神学を展開し、宇宙《コスモス》を歴史の内に組み込んでいる。

三　歴史と歴史認識

生活世界において経験される歴史は、社会的環境との交渉や人間のコミュニケーション能力にもとづいて、そもそも個々人の一生の範囲を超えた歴史という文脈の内に埋め込まれているのであり、そのような歴史は言語や生活形態の中に自ずと現れてもいる。こうして個々人の歴史的時間は、個々人を囲繞する包括的な歴史の運動に参与するものであるため、明確な自覚をもって実存を遂行する意志を抱き、その責任を引き受けようとするなら、そこからは同時に、歴史的認識を通じて過去を見据えて、その知識を我が物にしようとする努力が生まれてくる。「歴史」（ἱστορία）とは、元来は自然の探求を意味した語が歴史へと転用されたものであり（ヘロドトス［Herodotos 前四八五頃―四二〇年頃］）、アリストテレス以降のギリシア文化圏では歴史記述を表す語として定着したが、それとは比較にならないほどの強固な歴史意識をもっていた聖書の思考にあっては、歴史を直接に表す言葉や概念は見当たらない。ロマン主義以降、「歴史」（Geschichte）と「歴史学」（Historie）が区別され、例えばシュレーゲル（Karl Wilhelm Friedrich von Schlegel 一七七二―一八二九年）では、歴史が「過去の人類の総体であり、それは将来の人類への予感と分かちがたいもの」とされるのに対して、歴史学は、「歴史と同様に他の対象にも当てはまる文献学的な処理方法」と定義されている。(21)

歴史的知識は、それが諸々のデータを「世界史の包括的な俯瞰的眺望《パノラマ》」(22)へまとめ上げることに限定されるなら、自発的な生の活動を阻害するものともなりうる。そこでニーチェ（Friedrich Nietzsche 一八四四―一九〇〇年）は、人間にとっての歴史学の意味に疑義を呈し、歴史学を「事実的なものの偶像崇拝」(23)として断罪したのである。しかしながら人間の生は、行為と反省という二重の仕方で遂行されるものであり、その意味では歴史認識もまた、その学的形式をも含めて、歴史的生の展開の本質的要素を成しているものと考えられる。なぜなら歴史認識は、「あらゆる了解を構成する契機」である解釈学的「適用」（Anwendung; Applikation）を促すものだからである。「歴史的解釈学もまた、適用の作業を実現しなければならない。なぜなら歴史的解釈学も、解釈者とそのテクストのあいだを隔てている時代の距離を橋渡しして明示的かつ自覚的に乗り越えることによって、意味の妥当性に寄与するものだからである」[24]。このように歴史学的事象を解釈学的に理解する努力としては、例えばオリゲネス(Origenes 一八五頃—二五四年頃)以来の聖書の三重ないし四重の意味解釈——歴史的・字義通りの意味、道徳的意味、霊的・上昇的意味ないし終末論的意味——といった神学的理論、法学やそれ以外の領域における歴史的「手本」(exempla)をめぐる論議、また十五世紀の人文主義において「歴史は人生の導師である」(historia magistra vitae)の標語の下になされた歴史記述、さらには十八世紀に頂点を迎える実用的な歴史記述などを挙げることができる。十八世紀における実用的な歴史記述とは、カントに見られるように、「世の中がその利益を前代よりも増大するため、あるいは少なくとも前代と同等にするためにどのような配慮をすればよいかを教える」[25]ものとされる。しかしこの場合、人間存在の歴史的次元は、実用的な利益に切り詰められてしまうきらいがある。したがって人間の存在遂行と人間自身の過去とを媒介するには、客観的な歴史研究と並んで、確かな技術に支えられた解釈が必要となるのであり、そのような二重の歩みを通じてこそはじめて、直接に体験された現在という狭量な視野を乗り越える仕方で、歴史的時間を拡張することができるのである。

四　多様な歴史物語と一なる歴史

歴史認識の意味は、人間の理解と生の可能性を拡張するところにこそ存するものである以上、歴史に関する問いかけは、歴史の中で、そのつどの人間の現在の関心にとって意味のある問題に集中するのは当然である。利用可能な資料が膨大で、明確な理解を得るために史料を選択し、重点を絞る必要がある場合、そうしたことはますます顕著になる。歴史に関して何よりも問われなければならないのは、個々の事実でもなければ、さしあたっては——循環理論や歴史的形態学といった意味での——法則性ではなく、非必然的な生起の経過を一貫して理解にもたらすということである。そのため、歴史学的認識を展開するに当たって、物語り行為（narratio）に基本的で優先的なはたらきが帰せられることになる。物語り行為は、まずは想像力に訴えることで聴き手の自発的な意味解釈を喚起する。そのうえ物語り行為は、分析哲学的な歴史物語論、とりわけダントー（Arthur Coleman Danto 一九二四—）が示したように、[26] 叙述がもつ三肢的構造——発端、筋の頂点《クライマックス》を含んだ時間経過、終結——を通じて、時間的継起を何らかの全体として把握することを可能にする。物語においては発端と終結の設定は任意であり、その両点を物語によって結び付けることで、叙述・説明・解釈が渾然一体となって進行する。そのため、語り手はそこで創造的に何らかの統一的な意味形象《イメージ》を打ち出すにしても、その意味形象はそもそも語りの関心のもち方に依存しているため、唯一決定的なものとはなりえない。このような事態の内には、歴史の了解における循環的構造、つまり「歴史を探究する者は、歴史を創る者である」[27]といった循環が反映している。しかしながら物語は、単に諸事実の確認にとどまらず、それらの事実の連関に関しても歴史的に明白なデータに可能な限り沿っている場合にのみ、歴史の叙述たることを自称できる。同時にそのような物語は、個々の歴史的意味を提示することによって、必然的に何らかの意味の全体を示し、それを通して最終的には歴史全体の意味、および——人間存在が歴史的である限りは——人間そのものの意味の全体を先取りすることになる。

　こうして、歴史物語が複数ありうるという問題は、歴史およびその意味の単一性と全体性への問いによって凌駕される。このような全体に関わる意味はそれ自体再び、範例となる決定的な出来事——「時の中心」[28]（コンツェルマン［Hans Conzelmann 一九一五—八九年］）——の内に、あるいは擬似歴史的・神話的な形象——万象の始めである原初の時代（「楽園」）、理念的な終焉の状態（「終末《エスカトン》」）、時間内での先取り（千年至福説や、フィオーレのヨアキム（Joachim de Floris 一一三五頃―一二〇二年）による「聖霊の時代」）など――の内に見出される。歴史とは確かに非必然的で予測不能な仕方で生起するものではあるが、それが人間の自己理解の本質的な契機である限り、歴史は人間存在の意味の問いの内に組み込まれている。そして人間は、自ら自由に決断するときに歴史の力を感じ取るものである以上、歴史は、人間存在の意味の発見および確証の場として要求されることになるのである。

歴史物語や歴史理解は、歴史に意味があるという前提にもとづいており、そのため歴史に意味がないという想定でさえも、それはそのまま人間の自己理解へと跳ね返ってくる。しかし、歴史考察においてそのような意味は超時間的な概念として把握されるというよりも、歴史的事実に即して顕現し、記述や解釈や預言の言葉を通じて、明確な理解の明るみへともたらされる。過ぎ去った個々の出来事は、そのような言葉において歴史として現存し、生きられた伝統によって形成された意味内容として、その言葉の内に現れるのである。

言語によるこうした分節によって、歴史的時間は、意味の充実体としての「時期」に分かたれる。そのような捉え方は、「諸時間系の秩序」(29)（ordo temporum）あるいは「諸時代」（aetates）の継起(30)という、アウグスティヌスによる歴史理解において、また近代に至るまで模範となるような典型的な仕方で展開されている。「時代」において、人間存在の解釈は「生活様式」(31)（ウィトゲンシュタイン［Ludwig Wittgenstein 一八八九―一九五一年］）としての完結した形態を取る。この「生活様式」とは、その位相がずれたり地平が重なり合うことはありえても、言語的・文化的な、個人的・社会的現実のすべての領域にくまなく浸透し、そうすることではじめて、「基本的統一体としての個別的総体性(32)」を可能にする。アウグスティヌスはそのような時代区分の原理を、人間の発育と成熟過程というモデルから獲得することによって、歴史そのものを人間の成長とみなし、人間という観点から歴史の総体的意味を考えているのである。

そのつど一回限りの出来事の生起は、その出来事の起こった歴史的時代の文脈に照らすことでその歴史的意味が定まるのであり、しかもその生起は、再び当の歴史的時代の形成と変化に寄与することになる。ある事件の歴史的瞬間や、その出来事から生じる――アナール学派の構造概念の意味での――持続的な社会的構造の内では、意味の自立的統一体としての時代が具現し、その時代の意味が顕わになっている。それぞれの意味の統一体がもつ独自の価値を、ドイツ古典主義時代において若きヘルダー（Johann Gottfried Herder 一七四四―一八〇三年）は、人類史の普遍的概念との対照で強調している。「各々の球がそれ自身の重心をもつのと同様に、各々の国民はそれ自身の幸福の中心を自らの内に有している」(33)。

歴史的現象の意味は、個的現象において人間存在の全体が、それぞれ固有の姿で現れるということにもとづいている。意味というものは、存在者の全体に照らしてのみ、はじめて自らの有意味性を証すのであり、そのため歴史的意味は、歴史的全体としての人類、および歴史全体との関係を含みもつ。それゆえ各々の個別的歴史においても、歴史そのものが全体として問題となるため、カントがヘルダーに反論したように、歴史の目的は全面的に「個の内ではなく、類の内でのみ」実現される(34)。こうして歴史記述は、それ固有の意味の力動性にもとづいて普遍史に向かい、またそれによって一にして全体を成すものとしての人類の歴史的存在の解釈へと展開されていくのである。これはまさしく、アウグスティヌスの継承者たちの思想、または彼の友人のオロシウス（Orosius 四一八年以降歿）の世界史を範として、中世から初期近世に至るまで常に新たに取り上げられてきた主題であった。

普遍史は、その始まりと終わりが任意ではないような場合――つまり始まりが、存在の創設と意味の設立の統一（創造）として生起し、終わりが、先行する歴史内の事実を意味あるものとして顕わにし（最後の審判）、その事実性を永続的な妥当性と充実へと止揚するもの（終末）である場合――にのみ、ある有機的統一体として成立し、それによって普遍史は、人間にとって端的に意義ある意味の担い手となり、またその具現的実現となる。歴史の有意味性を明瞭に示すために、普遍史はそのような救済史的な枠組みの内に置かれるのである。同様に黙示文学も、全体としての歴史の秘密をその終末の側から解明し、そうすることで困難に満ちた歴史に意味を与えようとするものである。そのような神学的諸解釈がことさらに施されない場合でも、歴史的時間そのものは、その契機の各々において、自由を可能にする無前提的な始まりと、意味を約束する超越的終末とのあいだにあって、その両端を二つの極として成立し、それによって歴史的時間はある究極的な意味を形成する。それはちょうど、再びアウグスティヌスに倣うなら、始まりと終わりという限定の内部でのみ、ある歌が意味の全体へと集約するようなものであり(35)、ハイデガーに従うなら、人間の現存在はただ自らの誕生と死との実存論的関わりにおいてのみその全体性に達するというのと同じことなのである。

歴史全体および人類全体の意味と、歴史内の個々の出来事の非必然性とのあいだの緊張関係の内に、はじめて歴史そのものが成立するが、このような緊張関係は、歴史の終末が人間にとって隠されており、また歴史的過程が人間の自由と究極的意義の生起との対話として遂行されることにもとづいている。その場合にのみ、歴史における意味がそのつど新たに変容され具体化されるとともに、歴史内の諸力が、予測しえない仕方で互いに競合し合う。これに対して、意味が人間の理性によって構成可能で、理性の自己実現とみなされるなら、事実的な歴史は、ア・プリオリな歴史理論の具体的例示にすぎないものとなり、事実的歴史が目的へと向かって進行する過程は、法則に則った発展――それが直線的なものであれ、弁証法的なものであれ――として説明される。そうなると歴史は、十八世紀後半以来そうであるように、目的・法則・経過が見通せる実質と捉えられ、集合単数名詞の歴史として実体化されることになる。「歴史そのものは、言葉遣いからしても、独自の主体となる」(36)。このようにして、物語りを通じて記述する普遍史に代わって、「歴史哲学」（ヘーゲル）あるいは体系ないし計画としての歴史という構想が現れる。それに応じて、歴史の基本的要素である、中立的に開かれた時間、および歴史の担い手たる人間の自由といったものが理性の理念の内に吸収されることによって、歴史の意味は決定論的な必然性へと転じ、歴史は自然との類比で理解され、歴史の時間も平板で均質な経過として捉えられるに至る。しかしながら、歴史的時間の理解は、あたかも超時間的であるかのような立場によってではなく、人間の理解と決断の有限性へと自覚的に立ち戻ることによってこそ可能になるのである。

五　歴史の根源としての行為

歴史のはたらきを構成している多様な諸要素のなかでは、人間の行為こそが、歴史の基本的要素であり母体であると考えられる。それゆえ中世の著者たちは歴史的著作に「言行録」(acta)、「行跡」(gesta)、「事跡録」(res gestae) といった標題を冠し、アウグスティヌスは、聖書の創造記述を「固有の意味でなされたことの物語」(37)とみなした。内的活動としては現実全体についての予備理解に発する人間の行為は、自由な決断にもとづいて、具体的活動を通じて自己自身と共同体とを、その個別的現状に即して、洞察された理念へと参与させようとする。アリストテレスが『ニコマコス倫理学』で提示し、後世にも大きな影響力をもった理論に従えば、行為 (πρᾶξις) は、自由意志によって自覚的に遂行され、それゆえ行為自体の根源と責任は当の行為者の内にあることをその本質としている。そうした責任ある遂行としての行為は、習慣によって築かれる性格と、状況に対する倫理的・経験的洞察を基盤とし、行為の目的・手段・行為者の状況という段階を経て、自在な（違った形をも取りうる）決断と、外的行為におけるその実行において実現される。ヘーゲルがアリストテレスの分析を承けて強調しているように、「意志の諸規定が意志自身によるものとして内的に定立され、その意志によって意欲される場合に限り」、人間の意志は行為において自由である。「このような自由をもって意志が実行を通じて外的に現れたものが行為なのである。この行為の外的発現において意志は、自ら自覚し意欲したものをのみ自ら自身のものとして承認し、自己自身に帰せられることを認めるのである」[38]。こうして行為は一方では個々人の良心によって「当為」と関わり、他方ではその実現に関しては「他者の意志に」関わり[39]、行為者の意図とは「まったく別のものを結び付ける外的諸力に委ねられる」[40]。こうして、歴史内で特定の状況に限定されている行為者は、全体的な作用連関を見渡すことができない以上、行為の主観的動機と、歴史の文脈の内でのその行為の役割は、互いに異なることもありうるのである。

歴史はそれ自身、状況の理解と実践的な意図によって導かれた人間の「意志の活動」[41]から発する。了解された状況そのものが歴史の内に組み込まれる程度に応じて、行為は、個々人を包摂する影響作用史の地平の内で、その運動に即して遂行される。「人間存在の歴史的動態とは、人間存在が絶対的な立場に固定されているわけではなく、それゆえにまた真の意味で完結した地平をもっていないということをその内実としている」[42]。しかしながら、過去の歴史についての了解の影響作用史的構造は、各々の行為において歴史がそのつど生産的に産出されていく事態とは区別される。そのような区別は、ある行為の歴史的影響が、まずは外的な現実的要素によっても規定され、さらには、先行する歴史の中で実現されなかった意味を歴史的事実として成立させようとする意図にもとづいている。

歴史を規定する現実的要素とは、地理的条件や自然の生起などの自然的事実とその時間性だけでなく、とりわけ文化的・社会的諸構造をも含むものである。そのような文化的・社会的構造は、それ自体、過去の個人的・集合的決断が沈澱して成立したものではあるが、それは大抵は自明の事実として、問われることなく前提されるため、一般社会における個々人の活動に対して指示と方向を与え、匿名的で恒常的とも言える歴史の形式を成すことになる。

歴史的行為およびその結果、すなわち歴史的生起はこのような諸構造を枠組みとして生じ、他方でこの講造は、政治などの意識的な行使によって変更されうるため、個々人の行為と社会的構造は、出来事の歴史と構造の歴史というように二者択一的に整理できるようなものではなく、むしろ互いに補完し合う不可分のパラダイムとして理解されなければならない。したがって歴史考察は、構造という側面に目を向ける際には、歴史的時間の長期の持続を重視し、生起を中心とする際には、歴史的時間が設立されるような特権的瞬間を特に強調することになる。歴史とは人間の生のありようの変遷にほかならないため、歴史においては行為こそが原理的な優位をもっている。歴史的変遷は人間の行為を通じて遂行されるものであり、またそうした人間の行為は「意味」の把握によってのみ可能になる以上、歴史とは単なる因果連関ではなく、人間の行為を考慮に入れることではじめて把握可能になるものなのである。

六　歴史的行為を可能にするものとしての意味

中立的な時間は、それが行為によって形成されて満たされたときに、ただその限りで歴史の時間となるため、歴史の時間の構造と地平は行為のそれによって規定される。行為は、人間の自由の責任ある遂行である以上、歴史の時間は本質的に、人間の自由、つまり有限で他の人格に関わる自由が展開される場として構成される。人間の自由な決断というこのような中心を核として、外的な自然的・社会的現象ははじめて歴史的に有意味なものとなり、つまりは自由を可能にし促進するもの、または自由を阻害するものという性格を担うことになる。この場合に人間は、自由な行為において、自由以前の状況、あるいは自由を拘束するような状況を自らの意味構成の内的契機となし、その状況を有意義連関の内に組み込もうとし、その状況の事実性を自らの行為の目的に照らして変形させる。それゆえ歴史の時間は、自然的な時間と並列しているのではなく、そのような時間を取り込み、それを人間的な意味によって満たそうとするものである。

しかし歴史は有限的自由の遂行である以上、単なる事実を自由に実現された意味へと止揚する努力は常に不完全にしか完遂されえず、その努力は挫折することがあるばかりか、人間にふさわしい存在の基盤を損なうことすらありうるということが、人間の歴史の本質には属している。なぜなら人間の自由は、外的な状況によって制限されるのみならず、その自由なあり方そのものにおいて、合理化しきれない衝動によって貫かれており、人間の自己了解と意味了解のもつ限界によって挟められ、自らの自由な行為に起因する負い目をもつことでその自発性が弱められもするからである。それでもやはり自由は、単に対象に関わるだけでなく、意識的・反省的な自己規定として、自発的に人間存在の自己実現を目指す。そのため歴史の時間は、人間存在そのものの実現をめぐる葛藤をその内容および主題としている。意味とのそのような関わりこそが、人間の行為をはじめて自由なものとして可能にするものである。なぜなら意味そのものは、目前の事実性に束縛された自然本性的欲求から人間の行為能力を解放し、同時にそのようにして開かれた可能性の領域の内部で、行為に対して何らかの目的を提示するからである。そしてその目的によって、意志は単なる可能性の空虚な中立性を乗り越え、特定の行為へと向かう。

歴史は自由な行為の内でその意味を実現し、またそうした自由な活動を通じて、人間は自由な存在としての自己肯定と自己遂行を貫徹する。そのため歴史的行為の意味とは、ヘルダーの言葉を用いれば、「人間性と幸福」(43)であり、さらにドイツ観念論に従えば、「自由の身分への」(44)移行（カント）、「自由によって理性的になること」(45)（フィヒテ［Johann Gottlieb Fichte 一七六二―一八一四年］）、または「自由の意識における進歩」(46)（ヘーゲル）と規定される。したがって、人間性と自由とは、自由な行為の内に指導的理念として組み込まれており、それゆえ自由は本質的に個々人の恣意を凌駕するのである。個々人は歴史的世界という一なる領域で互いに関わり合い、他者との正当な相互承認を通じて自らの自由を十全に獲得するに至る。それによって自由の理念は、複数の自由の融和の理念へ、また正義と自由における人類の一致、あるいは「永久平和」（カント）の理念へと展開していくのである。

このような人間理性の普遍的理念は、責任ある歴史的行為が自らを投企する目的の地平を形成するが、ここにはまだ、具体的状況と歴史上の特定の時間の内に生きる個々人との関係が欠けている。そもそも普遍的理念に対するそのような捉え方においては、人間の自由に対するその道徳的拘束力は最終的に何にもとづくのか、また既成の事実を変革するその力はどこから得られるのかといった点が不明確なままなのである。歴史的に行為する者自身は、行為において目指された意味の内に巻き込まれ、まさにその自由で責任ある決断において未来に向かって開かれているが、この未来そのものは、現在における意味の実現を出発点としながらも、行為者自身が見通すこともできなければ、十分には責任をもつこともできないようなものである。

具体的な歴史的行為は、不可欠で正当なものであるだけでなく、特定の歴史的状況において課せられるものであるため、ここにおいて自由は、人間に内在する不変の自然本性から人間論的ないし超越論的に根拠づけることのできない使命によって、その行為を促されるということになる。そのような無制約的な使命によってこそ、歴史的行為の目的となる普遍的理念は、まさに無制約的なものとしてその根源から基礎づけられ、特定の状況に向けて具体化される。またそうすることでこの理念は同時に、過去の単なる組み替えや展開には尽きない新しさをもつ未来へと超出するのである。そのような新しさへと、すなわち従来のところを意味あるものとして受容的に継承しはするものの、けっしてそこから導出することのできない斬新さへと自由が自らを解放しようとすることが、歴史の時間の本質を成している。歴史的な将来は予言不可能であるという事実が示しているように、歴史はその本質からして反復することはなく、また衰亡や進歩といった直線的な過程を取るものでもない。そのような歴史にさらされながら自らを遂行している人間が、自身を無意味として諦めたり、自らの行為能力を手放すべきではないのなら、歴史は、たとえ本質的に未規定的なものであろうとも、かといって無意味な偶然の産物とみなされてはならない。こうしていかなる歴史的状況も、人間の自己実現の有意味な可能性をもつものと理解されなければならないため、自身と他者のために将来の状況を作り上げることを自覚している歴史的行為者は、自らが無制約的な使命の下に置かれていることを意識している。このような使命は、将来が十分な責任をもって形成される限りで、将来をその意味において根拠づけ正当化することによって、人間の有意味な決断を可能にする。したがってこの使命は、歴史的可能性をまさにそのものとして——つまり新たで非必然的でありながら、それ自体において有意味で、究極的に意味の充実に向かうものとして——開示する。このような使命は、歴史的な出来事において顕わになったり、または思索的省察や対話において洞察されるが、いずれにしてもそうした意味の発現を通じて、個々人の良心はその使命のもつ意味を理解しつつ、その重みを直接に受けとめることになるのである。

このような使命の理解、すなわち将来に関わる責任に耳を傾け受容する態度を明らかにするためには、ある種の実存論的解釈学が必要となる。ただしこの実存論的解釈学は、影響作用史の意味での過去の了解を統制的な契機として含みながらも、根本的には多面的な状況において課せられた一定の可能性の認識を本質とする。つまりそれは、歴史を創設するような本来の使命を、責任のある人間存在におけるその反映にもとづいて識別するものでなければならない。この場合、そのような意味理解が真正であることは、人間のより深い自己経験と自己同一性の形成によって確認される。「人間は、内観によってではなく、ただ歴史においてのみ自己自身を認識する」(47)。

行為者は、自立的な選択というかたちで行為へ向けて決断することによって、一定の可能性を、自らに課せられ、自らの将来を唯一規定するものとして受け容れる。そうすることで行為者は、自身が見通すことはできなくとも、有意味であることを信じている将来へと、自らを全面的に委ねるのである。このような全面的な決断を可能にする点で、その自由を通じて歴史を創設するように人間に対して呼びかける使命は、まさに無制約的に超越的であることが暗示される。それゆえ、意味の了解と諸々の可能性に関する決断においても、その認識と思考の形態は歴史上の先例を範とするものであっても、そこでは現在において顕現する意味が、可能性および課題という仕方で未来を創設するものとして肯定されるのである。

このような意味の設立は、根本的には時間そのものの創設と一致する。なぜなら時間は過去を継続させるものではあっても、常に刻々と自らを一新し、その時々の「今」を現在の深淵の内から産み出しつつ、可能性をはらむ未来へ向かって進展するものだからである。それはまた、ベルクソン（Henri Bergson 一八五九―一九四一年）が、因果論的・機械論的な時間論に代表される、空間的に対象化された時間理解に逆らって強調した点でもあった(48)。時間とは人間にとってそのつど新たに生じ、それゆえ歴史的に与えられると同時に、歴史を開くものでもあり、その構造は、三次元的な時間了解の準超越論的な図式として理解されてはならない。時間と意味は、人間によって構成されるのでなく、むしろ人間の自由を喚起し、それを歴史の内で実現させるものである以上、超越的な根源と深淵に根差すものである。そのような根源と深淵が無制約的で創造的な呼びかけを通じて現存することによって、人間は自らの歴史的時間の形成に積極的に参与することが可能になるのである。

註

（1）Aristoteles, *Physica* IV, 14, 223a16-28.

（2）*Ibid.*, 16-17.

（3）*Ibid.*, 21-22.

（4）Augustinus, *Confessiones* XI, 20, 26. アリストテレスとアウグスティヌスの時間論の比較については以下を参照。P. Ricœur, *Temps et récit*, III: *Le temps raconté*, Paris 1985, pp. 19-36; K. Flasch, *Was ist Zeit? Augustinus von Hippo. Das XI. Buch der Confessiones*, Frankfurt a. M. 1993, S. 115-124.

（5）M. Heidegger, *Sein und Zeit*, (1. Aufl. 1927), 14. Aufl. Tübingen 1977, S. 382.

（6）*Ibid.*

（7）Thomas Aquinas, *Summa theologiae* I q.13 a.1 ad 3.

（8）*Ibid.*, I q.13 a.11 c.

（9）Nicolaus Cusanus, *De ludo globi* II, Opera omnia IX, p. 118.

（10）Thomas Aquinas, *op. cit.*, I q.10 a.5 c.

（11）*Ibid.*, ad 1.

（12）*Ibid.*, ad 2.

（13）*Ibid.*, a. 6 c.

（14）I. Kant, *Über den Gebrauch teleologischer Prinzipien in der Philosophie*, Akademie-Ausgabe, Bd. 8, S. 162.

(15) M. Heidegger, *op. cit.*, S. 379.

(16) C. F. v. Weizsäcker, *Die Geschichte der Natur*, Göttingen 1948, 8. Aufl. 1979, 1., 6., 9. Vorlesung.

(17) K. Jaspers, *Philosophie* II: *Existenzerhellung*, Berlin 1932, S. 119.

(18) *Ibid.*

(19) M. Heidegger, *op. cit.*, S. 388.

(20) Augustinus, *De civitate Dei* XI, 1.

(21) Fr. Schlegel, *Philosophische Lehrjahre*, I: Philosophische Fragmente Nr. 828, Kritische Ausgabe, hg. E. Behler, Bd. 18, München 1963, S. 389.

(22) K. Jaspers, *op. cit.*, S. 118.

(23) Fr. Nietzsche, *Unzeitgemäße Betrachtungen*, Zweites Stück: Vom Nutzen und Nachteil der Historie für das Leben, 8, Werke, hg. K. Schlechta, Bd. 1, München 1954 (Darmstadt 1994) , S. 263 [Kritische Studienausgabe, Bd. 1, S. 309].

(24) H.-G. Gadamer, *Wahrheit und Methode*, 3. Aufl. Tübingen 1972, S. 292.

(25) I. Kant, *Grundlegung zur Metaphysik der Sitten*, 2. Abschnitt, Akademie-Ausgabe, Bd. 4, S. 417, Anm.

(26) A. C. Danto, *Analytical Philosophy of History*, Cambridge 1965.

(27) W. Dilthey, *Der Aufbau der geschichtlichen Welt in den Geisteswissenschaften*, Gesammelte Schriften Bd. 7, Göttingen 1958, S. 278.

(28) H. Conzelmann, *Die Mitte der Zeit. Studien zur Theologie des Lukas*, Tübingen 1954.

(29) Augustinus, *De doctrina christiana* II, 28, 42.

(30) Id., *De vera religione* 48-50; *De Genesi adversus Manichaeos* I, 35-41.

(31) L. Wittgenstein, *Philosophische Untersuchungen*, 19; 23; 241.

(32) E. Troeltsch, *Der Historismus und seine Probleme*, Tübingen 1922/Aalen 1961, S. 32.

(33) J. G. Herder, *Auch eine Philosophie der Geschichte zur Bildung der Menschheit*, Sämtliche Werke. Bd. 5, hg. B. Suphan, Berlin 1891, S. 509.

（34） I. Kant, *Idee zu einer allgemeinen Geschichte in weltbürgerlicher Absicht*, Akademie-Ausgabe, Bd. 8, S. 17f.

（35） Augustinus, *Confessiones* XI, 38.

（36） R. Koselleck, Geschichte, in: *Geschichtliche Grundbegriffe*, Bd. 2, Stuttgart 1975, S. 650.

（37） Augustinus, *De Genesi ad litteram* VIII, 1, 2; *De civitate Dei* XIII, 21.

（38） G. W. F. Hegel, *System der Philosophie.* Dritter Teil: Die Philosophie des Geistes, Sämtliche Werke, hg. H. Glockner, Bd. 10, S. 391f.

（39） Id., *Rechtsphilosophie*, 113.

（40） *Ibid.*, 118.

（41） J. G. Droysen, *Historik*, 5. Aufl. München 1971, S. 16.

（42） H.-G. Gadamer, *op. cit.*, S. 288.

（43） J. G. Herder, *Ideen zur Philosophie der Geschichte der Menschheit*, 9. Buch, Sämtliche Werke, Bd. 13, hg. B. Suphan, Berlin 1887, S. 350.

（44） I. Kant, *Mutmaßlicher Anfang der Menschengeschichte*, Anmerkung, Akademie-Ausgabe, Bd. 8, S. 115.

（45） J. G. Fichte, *Die Grundzüge des gegenwärtigen Zeitalters*, 9. Vorlesung, hg. F. Medicus, Bd. 4, S. 527.

（46） G. W. F. Hegel, *Vorlesungen über die Philosophie der Geschichte*, Einleitung, Sämtliche Werke, hg. H. Glockner, Bd. 11, Stuttgart 1928, S. 46.

（47） W. Dilthey, *op. cit.*, S. 279.

（48） H. Bergson. *L'évolution créatrice*, Paris 1907, pp. 356 -373.

第四章　呼びかけへの傾聴

——言語の超越論的構成機能について——

一　現象学における存在理解の問題

（1）超越論的立場と世界への開き

本論では、言語が意味を開示する独特の機能を有する点を、現象学研究の流れに即して解明していくことにする。現象学と言語との関わりは、ハイデガー（Martin Heidegger 一八八九—一九七六年）以降、解釈学的な問題設定から大きく影響を受けている。そのため、間主観性、世界了解、ないし人間の認識の地平形成などをめぐる問いに関しては、現象学と解釈学は共通の問題領域を成していると言えるだろう。こうした双方からの接近にもかかわらず、それぞれの問題意識に即した問いの立て方のあいだには根本的な緊張が存在し、その相違は簡単に解消することができないというのもまた事実である。

解釈学はまずは文書によって伝承された言葉から出発し、歴史的疎隔の意識の下で、その意味の解釈に努めるものである。個々のテクストに関して、その意味を明確に決定するには、その言語的世界全体との関係を考慮しなければならないと同様に、理解そのものは、解釈者の理解地平の内に具わっている意味の諸可能性を実現するかたちで遂行される。したがって、個々の有意味な事態——何らかのテクストや生起など——が理解される際には、二つの理解地平が相互にその可能性を究明し合い、展開し合うことになるため、根源的な意味への遡及は、同時にまた新たな意味への進展でもある。そのため理解とは本質的に歴史的な運動であり、その過程の内で意味は理解に対して遠近法的に媒介される。

理解の言語的・歴史的条件に対する解釈学的な反省は、個々の問いをその意味地平に向けて解釈することを可能にする反面で、問いの内発的な力を鈍らせ、前言語的な現実の明証性に到達しようとする認識の方向性を閉ざしてしまう傾向がある。解釈学的な問題設定においては、もとより批判や事象をめぐる議論、あるいは学問的に確実な真理発見の道が否定されるわけではないが、かといって、それらが徹底的に考え抜かれるとも言えない。そして、まさにそのような揺るぎなく根拠づけられた真理への問いこそが、フッサール（Edmund Husserl 一八五九―一九三八年）の現象学を突き動かしたものにほかならない。それというのも、フッサールが古典的で合理主義的な伝統を引き継ぎながら強調しているように、確固たる真理こそが、人間の自立的で責任ある存在の成立に寄与するからである。

十九世紀末から二〇世紀初頭にかけてのフッサールにとって、そのような真理に到達することは、意識が自らの意識活動自身に対する心理主義的な執着から解放され、伝統的思弁や無反省的な先入観による拘束から自由になる場合にのみ可能であるとされる。すなわち、それ自体から自らを現す所与をありのままに注視することによってはじめて、超時間的で変更の余地のない確実性が基礎づけられる。そのようにして自体的に妥当する意味内容を意識主観から区別し際立てることで、対象性という意味での客観性が、認識の根源的なあり方として主題化される。そして所与の客観性は、意識の志向性とその必然的構造に対応する以上、確実な認識の根拠は事物の自己所与性から遡って、次第に主観の側における志向性の根拠、つまり超越論的自我へと移行する。『イデーン』

第一巻において示されたこのような超越論的転換は、世界をそれ自体で存立するものとみなす自然的態度を括弧に入れ、エポケーを遂行することによって可能となる。それというのも、そのような存在措定の停止によって、所与の意味は対象性の意味へと還元され、その対象性はさらに能作の究極的担い手としての自我から構成されることになるからである。

それ自体として明証的な真理を目指すことと、その真理性を超越論的主観から構成し保証することとのあいだのこの解きがたい緊張関係の内に、フッサールの思惟にとってのアポリアが存している。すなわち超越論的問題提起が深まるにつれて、明証性の主題はますます後退していくとともに、超越論的自我そのものから客観性と世界の意味とを構成することはできないことも明らかになってきたからである。それはまた例えば、時間における対象の同一性を、ときどきの射映をともなう諸知覚の継起から理解しようとしたフッサールの努力が、ついには不首尾に終ったことからも窺える。さらに、自然的に与えられた世界が超越論的に意味付与された領域へと還元されることによって、世界の意味は貧しくなってしまうということ、つまりは超越論的な世界定立は、自然的な世界了解を明確にしながら取り込み包括するというより、意識の客観的相関者として定立された世界は自立的な自体存在の意味には遠く及ばない以上、自然的な世界了解は手つかずのままに放置されてしまうということの内に、フッサールのアポリアはいっそう端的に現れている。

超越論的自我にあっては、自体的に現出する自己開示的世界が見失われかねないというこの認識を踏まえて、フッサールは後期の著作では、超越論的自我の背進不可能性を堅持しながらも、その自我を反省的な自己制限から解放しようと試みている。例えば身体的な運動感覚《キネステーゼ》の分析によってフッサールは、世界における主観が占める位置を確保しようとしている。とはいえ、その現象学的記述と超越論的立論とはかならずしも調和しているとは言いがたい。また客観的世界の構成根拠としての相互主観性の発見にも難点が残る。つまり、他者とは自我の自己投影から理解されるものではなく、そのため相互主観性は、自我と他者を包括してかつ両者に制限されえない自体性の意味空間をあらかじめ前提しているにもかかわらず、その自体性の意味空間は相互主観性によってはじめて構成されるとされるからである。たとえ相互主観性が、同一の対象を共通に志向する可能性の根拠になるにしても、そこから生じるのはただ、相互主観的に知覚されうる客観のみであって、依然としてそれは、自体的に存立する存在の顕現とは意味的に異なったものである。フッサールはしかし受動的総合の構造を吟味するにともない、問題の深層に近づいていく。というのも主観の自発性は、それ自身が受容的で意味聴取的でなくてはならず、それゆえ主観は自らの超越論的作用を、その作用の働きを受けた事象に対して相対化し、そのようにしてはじめて当の事象をそのもの自体の意味と存在へと解放することができるからである。したがって、主観を主観たらしめる超越論的自発性のまさにその源泉において、いかにして受動性が可能なのか、また世界に対する自我の開きと、自我の自由な自存性とはいかにして根源的に一致するのかといった問いこそ——フッサールによっては解かれるには至らなかったが——根本的な問題なのである。受容性と自発性とのこの根源的交錯の理解にもとづいて、いわゆる生活世界の構造もはじめてはっきり見通されるようになるのではないだろうか。というのは、反省以前でいまだ客体化という隔たりのない世界、つまり自我が只中で生きているその世界へと遡源することは、世界に先立つ純粋な能作主体としての超越論的自我をもさらに乗り越えて遡ることを必要とするからである。

ところで、思惟が思惟自身の立脚点を見失ってはならない限り、志向作用の主観は経験主義的に解消されてはならないし、世界を開示する主観の本来的自発性が不可欠のものとして認められなくてはならない以上、そこから、自我と世界との一致と差異、世界における自我の位置づけ、および世界に対する自我の主体的役割などを把握するために、超越論的自我そのものの存在構造を問うことが課題となる。それは具体的には、超越論的自我はいかにして普遍的諸地平の担い手たりうるか、すなわち超越論的自我が自らをそれぞれの遠近法的観点から射映的に見る主観として――つまりは有限的・歴史的な自我として――位置づけるための諸地平を、当の超越論的自我がいかにして開くのかを問うことであり、さらにまた、一切の所与が主観による構成だとするなら、そのような主観はいかにして自己自身にとって所与となりうるのか、すなわちその主観はどこから自らを構成しうるのか、したがって、有限的主観性は、有限的・世界内的自我である自らにはもともと具わっていない存在の意味を、自らの自発性によっていかに実現しうるのかを問うことにほかならない。

（2）新たなモデルとしての傾聴

志向性という根本概念からもすでに窺われるように、フッサールの探究と思索は対象を「見る」ことをモデルとしている。だがおよそ見ることにおいては、そこから何ものかを見るという観点と、そのものがそこへと現象する主観とがごく当然に合致する限り、この視覚のモデルは、問題領域の根本構造をあらかじめ限定してしまうように思える。意味を開示するものと遂行するもの、源泉と主観とのこうした同一性や、それゆえの意識の完全な自己還帰性と完結性、およびそれにもとづく意味と能作の不可分性などは、超越論的立場の特徴を成すとともに、その立場を、すでに述べたような困難へと引き入れてしまう。これに対して、冒頭で暗示したように、解釈学は、既存の事実的な言葉という根本的に異なったモデルによって導かれている。ここでは、すでに素描した哲学史的背景を前提として、言語現象の生起を分析することを通じて、世界開示的な受容性と主観の自由な自発性との関係を新たな光の下で体系的に問い直し、そうすることで、上述のアポリアから抜け出す方向を探りたい。

その際には、対立的な構想を展開するというよりは、フッサールの思想の根本的意図と、すでに述べた個々の主題とを保持しながら、その目的へと歩みを進めることになるだろうが、ただしその場合も、フッサールの思考を直線的に延長するのではなく、言語の生起を範例とした新たな手掛かりに即して議論を展開することになる。

もっともここで言葉から出発するといっても、それは経験的な、例えば言語分析の立場のようなものに戻ることではなく、むしろそれは構成主観をさらに遡って、主観の源泉であると同時に主観をそれ自らにあらかじめ与えられたそれ自らの世界へと位置づけるような、前超越論的ないしは超越論的・存在論的な源泉を問うことである。なるほど超越論的立場によっても、志向性の概念や、実存論的規定と解された世界内存在の概念において、自我と世界の相関性は考慮されてはいるが、それでもそこでは、主観にあらかじめ与えられた世界が有する開けが失われる惧れがあり、その限りでは、ここで言語の生起を手掛かりに取り上げようとする主題は、単なる超越論的見地のそれよりはいっそう複雑な主題となる。この主題はまた、後期ハイデガーやメルロ＝ポンティ（Maurice Merleau-Ponty 一九〇八―六一年）やウィトゲンシュタイン（Ludwig Wittgenstein 一八八九―一九五一年）が――本質的にそれぞれ異なる仕方でではあるが――展開した試みとも根本的に区別される。それというのも彼らの試みは、世界を開示させる言葉の力に注目しながらも、自由な主観性の役割を軽視し、その結果、超越論的問いのある程度の権限とその不可避性を見過ごしかねないからである。

方法論的な観点からすると、ここでの分析はまた、自我への内観的反省から出発するものでもない。むしろここでは、対象的に把握されうる言葉の生起が、超越論的でかつ前超越論的・存在論的な諸構造を解明しうるその可能なはたらきをめぐって分析されることになる。事実的に与えられた自己と世界との関係の可能根拠をめぐって生じる問い、すなわち、構成的な主観が自らの固有領域そのものとともに構成され、覚醒させられるのはいかにして可能であるのかといった問いは、言語の生起に注目しながら、それを遡行的に解釈することで明らかにされるべきだろう。言語に関する実定的モデルを通じて、前実定的な状況が分析されるのだとしたら、言語の具体的生起は、それ自身の内にすでに、自らの類比化と普遍化を可能にするような根本的な存在論的条件を含んでいるということになるだろう。このような意味で、「言語」とはここで、単に使用規則を具えた経験的な音声記号ではなく、意味一般の遂行的・記号的開示と伝達を指している。つまりここでの「言語」とは、普遍的な存在論的生起を示唆する隠喩と言ってもよいだろう。

主観そのものの根幹を成す生起は、追認的・反省的な仕方では適切に捉えることはできないため、その生起は、本来に問われているものを先取りしようとする眼差しにおいても、やはり対象的なモデルに即して与えられざるをえないが、とはいえそのモデルに即して顕わになる構造が、その解明の過程においては、本来に問われているものの可能根拠として確証されるということになるだろう。以下に進める考察は、こうしたことから、その方法論的な正当化が得られるものと思われる。言語を範例とすることの正当性は、分析に先立って証明されるべきものではなく、問題それ自体の解明が進展するその経過に即して新たな認識が獲得されることによって裏づけられるのである。

（３）主題の確定と予備的基礎づけ

言語現象の分析に際して重要な点は、言葉とは根源的かつ本質的にまずもって聴き取られる言葉であるということである。言語学や言語分析や言語哲学においては一般に、言葉の発話が探究の出発点とされるのに対して、ここでは聴くことの優位を見届け、しかもそれを単に人間学的に基礎づけられたものとしてではなく、語りかけられる言葉自身から明らかとなる事態として理解することである。聴取と発話は、以下で示すように、言語現象に関して、その順位の点で交換可能な——したがって等根源的かつ相互制約的な——二契機ではないし、そのため、そのどちら側から議論を始めても構わないといった性格のものではない。むしろ言葉を聴くということは、すべての発話を、したがって主観の志向作用そのものや、意味形成的な自発性そのものを可能にする根拠として理解されなくてはならない。そのように理解するとき、言語の聴取から出発する分析において、主観の自発性（ないし発話能力）を根底に据える超越論的な考察は、その逆の立場、例えばア・ポステリオリな受動性に手掛かりを求めるような見地へと転倒させられることなく、自らの論拠の根源へと徹底して遡源し、そのようにしてはじめて超越論的考察そのものの意味と射程とを明確にすることになる。

聴き取られる言葉の優位は、まず第一に言語の最初の習得に際して見受けられる。言葉を語る能力がいかに人間の本性上際立っていようとも、それはけっして自己完結的で、単に現実化されるのを待っているア・プリオリな能力などではない。むしろ幼児は母からの呼びかけに絶えず応答することによって自らの言語を形成していく。語りかけられる言葉には、全人間的な関わりが籠められているため、それが幼児の自発的な呼応を喚起して、その自発的な関わりが音声による応答の内に凝集されるのである。

さらに言語現象はけっして独話的・私秘的なものではなく、本質的に公的・対話的である限り、そこにも語られた言葉の優位が見出せる。というのは、語ることはいつもすでに聴く相手、ひいてはそれに可能な限り応答する「汝」を前提しており、その相手を自由なものとして認めているからである。そのような自由な「汝」はしかし、語り手の側から随意に構成することは根本的に不可能であり、むしろその者の方からすでに自分を語り手にとっての汝としていなくてはならないのであって、そのことは言葉による伝達を含んでいるのである。それゆえ、能動的な発話においても想定される相互人格性には、対話の相手たりうる者が、自身を伝えようとする呼びかけを先取的に聴き取ることが含まれる。

加えて言語は、その語彙と語義の豊かさの点で個々人の意識の能力を凌駕している。言語はあまりにも広範囲にわたり多層的で、歴史と複雑に絡み合っているため、個々の主観の意識によってそれを統括し維持することはできない。それゆえ言語とは、主観の語る自発性に先立ってその自発性を支えているものであり、こうした関係は、自分の発する言葉に対して、聴き取られる言葉が優位をもつ中で具体化される。そのため理性は言葉を、あたかも自分だけで創り出した表現手段であるかのように操作することはできない。理性はむしろ、言葉の内にすでに組み込まれて、言葉を聴取することを通じて自らの言葉を語りうるようになる「聴従する能力」（potentia oboedientialis）なのである。

言葉を受容するはたらきのなかでも、語られる生の言葉を聴くことは、書かれた言葉を読むことにも先行している。それは言葉の意味というものが、具体的状況の中で、しかも語られる言葉に密接に関わる仕方で用いられてこそ、はじめて一義的に確定されるためである。これに対して、書き言葉が主として拠りどころとする一般的な規則体系の方は抽象的であり、状況との関わり抜きには十分に機能しえない。

日常的には聴取と発話とは交互になされるため、両者の相互的統一、つまり対話こそが言語の根源形態とみなされるかもしれない。さらに一歩推し進めて、この対話は、弁証法の基本的に独話的な構造へと還元されることもありうるだろう。しかしながら対話そのものは、そこから聴取と発話とがそれぞれの自由な自発性へと展開されるような包括的な構成根拠ないし起源などではけっしてない。対話が全体として成り立つのはあくまで期待されるほかはないことであり、そのため対話は、根拠として前提されたり、共通の立場として保持されたりすることはできない。むしろ対話とは、それぞれ聴取と発話を通じてのみ言葉を交わす自由な対話相手同士の、廃棄されえない有限的自立にもとづいて実現される。したがって聴取と発話の相互関係においては、聴取を通じて受け止められ、語りかけられる言葉の方が根本的であるため、以下においては、そのように語りかけられる言葉において生起するものの分析を通じて、いかにして主観が自存的な世界の開けに織り込まれつつ、主観そのものとして構成されるかを見届けることにしたい。

ところで聴取とは、実定的な領域においては、例えば視覚や触覚といった他の活動と並ぶ部分的現象である。そこから第一に言えることは、聴取をモデルとした前超越論的な構成地盤の分析は、前超越論的な根源をその全体において論じるものでなければならないとしても、けっして唯一決定的なものでもなければ、それだけですべてを説明し尽くしうるものでもないということである。聴取以外のモデルに即してこの問題を捉えるやり方も、したがって不要なものではないし、聴取をモデルとするここでの議論に対立するものでもない。これらのさまざまな手掛かりがどのように関係し合い、また相互に補い合うのかといった問題は、また独自に考察する必要のある点であろう。しかし他方では、聴取のモデルをその拡がりと深さにおいて最大限に活用し、他のモデルから得られる示唆をも潜在的にそれ自身の内に包括し、それ自身が超越論的で包括的な地盤の根源を解明することで、主観全体と現実全体に対して普遍的な意味を獲得するというのも、また重要な点であろう。つまり具体的には、世界との主観のいかなる交流も言葉の受容として理解されるのであり、したがって現実は人間に語りかけ、またそうして人間に伝達される現実そのもののロゴスが人間に応答する能力を呼び起こすという理解が、聴取のモデルによって提起されるはずなのである。

二　呼びかけにおける主観と意味の生起――主観性の超越論的・前超越論的構成

（１）呼びかけの現象――自己と他者へと主観を目覚めさせるもの

聴き取られる言葉は、言葉の側から主観としての聴き手へと呼びかけるものであり、その際には例えば、その者にとって最も固有で、人格のかけがえのなさを表す「名前」が呼ばれるところにも、その語りかけとしての性格が具体化されている。こうした呼びかけは、言葉の対象的で志向的な内実ではなく、聴き手となりうる者へと生き生きと関わる言葉そのものの発現の生起である。それによって呼びかけは、主観にとっておおむね中立的な対象的世界と主観とを隔てる障壁を自ずから乗り越えていく。呼びかけはそのため、主観と異なるものの領域から出現してくるにもかかわらず、主観が勝手に処理したり無視したりできる諸事象の領域には限定されうるものではなく、語りかけが生じることで主観そのものへと通じる通路を開き、主観のそれ自体としてのありように関わっていく。したがって呼びかけは、その意味と本質において認められる限り、たとえ事後的・反省的にであっても、対象的で眼前に存するような客観的現象へと中立化されえず、それゆえにまた、呼びかけの出来事としての性格を軽視して、主観の固有領域へと超越論的に還元されうるものではない。

ところがア・ポステリオリな呼びかけが受け取られるためには、聴き手の側に呼びかけられる可能性が前提される。その可能根拠は、聴き手が自然的・前人格的に、つまり身体的に世界へと関わっているような、おおむね中立的な受容的領域を含んでいる。それにもかかわらず呼びかけは、単に作用因的に聴き手を触発するのでもなければ、主観の内にア・プリオリに具わっている内容を単に現実態化するのでもない。呼びかけとはむしろ、呼び覚ましとして主観そのものの圏内に介入し、それ自身に分節化された構造を具えて意味を担っていることによって、意味内容に開かれた人格的な受容性を呼び起こすのである。

呼びかけはまず、それまでの一貫した体験の流れの中で、思いがけない非連続性として出現する。主観の意のままにならないものとして現れるという点で、それは他の諸現象から際立っている。すなわち呼びかけは、体験野の中で、他のところへ影響を及ぼさない局所的な場所に限定されるのではなく、主観が意味の自明な中心となっていた体験野全体の構造を組み替え、体験野を呼びかけ自体に関わらせ、それまで無制限であった主観の主権を相対化するのである。

その際に呼びかけは、浮遊しながら自由に想像する選択的な注意のはたらきを制限し、有無を言わさず自らを注意の中央に押し出す。呼びかけはそこで意識の時間流を滞らせ、時空的に分散している意識を集中させて、意識の自然的な自発性を停止させ、それによって意識の自発性を立ち止まらせ、自らの方へ向かわせ、未解決の意味の課題としての自らへと取り組ませる。これによって意識の側は、意識の自発的な傾向性に左右されず、否それに逆らってさえ、時間流によっては簡単に解消されることのない恒常的・自同的な定点を見出す。そしてこの呼びかけによって成立する定点が、その強固で独自の力と自立的な意味の告知によって、聴き手のその先の活動が結晶化する中核となる。

呼びかけとは、聴き手の主観に関与していく力、関係遂行的な「事行」であるため、それは聴き手の主観そのものを捉え、その只中で当の主観に対して自らを主張することができる。語りかける行為としての呼びかけの内にはたらいている力は、物理的な力とはまったく異なり、その力が中立化不可能で意味を担っているという点において、語り手の人格性の存在が丸ごと伝わってくる意志の行為として受け取られる。それゆえにこそ言葉の内には、認識論的なあらゆる媒介を通じて、意志と主観としての他者が、聴き手に対してありありと直接に現前してくるのである。

そのように他者の主観が意志的な関わりの内に現前してくるとき、聴き手はまさに自己自身が呼びかけられていることに気づき、それによって聴き手の志向性は対象世界への没頭から目ざめ、その人格的中心へと深められ、自己自身へと立ち返らされる。こうして聴き手は、呼びかけを受け取ることによって、つまりは他者の側からその意志の力に導かれて、ほかならぬ自立的主観としての自己自身を把握するに至るのである。

しかし、自己自身を自立的主観たらしめるこの聴き手の自己還帰は、他者の語りかけの促しの下で遂行されるのであり、そのため聴き手のこの新たな自己所有においては、他者をその呼びかけにおいて承認することがその中心的課題となる。なぜなら呼びかけには、語り手を主観として認め、その言葉に耳を傾け、理解し応答せよという要求が含まれているからである。したがって自分に対して発せられる言葉において、聴き手は自らの自由な態度決定に先立って、その言葉の内で自己を伝達してくる他者への開きへとすでに呼び入れられており、それと同時に、他方では反省的な決断によって他者に向き合い、その言葉に耳を傾けようとする自己の可能性と課題に直面する。聴き手はそのように他者の側から促され、自らの自由な承認を通じて反省的な自己活動へと進み、その能動性を通じて、自らに語られた言葉の内にあらかじめ現前していた他者へと呼応するのである。

一方で他者の側は自ら語りかけることで、聴き手に対して主観の聴取の意欲を要求する権限として現れる。主観の内面へのこうした関与によって語り手の現実的存在が萌芽的に伝達され、さらに人格的・意志的伝達自体が語り手の存在の開きにおいて存在そのものを現出させる限り、そうした関与は可能であるし、主観にも正当なものとして受けとめられる。なぜなら人格的伝達はそれ自体として、純粋な自存性や存在の自己表現である意味と真理の無制約性を主題化し主張するからである。存在そのものの萌芽的明るみは、こうして聴き手にとっての語り手の他性を貫徹し克服し、聴き手の自発的な賛意を誘い出す。意志的呼びかけにおいては存在そのものが顕わとなる以上、呼びかけのさしあたって単に形式的に見える権限性も、実は存在そのものが有する意味と真理の力から養われ、そこへと相関していることが明らかになる。しかし存在そのものは、聴き手の理解において呼びかけという仕方で現れる限り、自らを聴き手の主観にとっての意味空間として開き、それによって主観を存在肯定としての主観の自発的自己遂行へと導き入れる。そのようにして意味を提示する存在の開けは、他者へと向き合うことが、より高い自己存在に高まる可能性を約束するものであることを聴き手に経験させ、聴き手は自発的にそのより高い自己へと開かれていく。こうして存在の現れは、意志的呼びかけの内に現前し、呼びかけを通じて伝達される一方で、その呼びかけを凌駕しつつも、それを支えながら内容的に充実させるものであり、この存在の自己開示的な明るみによってこそ、呼びかけの行為そのものとは異なって、言葉自体に内在する意味の次元が可能にされ、基礎づけられる。

呼びかけにおける語り手の権限的現前と意味の約束は、その両者の一致と差異が相まって、聴き手の主観の自己経験と自己実現の地平を形成する。すなわち自己自身への主観の現存、あるいは主観の人格的自己意識は、主観を凌駕し主観に先立つ意味によって自らがすでにそのつど内的・構成的に媒介されていることを知っている。したがって、意味を語りかけてくる他者へと応答する主観の自己実現も、根本的には呼びかけの自己遂行であり、すなわち他の自由な主観である聴き手に向けられた意味の呼びかけそのものが自己を遂行することにほかならない。

他者の現実的存在と、それとは不可分の言語的な意味伝達とは、萌芽的に背景として開き示されてはいるものの、そこにおいてはさしあたり、他者もその言葉もいまだ具体的な存在や意味としては理解されていない。そのため聴き手は、他者との出会いに際し、もはや自らの力では限界づけようのない現実そのもの、意味そのものへの開きへと踏み込むように呼び出されることになる。すなわち、まだ理解されていない言葉を聴くというまさにそこに、聴き手の自己覚醒と自己所有の根拠があるため、聴き手は自らの人格的自己理解において脱自的に存在し、そのため自力のみで意味を構成する姿勢は行き場を失わざるをえない。それゆえ、他者への受容的な開きと、意味を理解する自由な主観性とは、互いに制限し合うものではなく、語りかけられた言葉という同一の根源に発しているのである。

いかなる対話も呼びかけによって始められる以上、対話は、意味の担い手として期待されるもの——しかしいまだ理解されていないもの——へと聴き手が傾聴しながら自らを開くことにもとづいている。したがって対話とは、意思疎通を行う対話者のあいだで共通の言語ゲーム——一定の規則によって円滑に機能する言語ゲーム——を前提するものではない。共通の言語ゲームという人為的なモデルに従う限り、対話とは、構造的に整備された軌道での情報の遣り取りにすぎなくなるだろう。しかしながら、対話が始まるのはむしろ、聴き手が自己完結した理解の領域や自己満足の殻を打ち破られ、自身の日常的な自己理解の土台が揺らぐのを自覚することによってなのである。そこでは自我は、もはや自らの世界の絶対的で不動の地盤ではなく、不安定な動揺の中、呼びかけとその意味の約束からのみ支えられて、自己存在の自由な実現への道を歩む。自我が呼びかけへとすすんで応じるのは、まさにそのためなのである。

傾聴をめぐるこうした現象学的分析の結果、主観の概念そのものが新たに見直されることになった。主観とはすなわち、近代的思惟の基調とは異なり、反省的な自己確認と自由な自己行使を内に含みながらも、自己自身による始源的な自己根拠づけや、自我によって主題的に統御可能な固有領域を意味するものではない。

(2) 語りかけられる言葉にもとづく意味理解

呼びかけを聴くことによって、主観は自らが他者の現実的存在と意味への開かれた肯定の内へと呼び入れられていることに気づき、この肯定の内で主観に対して、他者の言葉に籠められた意味を解読するという課題が現れる。しかし意味の理解は、主観がその意味を追構成的に自己自身の内で構築することによって、はじめて真に自己自身の理解として実現されうる。そのためここでは同時に、主観によって構成された意味と主観に先行する意味との関係、あるいは志向性と世界の開けとの関係が問われなくてはならない。

現象概念は、志向的な意味を担う言葉と事物の現象を無区別に名指すことはできないはずではあるが、現象そのものの内には、もともとそれ自身として自らを顕わにするといった意味が含まれ、その点でそれは呼びかけの内で生起する存在の現れに対応し、ただその具体的な内実に関しては常に未規定のままにとどまるということである限りでは、出来事や事物の理解全般にとっても、語られた言葉の聴取と意味理解の構造は、モデルの役割を果たしうるだろう。

そのような語りかけられた言葉の意味は、把握可能な現象、いわば受肉した言葉を元に、その現象の内に籠められ同時にその現象の発現を支えているものとして取り出されなくてはならない。意味とはしたがって、言葉という現象において、明瞭に告知されながらも、その現象と同一ではなく、またそれ自体として直接に顕現しているようなものでもない。意味そのものと言葉によるその発現とはそのように区別されるが、しかし意味は、それだけがそうした発現をその事実と内実と目的に関して根拠づけ、構造化するものとして、その発現の内に現前する。そのため呼びかけと発言という現象は、構造化された事実としては、聴き手にとって一つの謎であり、その統一の根拠と目的を成す意味への問いを提起するのである。こうして意味は、統合された統一体として、そして多様な諸部分や諸様相からなる語りを集約する内的中心として主題化される。こうした意味が主観によって探求されることになるが、それは意味が理解において遂行され、それとともに、主観が意味理解において開示される現実へ関与することによって、語りの事実的現象の疎遠さが解消されるからである。

聴取される言葉の内実へと理解を通して入り込む努力は、まず何らかの意味の予想にもとづく先取りによって導かれるが、そうした先取りは、具体的状況の中での語りかけによる先取的な開示性によって生じるものである。聴き手はこの推察された意味に沿って吟味しながら、言葉の現象に見合った意味の投企を試み、それら両者の一致を問う。語りの現象の内で意図されたものに対して、それを吟味し、理解を通じて応答しようとするこうした問いかけの活動こそ、志向性の根本的遂行であることが、こうして明らかとなる。

意味を解釈する過程において、了解はけっして「白紙《タブラ・ラサ》」の上で無前提に始まるわけではなく、さまざまな経験や、人間の身体性を通じて潜在的に刻印された意味期待を参照することになる。しかもその意味期待は、われわれが他者と根源的に共同しながら、一つの全体的世界の内に生きていることによって生じるものでもある。

聴き手が理解の過程において、語られた言葉に追いつけなくなり、自身の意味の予見と食い違う点を多々発見するにつれて、聴き手は語り自体のいまだ確認されていない意味の側から、それまで無反省的に前提していた主観的な意味の予想の限界を見定め、それを抑制する必要に迫られる。自身の意味地平と他者の意味地平との乖離によって、主観は自分自身の内へと立ち返るよう促され、自身の理解と存在のあり方を疑問視せざるをえなくなる。このようにして深められた問題意識を元に、聴き手の中で沈澱していたさまざまな経験が、新たな意味の可能性に向けて活性化され、新たな地平の投企へと向かわせるのである。

しかしながら、聴き手によって語りの内実として吟味される意味の諸可能性は、主観の自己理解にもとづいて展開されるため、その各々の可能性は同時に、主観それ自身の可能性、すなわち主観の自己関係および世界との関係のあり方の可能性の投企でもある。それでもなおこの意味志向は、第一義的には他者の語りに対する理解の対応であり、つまりは他者から発せられた意味の遂行形態という仕方で実現される。そのように自己の諸可能性を投企することによって、主観は意味それ自体へと向かって本質的に自己自身を超え出て、意味において開示される存在の真理にあずかろうとする。こうした自己超越によって、主観の内在的意味地平は、現実ないし存在それ自体の意味へと内側から照射され、この内的透徹とともに理解が、意味の源泉および原型である現実ないし存在それ自体へ向かう志向性として形成される。このために志向性は、主観に対向する鏡像としての対象性へと向かうのではなく、むしろ主観の主観性を存在と意味の分有へと止揚し、その分有によってはじめて真の主観性を獲得しようとするものである。このような主観の開きはいかに不完全であろうと、けっして単に他者の理解地平との相互作用や融合だけを主眼としているわけではない。そもそも他者の引き寄せるその力も、存在の先行的で予示的な自己開示から養われているのであって、それゆえそこでは、他者への合致と相応を通じて、意味の根底としての現実それ自体への開きが主題となるのである。そのため主観は言葉の聴取において、意味探究という固有の活動を通じて、現実それ自体の意味から絶えず形成される。こうして主観は、理解されるべき意味が予感され推測される限り、自らをその意味へと従わせ委ねようと努める。したがって理解とは、反省と世界への開きとの循環、あるいは自己理解と存在理解との循環であるが、その循環の内では自己理解こそが、消去することができない具体的な出発点であり、存在理解こそがその志向の焦点なのである。というのも聴き手において、自由な現実の意味を承認するという事実、あるいはその度合いに応じて生起するからである。

（3）意味の成立と主観の前超越論的構成

他者から語りかけられ、聴き手によって推察される意味は、理解の遂行の主題であり、それと同時に理解の根拠かつ目標でもあるため、理解は自らの主題へと向かい、意味と真理へと志向することによって、自己自身の根拠への還帰を遂行する。すなわち呼びかけの理解においては、自らの勝手にはならない意味が呼びかけを通じて与えられてくることが想定されるため、そこにおいては、理解がその目標でもある根拠へと反省的に自己透徹するという仕方で、現実的意味への直接的志向が遂行される。したがって理解の遂行が、先行的に与えられた他者へ向けて自己自身を完全に透徹させ、相対化することによって、理解の現実的遂行においてその遂行を通じて、他者がその自体的存在のままに把握される。このような自己透徹において、理解は自己自身を理解し、主観としての自らの自立を獲得するが、そこで第一義的にまず根本的に理解されるのは、理解そのものの主題、すなわち現実の予告された意味のみである。というのは、認識の遂行が自らの動機や妥当根拠として依拠するのは、けっして自分自身の活動やその構造ではなく、ただそれ自体として開示されてくる現実の意味にほかならないからである。それゆえ認識や理解の妥当性に関して、主観は自らが呼びかけと現実の意味に対する規範たりえないことを洞察し、自己限定することによって――つまり自らの意味の主張が、自らに先行して自らを担っている現実の語りによって根拠づけられ正当化されていることを認め、その現実の語りへと自己を合わせながら、志向的にそこへと関わっていくことによって――、主観は自らの理解活動を通じてまさに自己自身を構成するのである。

こうして理解は、真理を目指す自己自身の活動的遂行に従い、自ら考え至った理解内容という自身の所産を、他者がその語りの真理において他者自身を現す場として提供する。そうすることで理解は自己自身の活動を、真理の光が自ずから輝き出る基盤として形成することで、自己の主観的志向を超え出て、現実がそれ自体において、主観に対して、真理として自らを与え示す明証の場となるように自己を整える。そこでは他者という、主観から独立した現実は、志向された意味として、また明証的に自己自身を開示する真理として、自立的主観自身の活動遂行の内に現存する。しかし自存的現実の現存はまさに、主観が自身の遂行の際に主観自らの能作を――したがって結局は根本的には主観自身の全体に等しい活動性を――自らの起源と権利根拠と目的である現実の呼びかけの意味と真理へと止揚し、自らの志向とその根拠づけに関しては、他者の意味を目指しながらその他者の意味の内に自らも現存するという仕方によって実現される。こうして一方には主観・意識・志向性・認識が、他方には世界・現実・意味・真理があって、これらの双方がそれぞれの見地から――後者が主導的に優位をもちながらも、前者も完全に自立性をもつものとして――相互に包含し合うことになる。

以上の分析によって、他者からの呼びかけと、その言葉による現実の伝達は、主観に対するそれらの意味と真理の現出をめぐって、まず超越論的に、すなわち主観におけるそれらの可能性の制約に沿って、次いで前超越論的ないし存在論的に、すなわち、その主観自身が存在の語りかけによって可能にされているものとして、見届けられたと言えるだろう。主観が固有のものとして自体的に存立することも、また先行的に自らを与える現実としての他者に対して主観が自らを開き傾聴することも、結局は語りかけられる言葉の内に――類比的に一般化して言うなら、あらゆる現実とその現出の特徴を成す言語的な性格の内に――根拠づけられる。

意味の理解と真理の認識においては、主観は現実に向けて自らを開き、逆に現実は主観に向けて自らを開く。

こうして現実が意味と真理として顕現し、その内に主観分有的に関与させるからこそ、主観は主観自身を超えて、自存的な現実それ自体を承認することによって、その現実を自己自身の現実として理解しつつ実現することができる。そのため他者ないしは世界が、その言語的な性格の理解を介して自らを意味として呈示するとき、自存的な世界それ自体が同時に、主観の自己実現に開示されるような各自の生活世界となるのである。

三　意味理解と相互人格性

言葉と主観との関係を根本的に解明した以上の考察を承けて、以下では意味理解に関する主観側の条件、および意味それ自体の存在論的な身分、さらに理解の相互人格的な構造が存在の側から意味として開示される事態を示していきたい。

(1) 意味の理解と思考の構造

語りがその意味に向けて開き示される際には、まずは呼びかけがなされた生きた文脈と話者同士の共通の状況の内部で、あらかじめ埋め込まれた理解の萌芽を手掛かりとしながら、文法構造に代表される語りの形式を出発点として理解が展開される。聴き手はここからさらに、通常は言語をめぐる一般的な知識も含めて、多様な副次的な媒介的手段を活用しつつ、現象として現れる語りの形態を元に、解釈を通じてその意味を読み取ろうとする。さらにその意味は再び、理解に応じた相互人格的な行為において裏づけられるのである。聴き手にとって親しみのない言語形態から意味が読み取られた場合、その意味はただちに聴き手によって構成された意味の構造の内に取り入れられる。というのも、理解それ自体は一つの行為であり、行為として一定の規則に拘束されているため、理解は自ずから、自身の理解した意味内容の形式として蓄積されていく規則の構造を適用しながら進んでいくからである。この形式ないし構造は、理解にとって不可欠なものではあるが、意味内容そのものから一義的に決定されるものではなく、その限りで、主観の意味理解にとってある程度外的な媒介手段ということになる。この構造に関して言うなら、理解とは、未知の意味形態を自己自身の意味形態へと移行させる創造的な意味翻訳の過程ということになる。この翻訳過程の良し悪しは、意味の変更された構造が、話者によって意図されたものとできる限り近い意味をその内容としているか、あるいは単に忠実な意味を装って、外的に類似の形式を模倣するだけにとどまり、むしろ意味地平が変更されたことで、意図された意味を不適切に表現することになっていないかという点に掛かっている。つまり相互了解とは、言語的な意味形態の同一性をかならずしも必須とするものではなく、むしろ聴き手が異なった意味構造や意味地平の中でも、話者が意図したものと近似的に同一の意味を目指し、それによって両者が等しく共通の一なる意味を通して、同一の事象に向かう通路を確保するときに、相互了解の目的は果たされることになるのである。したがって意味とは、確かに言語的形式において現前し、把握しうるものとなるが、異なった言語間の翻訳が可能であることからも示されるとおり、その意味は言語的構造に先立ったものと考えられなければならない。

（2）存在理解としての意味理解

呼びかけの理解においては、他者と自己のそれぞれの言語形態・思考形態が外的なものとして捉えられるため、聴き手の主観は意味理解においてはそれらの外的形態を括弧に入れ、その規範的な妥当性の効力を無効化する。言語形式は、理解する主観自身の構造を対象的に表現したものである限り、主観は、主観側からの関与である自ら自身の思考遂行を――けっして消去することはできないながらも――意図された意味それ自体からはすでに区別しているとも言える。もとより、意味内容に対して形式を区別するこのような相対化に際して、その具体的な境界画定の全貌が完全に見渡せるわけではないため、その限りで理解は常に遠近法的な視点に制約されているというのは確かである。しかしながら、聴き手が他者の呼びかけを自らの主観的構成に還元しえないものと捉え、その意味内容の内に虚心に身を置こうとする限り、形式と内容とのこのような区別は、いつでも徹底して遂行されているということになる。したがって主観は了解において、意味を自らの固有領域に還元するのではなく、むしろ自己自身――つまり自らの思考形式と理解遂行そのもの――を、自らに対して先行する意味へと向けて相対化するのである。

思考の遂行、およびそれに由来する思考形式・言語形式が、規範的な意味内容に向けて相対化されることは、まさしくあらゆる理解の中核を成している。それというのも主観は、主観自身の活動からは独立した意味を自らの了解形式によって再構成しているにすぎないものとみなし、自らの活動と了解形式を意味に対して相対化することによって、主観に依存しない意味に対する眼差しを、志向性というかたちで開くからである。このような意味は、「客観」の意味――つまり、思考的な主観にとっての対象性という意味――ではないし、かといって、「物自体」や「外界」の意味などという仕方で、意識による関与を打ち消す規定によって否定的に定義することもできない。意識との関係を考える以上、その規定は肯定的か否定的かのどちらかになってしまうが、意味はむしろそうした関係性から解放され、関係性に依存しない自存的なものなのであり、したがってまさに存在そのものの意味と言うべきものなのである。存在そのものは、主観と客観、自己の意識と他者の意識、超越論的な意識一般と心的領域外の事実性のいずれにも還元することのできないという点で、理解の主題として自らを示す。さらに言うなら、理解においては、存在がそれ自身の側から、あらゆる関係性とその否定に先立ち、自らとして自らにおいて成立し妥当するものとして主題化される。そしてこの存在は、現象と意識を包括し、それらに各々の権利を授けることによって、あらゆる現象の真理として、および意識の意味として自らを示すのである。こうして存在は、その純粋な自体性において、同時に純粋現象であり、すなわち、真理としての意味の様態での純粋な分有可能性でもある。存在のこのような特質は、理解を遂行する主観が徹底して開かれた自己超越へ向かうという、これまで概観してきた過程を可能にする。なぜなら、解釈を通じて展開される理解は、真理に対する洞察――すなわち、真理に向かって自身の主観的な認識遂行を放棄することによってこそ、さらに高次の充実に到達するといった洞察――によってこそ、はじめて自らの目標を見出すからである。

（3）存在理解と相互人格性

意味・存在・真理そのものの本質への洞察にもとづいて、聴き手は、自らに聴取と理解の意志を促す具体的な「汝」における権限的要求に対して、その正当性と限界をめぐって反省することが可能になる。というのは、そもそも無条件的に妥当し、権限をもちうるのは、ただ現実の真なる表現としての意味だけであるということも、その洞察には含まれているからである。同時にそこには、意味そのものは、意味を呈示する言語形式や、その言語形式を支える作用、あるいはまた他者の主観にも本質的には依存していないという認識がはたらいている。そのため聴き手にとっては、呼びかけに際して他者によって主張される権限が果たして他者による意味と真理の伝達によって十分に裏づけられているかといった点が問題になる。他者の呼びかけには何らかの裏づけが必要であることを聴き手が見抜いている以上、はじめは他者の呼びかけの内に未区分のまま実現されていると思われた権限的な力は、もともとは意味ないし真理として現れる現実ないし存在の呼びかけの力なのであり、語り手が真理を分有するその度合いに応じて、その相手の内に授けられたものであることが観取される。意味への洞察はその際、そうした権限が要求する力を単に解消することではなく、その要求の正当性の根拠を、存在そのものの人格的性格の内に見届けることを意味する。こうして可能な意味の次元は、具体的で有限的な他者の領域に限定されることなく、有限的存在者一般の包括的領域へ解放され、聴き手自身も属している世界にまで拡張される。

ところが意味としての存在は原則的に、聴き手側と語り手側とを問わず、あらゆる理解に等しく開かれている。また意味と存在は、主観の活動から本質的に区別され、したがって誰の権能にも服するものではない。そこで聴き手はまず、他者の初発の促しに呼び出され、そこから真理それ自体の要求への開きを通して、他者と同格の関係性へ――つまりは対話的で完全な相互人格性へ――成長するに至る。対話の能力を可能にするのは、言語的媒介による意味と真理の伝達と、意味と真理の権限性に関する洞察である。すなわち、意味と真理は一方では、常に理解にもとづいた他者の言葉によって媒介されうるものであり、そのために他者の呼びかけに対するそのつどの傾聴が必然的に要求されるのだが、他方で意味と真理それ自身は、究極的にはそれ自身の側から明証的で規範的なものとして自らを根拠づけ、真理へのあらゆる媒介が真理の自己伝達の直接性によって支えられていることで、その直接性にもとづいて、発話者と対話者が共通の真理に参与することが可能になる。このような洞察によって、はじめて対話の能力そのものが生じるのである。そのため、意味と真理の自存性において現出する存在は、相互人格性によって構成されるのではなく、自由な相互人格関係の相互交流の内で世界という開かれたこの共同の場の根源として主題化され、確証されるにすぎないのである。相互人格的な交流を中心として構造化されるこうした世界の開けにおいて、各々の存在者はそれぞれの仕方で、存在の意味の呼びかけを伝達し、その伝達を通じて自らを内世界的な理解に対して開示することができるのである。

第二部　自由とその根底

第五章　自由な自己規定と意味への関わり

展望

近代の人間が自己の生を形成する際、その努力の源泉となった諸々の力のうちでは、自由という実践的理念が最も影響力の強いものとなったように思われる。自由への訴えは、近代においてはまず、自覚に目覚めた主体の自立性を制限する外的な力からの解放を呼びかける声となって現れた。例えばデカルト（René Descartes 一五九六—一六五〇年）は、懐疑による思惟の出発を、自由な行為として、つまり伝統や感覚で捉えられる宇宙による束縛から自らを切り離すはたらきとして理解している[1]。カント（Immanuel Kant 一七二四—一八〇四年）とフィヒテ（Johann Gottlieb Fichte 一七六二—一八一四年）は、権威による後見に縛られた「未成年状態」からの脱却を求めた[2]。フランス革命以降、政治的抑圧に対する戦いは、自由を希求する熱望をその中核としている[3]。自己解放を求めるこうした多様な主張は、自由が単にさまざまな疎外要因からの解放という否定的な意味にとどまらず、それ自身において積極的な意味と理由を含んでいる点に注目することによって、その真の裏づけを得ることになるだろう[4]。このような意味での自由がどのように成立するのかという問いを考察するために、本論ではまずは自由思想の哲学史的展開を簡潔に概観し、次いで自由に対する体系的考察を試みることにする。

一　哲学史上の視野における自由のディレンマ

(1)　ギリシア思想における選択と決断

自由な決断の含んでいる問題は、アリストテレス（Aristoteles 前三八四―三二二年）によって、選択行為をめぐる現象学的ともいうべき叙述を通じて、ヨーロッパの思想に導入された。人間は、善に向かう自然的欲求と目的を目指す意志によって、さまざまな手段のいずれかを選択をせざるをえない状況に迫られる。これらの手段のいずれもが具体的には可能であり、行為者の力が及ぶ範囲内にあるが、[5] 一つの手段を実現するならば、他の手段の実現はすべて排除される。複数の手段同士の序列を定めたり、ある手段を他の手段に対して優先することを可能にする原理を求めながら、人間はさまざまな可能性のうちで――またそれらを通じて――自分が本来求めているもの、つまり目的を思念するのである。目的への関わり方は多様であるため、最良の一つの手段が明確に演繹されることはありえないが、手段に関する自由な選択を担う判断に対しては、何らかの方向が示唆される。ところが目的はあらゆる選択の原理であるため、[6] それ自身が選択の対象とはなりえない。[7] したがって自由は、目的によって限定された地平の内部で発揮されるのであって、目的によって規定されているその特有のあり方について決断を下すものではない。アリストテレスの論述によれば、いかなる人間も、自然本性的に具わった目的志向性をもって、それ自身において完成した幸福な生――具体的には、倫理的な自己実現と、真理への洞察によって成り立つ幸福な生――を求めている。[8] そのためこの目的は、教育や習慣などによって多少変容することがあっても、人間の本質によって根本においては確固不動のものである。不適切な選択がなされた場合も、ただこの目的の実現のあり方が損なわれるだけであって、目的そのものは変わることがない。

人間が目的志向的であることと、人間の本質的規定とは、根本において一つのことであるため、目的および自己が、自由による決断によって左右されるものではないというのは、同一の事態の二つの側面にすぎない。このことから、中世思想における「人格」の概念や、[9] 近代思想における「主観」や「自我」ないし「自己」の概念のように、人間を自由の主体として論ずる思想は、ギリシア思想とは異質のものであることが理解される。

（2） 中世盛期思想における善の呼びかけ

アリストテレスにおける選択の分析は、十三世紀スコラ学の思想において、トマス・アクィナス（Thomas Aquinas 一二二四／二五―七四年）などによって受容されるが、ここにおいては、キリスト教的な背景に即して、意味上の重要な変更がなされた。すなわち選択はいまや、人間の固有な存在を凌駕する絶対的な呼びかけの下に位置づけられることになった。そのために自由な存在である人間にとって重要なのは、自分だけの幸福であるよりも、自身を超えて自身に義務を課する善そのものへの献身なのである。[10] 確かに例えばトマスの場合には、善の呼びかけは人間の本性によって媒介されるとされている。そのためその実質的な内容である道徳的自然法は、人間の本質にもとづいて認識することが可能である。[11] しかしながら、自由の本質を成している善の呼びかけは、神の本質と意志とに根差しているため、この呼びかけには、人間に対して超越的である神自身にふさわしい無条件的な絶対性が具わっている。そこで自由は、自由な選択の主体である人間とは明確に区別されているある主体――すなわち絶対的な善――に発する意味の呼びかけに出会うことになる。[12] これによって人間は、自らがこの絶対的な呼びかけを自身の行動原理として受け容れるか、それともこの呼びかけから自らを切り離そうとするかの決断に直面させられる。こうして呼びかけの主体を自由の主体から区別する結果、人間は自由な行為において、問題および課題としての自己自身に直面するという事態が生じる。呼びかけは、自己自身を規定する自由な主体である人間を、自己自身へと呼び招くのである。

（3） 中世末期の自由論

盛期スコラ学の思想においては、この呼びかけの超越性がその内在的な媒介とともに捉えられ、絶対的な善に対する人間の自己委譲が、人間の至上の自己実現と重ねて考えられることで、人間の依存性と自主性とを根源的な統一を成すものとして理解する努力が行われている。しかしながらこの場合でも、自由は、アリストテレスに見られたように、確固として定められた必然的な目的の秩序と本質の秩序の中に組み入れられたままになっているように見える。[13] 自然主義的な傾向をもつこのようなアリストテレスのギリシア思想とトマスの主知主義に対する反動として、中世末期においては、例えばウィリアム・オッカム（William Ockham; Guillelmus de Ockham 一二八五頃―一三四七年）などによって、自由を徹底してそれ自身からのみ考えようとする試みがなされた。自由が人間の本性から基礎づけられ、したがってその目的の方向において自然本性的に規定されていると考えられる限り、自由は限定されたものと理解された。なぜなら、自由はまさにこの自然本性的な基礎づけと意味への結び付きを問題にすることも、それに対して自由に決断を下すこともできないからである。しかし中世末期の思想では、自由を純粋に、無限定的に捉えようとするために、自由の形而上学的・超越論的な基礎づけが斥けられることになった。[14] 絶対的な意味の呼びかけは、もはや人間の本性によって媒介されることなく、ただ啓示の言葉によってのみ伝えられるだけのものとなった。[15] そこでは自由は、本質的に絶対的な意味の呼びかけによって成立するものではなく、そのため自由それ自体が純粋に中立的なものとなった[16]。こうして人間はいまや根源的に、徹底的な自立性において、外からの呼びかけに対して自らの態度を決定するものとなった。

（4）近代の自由論

このような中世末期の自由論によって、有限な自立的主体という概念が創り出されたが、同時にこの主体は、ア・プリオリに前もって与えられるようないかなる意味をも奪われてしまった。それとともに主体の自由は、自己完結的な自立性の原理から発しているために、根本的には先所与的な意味をもはや受け容れることができず、したがって意味の充実をともなわない恣意か、自己中心的な自己主張とならざるをえない。

近代思想においては、この自立的主体という概念が受け継がれたが、デカルト以降になると、この概念は自由論に根差したものというより、意識論を中心に展開されたことにより、恣意的で独専的な自己中心的自由という結論は回避されている。とはいえ、自由を意識的な本質への拘束として解釈することによって自由を中立化しようとする、デカルト[17]からヘーゲル[18]（Georg Wilhelm Friedrich Hegel 一七七〇―一八三一年）までの合理主義の試みにもかかわらず、その根底にある自己完結的で自立的な主体という概念は、当然の帰結として、例えばニーチェ[19]（Friedrich Nietzsche 一八四四―一九〇〇年）やサルトル[20]（Jean-Paul Sartre 一九〇五―八〇年）の場合のように、交わりを欠くと同時に意味の空虚な自由という思想に至ったのである。

こうして哲学の歴史を簡単に振り返ってみると、人間が包括的な意味に関与することが多ければ多いほど、決断の力が低く見積もられ、また逆に、人間が自分自身を自由に支配できるものとみなされれば、それに応じてますますその存在が意味を欠くものになるという結論が引き出されるように見える。そのため、意味によって包括的に満たされるあり方と自由な自己規定とは、相互に排斥し合うようにも思えるのである。人間は、その存在が意味に満たされている限りでは、自然本性的に目的と結び付いた変更不能な枠の中でしか活動できず、そこではせいぜいのところ選択のための手段だけが残されている程度にすぎないのだろうか。あるいは人間は、自由において、まさに独自の無制約的な意味を獲得するような仕方で、自分自身について決断を下すことができるのだろうか。現代の思想にとって、自己完結的で自立的な主体という近代的概念に関しては、根本から疑義が呈されるに至ったが、それでもやはり――しばしば提起されるように――自然や人類、あるいは社会的共同体といった前人格的な秩序へと、人間を素朴に、ないし自然主義的に平均化することによって、近代という時代を逆戻りさせるわけにはいかない。自由に自分自身を支配する人間の自主性について歴史的に獲得された認識は、もはや失われることはありえない。この認識は、人間の道徳的使命についての自覚の内に、その客観的な根拠をもっている。すなわち人間はこの使命においては、自らの責任を一般的必然性に転嫁することはできず、全面的に自己自身を支配しているのであって、自らにあらかじめ与えられた本性を単に補足したり、外面的に変更するだけのものには尽きないのである。そこで次のような問いが提起されなければならない。すなわちそれは、主体の自由な自己規定の構造はそれ自身から、それを可能にするさらに深い根底――つまり、人間の決断に対してその自由を制限することなしに、その意味を開示するような根底――を示唆するのではないかという問いである。それはすなわち、人間の近代的自己理解を修正しながら深めることによって、その自己理解を克服するという課題を意味している。

二　自由な決断の根源と構造

（1）決断への誘因——自己存在への問い

人間はただ環境に埋没して生きるのではなく、自己自身に直面し、自己自身を問題として経験するときにのみ、自己について決断を下すことができる。なるほど日常においては、人間は事物に目を向け、自分自身が具体的に生きている環境が提起する課題や、そこでの悩みや喜びに心を奪われて生きている。しかしながら、さまざまな事実を学んだり、他者の言葉に耳を傾けたりする中で、人間は、自らが自己自身の前に連れ戻され、自己決定が迫られるような呼びかけを受け取ることがありうる。

事物に心を奪われたあり方を離れ、自由にもとづいて自己の存在を真摯に引き受ける自己存在へと還帰する転機は、さまざまな経験において与えられる。人間は例えば、事物に対する自分の不満が、自己の内面的な空虚さにもとづいていると気づくことがある。この空虚さをごまかすことなく、正直にそれを認めるならば、自身のこの不満を受け容れることによって、人間にとって自己へ向かう道が開かれたことになる。さらには、自分でも知らない自己の真の姿を求めたり、実際に自分が生きている現状が本来の自己ではないと知ることによって、人間は無思慮で散漫な生き方から、集中した自己のあり方に導かれることもある。さらに直接的な出来事としては、稀ではあるが圧倒的に強烈な真理体験——例えば自身の懐疑的な現実理解を打ちのめす美の体験とか、自分の律法主義的な自己正当化が、本当は不正なものであったことをふと気づかせる他者の善意の体験など——によって、それまでは疑うこともなかった自身の生活の尺度を放棄して、新たなより深い基盤に自己自身を自由に委ねるという必要性に直面させられることもあるだろう(21)。

これらさまざまな自己体験の仕方に共通していることは、デカルトが考えたのとは異なり(22)、自己は「揺るぎなき地盤」として、また明晰な洞察において実現される自己所有として発見されるものではないということ、そして自己とはまさに、自己が自己にとって問題となり、課題となった限りで経験されるということである。したがって自己の体験は、根源的に実践的な問いとしての性格を帯びている(23)。人間はただ、自分が自分にとって問いとなるときにはじめて、自分自身を見出すのである。その場合、人間が自己にとって問いとなるというのは、例えば心身の健康とか、人間関係の困難とか、経済的な苦境といった特定の状況に巻き込まれることで生じる具体的で偶然的な諸問題のことではない。たとえ自己をめぐる問いが、このような具体的状況において浮上したとしても、自己の問いはその具体的問題に尽きるものではない。本質的な自己存在をめぐる問いは、むしろこれらの個々の問題に先立っているのであり、その自己存在こそが、不透明で疑問に満ちたものとして、つまりは課題として現れるのである。したがってここで問われているのは、観念論の用語で言えば、経験的で対象化された世界内の自我――不可変の超越論的意識という不可疑の根底に基礎づけられた自我――ではなく、まさに具体的なあらゆる世界との関係の前提にある人間存在そのものの中心なのである。

世界に対する人間の多次元にわたる関係の基礎であるこの自己がまさに問題であり、課題であるならば、人間と世界との出会いのア・プリオリそのものが、自由な決断の対象となりうるはずである。ところでわれわれは、このような自由な決断の可能性の根拠と意味という困難な問題に入る前に、次のことを確かめておかなければならない。それは、人間をその根底において規定しているこのような決断のみが、人間の自然本性的なあり方から人格的自己存在への移行を可能にしているということである。人間の無条件的な尊厳の源泉となっている人間の自己目的性は、人間が自分自身を全面的に支配するというこの無制約的な課題からしか理解されえない。なぜならいかなる価値も、もしそれが人間をその自己において支えているような人間固有の価値として、人間によって実現されるものでなければ、自己存在に対して何も資するところもないからである。(24)

しかしながら、人間存在の根本構造が人間によって自由に差配しえないものであるならば、人間が自己であることは、いかなる意味で自由な自己制御の問題となり、課題となるのだろうか。確かに例えば、人間存在の身体・精神という構造や、個人・社会という構造は、前もって定められている不可変の事実に属している。とはいえこれらの構造は、対象的な客体にではなく、人間の主体性そのものにもとづいている以上、それぞれの自由な決断に必然的に絡み合って遂行されるのである。

人間存在の本質構造や実存範疇は、自由な決断によって変えることはできないにしても、自己に対しては課題として提起されている。なぜなら、そのような構造は不可避的であるにもかかわらず、自己はそれに優越していることを自覚しているからである。(25) 自己は、超越論的に必然的なその構造よりも深いところにあって、その構造を包括し、それに対する自ら固有の関係を規定することができる。人間が自らの存在構造を肯定的に受け容れるか、つまりその構造の中に自らを委ねることによって、自身の自由な自己の内にそれを基礎づけるか、それともそれに対して自らを拒み、空虚で形式的な自己同一のために、自己の存在の具体的な実質から遊離しようとして、空転する自己関係と、自己の具体的な存在の無意味で必然的な事実との内的分裂の内に生きるかは、この決断に掛かっているのである。

ところでまさに、人間存在の事実上の根本構造を自己存在に統合するこの自由なはたらきこそが、自己自身による自己規定として遂行される。したがって人間存在の事実的・必然的な構造に対する自己関係に先んじて、自己の自己自身に対する関係が存在している。人間は自らの存在の事実において、自己であることそのものの積極的な意味を捉えない限り、この事実に対してけっして肯定的に自分を開くことはできない。そこで自己は第一義的にはそれが事実存在するという点においてではなく、厳密にそれが自己であるというその点で、自らにとって問題であり、課題なのである。[26]

その場合、自己の本質と使命を明確に認識する能力を欠いていることは、自己の存在論的規定性が欠けていることの認識論的反映にすぎない。具体的な形態や根本的な核心は、前もって与えられている自然的な存在においては、いまだ自己に告示されていないのである。むしろ人間は、自分が自由に努力することによってはじめて自己自身にならなければならないことを知っているが、それにもかかわらず、このような自由な自己形成を、自らの力で完遂することはできない。[27] それゆえ人間は、自身に自己完成のための力が欠けていることを苦痛に感ずるのである。すなわち人間は、自らをあたかも、いまだ使用されずに放置されたまま規定されるのを待っている資材のように感じている。このように内的に引き裂かれた状態は、まさに自己が自己自身にとって課題として立てられていること、つまり自己は、純粋で自然的に完成された自己同一性ではなく、自らとのあいだに距離をもつ存在であることにもとづいているのである。

（2） 決断への参入——未知なる無制約なものへの自己開放

自由な根本的決断の問題は、自分自身に対するこの隔たりの可能性の内にある。もしも自己が自らに対して隔たりをもった状態にないとすれば、自己がそこから自分自身を新しく規定しうるような立脚点を欠くことになるであろう。この隔たりは、自己のそれ自身への反射とか投影といったような意味で、単に純粋に形式的・機能的なものではありえない。なぜなら、そのようなものであるならば、規定する自己が規定される自己から独立し自由であることは不可能になるからである。しかしながらここで問題にしているのは、例えば上位の自己と下位の自己といったような、実在的に異なった二つの自己ではない。なぜなら、もしそうであるなら、その場合には規定する自己が本来の自己であることになるが、この本来の自己そのものは、自由に規定されないことになるからである。むしろ自己は、自己自身とは異なった他者を基準として、そこから捉えられ、そこから疑問に付され、勧告されることによってのみ、自分にとって問題となり、課題となりうるのである。したがって、人間自身が本来何者であるのかという問いがすでに、人間を超えた存在の場において起こるのであり、この存在の場から人間は、全体の中での自己固有の限られた場所を規定しようとするのである。同様に人間は、自らが本来何であるべきかを問い求めるならば、自己固有の存在に先立って独立している善の呼びかけによって、否応なく自らが測られていることを知っている[28]。

この拘束力をもった基準を背景にしてはじめて、問題や課題が可能になるのであり、したがってこの基準は必然的に自己から区別される。なぜなら、そうでなければこの自己も基準そのものとまったく同じように、無制約的で意のままに支配されないものとなるからである。それゆえこの基準は、ア・プリオリな形式や理念として、人間自身の意識に根差しているとは考えられない。しかしながら、自己それ自身は、自分がこの基準によって疑問に付されていることを知っているので、この基準は既存の自己に、外部から近づいてくるのではなく、自己に対して隔たりを置きながらも、それを通じてこそ、自己がまさにそれ自身となるものとして現れる。つまりこの基準は、それが自己の内在的かつ超越的な根底である限りでのみ、自己を疑問に付すことができるのである。内在的というのは、それが自己を基礎づけているからであり、超越的というのは、基礎づけられたものに依存することなく、無条件にこれを凌いでいるからである。[29] 人間の存在を照らす光は、人間固有の存在の根底よりもさらに深い根底から射し込むのである。

人間が自らを問題として、課題として体験するとき、その根底には、人間を無条件に超えている地平の認識があることは確かである。だがこのような善の地平は、あまりにも一般的で無規定的であるため、自己がその一回限りの実存として具体的にいかなる者であるべきかという問いに対しては、何の答えも与えない。問題としての自己の性格は、（認識論的のみならず）存在論的にはまさに、自己がその前もって与えられた本性においては、概略的な一般性という仕方でしか善によって規定されていないことにもとづいている。そのため、善の本質はそれ自体で充実したものと知られているにもかかわらず、自己に現れてくる善は、色褪せた図式でしかなくなるのである。善一般によって規定されていることと、無規定的な自己の問題性とは、こうして互いに対応し合っている。したがって、自己が自らの具体的に規定されたあり方、すなわち自己固有の無制約的な意味を獲得しうるのはただ、善の側からの一般的な呼びかけが、自己そのものに対する具体的な意味づけにまで凝縮される場合なのである。自己においては、自己が自らの力で所有しているのでもなく、また引き出すこともできないような意味の勧告を聞き取る能力が具わっており、またその心がけがある場合にのみ、自己は自由な決断において自己自身を掌握する能力を与えられるのである。つまり自由な自己規定の可能性の根拠となるのは、ある受容性であって、それは自己が自らの超越論的な根底において、未知の呼びかけによって自らを支配させるようなあり方なのである。

自己は、自分自身とは別のものである呼びかけに対して、自らを開く能力をもっている。というのは、自分自身の存在（Sein）と当為（Sollen）に対する問いが証明しているように、自己は自らにあらかじめ与えられているあり方において、一般的な存在と善から構成されているからである。つまり自己はその根底において、すでに本質的に開かれており、受容的なのである。自己はこの自然的な素質によって自らが未完成なものであることに気づいているため、また善一般はすでに、具体的に充実した善が現存することを朧《おぼろ》げながら示唆しているところから、自己の自然的な素質の内には、自己自身を超え出て善そのものに自らを開き、この善そのものから固有の具体的な使命を受け取ろうとする原動力と要求が潜んでいることになるのである。

自己を善の支配に委ねようという決意において人間は、はじめて自ら固有の存在を、（まだあるべき姿ではないにしても）事実ありのままの姿で把握し、最初の段階で自己自身と一体化する。というのは、自己固有の存在こそまさに、存在と善自体に対する本質的な受容性だからである。したがって根本的決断のこの段階において人間は、自らが開かれ、根拠づけられ、より偉大なものによって支えられ、支配されていることを承認するか、それとも自己固有の主体性を自らの中に閉じ込め、それを絶対視するかを決定するのである。

根拠に対して同意することは、人間がこの根拠を考えるに際して、根拠をそれ自体においてあるがままに目指す場合にその真実性が保証されるのであって、人間がそれをどのように表象するかを考えることによるのではない。つまり人間は、根拠の概念やイメージに対してではなく、その現実に対して心を開くのである。このことによって人間は、閉鎖的な自己主張や保身的な習慣を放棄し、保護されない、傷つきやすい状態になる。それは自己の核心において直接に、根拠そのものの純粋な無制約的な呼びかけに自身を向き合わせようとするためなのである。根拠が具体的に何であるのか、またそれはどのようにして人間を支配するようになるのかという点は、この場合ア・プリオリに明らかではなく、人間の側から、従来用いてきた基準を投射することによって算定されるものでもない。ここでは人間は、既知の目的にふさわしい手段を求めているのではない以上、自らが求めるものを測りうるような基準を、自身の方からもち合わせてはいないのである。人間が善一般によって規定されていることが、自己の受容性の可能性の条件であるため、呼びかけは善一般という普遍的な枠内にとどまっている。しかし善の理念は、人間にとって概念的かつ表明的に想定され、したがって当の理念が、特有な実在性をもった善それ自体から区別されるものとして理解されるため、人間は善の理念すらも追い越してしまうのである。これによって人間は、沈黙する暗闇の内に入り込み、そこに身を挺して、未知の空白から個人的に自身に向けられている声をひたすら把捉しようと努める。自身の側から、理想の輝きや、一見断念しがたい善の魅力といった一定の地点に錨を降ろすことなく、このような無の内に自らを沈潜させる。こうして自らをその自己において解放してくれる何らかの救いの励ましに与るために、人間は苦悩に満ちた諦念において、ますます深く自身から進んで離脱し、自己を変容させてもらおうとする。全面的に自己を委譲し、純粋な受容性と化す極度の努力において、人間は未知の無制約的なものによって触れられる希望を抱きながら、また同時にこの触れ合いの享受さえも断念することを覚悟しながら、この無制約的なものに自らを差し出すのである。

自己が未知の無制約的な現実という次元に踏み入ることが、自身の本来的自己に到達しようとする努力によって始まることがあるにしても、人間は自分が無制約的なものの暗闇の中で耐え続けているときには、自らが絶対に否定しえないものに向かっており、それによって要求され、惹きつけられ、規定されるのを体験する。このような力の奔流の中ではもはや、人間にとって自分の本来的自己の姿が根本的に重要なのではない。重要なのはむしろ、呼びかけに対して適切に、直接に呼応することである。無制約的なものに対するこのような柔軟な対応において人間は、自分が正しく、真理の内にあることを実感する。そこで人間は、自らの重心となっている自己存在の根本を無条件に要求する根拠の内へと、さらに深く沈潜させる。この根拠は、それを概念的に再構成したり、その権利を外部から証明しようとする試みの一切を、見かけのものとしてそれ自身から斥ける。それはもっぱらその根拠が、それ自身だけによって、そしてその固有の輝きだけによって、純粋に真実で信頼に足ることを確証するためなのである。

(3) 決断の根拠――無制約的な呼びかけ

意のままにならないこの無制約的な根拠に自由に委ねられることによって、自己は、自らを超えたところ、すなわち無制約的なものの呼びかけの内に立脚点を得て、この無制約的なものから発して、この呼びかけによって自己自身に――しかもそれが自身に課せられたものとして――引き戻されるのである。そこで、これまで形式的に呼びかけと呼んできたものを、いまやより詳細に確定しなければならない。というのは、この呼びかけという現象は、根源的には一つであるにもかかわらず、個々人や歴史においてはさまざまなアクセントをもつ重層的な出来事だからである。まず言いうることは、この呼びかけは、隔たりを介して客観的に固定されるものではなく、人間がそれに身を委ねる度合いに応じてしか開示されないものである。自由の内に自らを開き、自分自身を超越するものを肯定する覚悟ができている自己存在だけが、呼びかけがありのままの姿で輝き出るような透明な媒体となるのである。

まずはじめに、この呼びかけは善に迫って行く不透明な力として感じられるかもしれない。つまり、その目標は明確ではないが、それが正しいことは根本的には疑いえないような、内的な原動力として感じられるかもしれない。この呼びかけは、あたかも光源のように、人間の決断を促すため、そのつど次の足取りの先を照らすことだろう。すなわち呼びかけは、約束しつつ招き寄せ、未来を切り開き、希望を喚び起こすのである。同時にそれは人間に対して、命令的で説得力のある権威をもって要求を課し、それ自身に人間を惹きつけることができる。

人間は自分がこの呼びかけに追従しうることを知り、まさにその点で自らの自己存在が最高度に拡大され、満たされるのを見出すのである。

この呼びかけが、内面的な力や集中した満足感や安らぎの源泉となる場合には、それは人間自身の内面の、より深い中心として現れることもありうるだろう。しかしこのように人間と分かちがたく一体となっている場合でも、この呼びかけは、やはり紛れもなく超越的なのである。このことは、人間がこの呼びかけを肯定する以前には、それを命令的な「当為」(Sollen) として理解することがあり、それに身を委ねることに怖ろしさと不安を感ずるという事実の内に示されている。それればかりでなく、より明確にこのことが示されるのは、この呼びかけそのものと一体となった場合である。というのは、まさにこの一体化の程度において、不安のない信頼感や、謙譲さや感謝の念や、さらには愛をもってこの呼びかけの中に自分を譲り渡そうとする自発的な同意といった態度が、人間の内に生み出されるからである。なぜなら、このような自発的な態度にあっては、この呼びかけの根底が人間を超越したものであることが人間的な充実の頂点において承認されるからである。[30] しかもそれは単に、疎外を引き起こす他律でしかないような単なる当為や、距離を隔てた尊敬の対象にすぎないものではない。

このように、それ自体として人間に関わりをもっているこの呼びかけの内で、人間が自らの自己存在において関わっている無制約的な根拠が示唆される。このような無制約的な根拠において、人間の探究や自己譲渡の動きが安らぎに至るため、この根拠は再び、さらに深い根拠に関係づけられるような相対的なものではない。つまりこの意味でそれは端的に究極的なものなのである。この無制約的な根拠は、まさに呼びかけにおいて告知される以上、無制約的な善として、また自由として姿を現す。というのは、無制約的な善や自由だけが、それ以上遡及しえない、しかも拘束的な意志の呼びかけをなしうるからである。したがって人間の自由な自己制御の根底では、無制約的なものの包括的な自由と人間の有限的自由との超越論的・対話的な関係が成立している。人間の自由は、自由な無制約的な呼びかけによって、それ自身となることが可能となるのである。人間が無制約的な呼びかけの根源そのものを目指して、それを主題として取り組むために、それ自体として関係を開く具体的な呼びかけを踏み超えていくならば、人間はその自己制御という道徳的・人格的な行為を通じて、自己譲渡という宗教的な行為に突き進むことになる。しかし宗教的行為の構造については、ここでこれ以上詳細に立ち入ることはできない[31]。

（4）決断の内実――具体的な課題

呼びかけの内で人間は、具体的な課題を自らの実質的内容として受け取るだけでなく、この呼びかけそのものを受け容れ、その絶対的な根源において自らを根づかすように促がされている。しかしまさに自由がこの呼びかけから要求を課せられるのを自ら許す度合いに応じて、自由はその具体的な課題の中へ、例えばある職業やある結婚相手の選定などに引き込まれる。呼びかけは自由に対して、現実全体の中でその占める場所を、しかもそれを自由に引き受け形成すべき場所として指定する。ところで呼びかけは、無制約的なものにもとづいているため、それは同時にまったく包括的である。このような呼びかけから、現実の無限定な空間が開かれてくるのであり、そこにおいて自己は、その存在のあらゆる次元の内に自分を再び見出し、また真の現実性の内に世界を再発見するのである。呼びかけは人間存在の中心と深層を成すものではあるが、それは具体的な世界と区切られた内面の内ではたらくわけではない。その呼びかけは、批判的な洞察力から自身を防御するような単なる主観的な感情とは何の関係もないのである。それゆえ、この呼びかけによってこそ、世界は人間の自己存在にとって、豊かさを与える意味として、および実現されるべき課題として構築されるのである。

具体的な呼びかけが、世界をその事実の姿において基礎づけていないことは確かである。つまりそれは、世界の超越論的・構成的な原理ではない。しかし具体的な呼びかけは、世界のさまざまな可能性を呼び覚まして、自己に対して実際に意味を与えるようにさせる。したがって客観的に観察すれば、多くの可能性のなかの一つにすぎないように見えるものが、個人に対する呼びかけの光の中では――共通の呼びかけの下にあるような人びとに対してもそうであるが――生涯の決定的な、一度限りの課題でありうるのである。それゆえ実質的には同一の課題が、根本的に異なった意味で実現されることもありうる。このように課題は、自律的な自由をもった主体によって、任意の手段として選ばれることがありうる。その場合、この手段を用いることは、その主体に根本的には何の影響も与えず、何の意味も加えることにならない。しかしながらこの具体的な可能性は、呼びかけの場において、無条件的な義務としての課題ともなりうる。この課題を受け容れるか拒否するかは、無制約的な呼びかけそのものを受け容れるか拒否するかを決定することになり、ひいては人間の自己存在を摑み取るか逸するかを決定することにもなるのである。そこでこの呼びかけから、有限なものにおける無制約性が可能になる。すなわち、限られた課題に献身することによって、無限な意味の広がりを分有することが可能になるのである。そこにおいては、事実上の偶然的な状況でさえも、無制約的な呼びかけによって包含され、意味を与えるものとしてこの呼びかけの中に組み込まれているという事態が示されている。人間存在の自由な中心を形成しているこの包括的な呼びかけの中に、具体的な世界の個々の事柄にまで下降して行く原動力が内在しているとすれば、人間が世界に対して、感覚的な媒介によって開かれているあり方は、ここからその無制約的な意味を受け取るのである。

ところで呼びかけの具体的な実質、すなわちその具体的な意味形態は、ア・ポステリオリに見るならば、呼びかけの根本的な意味と具体的な事実との組み合わせから生じてくる。その場合、この二つのものから結果として生じた意味の統一性と（その特殊性にもかかわらず）その全体性は、呼びかけの究極の根拠と事実上の現実の根拠が同一であることを指し示している。したがって呼びかけの実質の具体的な形態は、内面的に聴き取られた呼びかけのみから獲得することはできない。そこで課題の個々の理解は、現実との経験的な交渉の内でそのつど新たに試され、事象に即した考察において補われ、言葉によって解釈されることで明瞭にされなければならない。しかし呼びかけとその実質的内容は、反省によって確かめるだけでは所有されえない。その認識はむしろ、この呼びかけへの信頼による超越にともなう契機にとどまるものである。

（５）決断の遂行——呼びかけからの自己規定

これまでは呼びかけの特質を、その形式的な面では要請として、つまりその無制約的な根拠という点で取り上げ、またその実質的な面では課題として、つまりその世界内の具体的なあり方の点で考察してきた。そこでは決断を、その構造とその遂行の点で、呼びかけそのものに即して解明したい。

そもそも決断は、この呼びかけに対して自己を開くことによって始まるのである以上、その後に続く進展は、決断が再び自己を閉ざすことがない限り、この呼びかけの動勢によって導かれる。こうしてこの呼びかけと合一するはたらきは、呼びかけの中に含まれている三重の方向に、自己を揺り動かして行く。すなわち、呼びかけの根源への方向、呼びかけられた者である自己への方向、呼びかけの内容を成す課題への方向である。その場合、この三方向は、一つの制約の関連の内で成立しているのであって、この関連は、自由によって受け容れられることで実現するのである。

自由は呼びかけへと開かれることによってまず呼びかけの根源を肯定するように導かれる。確かに呼びかけが受け容れられるのは、ただそれがその呼びかけの性格と、ひいては呼びかけの中で自らを表明している意志にふさわしく応じられる場合のみである。根源が人間の自己を凌駕するものとして、つまり自己に非ざるものとして示される限り、自己がまだ無制約的な根源の中へ組み入れられていない内は、自己は自らの限定された自己存在を否定するという仕方で、この根源を肯定するのである。外部に対してはまったく否定的なものと映るかもしれないようなこの行為によって、自己は硬直した自己主張や自己限定の態度から解放されるのである。それは自己が、無限定な肯定において、自らの自己存在の根拠へ超越できるようになるためである。人間は、呼びかけの内に生き生きとはたらいている引力に身を委ねて、呼びかけが発してくる根源の光に心を寄せる。呼びかけの根拠にこのように立ち返ることによって、呼びかけは、それが非対象的で包括的な根拠であり続けながらも、はじめて語りかけられうる相手となるのである。

自己が呼びかけの根拠に直接に身を委ねるとき、この呼びかけは威圧的な命令という特徴を失って、活気を与え、解放する力となって自己の中に流れ込み、自己を築き上げるものとなる。呼びかけに対するこのような受容性において自己は、自己自身のさらに深い中心を受け取るのである。こうして人間は、長い不安な状態の中で、自らの本来の自己が深められ、強固にされたことを経験する。その場合、この自己の内面的なあり方は、呼びかけの内に基礎づけられていることなのである。呼びかけによって成立させられた自己存在から、平安な自己意識と説得力ある権威が生じてくる。というのは、人間は自分の存在の根拠である無制約的な呼びかけに向かうとき、自己自身と同胞に対していわば透明になるからである。

ところで呼びかけの受容から自己となるというのは、自由によって実現される生起であって、その実現において自己は、自己自身を呼びかけの側から捉えている。(32) したがって無制約的な根拠からの実際の影響は、それが人間の自然的なあり方を通じて媒介されているとしても、核心においては人間の自由な自己存在に及んでいる。この影響を通じて自由は、その本来の姿を目覚まされ、活気を与えられて、自由の自己遂行における具体的な善の実現へと導かれる。それゆえ根拠からはたらきかけるこの力は、単に現実性を欠いた呼びかけでも、物理的・自然的な作用力でもなく、意味に満ちた存在を与える力であり、意味伝達におけるこの贈与のはたらきは、自由によって、その固有の内実が実現されるように促す呼びかけを、それ自身の内に含んでいるのである。無制約的なものから発する影響力は、自由をその根底から摑み取っていて、善へと促す原動力として自由の中に入り込み、自由が自己自身となるのを可能にする。それは自由が反省的な自己統御を通してこの影響力を獲得し、実現するようになるためなのである。自己はこの呼びかけの力から、またその意味に従って、自分自身を形成することによって、その最も深い可能性を現実化し、自らの人格的な存在を築き上げる(33)。決断のこの根源的な中心にあっては、呼びかけの優位のもとで、超越的な根拠によって支配されているあり方と、自己制御の自由な行為とは、実在的には同一のものである。したがってこのような自由な自己肯定は、呼びかけに自分を委ねることに、またひいては自分自身から最終的に解き放されることにもとづいている。自己はこの呼びかけによって生きているため、自己を世界の中心とみなすことなく、この呼びかけの側から自身を肯定する。このように呼びかけは、自己存在を根底から開かれているそのあり方において可能にするものなのである。

次に決断は、自己存在の統一的な中心から、人間の本性とその諸々の生活次元へと多様に分岐したあり方に力を拡げて行く。それはこのあり方を人格的な根本的決断の中に統合して、それをこの決断の意味に従って形成するためである。決断が根源的な中心からどれほど離れるか、またさまざまな生活次元においてどの程度具体化されるかに応じて、無制約的な根拠からの影響に対する人間の自発性とその能動的な努力が、決断の内に発現してくる。

人間が決断の中心において、この呼びかけを自らの具体的な使命として自由に引き受けるとき、人間はそこにおいて、この呼びかけの内に含まれている具体的な課題、つまり呼びかけの実質的内容と一体になっている。ところでこの具体的な世界内の課題が、無制約的な善の呼びかけにもとづいている限り、人間は自己の総力をあげて、この課題に取り組むことができる。呼びかけは、自己存在がある一つの具体的な生存領域に自己限定することにおいて、全面的に自己であることを可能にする。もとよりこの課題はその実質の特有な構造から、無制約的な呼びかけを担うものとなる適性をすでにもっているはずではあるが、この具体的な課題の無制約性は、ただ呼びかけからだけ正当化される。そこで自己と課題の一体化は、この課題が事実上無制約的な呼びかけを担うものとなっていることを条件にしたうえで、持続的に成立する。したがって自己が課題と一体化することは、本質的にこの課題に対する執着のない中立的態度を含んでいる。なぜなら、自己は本質的に呼びかけそのものと一体化するのであって、単なる実質的可能性としての課題と一体化するのではないからである。もしも呼びかけの光がなければ、具体的な課題はその固有な意味の核心を失ってしまうだろう。しかしこの意味の核心によってこそはじめて、当の課題は自由な決断の対象になりうるのである。それゆえ呼びかけに同意する決断は、ただ時間的な意味でのみ人間固有の自己と具体的な課題を発見する端緒となるのではなく、この自己と課題とを不断に成り立たせているのである。自己存在の課題と意味は、自己が呼びかけとその無制約的な根拠に向かって絶えず超越することにおいてのみ、生き生きと存続する。このことによって、根本的決断それ自身は、単に瞬時の一度限りの飛躍ではなく、時間的な拡がりをもった、生存全体を包み込む行為であることが明らかになる。この行為は、その基本的な意図という点では、各瞬間において自己存在の全体を包含しているにしても、事情が変化した場合で

も常にそのつど新たな努力によって遂行されるべきものなのである。(34)

これまでの考察は、呼びかけを受け容れる肯定的な決断の構造を考察してきた。しかし拒絶する否定的な決断の構造はけっしてこれと平行するものではない。というのは、人間が呼びかけを回避するならば、彼は自らを自己自身の内に閉じこめ、自らの自己存在の唯一の真の可能性として提供されている意味と課題から自身を切り離すことになるからである。このような自己閉鎖的態度は、自由ではあるが、人間が肯定的に自己自身を摑み取るような決断ではない。なぜなら、無制約的なものから由来することによってこそ、自己規定そのものが可能となるのに反して、この場合にはまさにこの由来そのものが欠けているからである。

(6) 決断の成果——本質的自由と選択の自由

最後に、自由である限りの人間存在の構造全体の中で、根本的決断がどのような場所を占めているかを略述しておこう。人間の自由のさまざまなあり方を決断と結び付けて考えることによって、同時に前述の議論とその他の自由観との関係が明らかにされるであろう。

決断において開示され、遂行される自由は、それによって人格的な自己が自己を形成する限り、自由の基本的な形態であるとはいえ、それが自由の唯一の形態ではないし、時間的に最初の形態でもない。根本的決断それ自身は、人間の本性の内に基礎づけられた自由の一つの段階をすでに前提しており、この段階によって人間は、決断に踏み入るか、決断を拒むかのどちらかを採る。自由のこの最初の形態は、人間の本性がいまだ規定されない一般的な善という地平に対して開かれていることにもとづいている。善に向かう自然的な開放性の内には、無制約的な善に向かう漠然とした超越の動きが具わっており、それによって、呼びかけに対して自由に自己を開示することが可能になるが、そこではいまだ無制約的なものに対する自己譲渡は完遂されていない。それというのも、この無制約的なものによってこそ、自己が自由な決断の対象となるからである。[35] 盛期スコラ学における一般的な自由論は、主としてこの第一の自由、すなわち人間の本性の所与としての自由を指している。その諸々の定義の中では、外部からの強制という意味は排除されているが、自然必然的な自発性の意味は――少なくとも文字の上では――否定されていない。このことは、自己自身を統御するような自己が、まだ反省された概念にまで至らなかったことを示すものである。それに相応して盛期スコラ学では、人間の本性が善一般という未限定の地平によって規定されていることから、手段に対する選択の自由が直接に導き出されている。つまりそこでは、人間の自己制御としての決断は明確にされず、それがただ間接的に選択の自由の中に含められている。その限りで人間の本性は、自由な自己統御を可能にするという点においては、いまだ明確には認識されていなかったようである。こうした理由から、中世の思想においては、個人における自己自身の意味づけ、究極的決意、自由な個性、自由にもとづいた歴史性といったような根本的にキリスト教的な諸問題が、すでにしかも歴史上はじめて論題にされ、その理解のためにいくつかの実りある萌芽的議論が展開されたにもかかわらず、理論的には十分な説明がなされないままに終ったのである。

しかし人間は決断において、自然的な自由から、自己そのものに関わるような、厳密に人格的な自由に移行する。決断の自由を理解するための手掛かりは、トマス・アクィナスにあっては、「内的衝動」（instinctus）の説などの内に見出される。すなわちこの衝動において自由は、諸対象のあいだで選択を行う自由に先行する意志の自己実現や自己規定として、直接神によって動かされるのである。[36]

人間は決断において無制約的な呼びかけに応ずることによって、事実上の自己存在と、あるべき自己存在とのあいだの内的な分裂を克服し、自己自身と一致する。ところで呼びかけは世界を開示するものとして、存在の全体の中で場所と機能を自己に指定するため、人間は肯定的な決断によって、同時に世界の全体とその無制約的な根拠と合致した調和に入ることになる。決断のこのような二重でしかも一つの結果、すなわち自己自身との合一であり、また全体との合致であるような決然たるあり方が、人格的に実現された本質的自由と呼ばれうる。合理主義における自由概念も、根本においてはこのような本質的自由を考えてはいるだろうが、自己を閉ざす可能性をも残している自由な決断の可能根拠を十分には見抜いていない。そのせいで、本質的自由が、自然的でありながら自覚的な本質的必然性と区別されなくなるならば、その結果として、自立的で責任を自覚した主体という自己の概念も、普遍的な必然性の体系の中に解消されざるをえなくなる。こうして、自発性の自由とは、普遍的本性の必然的帰結であるか、あるいは自分自身に対して決然とした態度を取る人格の自由な表明であるかといった二義性が、スピノザ[37]（Baruch de Spinoza 一六三二―七七年）とヘーゲルにおいては、普遍的な必然性との関係の下で決定されたのである。

第一段階の自然的自由は、人格的に実現される本質的自由に統合されるが、この本質的自由から次に、さまざまな世界内の可能性や事物のあいだでの選択の自由が生じてくる。実質的な課題をともなった呼びかけの無制約性の下で、善一般という無規定の地平が、さまざまな価値をもった具体的な地平となって現れてくる。これらの価値は、それが質的に多様化され、階層的に段階づけられて、さまざまな選択の可能性を提供し、そして同時にその選択を可能にする一つの共通な基準の下に置くのである。個々の価値の地平が、不変の自然的なあり方においてあらかじめ与えられているのではなく、自由な決断にもとづいている限りでのみ、選択の自由の行為は単なる対象の取捨選択以上のもの、すなわち人格的な自己存在のそのつど新しい表現なのであり、その深化の遂行なのである。したがって選択の自由は、それが直接に自然的ないし慣習的にも前もって与えられた目的に由来するものか、それとも主体の自己規定によって自由に引き受けられた課題から生じたものかによって、質的に区別される。したがって、アリストテレスによる選択の分析は根本的な点を見抜いてはいるものの、なおもそこでの選択は、根本的決断の中に組み入れられ、これによって変容されて、そのつどあらためて根本的決断に影響を与えるものとして考えなければならない。

本質的自由と選択の自由とが、人格的なものとして根本的決断に根差している限り、それらは無制約的な呼びかけの内にあるその根源に関与している。超越的な呼びかけと推進力によって決断を可能にすることこそが、人間をその閉鎖性から解放し、自由に対して意味と方向を与えるものである。この場合には、自己の中心や人格的存在を意のままに統御することは、究極的な無意味さの内に挫折することはなく（サルトルの場合にはそのことは避けがたいと思われるが）、与えられた無制約的な意味に同化する度合いに応じてのみ、そもそも可能となる。しかしながら、超越的な呼びかけは、自己存在そのものへの呼びかけとして、人間の自然的本質を凌駕しながらも、その自然的本質を通じて伝えられるのである以上、ウィリアム・オッカムにおいて指摘されるのとは異なり、人間的本質の秩序が、他律的な恣意によって無効化されるようなことはない。むしろ呼びかけは、人間の本質と自己存在に対して、内部からさらに深い重点と普遍的な開放性を与えてくれる。そこにおいてこそ人間は、無制約的な意味に関与することによって充実する自己を見出すのである。

註

（1） R. Descartes, *Discours de la méthode*, Première partie, éd. Adam-Tannery, vol. 6, p. 5.

（2）Id., *Meditationes de prima philosophia*, Synopsis, éd. Adam-Tannery, vol. 7, p. 12.

（3）I. Kant, *Beantwortung der Frage: Was ist Aufklärung?*, PhB 512, S. 20.

（4）J. G. Fichte, *Zurückforderung der Denkfreiheit von den Fürsten Europas, die sie bisher unterdrückten*, Gesamtausgabe (=GA) I, 1, S. 167ff.

（5）Aristoteles, *Ethica Nicomachea*, 1112b20-31; 1111b19-30; 1113a 10-11.

（6）*Ibid.*, 1140b16-17; 1144a31-33; 1151a16.『ニコマコス倫理学』加藤信朗訳、岩波書店、一九七三年、三七〇—三七二頁参照。F. Dirlmeier (Übers.), *Magna Moralia*, Berlin 1958, S. 254f.

（7）Aristoteles, *Ethica Nicomachea*, 1112b11-12; *ibid.*, b33-34; *Magna Moralia* 1189a8. ここでの狭義の選択は、具体的で、目的とは区別される手段に関わる。広義の選択（加藤信朗訳、三八五—三八六頁、註六、また三八七頁、参照註一）は、確かに目的に関わるが、それは、目的そのものに対しての直接的決断という意味ではない。そうではなく、アリストテレスにおいては、具体的状況における目的が何であるかという認識が、やはり意志の要素に依存している。しかしながら、この意志による影響の構造が、アリストテレスの場合は、最終的に明確になっていない。Cf. H. Kuhn, Der Mensch in der Entscheidung: „Prohairesis“ in der Nikomachischen Ethik, in: id., *Das Sein und das Gute*, München 1962, pp. 279-291.

（8）Aristoteles, *Ethica Nicomachea*, 1094a3; 1111b28-30; 1140a25-28.

（9）Thomas Aquinas, *Summa theologiae* I, q.29 a.1 c.

（10）*Ibid.* II-II, q.26 a.3 c; cf. K. Riesenhuber, *Die Transzendenz der Freiheit zum Guten*, München 1971, S. 325-331.

（11）Thomas Aquinas, *Summa theologiae* I-II, q.17 a.1 c; q.18 a.5 c.

（12）*Ibid.*, I-II, q.19 a.10 c., ad 1.

（13）Id., *De Veritate* q.22 a.6 ad 4; *Summa contra Gentiles* I 81.

（14）Wilhelm of Ockham, *Quaestiones in quattuor libros sententiarum* I d. 1 q. 4 F; *Quodlibeta septem* III q. 1; *Quaestiones in quattuor libros sententiarum* IV q. 14 D (ed. Lyon 1494-1496 [repr. 1962]).

（15）*Ibid.* I d. 48 q. 1 H; *Quodlibeta septem* IV q. 6, *loc. cit.*

（16）Id., *Quaestiones in quattuor libros sententiarum* I d. 1 q. 6 M; *Quodlibeta septem* I q. 16; *Quaestiones in quattuor libros sententiarum* IV q. 2 E.

(17) R. Descartes, *Meditationes de prima philosophia*, meditatio IV, pp. 57-58.

(18) G. W. F. Hegel, *Vorlesungen über die Geschichte der Philosophie*, Einleitung, A 2, Glockner-Ausgabe, Bd. 17, S. 55; *Vorlesungen über die Philosophie der Religion*, 2. Teil, 2. Abschnitt, B, b, Glockner-Ausgabe, Bd. 16, S. 25f.; *Wissenschaft der Logik*, 2. Teil, Vom Begriff im Allgemeinen, Glockner-Ausgabe, Bd. 5, S. 6.

(19) 力への意志については以下を参照。F. Nietzsche, *Aus dem Nachlaß der Achtzigerjahre*, Werke, K. Schlechta-Ausgabe, Bd. 3, S. 798.

(20) J.-P. Sartre, *L'existentialisme est un humanisme*, Paris 1970, pp. 21-24; 35-38.

(21) 例えばリルケ（Rainer Maria Rilke 一八七五―一九二六年）は、このことを古代のトルソーを前にして体験した。「なぜなら、そこにはお前を見つめない個所はないのだから。お前は自分の生を変えねばならない」（R. M. Rilke, *Sämtliche Werke*, Bd. 1, Wiesbaden 1955, p. 557）。

(22) R. Descartes, *Meditationes de prima philosophia*, meditatio II, pp. 24f.

(23) 自己の道徳的使命の認識としての自己認識については以下を参照。Augustinus, *De Trinitate* I, 9, c. 6, 9.

(24) I. Kant, *Grundlegung zur Metaphysik der Sitten*, 1. Abschnitt, Akademie-Ausgabe, Bd. 4, S. 393; *Die Religion innerhalb der Grenzen der bloßen Vernunft,* Akademie- Ausgabe, Bd. 6, S. 170.

(25) H. Krings, Freiheit, in: id. et al. (Hgg.), *Handbuch philosophischer Grundbegriffe*, Bd. 1, München 1973, S. 496-501.

(26) K. Jaspers, *Philosophie* II: *Existenzerhellung*, 3. Aufl. Berlin 1956, S. 179-183.

(27) M. Blondel, *L'Action* (1893), p. 354; cf. U. Hommes, *Transzendenz und Personalität. Zum Begriff der Action bei Maurice Blondel*, Frankfurt a. M. 1972, S. 114-135, 169-173.

(28) K. Riesenhuber, *Existenzerfahrung und Religion*, Mainz 1986, S. 59-66. K・リーゼンフーバー「自由行為の多次元性」、『中世における自由と超越』創文社、一九八八年、三五八―三六四頁。

(29) M. Müller, *Erfahrung und Geschichte. Grundzüge einer Philosophie der Freiheit als transzendentale Erfahrung*, Freiburg/München 1971, S. 300-301.

（30）U. Hommes, Vom Sinn moralanthropologischer Fragestellung in der Gegenwart, in: H. Rombach (Hg.), *Die Frage nach dem Menschen*, Freiburg/München 1966, S. 179-180.

（31）K・リーゼンフーバー『超越に貫かれた人間——宗教哲学の基礎づけ』創文社、二〇〇四年、一七三頁以下参照。

（32）したがってハイデガーの言うような、「最も自己的な存在可能へ向かう存在すなわち自己自身を選び取り、それを掌握する自由へ向かって開かれているという意味での自由存在」（*Sein und Zeit*, §40, 4. Aufl. Tübingen 1935, S. 188）は、最終的には「呼びかけられているあり方」（Angesprochensein）にもとづいている。

（33）こうした根本決断については以下を参照。S. Kierkegaard, Das Gleichgewicht zwischen dem Aesthetischen und dem Ethischen in der Herausarbeitung der Persönlichkeit, in: *Entweder/Oder*, Gesammelte Werke, 2. Abt., Düsseldorf 1957, S. 165ff.

（34）H. Rombach, Entscheidung, in: H. Krings et al. (Hgg.), *op. cit.*, Bd. 1, S. 365-373.

（35）K・リーゼンフーバー「自由選択の本質と課題——トマス・アクィナスから近世初期にいたるまでの自由観」、『中世における自由と超越』八〇—八五頁。

（36）Id., *Die Transzendenz der Freiheit zum Guten*, S. 171-183, 307-313.

（37）B. Spinoza, *Ethica*, Pars prima, propositio 33, scholium II.

第六章　意味と価値

——言語論的観点から——

序

哲学的思索の中で「価値」の概念が注目されるようになったのは、さほど古いことではない。それというのも価値の概念は、プラトン的善の思考という偉大な伝統を、分析的・悟性的な合理性の攻撃から守り、さらにはその善の思考が近代的な主観主義に解消されるのを防ごうとする、近代後期のいわば手探りの模索の中から誕生したからである。プラトン（Platon 前四二七—三四七年）にあって、すべての認識と存在の前提かつ確実な根拠とみなされていた「善」(1)が、近代の後半を迎えると、実在や学問から切り離され、感情や直観の私的領域に押し込められる傾向に脅かされるようになった。存在と価値、認識と情感という対比においては、この区別の由来と両者を包括する根拠が問われることはない。しかしながら存在と価値が離反するのはもっぱら、その両者があらかじめ意味一般の共通な場において理解されているときなのである。(2)ところで、意味の理解は言語を通じて遂行される以上、両者を包括する地平として、しかも理論と実践を根源的に媒介するものとして、言語の存在が予想される。したがって本論においては価値の概念を、まずは言語的意味という現象の分析を通じて根本的に把握し、次いで人間の理解を規定する体系的構造の中に位置づけることを試みたい。言語は意味の記号的表出、および記号的実現であるという想定に立って、意味そのもの、および意味一般の形式を分析することで、言語の実践的な基本構造が示唆されることになるだろう。

一　意味と行為

言語的な表明の内で伝達されるものを——それが事実の記述であれ、何ごとかの要求であれ——、ここではとにかく「意味」と呼ぶことにする。もしも伝達が空虚な同語反復に終わるべきでないとすれば、前期ウィトゲンシュタイン（Ludwig Wittgenstein 一八八九—一九五一年）が示すように、伝達の意味は、それが属する言語構造に対して、部分的かつ偶然的なものであるはずである。[3] 言明内容の偶然的性格についてのこの主張によって、必然性についての言明の有意味性は、当の必然性が語られる領域と、言明の言語的領域の構造とが同一視されるのでない限り否定されることはない。したがって『論理哲学論考』では、必然性を内容とする言明に関して、この同一視が想定されていたため、必然性についての言明は無意味なものとみなされた。仮に言語的発話に際して、言語的構造から見れば漠然と多数存在する可能性のうちのただ一つが、そのつど伝達されている以上、意味はそれぞれ具体的に規定される必要があるにちがいない。さらに後期ウィトゲンシュタインが、意味は明確に規定されていなければならないという『論理哲学論考』の要請を、無謀なものとして斥けるとき、そこではもっぱら、論理的・数学的な厳密さという意味での明確さの理念を、あらゆる言語の領域へと拡張することが拒絶されているにすぎないため、むろん言明の意味が規定されていなければならないということそのものが反駁されたわけではない。[4] つまり、命題の意味は確かに明確なものでなければならないが、命題の意味はその明確さを、自らの理論的内容の形式的特性としてのみ所有するものではない。それは、命題が発話状況に適用されることによってはじめて獲得されるのである。したがってウィトゲンシュタインが発話の使用規則に注意を促すとき、それは発話の意味への問いを無効とするものではなく、使用の実践を意味構成の場として提示することで、かえってその意味への問いに正確な表現を与えようとしているのである(5)。

確かに言語的表出は、すでに発話状況と関わる以前から、たとえ可能な状況を顧慮するというだけであっても、ある範囲の意味を背負っている。同様に発話状況も、すでにそれ自身の内に、漠然としているとはいえ潜在的な意味規定性を含んでいる。そこで、言葉が状況の内に導入されるとき、言葉と状況の相互補完を通じて、いわば概念と直観の相互関係から発するように、特定の意味が成立する。言葉が内容的に具体化され、伝達されるためには、適用されることが必要なのである(6)。

状況というものは、伝承された観点を背景としながらも、具体的な行為の連関においてこそ、そのつど新たに人間の周囲に形成される。それと同様に言葉もまた、抑揚や身振り、そして具体的な成果に至る行為を通じてはじめて、その場を得るのである。意味が行為と結び付き、行為が具体的に位置づけられるなら、単なる内的な想念にとどまっていたもの、つまり単なる思考も、常にすでに、状況におけるその潜在的な発話ないし適用に向かって了解されている。それゆえ意味は本質的に言語と関係づけられており、そのつどさまざまな言語的様態を取りながらではあるが、実践的な性質を所有していると言える。とはいえ、法律や倫理のように、第一義的に実践的適用を目的としている言語の領域においては、言明の一般的な内容はある程度曖昧であり、したがってそのような言語の領域では、理論的・記述的性格の強い分野と比べて、実践により多くの役割が帰せられるというのは、容易に想像できることである。

言葉は行為の連関の内に根づくことによって、その意味の充実を得るばかりでなく、発生論的に見て、その了解可能性をもはじめて獲得する。すなわち、日常言語の諸規則は完全には形式化されえないものであるため、必要な語彙を習得しさえすれば、文法的な構造形式のア・プリオリな洞察によって日常言語の諸規則が身に付くなどということはありえない。言語はむしろ社会的意思疎通《コミュニケーション》という共同のはたらきにおいて学び取られるのである。言語を学ぶ者は、他者の行動の内に、伝達のための規則を推察・発見し、その推察を自分自身の言語行為において一歩一歩検証し、他者の反応によって自身の予想を裏づけ、あるいはあてが外れた場合にはそれを訂正するのである(7)。

二　行為と志向性

言語の意味は間主観的に理解されるものであるため、それは話者自身の体験にもとづいて理解されるだけでなく、むしろ第一義的には、意思疎通の受容者の側から理解されなければならない。話し手と聴き手とは一つの行為の連関に属しており、その連関の内において、語られた言葉もまた、まずは外的な行為として現れる。さて、ある外的行為を言語として認識しうるには、事実的・経験的に確定可能な過程を超えて、その外的行為を、意味付与によって規定され、それゆえその意味付与を伝達するものとして認識しなければならない。行為の経験的な現象からいかにしてその意味の規定性が読み取れるのかという認識論的な問題はここでは保留しておく。この問題は、言語的な意思疎通の成立という日常的な事実に照らし合わせるなら、二次的なものにとどまる。それどころかこの設問自体が、デカルト（René Descartes　一五九六―一六五〇年）主義と後期中世の唯名論の影響の下に、感性的知覚と精神的洞察という二元論的把握から——それゆえ、感覚的認識の孤立化と対象化から——生じているとも考えられる。そして、そもそもこうした理解は、人間の認識の全体的・統合的な遂行形態と、それに固有な間人格的構造を捉えるには不十分だということも推測できるであろう(8)。

言語行為は間主観的なものであるがゆえに、とにかくその事実的な過程の中から、何らかの意味志向が認識可能となっているにちがいない。したがって、言語的な対立が、参与者たちの発話行為に現れる意味志向同士の葛藤にもとづいていることは明らかである。なぜなら、意味の次元を抜きにして、純粋にそれだけで眺められた外的な発話の過程が対立関係にあるはずはないからである(9)。

身体的で経験的に確定可能な発話の遂行と、意味志向との二つからなる二重構造の根源的な統一こそが、言語による意思疎通の本質を成すのみならず、人間の行為そのものの基礎となる。人間の行為を単なる反射行動から分かつ点は、人間の行為が意味の実現を目指すということ、それゆえある志向によって導かれているというところに存する。意味志向は、行為者によって、外部から行為に付与されるのではない。意味志向は行為を内的に形成し、行為の起動力となる。行為に際して人間は、外的な行為の過程を超えて、自らの環境世界に対する意味連関と目的連関とを創造するのである。しかしまさにこの世界内的な指示連関の構造こそ、外的行為そのものの内に現前している。行為の中に現れ、そこで現実化されるこの指示連関の機構を通じて、現実の多様な環境は、人間にとって有意義な状況の全体へと整理され、統一されていく。それゆえ人間の行為は、現実化の行為と記号の指示機能とが一体となったものである。

行為は本来、あらかじめ志向的に性格づけられているため、行為はまた、言葉のある程度曖昧な意味を、状況へと根づかせることを通じて、より明確に規定することができるし、逆に言葉は行為の意味志向を解釈することができる。したがって言葉と行為は、その志向的構造ないし意味構造において合体する。しかし言葉の記号的性格は、それが顕在化することによって、その行為としての現実的側面を規定するのであり、それゆえ任意の規約として設定される抽象的なものであるのに対して、行為の意味志向はその遂行の内に含まれており、まさにその先反省的性格のゆえに、行為の実現が有する力と具体性とを分かちもつのである。

三　志向性と価値

行為の遂行に内含されている意味は、確かにそれ自体としては、言葉として発話されてはいない。しかしその意味は言語化された内容に対して、単なる外的な付加物なのではなく、言語の意味の中核を規定する。そこで、言語行為の外的環境が可能な意味付与の大まかな枠組みを示唆するにすぎないのにひきかえ、発話者の行為は発話された意味を、言語内の一般的規則によるよりもはるかに明確に輪郭づけることができる。例えば日常生活における挨拶の言葉は、「こんにちは」といった最も単純なものですら、抑揚や身振りといった生き生きとした行為の遂行にともない、まったく違った意味、それどころか正反対の意味を取ることさえありうるのである。

さて、言葉に意味規定を与える行為の意味構造は、行為の目的設定に由来する。なぜなら遂行されている限りの行為は、「何のために」ということを、その目標として、すなわちその実践的な意味として前提するからである。その際、この「目標」は、広い意味で理解されるべきであり、行為そのものがすでに目標の実現であるのか、それとも、その行為を超えたところにある目標を目指す単なる手段として、目標に従属するものであるのかは問題ではない。目標の側から捉えることによって、行為者にはある視界が開けてくる。この視界の内では、前もって与えられた環境は可能な意義の担い手となり、行為の分節した意味構造を可能とする。行為の目標が統一されていることによって、行為の指示連関ないし意味構造が完結し、かつ首尾一貫性を保つようになり、そこから、状況に刻印を押し状況を解釈する力能が生じる。それにともない、行為に組み込まれた発話の意味が一義的に規定される。その際に目標設定は、行為の実行を促すだけでなく、行為の分節化の原理としても機能することにもなる。

言葉はそのため、あくまで行為と切り離せない以上、言葉が真に理解されるのは、何のために、つまりいかなる意味で、あるいはいかなる実践的な目的をもってそれが語られたかが把握されるときである。理論的な言明の理解すら、話し手が結局のところ語ろうとしたこと——つまり彼の言明が目指す目的の地平——が聴き手に捉えられ、聴き手のものとなることによって可能となる。したがって伝達の意味はまずもって、包括的な——しばしば反省の対象とはなっていないにせよ——認識の目標・行為の目標との力動的な関係の内に構成されるのである。

さまざまな目標の設定は、さまざまな行為の遂行と同様、いわば相互に入れ籠の関係、したがって階層の関係にある。すなわち、言語的な伝達を直接にともなう具体的な行為が、より広範な行為連関ないし意味連関の内に組み込まれるように、行為の局限された目標もまた、より高次でより包括的な目標の設定を、自らの可能条件として前提している。こうして、局限された目標設定は、行為連関のより包括的な実践的意味に根差すことによってのみ、行為者にとって意味をもち、参与者にとって了解可能となる。そのとき、相対的により高次の目標は、言語的な伝達を十全に理解するための論理的条件である。したがって、言語的な伝達の個々の意味は、その伝達を導いている実践的意味付与を潜在的に見越すことによってのみ、規定される。とはいえ、すべての人間的な行為の究極的な実践的意味に立ち返るまでもなく、言語行為と意味付与の領域はある程度暗示される。なぜならその領域は、実践的な目的とそのつど関わることによって構成されるからである。言語的意味の可能条件を探ることによって開示される、人間の行為の比較的包括的な目標が、まさに「価値」と名づけられる。

価値は狭義の目的とは区別されなければならない。すなわち、目的には具体的な行為が割り当てられているのに対して、価値は行為の組織を覆う主導的なものである。さて、個々の行為はその目的を通じて、前提となっているより高次の価値を示唆するが、その限り、個々の行為の意味そのものの内には、それとは異なるがなお同じ位階の中にあり、それと両立可能である行為や発話の可能性・意味・正当性が認知されている。それゆえ、行為や意味がより包括的な価値と本質的に関わっているということは、行為の具体的な目的設定に際して、互いに異なりながらも相互補完的な意見表明や行為の余地を与える。この広域にわたる行為の空間は、相互に独立した意味の実現を可能とする限り、その根拠によって統一されていながら、同時に複数の中心をもっている。したがって、もし個々の可能な行為のさまざまな視点から、同一の根源的価値が目指されるとするなら、その場では、価値のあり方、価値によって開かれる意味空間のあり方が間主観的なものであり、主観の無規定な多数性を内含することが暗示されているのである。価値とその言語地平のこのような間主観的な了解可能性は、共同体による価値の現実的な認知の可能根拠としてその認知に先行し、その限りその認知に依存するものではない。

ウィトゲンシュタインの意味における言語ゲームは、まさしくこうした比較的包括的な領域なのであり、その内でこそ間主観的な意味が、言葉と行為の絡み合いによって構築される。(10) その際、この言語の領域が内的に統一され分肢される根底には、価値の概念が潜んでいることが明らかとなる。ある特定の言語ゲームの中で可能となるすべての言語行為に共通の目的が、言語行為の意味規定性と相互的な意味連関に対して保証を与える。目的ないし価値が言語ゲームの原理を成す以上、価値は日常的に機能する際に無反省に前提されている。実際、常に理論面と実践面の性格を同時に有する意味の不明瞭さと意味の誤解が生じたときにはじめて、その根底にある意味の表象を吟味し、かつまた、人間の発話および行動のこうした領域を導く価値概念を、その内的整合性と射程に関して吟味することが必要となる。

価値の承認は、個々の言明の意味規定の条件である。しかしその点でそれは同時に、言語ゲームを可能にするものであること、つまり言語行為の比較的一般的な範例を提供するものであることが明らかになる。それというのも、潜在的に有意義な事象領域の規範としての価値から、この事象領域の事実的な基本要素間の関係や位置づけの規則が生じるからである。この関係は、比較的安定した、形式的かつ質料的な意味構造として、あるいは個々の言語的内容を秩序づける規則としてはたらく。純粋に言語内在的な分析の領野では、発話は一方で文法規則の形式へ、他方で個々の言明意味の質料的な内容へと解体される。ところが、個々の内容そのものの意味規定性も、一般的な言語の構造も、ある包括的な価値概念に根差しているという点からは、文法構造があらかじめ内容的に刻印を受けているということ、そして文法構造が具体的な内容と結び付くときに、言語的な意味実現の統一体が可能になることが洞察される。また、ある言語ゲームの文法構造が、指導的な価値理念を目指して相対的に形成され、逆に理念の側からものの見方が先行的に提示されるという仕方でその構造が実質的に構築されるとき、この構造が個々の言明の意味にある程度適合しうるものであること、そして価値理念の変遷にともない構造も変わりうることが暗示される。(11)

四　価値と主体

一般的な規則と予測不可能な個々の行動とが統一されている点で、言語はゲームと共通している。ゲームは一方では決まった規則をもつが、他方ではまさに規則によって、ゲームの参加者《プレーヤー》の発案の創造力と知性が自由に発揮される場を提供するのである。例えばチェスの場合、指し手は規則による秩序下にあり、それによって相手にとっても理解され、応酬が可能になる。ゲームの規則は、確かに規則に従って生じはするが、その意味は規則の側から評価されるのではないものを引き起こすことに寄与する。したがってゲームの参加者は、規則を守っているという点だけにこだわると、実際のゲームの遂行が有する特性を見逃してしまうことだろう(12)。

同様に、言語の意味そのものも本来、規則に縛られてはいるが、その固有性は主体による自由な措定に存することが看過されてはならない。すなわち、行為を特定の意味の担い手へと作り変える目的志向は、必然的に主体としての「意識」へと目を向けさせる。というのは、意味志向と目的において、事実的な行為の経過の外部に、それと矛盾するのではないがそれを超えたところに、一つの次元が設定されるからである。しかしながらこの「外部」は単なる事物によって実現されるものではありえない。なぜなら目的概念は、本質的に因果的諸規定の連鎖を逸脱しているのであり、それによってこの連鎖は記号によって媒介された意義の担い手として、新しい任意の構造化を創出することができる。この点で目的概念は、因果律による自然の経過に縛られない自由な主体を前提とする。そこで、客観的に措定された言葉の意味の内には、志向する主体そのものが――しかも、意味がその規定性に関してどれほど行為の脈絡に依存しているかという、その程度に応じて――内含されている。すなわち特定の意味は、その志向の方向を定めることによってはじめて理解される以上、個々の主体は一般的な言語的機能を果たすものとしてだけでなく、まさに志向する主体性そのものとして、意味の構成の内に入り込んでいるのである。(13)

主体は反省において、自己の自立性を実現する。そしてこの反省そのものが、主体の根源的かつ活動的な自己所与性にもとづいているのである。主体は反省の中で、印象に対する自然本性的な受容性と、それに対する自発的な反応といった円環を断ち切る。(14)そこで主体は、受容した印象によって規定されるにもかかわらず、その印象に先行する何ものかとして、自己自身に直面することになる。こうして自己自身を了解することによってはじめて、主体は意味内容を我がものとし、価値を自らのものとして認知できるようになる。したがって反省の機能は、自身のありようを理論的に観察することに尽きるものではなく、自己自身とそれが属する感性界へと関わる自由を主体にもたらすのである。ある内容が有意味で、かつ真なるものとして志向されうるには、主体が自由にそれを受け容れ、措定しなければならない。それゆえ、個々の主体の有する精神の自由は、客観性を構成するための、そしてまた言語的意味の間主観性をも構成するための必要条件なのである。それゆえ、意味を目指す主体の自己規定性は、意味を、例えば真正な「問い」として――理論的には真なるものとして、実践的には課題として――受容することによって、主体の行う意味の言語的・間主観的な措定に対して論理的に先行している。もとよりこの意味の内的受容は、文法的に間主観的に形成された思考形式の刻印を受け、間主観的な伝達を目指して構築されているものではある。こうして、主体の内的空間は、自らの身体的・世界内的なあり方に対して、否定的に限定されているわけではない。なぜなら主体の内的空間は、身体的・世界内的なあり方と同一平面上で競合しているのではなく、自らの世界内的なあり方をそのつどすでに自身の内に取り込み、そのあり方に関わっているからである。

五　主体と善

意味の間主観的措定、そして価値の承認は、主体が意味や価値に対して、時間的にではなく、論理的に先行するというかたちで、それらを自己自身のものとして受容することによって可能となる。したがって主体が、ありうる言語的意味に関して反省を行うとき——それぞれの意味内容に応じてその程度は異なるにしても——、自己自身の存在の意味と自己の実践的な規定についての問いに突き当たる。それゆえ意味の了解は、主体の自己了解によって規定されると同時に、意味了解が自己了解に優る限り、自己了解の問題を問い直す切っ掛けとなる(15)。

主体そのものが問われるとき、結局、個々の価値はもはや問題とならなくなる。なぜなら価値それ自体としては、主体をその統一性と全体性に関して要請することはできず、それらはかえってその具体的なかたちでは、主体の側から眺められ、精神の自発的活動を通して措定されるからである。そこで価値の領域に対する自律的肯定は、主体の自己了解——少なくとも潜在的な自己了解——にもとづくことになる。この自己了解は、その正当性が問われうる以上、前もって与えられた一つの尺度から発している。主体の統一が対象との多様な関わりの根底に存するように、この尺度もまた、間主観的に措定された価値の地平、すなわち複数の内容に分節されている地平には属さず、いかなる区分にも先行するものである。主体が自らの存在の実践的意味をこの尺度によって発見しようと努める限り、主体の自己了解のこうした超越論的前提は、意味一般の尺度、ないし至高善と呼ぶことができる。この至高善は、区分と対象化を担う言語の特性をそれによってはじめて可能とするものであるため、それ自身としては十全には語りえぬものであり、この点で無限定的かつ普遍的である。このようにして、この善が意味一般の絶対的に包括的な空間を開示するものであるなら、まさにその点において至高善は、反省的な自己了解と主体の自由な自己規定を根拠づける。なぜなら、反省的な自己再帰性を通じて遂行される自己同一性は、推移的な因果関係・目的関係の内世界的関連に組み込めない次元、したがって無限の次元を前提としているからである。

主体は、その自由な遂行において自らの自己了解と自らの世界を分節・解釈し、したがって価値を措定し、意味を構成する。それによって、至高善は同時に実践的意味と理論的意味の地平であることが明らかとなる。それゆえ至高善は、それが善であるという点において、同時に存在者そのものの真理の地盤であることを自ら開示する。実践的目的と理論的意味の緊張関係は、包括的な善と真理との超越的な同一性と関わることによって、はじめて解消することになる。

なるほど至高善は、限定的な多様な価値表象を通じてのみ、言語において現前し、機能する。とはいえ、価値が限定的な領域に関与するところから、それぞれが相関的であり、主体の取る観点によって相対的でもある限り、存在者のあるがままにおける記述としての理論ですら、価値との関係からでは、もはや純粋に把握することはできない。意味の超越論的前提ないし至高善は、確かに価値の措定を可能とし、それを推進するにせよ、その至高善は、同時に価値を相対的なものとして明らかにするのである。このように至高善は、人間の目的設定の領域から否定的に自らを切り離すことによって、人間の言語性と活用性に先立っている存在者そのものの領域を総観することを可能とする。存在者そのものに対するこうした直視が純粋かつ直接になされることなく、目的を設定する主体の排除によって媒介されるとき、理論は客観的認識という形態を取る。存在する限りの存在者の意味が対象性として主題化される、つまり方法論的な確証が試みられるという事実は、存在者の根源的な開示性から生じるのではなく、認識を実用的《プラグマティック》な目的設定と先入見から解放する必要性――すなわち、純粋主観を経由させ、純粋な対象を目指すことによって、認識を反省的に確証する必要性――にもとづいている。この場合、このような客観的な意味というものがそれ自体再び、価値設定から自由な客観的理論という特定の価値に従属しているのは確かだとしても、その客観的意味は、いわば鏡に照らして見るように間接的に、内世界的な目的設定を介してではあるが、真理と善そのものにおける存在に対して開かれようとしているのである。

意味そのものの前提たる至高善が、理論的な観点における具体的な所与を存在者として現出させる。その限り至高善は、存在者に対立する価値の視点拘束的な「悪しき」超越と異なり、クザーヌス（Nicolaus Cusanus 一四〇一―六四年）の表現を借りるなら、存在者の存在にとって「非他なるもの」[16]として自らを示す。なぜなら、「笛を吹くこと」（事実としての吹くこと）と、「笛を上手く吹くこと」（善の尺度のもとにおいて吹くこと）は、本来は一にして同一の事柄だからである。

六　善と間主観性

主体はその意味措定においても、自己了解においても、暗黙の内に無制約かつ絶対的に普遍的な意味――善、真理、存在などと呼ばれる無制約的意味――から出発する。ところで具体的な言語の意味の内には、その可能性の根拠が同時に提示されているため、そこにおいてはまた、言語的意味が超越論的に前提された意味に根差しているという事実も現れている。主体は、自らが志向する個別的な言語的意味を、その志向性に依存しないものとして定立することによって、この包括的な意味を無制約なものとして現出させる。個別的な言語的意味が、前提となっている無制約な意味を分有している点は、こうして、言語的意味の有する間主観性の内に表現される。間主観性の空間は、具体的には確かに主体の志向性によって構成されるものではあるが、無制約的な意味の分有を通じて、個々の主体の単なる主観的な領域を超えて、個々の主体に対して先行的に与えられたものとして自らを示すのである。個々の志向された意味内容のみならず、それ自身隠れた前言語的な基盤——すなわち無制約的かつ包括的な意味の基盤——もまた、主体によってそれが間主観的に、したがって形式上はその個別の志向とは独立に措定されたときにはじめて、志向的主体に対し、その具体的な形姿において現前することになる。

主体が意味を間主観的なものとして措定できるのは、主体が、無制限で開かれた共同体を承認することによってのみであり、つまり本質的に自己と同等の複数の主体から成る共同体を受容することによってのみである。主体が無制約な意味を前提とし、その内に根差しているということが、ある共同体の受容的な構成を可能とし、それを促進する。まさにこの共同体において、いかなる主体も、自己自身を無制約な意味の下で了解したその同じ無制約性をもって、他のすべての主体を承認する。この共同体において、これら数多くの自立した主体は、同じ言語的意味に関与しながら意思疎通《コミュニケーション》を行う(17)。主体が意味そのものに結び付くとき、他の主体や共同体と直接に関係するのではない以上、主体は、無制約な意味の空間に属することで、はじめて他の主体の自立性を承認できるようになる。そしてそれによって主体は言語的意味を、原則として端的に間主観的なものとして、かつまたその妥当性に関しては限定された言語共同体に制限されていないものとして、志向することができるのである。

いかなる言語的措定においても前提されている無制約的意味は、コミュニケーション共同体の基盤ないし地平として現れる。そしてこの共同体は、その無制約性と超越性ゆえに、言葉において一義的に限定しえない意味によって、あるいは超越論的主観として実体化されえない意味によって可能となる。その限り、この共同体の構造はア・プリオリに確定されはしない。コミュニケーション共同体は、複数の意味の可能性という開かれた場の内に存立している。そしてこの可能的な意味の場は、すべての人びとが共通の意味に参与するという希望にもとづいて、共同体を可能とする二重の規範――自由な個体性とそれら相互の承認と意思疎通――によって規制されている。しかしながら、事態がこのように漠然としていても、間主観的な言語の意味の措定は、その行為の内的整合性を可能にする前提として、社会的秩序の規範的な目的投企を内に含んでいるのである。

言語的意味のこのような措定に際しては、主体の共同体が想定されている限り、ある命題の意味を主張するときはいつでも、あらゆる聴き手に対して、その発話の意味と真理性とを承認することを要請することになる。それゆえ言語的意味とは、本質的に他者に向けられた言葉であり、呼びかけである。そこで言葉の内では、個人的な志向、あるいは事物世界における作用にとどまらない意志が顕わになる。その意志は、他者のもつ真理への意志と意思疎通への意志に対して、主張された意味の検証を課題として掲げる要求である。

発話された意味の承認を他者に要請するとき、主体は同時に、自己自身を自由な意味の担い手として認めること、そして無制約な意味と真理を自らの意味措定の根拠として肯定することを要求する。主体は、まさしく間主観的な意味の措定を通じて、主張する真理の権限を支えに、妥当性への要求を掲げる。この要求は、主体が自らの主観性を超え出て、間主観的な意味を無制約的な真理の内に根拠づけられたものとして主張する限り、その限定された主観性の内部から正当化されうる。したがって、言語的意味を主張することの中には、自らの発言の間主観的な確証を通じて、自己自身を無制約な真理の内に根拠づけられたものとして承認させようとする、主体の努力が含まれている。主体が自らの発言に対し他者の同意を得るなら、その主体が個人的に発した意味は、記号的な表出を介して、間主観的な領域のもつ普遍性に帰属し、それによって、その主体が無制約的な真理を分有していることが証せられるのである。

七　間主観性と意味

前提された無制約な意味の基盤の上に、志向する複数の主体の共存を通じて、間主観性の領域が構築される。間主観性のこの領域においてこそ、言語的に形成された志向的内容は、はじめて言葉の十全な意味で真に有意味となる。それというのも、無制約的な意味は間主観性において出現するものである以上、意味が話者の主体性から切り離され、聴き手の主体性に対しても自立性を確立するのは、まさにこの間主観性にもとづいてのことだからである。ここで間主観性の領域は、意味そのものの空間であり、志向内容それ自体の客観的提示ないしその実現の空間であることを特徴としている。志向内容はこの領域においてはじめて、伝達の受け手に対してばかりか、志向する主体そのものに対しても、自らの現実性、あるいはその具体的・世界内的な現在性を獲得する。(18) 換言すると言葉の意味は、複数の主体がそれを同一のものとして志向することによって現出し、意味としての本来のあり方において現れるのである。

思念された事態と、それについて発話された意見とのあいだの隔たり——言語の意味にとって根本的な差異——もまた、個々の志向的主体と間主観的な伝達そのものの領域とのあいだの間主観的な差異の内に表現される。なぜなら、すべての主体に共通で同一の事態に関して、さまざまな意味解釈や意見が可能だということこそ、間主観的な意味の核心だからである。複数の主体において意味の統一が図られるということ、しかも同一の事態に関して意見の相違がありうるということが、言語的な意思疎通の本質を成している。そこで言語の意味は本質的に何ごとかについての思念である以上、その意味はそれ自身を超出し、言語以前の自存的な事態を指し示し、自らの真理性と適合性への問いをそれ自身に投げかけているのである(19)。

間主観性は、理論的な意味措定の分野――フッサール（Edmund Husserl 一八五九―一九三八年）の言葉を借りれば事物の所与性の分野――に限らず、目的の実践的分野においてもまた、意味の領域を定める役割りを果たしている。したがって例えば、個々の行為の格率が一般的法則として妥当するようにせよというカント（Immanuel Kant 一七二四―一八〇四年）の定言命法の形式は、意味自体として志向される規範、それゆえ間主観的・普遍的妥当性の要求という仕方で志向される規範のみが、個々の主体に無条件な妥当性を要求しうるという事実から自ずと帰結するのである(20)。ただし、ここでの普遍妥当性の「形式」とは、絶えず超越論的に目指される無制約的意味の無制約性が現れ出たものにすぎない。

八　意味と価値

価値は実践的意味措定として、意味の普遍的特性を分有する。しかしながら価値は、それがそのつど拡がる人間の行為の統一領域を包括し規格化するという点で、個々の具体的な意味内容とは区別される。それゆえ世界の領域は、価値によってそのつど照らされ、可能な行為に対して開かれた構造を前もって形成する。しかし人間の行為の基本的な方向は、個々の主体の恣意に先立ち、個々の主体の本性によって、または社会的・歴史的な位置づけによって示されている。それゆえ価値は、主体の自由な設定というよりは、主体の基本構造が無制約な意味の地平から要求されるものである限り、主体の基本構造の自発的な表出なのである。したがって、至高善が人間存在の意味の中に分かち与えられ、プリズムを通したように、本質の多様な諸相へと拡がっていく以上、価値の無制約性の内には、至高善の無制約性が直接に映し出されているのである。

だが、価値が意味として明確に、そして具象的に承認される程度に応じて、価値は主体の自由な自己了解によってすでに投企され措定されてもいる。この点でハイデガー（Martin Heidegger 一八八九―一九七六年）の価値分析[21]に賛同しうるなら、価値に固有な具象性と主体に対する相対性は、無制約的な意味の部分的現出という価値の根本的性格を損なうものではない。

価値は行為を導く一方で、行為は間人格的な構造をもっているため、価値の中にはそのつど、行為の共同体の意味の原理と多義化の原理とが――かならずしもその一次的な意味においてではないにせよ――表出されている。したがって間主観的な意味としての価値の措定は、同一の価値を肯定する複数の主体を互いに交流させ、共通の意味に即して行為させることを自ずと意図している。

こうしてある価値を受け容れることが、他の主体に、この価値措定に対する理論的あるいは実践的な態度決定を促すならば、そのとき陰に陽にある対立が生じうることは明らかである。それでも主体による価値の措定の内には、その価値解釈が行われる意味空間が開かれ、自身がその価値を受け容れた責任を取る用意、また同様に批判に耳を傾ける用意が籠められているのである。つまり価値それ自体はさしあたって一つの実践的な規則であるため、その意味は時々の具体的な解釈と応用によって、はじめて最終的に厳密なものとなる。そのうえで価値措定は、実践的かつ間人格的に規定された行為にほかならず、そのようなものとして、自己の本来の意味に即しながら、応答する他者の意見表明を常に期待し、それを理解しようとしている。実際、間人格的な行為は、同等の資格を有する仲間として他者を肯定し、その意見と振舞いに理解をもとうとする態度を、本質的に含んでいる。[22]こうして、主体の価値措定が——さまざまな程度においてではあれ——常に他者に対する問いかけでもあるならば、それは、例えばガダマー（Hans-Georg Gadamer 一九〇〇—二〇〇二年）の「影響作用史」（Wirkungsgeschichte）の意味で開かれ、対話の用意を保ち続けていることになる。[23]意味の構造に具わる間人格的な性格は、価値意識の変遷・批判・深化を可能とするのである。

価値は間人格的であり、そこに抗争の余地があるからこそ、価値を基礎づけることが可能となるにちがいない。人間の行為において重要であるのは、個々の価値を実現する以前に、古典的な意味において「良く生きること」（bene vivere）、したがって至高善に自らが参与することである。それゆえ、実践をめぐる議論においては、善が現存するときの形態である「より良いもの」があくまでも問われることになる。価値設定の基礎づけは、個々の価値について、それがどれほど至高善に向けて自らを遂行的に超出するかを示し、至高善に対するこうした関係と相対性にもとづいて、個々の価値に固有の意味を規定するのである。[24]

註

（1） Platon, *Politeia*, 508e-509b.

（2） 本書第七章「価値と存在」参照。

（3） L. Wittgenstein, *Tractatus logico-philosophicus*, 4. 461; 4. 462.

（4） Id., *Philosophische Untersuchungen*, 68-71, 87f.

（5） *Ibid.*, 1, 11.

（6） H.-G. Gadamer, *Wahrheit und Methode*, 3. Aufl., Tübingen 1972, S. 290-295.

（7） J. Habermas, *Zur Logik der Sozialwissenschaften*, 2. Aufl. Frankfurt a. M. 1971, S. 238-242; L. Wittgenstein, *Philosophische Bemerkungen*, 13.

（8） P. F. Strawson, *Individuals. An Essay in descriptive metaphysics*, London (1959) 1971, pp. 98-102, 111f.

（9） U. Anacker, Subjekt, in: H. Krings et al. (Hgg.), *Handbuch philosophischer Grundbegriffe*, Bd. 3, München 1974, S. 1445f.

（10） L. Wittgenstein, *philosophische Untersuchungen*, 7, 23.

（11） 本書第1章「解釈学と言語分析」参照。

（12） G. Ryle, *The Concept of Mind*, London (1949) 1955, pp. 76-82.

（13） K. Hammacher, Bedingung, in: H. Krings et al. (Hgg.), *op. cit.*, S. 187.

（14） 黒田亘「〈見る〉ことと〈動く〉こと」『理想』五二五号（一九七七年二月）、一一六―一一八頁参照。

（15） M. Heidegger, *Sein und Zeit*, 4. Aufl. Halle 1935, S. 144-148.

（16） Nicolaus Cusanus, *De non aliud*, cap. 1 3, 7.

（17） K. O. Apel, Die Kommunikationsgemeinschaft als transzendentale Voraussetzung der Sozialwissenschaften, in: id., *Transformation der Philosophie*, Bd. 2, Frankfurt a. M. 1973, S. 220-263; id., Das Apriori der Kommunikationsgemeinschaft und die Grundlagen der Ethik, in: *op. cit.*, S. 358-435.

（18） E. Husserl, *Die Krisis der europäischen Wissenschaften und die transzendentale Phänomenologie*, 2. Aufl., Haag 1962, S. 183, 189; K.-O. Apel, Causal explanation, motivational explanation and hermeneutical understanding, in: G. Ryle (ed.), *Contemporary aspects of Philosophy*, Stocksfield 1976, pp. 170-172.

（19） E. Tugendhat, *Vorlesungen zur Einführung in die sprachanalytische Philosophie*, Frankfurt a. M. 1976, S. 480-483.

（20） I. Kant, *Kritik der praktischen Vernunft*, §7: Grundgesetz der reinen praktischen Vernunft, S. 55f.

（21） M. Heidegger, *op. cit.*, S. 99f.; id., *Einführung in die Metaphysik*, 3. Aufl. Tübingen 1966, S. 151f.; id., *Holzwege*, 5. Aufl. Frankfurt a. M. 1972, S. 205-243.

（22） Th. M. Seebohm, *Zur Kritik der hermeneutischen Vernunft*, Bonn 1972, S. 87.

（23） H.-G. Gadamer, *op. cit.*, S. 351, 360.

（24） H. Reiner, *Die philosophische Ethik*, Heidelberg 1964, S. 212-219.

第七章　価値と存在

——リンテレンの価値哲学から出発して——

一　歴史的枠組み

概念の中では一つの世界が構想される。すべての言表は、その根本概念の言語ゲームにおいてすでに設定されている指示関連の筋道に沿って展開されるのである。百年あまり前にロッツェ（Rudolph Hermann Lotze 一八一七—八一年）が、それまで経済理論に属していた価値の思想を、哲学的な価値概念へと転回し定着させたとき、彼は二〇世紀の三〇年代まで一世を風靡することになる価値哲学の基礎を据えた。この価値哲学は、新カント学派の価値論理主義からシェーラー（Max Scheler 一八七四—一九二八年）の価値現象学を経て、ニコライ・ハルトマン（Nicolai Hartmann 一八八二—一九五〇年）の価値存在論に至るまで多彩な形態を取っているにせよ、それらはすべて、存在する没価値的な現実と、実在しないが妥当する価値との対立という、ロッツェの提起した基本的な枠組みの中で繰り広げられてきた。

善の本質についての考察は、ソクラテス（Sokrates 前四六九—三九九年）から現代の言語哲学に至るまでの哲学史を貫いているが、そのなかで価値哲学を一つの比較的まとまった流れとして規定しているのは、現象学的方法や実質的価値の記述ではなく（倫理学の分野ではすでにアリストテレス［Aristoteles 前三八四—三二二年］の『ニコマコス倫理学』［Ethica Nicomachea］やトマス・アクィナス［Thomas Aquinas 一二二四／二五―七四年］において同種の試みが高度の仕方でなされている）、まさにこのような体系的な価値概念なのである。(1)

第二次世界大戦以来、価値哲学をめぐる論議は下火になった。価値哲学は、哲学的思潮としてはすでにほとんど過去のものとなっている。確かにその現象学的分析は、倫理学と哲学的人間学にとっての豊かな宝庫として、今日でもなお認められてはいる。しかしながら、現実に関するその全体的な構想は、まさしく存在と価値との分離の疑わしさゆえにほとんど支持されていない。価値哲学を新しく甦らせ、同時にその歴史的・体系的な狭さを克服しようとしたのが、マインツの哲学者、フリッツ・ヨアヒム・フォン・リンテレン（Fritz Joachim von Rintelen 一八九八―一九七九年）である。彼は一九七〇年代に、『ヨーロッパ思想における価値』(2)においてこの大規模な試みを提示した。この著作は、一九三二年に公刊された『ヨーロッパ精神の展開における価値思想』(3)の英訳を拡大したものであり、この著書によってリンテレンは、一九三三年にボン大学における哲学・教育学・心理学の講座を得た。今この著作の分量が三百頁から六百頁まで拡充された時点で、リンテレンの価値哲学を批判的に評価することも許されるであろう。その体系的な立場、および価値哲学一般のいくつかの根本問題を論ずるに先立って、リンテレンの哲学的経歴(4)を概観しておくなら、彼の価値観の特色を浮び上がらせるのに好都合だろう。

リンテレンは、学術団体の有能な組織者として名声を得た。すなわち彼は、マインツ大学の設立者の一人であり、ドイツ哲学協会、さらに最近では、「世界人文科学協会」（World Society of the Humanities）の共同設立者でもあり、その他夥しい数の国際会議で講演し、西洋と東洋で客員教授として引く手あまたの状態である（リンテレンによってキリスト教の否定神学が東洋の無の理解に通じるものであることに着目した鈴木大拙が彼を日本に招き、その後一九七二年にも再び来日の機会があった）。いくつかの名誉博士号を授与される因となった彼のこの弛むことのない活動は、学際的および文化交流によるさまざまな関係を築くうえに大きな貢献を果たしたため、そのことがかえって、リンテレンの本来の哲学上の意図や業績に対する理解を妨げることになったのかもしれない。

リンテレンの思索は、人間存在が脅やかされているという経験を元にしている。この経験から彼自身は、若い時代に悲観的・懐疑的な態度をとるようになった。意味の空白の経験から彼はまず、エドゥアルト・フォン・ハルトマン（Eduard von Hartmann 一八四二―一九〇六年）の「無意識の哲学」[5]の研究に向かった。この哲学は、世界の現実を絶対的な無意識に還元することによって、人間存在の悲惨を解消しようとしたものである。具体的な価値の体験から彼は間もなく、ハルトマンの哲学に対して批判的になり、そこから離れていったが[6]、このような出発点での否定的傾向は、その後彼が辿った道の方向を規定する踏み切り台として、その背景で生き続けていると思われる。悲観的な現実経験と肯定的な意味追求とのあいだにある完全には埋められることのないこの断絶は、それ自体としては中立的な存在概念と、価値を要請し信じようとする傾向をその背景としていると言えよう。というのは、この存在の意味の空白が、存在とは異質の価値によってはじめて満たされ、この価値がなければ生は無意味になってしまうからである。中世哲学史の権威であった師、ボイムカー（Clemens Baeumker 一八五三―一九二四年）の影響で、リンテレンは、古代と中世の思想史研究において、価値の探究に着手することになった。形而上学の伝統とのこの出会いを通じて、善の古典的な理解の諸要素により、彼の価値哲学は豊かになった。また思想史の研究を通して、彼は、価値観における歴史的な可変性と無制約性との関係という文化哲学の問題に導かれていった。この問題は、『エルンスト・トレルチにおける歴史主義の克服の試み』[7]の中で取り扱われている。リンテレンはトレルチ（Ernst Troeltsch 一八六五―一九二三年）から、生き生きとした実在に対する感覚や、人格とその価値に対する感覚を学び取った。具体的なもの、多様なものに対する手応えを得たことによって、彼は現実の観念論的解釈や形式的な先天的解釈が不十分であることを洞察するようになったのである。

これらさまざまな影響力の結合から、価値思想の発展についての前述したリンテレンの主著（現在改訂版で出されている）が生まれたのである。そこでの歴史的な叙述を詳細に紹介したり、批判的な検討を加えることはここではできないので、その基本的な構造だけを手短かに明らかにすることにしたい。体系的な二つの章のあとで、ヨーロッパ以外の哲学、とりわけインドと中国の哲学における価値の思想の概観によって歴史的叙述が始まっている。ここに述べられた要約は、個々の点では確かに異論の余地があるが、これは東洋的思惟の精神を解明しようとするものでもなく、またできるものでもない。むしろその考察は、価値の現象を諸文化間に共通な、したがって人間にとって普遍的な問題として論じようという体系的な意図から理解されなければならない。

ヨーロッパの価値観の歴史を辿る彼の叙述は、まずソクラテスにおける倫理的認識の客観性を強調し、プラトン（Platon 前四二七―三四七年）における善のイデアを描き出し、次いでリンテレン自身の価値実在論に近いと思われるアリストテレスの価値観の実在論を取り上げている。ストア派では、世界の意味形態を成すロゴスの原理が、事物そのものに基礎を置いた精神的な価値の秩序という著者の確信に相当している。ギリシア的な価値と並んで、ヨーロッパ思想のキリスト教的な流れが論じられている。キリスト教独特なものを体系的に要約しようとする試みは、十分なものとは言えないが、主だったキリスト教的思想家たちの成果を原典と文献を通じて丁寧に叙述したことは、それだけにいっそう説得力をもっている。例えばアウグスティヌス（Augustinus 三五四―四三〇年）の言う浄福への愛は、通例カント主義の側からなされる幸福主義という非難に対して、深い理解とともに擁護されている。トマス・アクィナスの哲学思想は、最も徹底的に、また最も詳細に――一つの研究論文の体裁で約百頁にわたって――述べられている。個々の点ではいくつかの疑問が残るにせよ（例えば、トマスの言う道徳の原理をカントの定言命法に近づけて捉えるその理解は誤っているように思われる)、トマスの思想に対する共感に満ちたこの解釈は、価値哲学の観点からなされたものでありながら、価値哲学の代表者たちが概してプラトンやアウグスティヌスを拠りどころとして、時にはスコラ哲学の思想に意識的にはっきり対立することがあるだけに、一層強い印象を与えるのである。トマス以降の思想の論述は、ドゥンス・スコトゥス(Johannes Duns Scotus 一二六五／六六―一三〇八年)の思想に内在する軋轢や、その後の思想の展開を暗示するように、個体と自由な人格を強調したことなどを詳細に取り出している。本書は中世後期の思想の叙述をもって終わっているが、そこでの論述は、神秘的・内面的な価値の主観性と、唯名論における機械論的自然観との対応と相互制約性を明確に洞察した立場からなされている。

この大作が、価値の思想や、狭い意味での倫理学の歴史の範囲をはるかに超え出ているのは、価値の問題がここでは、人間論、自然哲学、神学などとの絡み合いの中で考察されているためである。リンテレンの叙述は、個々の思想家についての詳細な専門的研究に代わりうるものではないにしても、素材全体を自家薬籠中のものとして、各々の思想家をそれぞれに固有な意義に即して評価する釣合いの取れた判断、そして個々の人物を超えた歴史的な展開の道筋を――ともすると、特に要約の際にはもちろん図式的にではあるが――強調する描写という点では、本書は並ぶものがないほどである。

リンテレンの哲学史研究がもつ重要さは、時によると彼の体系的な哲学的業績の輝きを覆い隠してしまいかねない。確かに彼の著作の中には、価値の分野とその法則性についての創造的に新しい記述も、価値哲学の体系的基礎の思弁的な洞察も見出されはしない。これらの問題においては、価値哲学の分野でのシェーラーやニコライ・ハルトマンの倫理学は、依然として抜きん出た業績である。リンテレンの思想は、価値哲学の後期に属しているため、彼には価値哲学の思想のさまざまな傾向の長所と短所を展望することができたのである。リンテレンは、自分自身をこれらの学派のどれかに結び付けることをせずに、新カント学派の価値倫理学の形式主義から距離を置き、現象学運動の成果を批判的に識別しながら取り入れ、同時に例えば、ニコライ・ハルトマンによる価値の自立化や、シェーラーによる生命と精神との対置に反対している。むしろリンテレンが二〇世紀の哲学に貢献した歴史的に意義のある独自の点は、現象学的価値哲学を、その基本的な諸要素に還元して、古代と中世の伝統との対話に引き入れようとした努力、つまり価値の現象学と目的論的な善の形而上学とを融合させようとした努力の内にある。リンテレンの著作の内には、相対立している基本的概念が縦横に用いられているが、それらの相対立する概念は、古典的な調和を保つように配慮されている。それゆえ彼の著書のいくつかが、ゲーテ（Johann Wolfgang von Goethe 一七四九—一八三二年）の世界観をめぐるものであるのは偶然ではない。[8]リンテレンはゲーテの世界観の内に、対立するもの同士の均衡の取れた統一が模範的に示されていると考えるのである。存在と価値、自然と精神、個体と普遍、超時間的な規範性と歴史的な制約性といった、一見対極を成す対概念を併せて見ることによって、強い統合力が確証される。この統合力は、要請された統一を理論的・存在論的に基礎づけるところまでには至らなかったにせよ、時としてそうした統一の根本的特徴を鮮やかに描き出すものであった。ここでは、リンテレンが取り上げた価値哲学の問題のうちのいくつかを、さらに踏み込んで考察することにしよう。その際の叙述は、リンテレンの叙述と問題提起の線に沿って行うが、問題の解明のために必要と思われる場合には、彼の考えの範囲を超えて、問題を体系的に取り扱うことにしたい。

二　価値哲学の体系的諸問題

（1）　価値認識と価値感触

現代の価値哲学は、その発生から、合理主義と実証主義に対する抗議を内に含んでいる。これらの立場は、現実を価値と無関係な存在に、また現実の認識を価値に関与しない合理性に限定するものである。そこで価値哲学は、存在に対しては「究極的に自立している」（シェーラー）価値を対置し、合理的な認識に対しては志向的・情意的感受を対置する。リンテレンはまず、この価値現象学的な相補理論の用語に従っているが、同時にその二元論を克服しようと努めている。彼によれば、価値そのものは存在の事実から演繹されうるものではなく、同様に価値の認識も、価値に関与しない純粋に理論的・合理的な認識の要素にもとづいてあとから構成されるものでもない。むしろ価値は始めから、全人的な把握に対して開かれているのであり、その場合に人間は、価値によって直接に情意的に触れられるのである。このように価値の感受が単に合理的思考の反対概念とみなされるのではなく、むしろ数学的で機能的な認識に方向づけられた合理性が、感情をも統合した精神的な認識のあり方の限られた欠損様態として理解されるならば、合理主義と非合理主義とはともに避けられるのである。そうすれば、このような全体的認識の対象である価値も、リンテレンが存在と名づけている純粋に合理的な思惟の対象と端的に異質なものとして対立することはなく、むしろ包括的な精神的秩序の中では後者と結ばれているということになる。「意味」という概念の中で、存在と価値を包み込むこのような秩序が把握される。というのも「意味」とは、一義的で法則的な規定性と目的論的な価値内容とを同時に指しているからである。意味の理解に際しては、こうして合理的な認識と情緒的な色調を帯びた認識とが、つまり精神と生命、理性と感情とが、一つの複合的な全人的行為に統合される。ところで、これら二つの能力が交互に浸透し合って一つの根源的な行為に至ることが可能なのは、もっぱらこれらの認識能力が、意味によってまさにその根源と深みにおいて触発されるからであり、またそこには特殊化された諸能力に分岐する以前の人間存在の統一性と中心があり、それが本質的に意味を感受するものだからである。このような人間的意味関連の根源的な中心において、意味や価値からの呼びかけに対する認識による受容が、自由の行為によって完了する。この自由の行為は、出現する意味を能動的に、認識されたものとして受け取るのである。それゆえ、盲目的な主意主義は、それ自身で明白な価値の呼びかけを聴き逃してしまうが、価値の認識は、人間がただ受動的に屈伏せざるをえないような運命として人間を左右するようなものではない。

ところで価値は、リンテレンが価値哲学のプラトン主義的傾向を修正したように、第一次的にはその抽象的な妥当性を直接に観取することによって認識されるのではなく、人間の行為や運命の中にそれが具体的に実現されているところから認識される。生きた現実に目を向けるならば、人間の行為には、例えば隣人に対する高潔な献身から低劣な我欲に至るまでのさまざまな段階があることが明白に知られる。したがって価値は、本来また一般にはア・ポステリオリに、それが実現されたところから認識され、この現実の経験からはじめて十分な説得力を得るのである。価値の認識を現実の経験に遡って結び付ける考えは、リンテレンの認識論的な根本態度である批判的実在論と一致する。彼はこの点では、ベッヒャー（Erich Becher 一八八二―一九二九年）の影響によることを自覚している。具体的現実が、その事実性に関しても、その本質や価値の構造に関しても、演繹されるのではなく、受容されなければならないとする現実尊重の立場は、リンテレンの思想の特徴を成すものであるが、この態度から同時に、歴史性についてのリンテレンの理解も可能になる。なぜなら歴史性もまた、主観の超越論的原理から構成されるのではなく、文化や社会に対する受容にもとづくからである。それにもかかわらず、人間の認識の基本的なア・ポステリオリ性は、それが自分自身の中にア・プリオリな要素を含んでいるのでなければ、価値について感受力をもたない経験論的な抽象論に陥ってしまうのではないかという疑問が残る。しかし意味や価値のア・ポステリオリな認識におけるこのようなア・プリオリな機能は、もしもそれ自体が、人間存在を基本的に構成する無条件的な存在と価値に対する(ア・ポステリオリでない)受容性にもとづいているならば、自らの構成によって現実を隠蔽することはなく、むしろその現実を創造的に開示するのである。いずれにしても、本質と価値の概念は、さまざまな現象から類似した共通点が抽象され、合成されるというだけでは説明されない。というのは、その際まさに問題になるのは、この類似した共通点そのものはいかにして認識されるのか、それどころか一般に価値は、それと区別される主観に対して、いかにしてその要請を認めさせることができるかということだからである。

価値認識におけるア・プリオリ性とア・ポステリオリ性との関係は、人間の内在的な認識構造の問題だけではなく、認識されるべき価値そのものの特性から明らかにされる。価値を抽象的形式とみなす発想に反対して、リンテレンは、価値認識に固有な具体性を取り出している。価値認識においては根源的に、すなわち価値の一般概念の抽象の可能性に先立って、実質的に具体的な規定をもった個々の価値との、その現実そのものの中での接触が生じる。しかしながら現実性、個性、全体的な実質的規定性は、主観の先天的形式によって確立されるのではなく、ただこの現実そのものとの受容的な触れ合いにおいてのみ認識される。つまり純粋に合理的で機能的な認識が、その対象の現実性や個性やその内容の個別的な変容を捨象してしまうのに対し、価値の認識はまさに、その対象にとって本質的なこれらの規定に関わるのである。というのは価値の認識においては、価値を実現する人格自身の個性が把握されると同時に、価値の強度やその内容的な変調といった点で、概念によって汲み尽くしえない価値のニュアンスもそこに現れてくるからである。このように、価値の認識には豊富な具体性が具わっているが、リンテレンはこの豊かさこそが、アリストテレスやトマスの主知主義的な考え方においては見落とされていると考えている。この場合、哲学史的には、おそらく補足が必要だろう。すなわち、このような判断は、講壇的なアリストテレス主義とトマス主義には妥当するかもしれないが、例えばトマスの場合には、このような感触と愛による価値認識の理論が形成されているのである(9)。

(2) 価値の承認と価値の実現

フッサール（Edmund Husserl 一八五九—一九三八年）の表現をもってすれば、価値は理念内容ということになるが、それが惹きつける力に対する適切な応答としては、その直観よりは、むしろその実際の受容と実現が要求される。価値のもつ魅力の特性はまさに、それが価値の高さに応じて、自由そのものの同意を得ようとしていること、つまり自由を喚起して、自由な決断が可能な、というより是非とも必要な状況を強要するところに見られる。したがって価値は、その惹きつける力の点では、自由を回避するものでなく、また非精神的な衝動のように、自由を鈍らせたり制限したりするものでもない。むしろ価値が自由をはじめて、その固有な充実した本質にもたらすのである。価値の呼びかけによって自由は、いくつかの対象のあいだで当てもなくさまよう恣意的な選択の領域から連れ戻されて、価値を人格的に受け容れ、自己を価値に奉仕させるという使命に直面させられる。価値はこのように、肯定か否定か、承諾か拒絶かの決断を要求すると同時に、価値は自由に対して、その無関心なあり方を脱して、価値を愛によって肯定する方向に踏み出す力を与えることになる。実に価値の肯定や愛は、それが実際に志向している価値自体に関わっている限りでは、この価値がそれ自身からそうされるに値する以上に強力になることはありえない。そこで価値の肯定は、価値そのものによって可能になった応答として、受容されるべく提供されている価値の実質に全面的に引き戻されることになる。したがって価値の受容に際しては、主観は前もって与えられている価値の実質に応ずるだけである。それは主観がこの価値に対して開かれることによって、そこから自己を充実させ、それに自己を柔軟に規定させるためなのである。こうして価値の受容のはたらきの中には、自立的な自由な決断、価値の呼びかけに対する開かれた順応、価値に対する献身的な愛という三つの契機が互いに、分かちがたく結ばれている。

形式的な決断の自由が、価値の受容によって実質的に、従順な姿勢や同意する愛として実現されるならば、これを手掛りにして哲学史上きわめて異論の多い、倫理的な善の本質についての問題が明らかにされてくる。価値哲学の内部では、この問題は、新カント学派の傾向と、とりわけシェーラーの現象学的傾向との対立として表面化してきた。前者はカント（Immanuel Kant 一七二四―一八〇四年）の定言命法に依拠して、価値の本質を形式的な妥当や当為の内に認める立場であり、後者は価値を多様な質をもつものと捉え、それらが愛という最高価値の下で統一されるとみなす立場である。ところで善に対する愛と当為に対する服従は、もしそれらが自由そのものに訴える価値の魅力の中に共通の根源をもっているとすれば、両者の対立的性格は解消されることになる。確かに当為において主観は、自らに対して独立性をもち客観的であることが当然立証されるような要請に面している。しかし同時に、この要請が主観と一体でない場合、つまりこの要請が主観とは異なった担い手である他者から発している場合にのみ、主観はこの要請に対して自由でありうるのである。しかし自由が他者の呼びかけの下にある限り、この呼びかけの主観的な受容は、必然的に服従というかたちでなされる。当為と服従にあっては、要請の担い手と主観との差異と距離が強調されるのに対して、自然に生ずる愛着が愛する者自身から起こり、その方向を示す原理を自分自身の中に含むことは、愛の特徴である。同一性と差異の成就である愛と服従とは、一見互いに対立し合うように見えはするが、愛の内在的原理が当為の超越的原理から惹きつけられること、つまり当為に向かって開かれ、秩序づけられる場合には、それらが根源的に一体であることが見出される。このようにして価値の惹きつける力は、目的として主観の愛着を呼び覚ます。この愛着において、価値に対する主観の本質的な関わりが実現されている。このような自然的な関わりこそ、他者から発した要請が当為として、主観に達しうることの可能性の条件なのである。もしも価値が主観の中に、すなわち主観が価値に向かって秩序づけられているあり方にア・プリオリな拠りどころをもたなかったならば、価値は主観の自由を正当に、すなわち当為として拘束することはできないであろう。当為はこのように、同意する愛において実現されるような、自然で開かれた主観の傾向を前提している。逆に言えば愛は、その主体とは区別された価値の担い手がもつ惹きつける力を糧とする場合、つまり自分の存在がもっている価値のみを糧とするのでない場合、他者の当為としての要請に対する服従という契機をも必然的に含んでいる。この要請にもとづいて、愛はすすんで自分に形を与えようとするのである。つまり価値は、愛に値するものであると同時に要請するものであるために、価値に対する自由の応答は、同時に愛と服従を含むのである。その場合、価値に対する応答の過程は、自由に先立つ自然発生的な愛着に始まり、従順な同意への自由な決断の段階を経て、この自由な同意がそこにおいて実現される価値によって充足されるときに完了する。この最後の充足した状態において、同意は愛に転化する。この愛は、自由において従順であると同時に純粋に自然発生的であり、価値と一体になったところから内在的に規定されているものである。

価値に対する応答における愛と服従との関係のこのような解明によって、最後に価値に対する――あるいはリンテレンがしばしば同じ意味で言っているように、善に対する――愛の特性が理解されるようになる。というのは、愛においては、自己自身への関与、つまり自分の幸福の追求と、自己を忘れた境地、つまり他者のための他者の肯定との緊張が繰り返されるからである。価値が主観を惹きつけ、誘うものである限り、つまりまだ実現されていない主観の一つの可能性が成就されることを約束するものである限り、価値に向かう主観はまず自己の完成を得ようと努める。価値に対する愛は、こうして最初の段階ではまだ、自らの善と幸福を求める契機であるが、その場合でも主観はすでに、萌芽としては自分自身に閉ざされたあり方を乗り越えて、価値それ自身に対して自分を開くのである。こうして価値は、主観の中での反響として現れるばかりでなく、それ自体で、それが自立的に価値があるという点でも顕わとなり、その価値そのものに献身するように主観を招くようになる。主観がこの招きを受け容れるならば、肯定の重心は価値そのものの方に移され、愛の自己関与という面は背後に退く（もちろんこの面は価値の肯定の最高段階でも依然として残り続けるものであるが）。しかし価値によって幸福を得ようとする希望や、価値と一体になる幸福は、リンテレンが明瞭に述べているように、自分自身を超越する価値の肯定を自己愛の様相に還元してしまうものではない。なぜならそれらはむしろ、価値を価値そのもののために自由に選び取る態度によってはじめて可能になるからである。

欲求する自己愛と献身的な忘我の愛との緊張関係は、価値に対する応答の完全さによって変化するばかりでなく、価値そのものの段階によってすでに定められている。例えば生物的、ないし経済的な価値のような低次の価値は、主観とその完成との関係の中でほぼ尽くされる。したがってその肯定も、おおむね主観の内在的な自己肯定に含められてしまうのに対し、高次の、特に倫理的および宗教的な価値は、自立的な品位を具えており、これに対しては自己自身を超え出るような肯定のみがふさわしい。

次いで、価値に対する同意から、外的な行為、すなわち世界や社会の中に価値を具体的に刻印する行為が生じてくる。しかし価値の内面的な受容そのものが、すでに観念的な出来事ではなくて、現実的な事象であることを、ここでリンテレンとともに強調しておかなければならない。なぜならこの場合にも価値は、精神的な現実である自由のはたらきにおいて実現されるからである。

(3) 価値の本質と場所

リンテレンによって、とりわけ彼の哲学史の叙述を考察することで、導かれたというよりも触発された上述の分析では、絶えず価値という概念が用いられたが、この概念は、まだそれ自体が定義されてはいなかった。リンテレンの体系的な労作は、とりわけ価値の本質と階層を現象学的に規定するという課題をめぐるものである。だが価値の特性は、すでに価値の直観と実現についての前述の分析で示されたので、ここではリンテレンにおける価値概念の問題についていくつかの点を指摘するだけで十分であろう。彼の価値概念については、すでにいくつかの立ち入った分析がなされているため、詳細はそちらに委ねたい(10)。

すべての現実領域を、もっぱら量的な観点でだけ考察しようとする近代の科学主義的・実証主義的な傾向に対して、リンテレンは価値現象学に従って、価値の特性が他に還元されない質、つまり内容的に規定された意味であることを強調している。他の質とは異なって価値の特殊な点は、価値という質が階層的に段階づけられているところに見られる。つまり個々の価値は、さまざまな度合いで実現されると同時に、またさまざまな価値が互いのあいだで段階的な序列を成している。価値がそれぞれ、一定の高さの段階に属していることから、限定された価値はいずれも、それ自身を超えて無条件の最高価値を、動的に指示しているのである。なぜなら、段階的序列は必然的に、最高の原理に関与することによって成立するものだからである。

価値が序列によって段階づけられた質であるとする現象学的な立場を、リンテレンはアリストテレスとともに、目的因から価値を規定することで補っている。とはいえ、このことによって価値は、目的に方向づけられた追求という事実の内に存在論的に基礎づけられるのではなく、むしろ目的因性と目的の追求こそ、価値の内に存在論的な基礎を有するのである。しかし目的と追求との関係は概念的にさらに明瞭に捉えられるため、それ自体としては直接に定義されえない価値性は、この関係の側から、概念的認識と定義の秩序の中で開示されることになる。こうすることによってリンテレンは一方で、価値の質そのものは――それが認識に直接提示されているあり方では――存在そのものに還元されることはできないとする価値哲学の公理に忠実に従っている。しかし同時に彼は、形而上学的伝統の立場を取り入れており、それによれば、善が直接に定義されえないことを同様に認めながらも、(11) 善は追求におけるその結果から明らかにされ、こうして存在と価値の根源的統一性が保持されるのである。(12)

存在と価値の関係を規定すること、ないし価値哲学と存在の形而上学とを統合することが、リンテレンの思想的努力の中心にある。しかしながら、リンテレンにとって基本になっているのは、価値哲学の基本的な立場、すなわち、存在の認識と価値の認識とを原理的に相異なった――それどころか相対立する――特徴をもつものとみなし、存在と価値とをそれ自体が原理的に異なった局面であると考える傾向である。しかし彼の思想の目指すところは、「価値実在論」という彼の哲学の名称から明らかなように、存在と価値の古典的統一を取り戻そうとする追求の延長線上にある。ところで存在と価値が本当に原理的に異なっているかどうかは、その根底に置かれている存在概念に掛かっている。しかしすでに述べたように、存在とはリンテレンにとって根本的には自然科学的に事実として確かめられるような対象でしかなく、したがって価値に関与しない事実にすぎない以上、価値は、まずそうした存在と無関係に対立することにならざるをえない。このように価値概念の根底には、唯名論的・実証主義的な存在の理解があって、この存在観そのものが批判的に吟味されることはない。このように理解された存在との対立にもとづいてはじめて、生物としての健康や、芸術作品の美しさや、倫理的行為の善良さなどの相異なった現象を、「価値」という一語で一括するような態度が可能になるであろう。それに対して価値観念の積極的な定義が、美的現象などに適用されるのは、いくらか強引に思われる。

存在と価値は、始めは二元論的に設定されてはいるが、リンテレンは価値を、まさにそれが価値であることにおいて、再び現実そのものに差し戻して結び付けている。実際、ただ実現された価値のみが、真に価値があるのであり、追求も常に（前もって与えられているか、創り出されるべき）現実を目指して行われる。それ自身として肯定されるのは、抽象的な価値自体ではなく、価値によって規定された現実なのである。価値に規定された現実が、まさにその現実的存在そのものにおいて価値あるものとして経験されるのである以上、価値は単に外部から、それ自身価値を離れた事実に付着するのではなく、本質的に現実性そのものに関与しているのである。存在と価値のこのような一致は、価値そのもののあり方を解明してくれると思われるが、その可能性の根拠をリンテレンは追求していない。しかしながら彼は、価値の現実に向かう動性を執拗に指摘している。それ自身として普遍的で超時間的な価値は、具体的で一回的な歴史的状況において実現されることを求めている。このように価値は、根本においてすでに出来上がっている現実のうえに置かれる静的な上部構造などではありえない。むしろ価値には、創造的な、いわば受肉化する原動力が内在していて、これが（個人の活動や民族の文化において）新しい現実を形作るのである。価値の存在論上の問題点はまさに、価値はその実現によって、つまり存在との同一化によってはじめて充足されるにもかかわらず、他方において価値はこの実現に規準を与え創造しながらそれに先行していて、したがって具体的に存在するものと区別されるということの内にその本質がある。

　規準としての価値と現実としての価値との相違が、主観のはたらきによって橋渡しされるところから、価値のもつ規範的で創造的な力は主観の意志の中にその根源をもっているかのように思われるかもしれない。確かに価値と現実との関係は、価値と人間の自由との関係によって媒介されている。事実、価値の概念には、主観に関係すること、つまり主観から価値の獲得と実現を要求することが含まれている。それにもかかわらず、人間の自由との関わりによって価値は、心理主義的な意味で主観やその作用に還元されるものではない。なぜなら価値は、まさに主観に訴える点で、主観に対して独立しており、自分の権利から要求するものであることが判明するからである。価値の要求するところ、すなわちその妥当性は、価値に対して主観が抵抗したり、それを無視しようとする場合にも成立しているのである。

　主観とのこのような関わりと、主観に対する独立性との関係は――リンテレンの場合にはそれほど明らかになっていないようであるが――（例えば経済的な価値のような）相関的な利用価値と（例えば倫理的価値のような）固有価値との区別から切り離されなければならない。なぜなら、無条件の固有価値も、価値として主観に関わりをもつからである。それゆえ、価値――第一義的には固有価値――においては、主観に対するその自立性の根拠は、主観に対するその現れである当為の要請から区別することができる。術語としては、主観に対する要請の独立した根拠を「善」として、またこの善が要請の中で主観に関わる限りでは、それを狭い本来の意味での「価値」と名づけることもできるだろう。つまり価値と主観との相関性は、人間の精神に放射される善の呼びかけから構成されているのである。それゆえに、それ自体で存在し意識から独立した非人格的な自然価値というリンテレンの提出した概念が、それ自身において矛盾しているとする価値哲学の側からの反論には、同意できるところがある。この概念においては、価値と存在する財とは、十分に区別しえないであろう。

それゆえ価値が人間と世界にどのような仕方で関わるにしても、その際の価値に固有な点は、価値が人間の自由ならびに価値の規範に従って形成される現実に先行し、そこから無条件に自立していることである。これによって、価値のこのような自立性や無制約性の根拠に対する問いが生じてくる。おそらく無制約的な善のみが、人間と世界に対して独立すると同時に、人間と世界を価値ある自由な現実として根拠づけるものである。これだけがおそらく、価値の妥当性の根拠であり、中心でありうるものであろう。

リンテレンがしばしば示唆したような価値の超越的、ないし神学的次元は、終局的には彼の文化観と歴史観の背景ともなっている。実際価値を実現することは、個人の課題であるばかりでなく、人間社会の課題でもある。結局のところ、社会や文化は、その成員のそのつど共通の価値意識から、その統合と豊かさを汲み取るのである。まさにこのような普遍的な拘束力をもった価値意識が欠如しているところに、現代の精神的な危機の根があるとリンテレンは考えている。ところで、歴史的に実現された価値観の多様性から、価値相対主義的な歴史主義が想定されるかもしれない。しかしながらリンテレンは、さまざまな文化の中にはいくつかの基本的価値があまねく認められていることを指摘している。これらの超時間的な妥当性をもった普遍的な基本的価値が、歴史の中では個々の多様に変容した形を取って繰り拡げられているのである。基本的価値とそれが実現される場合の変容とのあいだに、また規範的・超越的な一般者と具体的・歴史的な個性とのあいだに、解消されえない緊張があることを洞察することによって、歴史主義と相対主義が克服され、しかも歴史的生命のもつ豊かな内容は維持されることとなる。内在と超越のあいだにわたる人間存在のこのような緊張の幅を、リンテレンは「生ける精神」という概念で表しているが、その際この概念の存在論的・人間論的な解明は、まだ今後の課題として残されている。しかし価値のような重要な事柄の根本的特徴が、その多様な関連の中でまず現象として適切に取り上げられたことによって、おそらく思想的にはすでに多くのものが得られたと言えるだろう。

註

（1）N. Hartmann, *Ethik*, 4. Aufl. Berlin 1962, VI-VII.

（2）Fr. J. von Rintelen, *Values in European Thought*, vol. I, Pamplona, Spain, 1972.

（3）Id., *Der Wertgedanke in der europäischen Geistesentwicklung*, I: *Antike und Mittelalter*, Halle 1932.

（4）この章ではわれわれは特に、以下のリンテレンの自伝を拠り所としている。*Philosophie des lebendigen Geistes in der Krise der Gegenwart. Selbstdarstellung*, Göttingen/Zürich/Frankfurt a. M. 1977.

（5）E. von Hartmann, *Philosophie des Unbewußten*, Berlin 1869.

（6）F.-J. von Rintelen, *Pessimistische Religionsphilosophie der Gegenwart-Untersuchungen zur religionsphilosophischen Problemstellung bei Eduard von Hartmann und ihre erkenntnistheoretisch-metaphysischen Grundlagen*, München 1924.

（7）Id., *Der Versuch einer Überwindung des Historismus bei Ernst Troeltsch*, Halle 1929.

（8）Id., *Goethe als abendländischer Mensch*, Mainz 1946; *Goethe. Espirito e Vida, Edições Melhoramentos*, São Paulo, Brasil 1953; *Der Rang des Geistes. Goethes Weltverständnis*, Tübingen 1955; *J. W. v. Goethe. Sinnerfahrung und Daseinsdeutung*, München 1968.

（9）稲垣良典『トマス・アクィナス哲学の研究』創文社、一九七〇年、第五章「親和性（connaturalitas）による認識」一一九―一四一頁参照。K. Riesenhuber, Connaturalitas, Erkenntnis durch, J. Ritter et al. (Hgg.), *Historisches Wörterbuch der Philosophie*, Bd. 1, Basel 1971, 1029-1031.

（10）内山稔「現実的価値論――リンテレンの哲学について」、『理想』三九八号（一九六六―六七年）、五七―六四頁、リンテレン「価値の局面――現実へのその適用」、『理想』四〇九号（一九六七年六月）六九―七九頁、『理想』四一〇号（一九六七年七月）、七七―八七頁。リンテレン「現代の危機と生ける精神」、『理想』四七四号（一九七二年一一月）、六一―六九頁。なお他に、

R. Wisser, Wertwirklichkeit und Sinnverständnis-Gedanken zur Philosophie von Fritz-Joachim von Rintelen, in: R. Wisser (Hg.), *Sinn und Sein. Ein philosophisches Symposion F.-J. v. Rintelen gewidmet*, Tübingen 1960, S. 611-708 をも参照。

（11） リンテレンが目的概念を介して価値を存在に還元しているというヘッセンの批難（J. Hessen, *Lehrbuch der Philosophie*, Bd. 2: *Wertlehre*, München 1948, S.48-49）は、したがって根拠のないものである。

（12） Cf. K. Riesenhuber, *Die Transzendenz der Freiheit zum Guten. Der Wille in der Anthropologie und Metaphysik des Thomas von Aquin*, München 1971, S. 32-43.

第八章　無の概念と現象

一　無（「……ない」）という語について

無というモチーフは、ヨーロッパの形而上学および東アジアの思考の歴史において、その発端から現代に至るまで、思考を促す強い動機となっている。この動機は哲学的思考を重要な問いへと駆り立てたが、それ自身は批判的省察の眼差しから絶えず逃れていく。無の概念は、すべての思考の根本的規定――例えば「或るもの」、「存在者」、「万物」、「存在」――の対立概念として、ごく当たり前のように、思考による世界理解に必要な基礎と考えられる。ところがこの概念を主題的に考察しようとすると、思考は一見克服できそうにないアポリアに陥り、無の概念の思考そのものが無意味なものにも思えてくる。そしてこの疑念はいやおうなく、無の概念によって可能となっている哲学的思考の領域全体に波及するのである[1]。思考の地盤がこのように脆弱であるため、ここでは日常的な言葉を手掛かりに、哲学の歩むべき方向を吟味してみよう。

あるものがあって、別のものがない、このものはあのものではない、このようなものではない、われわれの望みに叶うものがあまりない――こういったことが、人間が日常的に活動している言語の世界の構造に属している。これらの理解にとって不可欠の「……ない」は何を意味するのであろうか。それは何らかの対象の名称ではないとしても、命題の志向性がはたらく以上、とにかくある種の実在を指し示しているのではないだろうか。「……ない」は事態と関わるのではなく、誤謬を防ぐための教育的・対話的機能としてただ命題に関連しているという想定さえも[2]、すでに「ない〔無〕」についての純粋に言語内在的な解釈を超えたものである。なぜなら、誤謬および虚偽は、言語的には「ない〔無〕」によって言い表され、かならずしも言語内部の理解に限定されない否定性によって構成されているからである。

　こうして「……ない〔無〕」は、言語内部での共義語としてのはたらきを通じて、むしろ言語が指し示す実在性の空間内に「無性」を露呈させはするものの、この無性を対象ないし主題とするわけではない。むしろ「ない〔無〕」において表される無性は、日常的に配慮され、それだけが語るに値すると思われている事物の変容として、単に間接的・付随的にのみ現れる。事物の通常忘れられている背景や地平があからさまになるという稀有な瞬間においてのみ、人間は「ない〔無〕」という語においてすでに知っていた事柄を思い出し、それを直接に名指して呼ぼうとするのである。例えば、希望が果たされないときに「願いを無にする」とか、馴れ親しんだものが時の流れとともに「無に帰する」とか、思いがけなく何かが「無の淵から甦る」などということがある。このような言い回しの内で無の空虚は、世界の包活的根拠として、世界の「どこから」〔起源〕および「どこへ」〔終末〕を表すものと受け取られている。なるほど事物の根拠をこのように経験する場合、その根拠が存在者の積極性（Positivität）と対比してのみ無性として規定される限りでは、この経験においても存在者が基本的なものと捉えられているが、その一方で、存在者そのものが新しい尺度の出現によって規範的な効力を失い、無効化するという経験も言語において示される。例えばある新しい圧倒的な意味が立ち現れるとき、旧来のものの無意味が見透かされ、これらがまったく「純然たる無」と思われる場合である。

二　無の概念――意味と発生

ドイツ語の「無」(Nichts)は、「何も……ない」(nichts)という語と同じ言葉であるところから、「無」の概念は、日常的に用いられる「何も……ない」から、その名詞化した形として説明可能と思われるが、それにしてもこのような名詞化の意味と妥当性は明確ではない。今日の言語使用において、(小文字で書かれる)「〔何も……〕ない」(nichts)は、「〔誰も……〕ない」(niemand)、「〔どこにも……〕ない」(nirgends)などのような、「……ない」(nicht)を組み込んだ別の単語と論理的には同じ水準にある。こうした否定的表現は、言語的にはまず否定文を通じて導入されるのであり、それ自体として否定的な対象を名指しているわけではなく、ある何らかの内容を語る命題的主張を消去する否定が元となっている。[3] しかし語源的には、「〔何も……〕ない」(nichts)は、元来「……ない」(nicht)という名詞の主格的属格(今日の否定語「……ない」[4])であり、内容的には今日用いられる「無」(Nichts)に相当する。そのため、たとえ無の概念が、言語使用の基盤となる単語である「〔何も〕……ない」や「……ない」において語源的に直接に根本語として与えられているとしても、われわれは語源的源泉からその語の妥当性を根拠づけることを断念して、その概念の根源を内容的に展開していくことにしたい。そのためここでは、「何も……ない」の語に即して「無」の概念を根拠づけるのではなく、端的な否定である一般的な「……ない」を手引きとする。それが可能だと思われるのは、この否定は内容的な基礎をもち、自らを超えて間接的に、客観的領域における無性を指し示すと考えられるからである。まさしく無の概念は、「……ない」およびそのすべての関連語に含まれた否定性をこそ主題とし、それをそれ自体において思考の対象として、ひいては名詞の形式において言表の担い手たらしめるのである。ここでの考察に当たって、「無性」(Nichtigkeit) のように質を抽象的に示す表現ではなく、自立した担い手の特性を示す具体語、つまり「無」(Nichts) という言語表現を用いることにする。それによって、「無性」は結局のところ、それ本来の本質に照らすなら、現実的なものの特性や、その表現ないし現象とみなすことはできないのであり、他に還元できないかたちでそれ自体として扱われなければならないということが言語的にも示されることになる。

ところで、「無」は論理学的に見れば、直接的な否定ではない。「或るもの」の否定（「何かでない」）でもなければ（フランス語での「〔何も〕……ない」(〔ne〕……rien) と、「無」(néant) との区別を参照）、「存在者」の否定（「非存在者」）でも、「存在」の否定（「非存在」）でもなく、「すべてのもの」の否定（矛盾対当としての「かならずしも……でない」、つまり「若干の」、あるいは反対対当としての「すべて……ない」、つまり「一つもない」）とも異なる。しかし「或るもの」、「存在者」、「すべてのもの」、または「存在」という根本概念が反省されるときにこそ、無の概念は不可避的に現れる。概念は、自らの対立概念を自身から生起させ、それを排除することで自身を明確に与えられたものとするからである。こうした反省的規定によって、概念は自己解明を遂行する。存在者、或るもの、すべてのもの、および存在に対するこうした概念的反省において、これらの内包はけっして自明ではないことが明らかになる。こうして概念の自己規定のためにその対立者の概念——非存在者、非存在など——を自身から生み出しつつ排除し、それによって自らをその対立概念から区別しつつ際立たせる。[5] このような否定的な対立概念は、なるほどまだ直接には無の概念と一致するものではないが、しかしそれへと導くものではある。なぜならこの否定的対立概念においては、何らかの端的に包括的な内包に否定が向けられているからである。というのも、「或るもの」、「存在者」、「すべてのもの」、「存在」に共通することは、それらが内包（「或るもの」、「存在者」、ところのものの領域全体を包括するからである。例えば「或るもの」または「存在者」は、何らか実在するものに対する最も無限定な、したがって端的に包括する（スコラ学の意味での「超範疇的」）名称である。存在もまた同様に、最も基本的で、その内にすべてのものを含む規定である。これと同じ普遍性は、「すべてのもの」という表現において直接的に指摘される。

否定的概念において、否定はその対象となる実質を内包的にも外延的にも全体的に除去したうえで、この操作の所産の側を積極的意味をもつものとして措定する。限定された特殊な実質が否定される場合、否定は否定されたものの領域を超え出て、同時にそのことによってこの特殊な領域の外部領野全体を指示する。例えば「色がない」は、色をもつものの領域を思考に対して除去するだけでなく、そこから思考は第二次的に、すべて無色のものの積極的領域に向かう。それでは、「ない」が端的にすべてのものを指し示す概念を否定する場合、思考はどのような新しい領域を指示するのであろうか。換言すれば、否定の結果として思考に開示される実質はどのようなものであろうか。全体を包括する否定は、命題の主語に付け加えられる限定的な述語の内実を否定するだけでなく、主語自体をも排除的否定の内に取り込む。端的にすべてのものを否定することで考えられるに至るのは、形式的には第一にただ存在や存在者に対して相対的に（非存在などと）名づけられるもの、そして存在、存在者などが普遍的であるために、その否定において、さらにそれを超えて、それ自体として端的に「ない」と規定されるものである。このようにして実質的に一切を包括する否定は、その結果として、あらゆる積極的規定の欠如を固有の性格とするようなものを考えるという課題に直面する。この無は純粋の否定である。この否定は、これをさらに広く包含する措定によっても、何らか別の主語によっても支えられることはなく、そのためいわば主語としての自己自身に投げ返され、そしてただ自己自身を、自己自身において「ない」ものと理解し、その自存を無と呼ぶほかはない。さまざまな論究の彼方に思考の極限としてあるこの無にとっては、どのようなやり方でそこに到達したかは無関係であるから、無は同じ仕方で存在者あるいは或るもの[6]にも、存在[7]にも、すべてのもの[8]にも[9]、また存在者の全体[10]にも対立することができる。しかし形式的、論理学的に見るなら、すでに示したとおり、無はこれらの概念のどれにとっても、直接の対立概念とはならないのである。

反省的思考が多くの場合、普遍的な根本規定についての明示的な否定を経て無に至るにしても、この無は特殊的否定のあらゆる「ない」において、その可能性の条件としてあらかじめ見込まれている。というのは、あらゆる「ない」は、その固有の力と意図からすれば、絶対的・全面的対立を意味するのであって、その全面的否定の範囲は、そのつど具体的に示された対象領域によってただ外延的にのみ制限されるからである。あらゆる否定は、否定を通して思考されるもの自身が、否定される具体的主語とは別のものであるということ、そして別のものであるという理由によってのみ、否定によってこのものから排除されることにもとづいている[11]。ところで、「ない」が全面的排除を言い表し、しかもこの排除はその基本形式において、否定するものと否定されるものを結ぶ中間項を認めないため、「ない」はその純粋な原形式において両者間の存在の共通性をも取り去る。こうして存在そのものは、全面的な「ない」において否定されるものから自己を切り離す。それゆえ「ない」は、その根源的様態においては、主語としての存在が、自らに対する否定を否定することによって、自らを対立の一つの極として位置づける。したがってこの「ない」は、存在に対立するものとして、無である非存在、しかも「ない」によって存在から排除された無を意味することになる。それゆえ「ない」に内含された否定的原命題は、単純に「存在は無でない」(Sein [ist] nicht Nichts) というものである。こうして「ない」は、無を対象として直接に名指すことはないが、否定において前提され、同時にまた除去された極を内含するため、無と否定とは、けっして同一でないにしても、本来は関連し合っている。このことによって、無そのものはあらゆる特殊的な「ない」の内に、間接的で暗黙の内に潜んでおり、普遍的否定によってはじめて直接に現象する。なぜなら否定のもつ内包的絶対性と外延的全体性は、普遍的主語に対してのみ、純粋な無を指示する力をもつものとして顕わになるからである。

三　無の概念——アポリアと構成

これまで考察した無の概念は、「何も……ない」(nichts) の名詞化と捉える不適切な理解や、一見問題のなさそうな言語機能である「ない」に還元する捉え方を凌駕し、まさにそれゆえ、ほとんど逃げ場のない難問に逢着する。すなわち「無」が名詞の機能をもつのだとするなら、それにはいかなる対象が対応するのだろうか。存在者でもなければ、或るものでもなく、したがって何ものでもない場合にのみ無はまさにそのものである。しかし何ものでもないなら、対象でもなく、もはや「無」でもないことになる。試みに無を実在性の空間に置いてみると——それは、無が存在者、存在、全体性をそれぞれの実在性において思考に開示するためであるが——、無はたちまち実在性の空間から、存在者、存在、全体性という規定によって斥けられる。なぜなら、それらの普遍的規定はすべての実在性を自らに要求し、したがって無と並置されることを拒否するからである。例えば「すべてのもの」を考えるとき、もしその外に無を認めるなら、本当に「すべてのもの」を考えることになるであろうか。こうした存在論的アポリアに直面すると、無を単なる概念にすぎないものとみなしたくもなる。しかし概念であるなら意味をもつはずだが、意味はそれ自身として無と矛盾する積極的実質である以上、「無」そのものがなぜ意味をもちうるであろうか。なるほど思考は無の概念に至るために、積極的な諸概念から出発せざるをえない。

しかし無の概念それ自体はなんら積極的ではないし、積極的概念の単純な否定でもなく、論理的にそれ自身から新しい結果を生み出す特定の否定でもない[12]。無の概念は自己の意味として積極的に質を措定することができない以上、その概念においては何ものも思考されていないように思われる。しかし、何ものをも考えない人は、端的に考えないのであり[13]、したがって無の概念をもつこともないのである。

こうして概念としての無は、それとして考えられるためには、あらゆる概念そのものにとって本質的である構造を保持していなければならないが、同時に、無を考えるには、概念に固有な積極的実質を捨てなければならない。概念の構造（modus quo 考え方）と実質（id quod 内容）のこの区別から、無の概念の特殊な性格が理解可能になる。無の概念は、概念であるために、概念そのものにとって構成的な（最広義における）対象性への志向性の構造を保有し、何らかのものを指し示す。しかしそれが無の概念である以上、志向性によって投企された可能な実質の枠組から、否定によってあらゆる意味を除去する。そしてあらゆる規定が廃棄されたものを、志向性の能作によって指し示された対象として主題的に措定する。そのため、「無」の実質はやはり、そこで思考が深まっていくことのできるような積極的な質ではない。かえってこの実質は、否定された意味として思考を斥けるが、しかしまさにそのようなものとして思考はそれを確保するのである。ところでこの概念において指し示されるものは、感性的図式においてまったく表象されることができない。もともと精神の運動は、あらゆる概念と同様に無の概念に対しても、表象的相関者を設定しようとするが、しかしそうすればそうするだけ、思考の努力の内でのみ捉えられる無の意味は歪められかねない。しかし純粋に論理的な水準では、無の概念は形式的矛盾や無意味に陥ることなしに、実際に思考されうる[14]。無の概念は、思考の可能性の限界である。この限界は、自己主張を遂行する肯定的な志向性と、「ある」において志向性が要求すると同時に無の概念で否定する積極的意味付与との超越論的矛盾――形式的矛盾でなく――によって構成される。この内的緊張から無の概念は超越論的に自己解体へと向かう。そのとき、志向性によって投企された可能な意味の領域は、無の対象的代替物として表象されたもの、例えば空虚な空間と考えられたり、あるいは無の実質に直面して、志向性すなわち思考、さらにはまた概念も消滅するといったことが起こるのである。

無を無制限に主張する判断は、肯定的主張を遂行し、それ自体が存在する思考作用との超越論的矛盾に陥り破綻する。無の概念は内容がまったく空虚であるにもかかわらず、現実の行為としての思考作用から無の実質を提示することによって、結局は無の概念の可知性を基礎づけるのである。本来は存在のみが可知的であり、無そのものはそれ自身においてないのである以上、それ自身認識によって実現されることはありえない。ただその概念のみが、思考作用によってそれに与えられた洞察可能性に即して思考されうるのである。(15)

四　無の概念において思念されるものの存在論的特質

もし無の概念が、実在の認識にとって不可欠のものではなく、したがって無そのものが実在性の構成的要素でないとすれば、無の概念はあくまでも空しい思考の構築物であろう。無は思考に対しては不可欠であるにもかかわらず、認識そのものの構造からすれば、実在そのものにとっては無縁なものであるように見える。というのは、思考過程の運動が肯定と否定、存在と無との緊張を推進力にするにしても、否定を介して最終的に目標とされるのは、存在者を真にあるがままに叙述する積極的言表だからである。それゆえ否定命題は、認識の到達した結果である諸学問においては、原則的に余計なものである。あらゆる否定に先立つ存在者自体の現出への積極的な洞察こそが――たとえ確定したものではないにしても――、認識作用の終局と同様に発端にもはたらいている。推論的思考の基盤となる根本的洞察の内で存在者は、自らにおいて輝き出る存在の明るみにもとづいて、自らが分有した存在の力と完全性によって自身の内に存立し自存するものとして現出する。こうして存在者は、存在の純粋な積極性が開かれる自らの中心に根を降ろす。自らを肯定する存在のこの中心から存在者の有限な本質規定が展開され、それらの特質は存在そのものの様式および現象としてその純粋な積極性に参与するのである。したがって存在者の自己遂行と積極的な自己同一において、存在と無とが互いに媒介し合うことはない(16)。すべての認識を集約する述語の「ある」において、何らの否定性にも媒介されることなく、あるいは変容されることもない純粋な定立が遂行される限り、無と関わり合うことのない存在の純粋な積極性は、認識において自らを映し出し、ひいては超越論的に裏づけられるのである。たとえ、無に関わりのない存在そのものの積極性を否定するにしても、それは「ある」という規定がもつ、反対を排除する無制約性にもとづいているため、その否定は否定されたも当のもの、すなわち存在の積極性へと再び反転する。抽象的・無規定的な存在の概念ですらも、空虚ではあっても、無とは異なる明白な積極性をもっている(17)。

存在者が固有の要素としての無によって構成されていないとすれば、それでは思考的認識はなぜ存在者に適応した肯定命題で満足せず、無を表明する否定命題へ関わろうとするのであろうか。存在者の次元には無や、さらにはまた否定的事態そのものが含まれていないとすれば、認識作用はいかにして真なる否定命題を形作ることができるのであろうか。こうして無は真に実在的な存在の内的・実在的規定でないために、一方では「思考上のもの」(ens rationis)であるが、他方では実在性の空間に定礎されることを要求する。というのも「ない」は、実在に関係づけられた言表の意味そのものを本質的に変えるが、それ自身基本的で他に還元することのできない言語機能であるからである（現代論理学のいくつかの体系において、他の論理的操作による「ない」の代替物は、より基本的なものへの還元ではなく、その複雑さがすでに示すとおり、第二義的な書き替えであり、非明言的に否定を内に含んでいる）[18]。もし無の否定性があらかじめ直観と経験の場において思考に与えられていないとすれば、したがって思考がただ積極的なものにのみ出会うとすれば、思考が否定を行うことは不可能であろう[19]。

実際には無はさまざまの仕方で人間に対して立ち現れてくる（五 参照）。例えば誤謬、見当違い、挫折などである。なるほど無は存在しないとはいえ、あるように見える。無は存在者または存在の実在性をもたない。ただそれ自身においてあるかのように見える限りで、無はかりそめの仮象であり、否定しつつ存在者の空間に居すわる仮象である。そして無の仮象は、存在者と関連することなしにそれと並行する新しい対象性ではない。もしそうであれば、これは無の仮象ではなくて、存在者の仮象であることになるだろう。これに対して存在の積極性は、実在性もしくは対象的現象の空間においても（存在と存在者そのものの次元と異なって）その無制約的・普遍的優越性を維持する。ここでは無はただ無としてのみ、すなわち単に存在者と対照して、またそれゆえにそれに依存してのみ現象することができる。無は実在の中で、存在者の影、その反射として存在者を照らし出すのである[20]。

無はたとえそれ自体における存在論的真理ではないにしても、存在者とは根本的に異なった存在者の様式として、客観的妥当性をもっている。なぜなら無は、存在者を自明さゆえの忘却から救い出し、それ自体として区別可能にするからである。無の影は、存在者を存在者たることにおいて明白に現象せしめる。というのも、無に直面してはじめて存在者の存在は驚異すべきもの、そして問われるべきものとなり、さらには概念的に捉えられうるものとなるからである[21]。

無を仮象として設定し、同時に否定によって無を存在者から切り離すことによって、存在者は――その無媒介的・本来的自己照明を超えて――理性的で明確な規定性の領域に導き入れられる。存在者が無との関わりで問題にされ、存在者がその存在者たることに即し、無に対抗して自己を確認するために、存在者はこの自己弁別と再帰的自己同一化において、区別しつつ関係づける合理的・言表的思考に対して自己の無関連的無制約性を表面に出す。すなわち存在者は無にもとづいて、概念的思考に対して存在者としての現在性を獲得するのである[22]。こうして存在者のさまざまな本質規定は、それら本質規定の対立者ではないということを示すことによって、自らを浮き彫りにする。この個々の存在様式に対峙する関係的無は、区別を引き起こす無制約性を端的な無そのものから受け取る。この無を排除することによって、存在者はその存在そのものにおいて、したがって存在者として自己を肯定する。こうして排除された存在者に対する、矛盾としての無は、存在そのものに帰せられる絶対性と必然性の反映であり、その有限な展開である。

以上によって三層の列序が生じる。まず肯定と否定との二極性は、人間の思考と言語の根本的緊張であり、概念的・命題的真理を可能とする。次いでこの二極性は、前概念的ではあるが概念に浸透する人間の理解が、実在性の対立構造たる存在と無に開かれていることにもとづく。第三にこの実在性の対立構造は、対立を超越した存在の絶対性の、有限な理解に対する自己解明である。

存在は排除というかたちで無に関わり、この排除的関係が、言語内での否定を可能にする。このように存在は無とのこの関係によってのみ人間の理解に対して明らかにされるのであり、しかも哲学が言語を絶した驚異でなく、存在と存在者そのものについての概念的に明確な知識でなければならない以上は、無という主題も否定の遂行もともに哲学の中心に属している。世界の地平が存在と無とに分極するのは、人間の理解が批判的区別を通じて究極の諸根拠——必然的であるがゆえにその外部に一切の代替物をもたない根拠——を探求し始める可能条件であり、その積極的動機である(23)。実際には存在そのものが、地平を構成しつつ、地平へ向けて自らを解明するのであるから、地平そのものと、地平内部ではたらく合理的思考は、単に主観的に必然であるばかりではなく、地平の遂行が存在そのものに関わる限り、存在の真理そのものを開示するのである。この内的自己超越によって、哲学的言語はそれに内在する類比と、存在を目指す力動性を獲得する。ここにおいて哲学的言語は、言語の論理的形式のみに依拠するよりもさらに適切に、さらに深く存在者を志向する。ここで、無の概念は存在の影であるゆえに、本来内容としてこの概念に固有な単なる否定性を超えて、存在の諸側面に応じて多様かつ積極的に指示する機能を有することが明らかになる。

一切の無を認めないという意味で純粋な無制約性をもつ存在を、実在の領域すなわち有限的理解の領域における存在と無の対立から区別することは、もう一度超越論的に正当化されなければならない。というのは、この区別そのものがやはり有限的理解の場で立てられたものであり、したがってそれ自身止揚されるべきものと思われるからである。この場合、そうした絶対的理解を捉える可能性が、有限的理解の地平からは証明されえない限り、超人間的・絶対的理解を独断的に引き合いに出すことは問題にならない。さて、存在の無制約的積極性が有限的理解によって顕わにされうるのは、この理解が単なる有限性——すなわち言語的・合理的理解の推論的性格——に終始することなしに、合理的概念と超理性的（しかし無理性的もしくは非合理的ではない）知性的洞察との緊張、つまり悟性と理性との緊張の内に成立するときである。悟性と理性、理解力《ラティオ》と知性的洞察《インテレクトゥス》は、人間の精神性の二つの互いに独立した能力や機能ではない。理性が有限なものとして自己自身を合理的・推論的把握へと展開させながらも、その根源と中心において無媒介的・直視的洞察の光を見失うことがない限り、両者はもともと厳密に一つなのである。すなわち元の知性的洞察は、反省的意識にとってはただ不明瞭かつ不分明に現れているにすぎないため、それ自身として合理的に明確化する必要がある。それは、逆に概念的総合と思考過程が、自らを支え自らの内に現存する精神的原体験のおかげで、洞察の光を得るのと同様である。(24)

存在の絶対的積極性への知性的洞察が、実際に存在と無、さらには肯定と否定の合理的対立を基礎づけ支配していることは、概念の次元では無が仮象として存在と並存するにもかかわらず、まさしく無として——存在と並ぶことのない単なる無性として——洞見されることによって示され、したがってまた、存在と無との合理的弁証法においても存在の絶対的卓越性・排他性・普遍性が承認されることで確かめられる。無との関連や対立なしに存在自体が現れる理性の純粋に積極的な洞察は、(25)それゆえ肯定と否定を通じてなされる合理的思考に基準と目標を示すことで、思考の遂行の糧となる。この合理的思考は、有限な世界の地平の内に、存在者における存在と無との相克をまず記述し、しかもまたこの相克を通じて——「ある」と言うことにおいて示唆されるように——絶えず存在の純粋な積極性を志向する。これに反して概念的思考が、理性において開かれた存在の無制約性への超越から離れようとして、存在への積極的洞察を概念形式に還元し、世界の地平をそれ自身の内に閉ざそうとするなら、この思考は超越論的仮象に陥る。この仮象において、思考は無を直観可能な質として実体化し、存在と無を同列に並べ、存在と無との果てしない弁証法的相互媒介に向かわざるをえなくなるだろう。

五　無の諸様式

これまでの考察では、無の概念が純粋な形態において記述されたが、無の具体的な現象形態や、無への接近の仕方、あるいは無の概念における重点の相違には立ち入らなかった。とはいえ無の概念は、関連する分野や、対立する存在者、または対立の様式に応じて、さらにはその多様な用法に応じて、間接的に多様な意味を顕わにする。そこでここでは、無がいかに現象し、無の理解の内に捉えられるかを、いくつかのありように即して考察する。このことは同時に、存在者、全体、存在がその論理的概念に先立っていかに根源的に理解されうるかを論じることでもある。もとよりここでは、すでに行った原理的解明を前提として、それぞれの「無」概念の起源と体系的位置づけを概観することで満足しなければならない。事柄そのものを中心に考察を進めるため、言及される個々の思想は、以下に体系的に展開される無の概念と厳密に一致するものというよりは、むしろそれに類似するものと理解されたい。

（一）　存在者に特有な積極的本質は、それが実在の全体から区別され、したがって他のすべての存在者の本質との相違または否定によってそれ自身の本質規定がなされるという点に反映している（スピノザ[26]［Baruch de Spinoza 一六三二―七七年］）。こうして無が他性として存在者の存在者性を積極的に構成するなら、区別という関係としてはたらく関係的無そのものは、存在者の本質的様式として現象する。[27] こうして背反的対立としての無は、有限的存在者同士を互いに区別すると同時に、世界の秩序としてこれらをまとめあげる。[28] そのため対立そのものは、存在者よりも根源的なもの、すなわちその否定性によって創造的にはたらく世界のロゴスと理解される（ヘーゲル[29]［Georg Wilhelm Friedrich Hegel 一七七〇―一八三一年］）。したがって純然たる論理の水準において否定が積極的機能を果たすように、存在者をその論理性または本質性の内に見る考察においても、無は、存在の様式として現象するものとして積極的意義を有するのである。

これとは異なり、もろもろの本質的実在の組み合わせが存在者の能動的自己存在にもとづくもの、すなわちその結果であると理解するなら、無は否定性として、実際に現実化された存在者に対立する。無の否定性は現実には欠如、あるいは充足されない要求として存在者に関係する。ここでは存在者は本質が求める完全性を欠くのである。さらに存在者が無によって脅かされていることは、時間の地平において、変化として、つまり、増加と減少、生成と消滅、始まりと終わりの現象において示される。これらの概念は無との関係からのみ考えられるからである。そこで存在者は、生成を通じて始まりの無としての「もはや……ない」から徐々に上昇し、現実にはいまだに実現されていないが「まだ……ない」として見通しが開かれた未来の可能性に向かっていく。同じように存在者は、消滅に向かって下降し、生命力が空虚の内に飲み込まれることで、終わりとしての無に近づく。感覚の水準で言っても、暗黒の中で眼を見開いて、あらゆる対象的なものの不在を感じ取るとき、または音が鳴り止んでまったくの静けさを意識するとき、人間は無の空虚を知覚しているかのように感じる。[30] こうして動きも区別もない空虚の無は、絶えることなく生成し消滅する存在者の根拠と目標であるかのように見える。[31] さらに暴力による破壊（Ver-nicht-ung）においては、無は存在者の現実存在に対する無制約的な矛盾対立である純粋の否定性の内に現象する。

無が始めから存在者の構成の中心に含まれていないなら、存在者がそれ以外のところから脅かされることはありえないはずである。それゆえ生成・変化・消滅といった事態からは、有限的存在者がそれ自身やその本質との根源的で完全な同一性において自らの存在を所有しているわけではないことが示される。存在者はかえって、存在を与えられたものであり、したがって存在者がその本質に依存する限り、現実の実存においても無から生じたものである。このことによって、存在者の本質可能性と存在充足との区別は、存在者が常に遇存性という無から生じたものであることが示唆される。自らの存在を基礎づける力をもたない偶存性は、無たることを現実の存在によって克服している存在者の現実存在が、無から創造されたもの（「無からの創造」）であることを証示する[32]。この無の徹底した無性は、「無から」という言葉遣いから想像されるのとは異なり、存在者を形成する根本質料のようなものではありえない。存在者に先立って独立にあるかに思えるこの無は、有限な存在者には端的に存在が贈与されているということが、有限者の存在を通して照らし出されたものにほかならない。もし有限な存在者に対して存在が贈られているということがなく、偶存的世界が全体として考察されるなら、けっして無の仮象、またはこの無そのものはないであろう[33]。それゆえ「無からは何ものも生じない」（ex nihilo nihil fit）という古代の原理が妥当するのは[34]、端的な創造的根拠を度外視し、無の無性および有限的本質の無力そのものを考察する場合のみである。

無が単なる存在者の現実存在や、存在と本質との同一性を否定するだけのものであれば、それはまだ存在者との全面的対立にはならない。なぜならその場合、無は存在者の本質と可能性をそのままにしておくからである。存在者の可能性が除去されるのは、無が矛盾として本質そのものの中に入り込み、そうすることによってそれを破壊するときだけである[35]。相対的無としての現実存在の無とは異なるこの絶対的無は、論理的領域における思考の試みとしては、諸概念の不一致を通じて捉えられるにしても、存在の純粋な自己同一性ゆえに、存在論の領域では基礎をもたない。ところで存在の根本性格が自己同一性ではなく、他の特徴によって規定されるとすれば、絶対的無の実質的内容はそれに応じて変化する。例えば、存在が形成された一性と規定されれば、無は形態のない多数性――質料または空間の連続など――と理解され、存在が真理として規定されれば、無は仮象あるいは虚偽となり、存在が善性と規定されれば、無は根本悪となる。永遠の恒常性としての存在は、絶え間ない変化としての無を克服する[36]。主体に対して相対的な価値としての存在は、価値の解体であるニヒリズムと対立する[37]。意味充足としての存在は、虚しさと無意味の無力とはかけ離れている。力としての存在は不能の無性の無の対照物である(38)。無の概念のこのような多様性から、無への問いは存在の本質への問いであることが窺える(39)。

（二）　以上で取り上げた無の存在的・存在論的諸様式は、存在者一般に妥当するが、これらは人間によって精神の開示性において遂行されたときにはじめて、無としての明確な性格を獲得する。その際、これらの様式が単に事物的な対象の様式としてのみならず、人格のあり方、ひいては一人ひとり自分自身の存在の様式として見出されるときに、とりわけそれらの規定性が鮮明に現れる。以下では、有限的主体としての人間が無の場所となるその独特の諸様式を考察することにしたい。

理論の領域において無は、単に有限的認識の誤謬・不確実性・不適合性という仕方で真理の発見を損なうだけでなく、同時に認識を構成的に可能にするものでもある。すでに示したとおり、無の地平においてのみ存在者は自明性という仮象から解き放たれ、本質と根拠への問いを引き出す驚異が呼び覚まされるのである(40)。「そもそも何もないよりも、むしろなぜ何ものかがあるのか(41)」というような存在者そのものへの問いは、存在者を超え出る人間精神の超越から発せられる。人間精神は、存在者のみならず、精神自身をも超えて、存在者に対する他なる者として存在者の基底にあるものへと超越し、存在者を明るみに出しながらそれ自身は捉えられない無として隠されているものへと超越するのである。

似たようなかたちで、実践の領域においても無は、不能・過大な責務・願望の挫折において、頽落する有限性として現れるのみならず、むしろ積極的に行為の可能性を基礎づける。創造的構想と願望による追求は、想起に立脚しながら、その時々の現実を否定しつつ超越するため、可能ではあるが実現されていないもの、そしてまた自由な活動の余地としての無の空間が開かれる(42)。同じく何らかの物や人物を思い詰めて待つ際には、周囲の一切のものが無にまで色褪せ、次いで期待が満たされない場合は、遺憾と失望の感情とともに不在の無が経験される(43)。事物の無はこれによって、否定的なはたらきとして人間自身に跳ね返り、それが人間自身にもとづくことがまさに明らかになるのである。

人間は、その真の使命と事実的な状態の頽落とが乖離したままである限り、無に浸透されている(44)。こうして人間は、経済的・社会的要因からは十分に説明できないような根本的な自己疎外において、自らがいわば無として(45)、つまり自らの存在の真理に関与しないように見られる。無によって浸透されていることは、徹底した失望と絶望の中に現れる。ここにおいては、これまで一見信頼できそうな自らの生の根底が人を欺く仮象であったことが露呈し、人間を無の底なしの沼に沈める。また不安の基礎的情態性でも同じであって、ここで存在者は全体として滑り落ち、そのため無の無化が顕わになるのである（ハイデガー(46)［Martin Heidegger 一八八九―一九七六年］）。

死においては、人間の現存在に対する無の絶えざる脅威が、自己の存在に留まりながら自己を基礎づけようとする人間の努力を上回る。しかし刻々近づきつつある死の確実さこそが、まさに人間の実存に現在の決断の責任を想い起こさせる。この決断は自己の時間性の無を、常に消えることのない存在へと向けて超克する(47)。こうして人間は、その本来的な無性を自由において常に超出するとしても、その有限な自由においてこそ最終的な無性への可能性が開かれている。人間は、当為の無制約な要求を拒むなら、自らの存在の事実においてではないにしても、自己の実存の意味と権利においてより根本的に、拒絶され否定されていることを知る。こうして罪責と頑迷における悪は、絶対的無価値として人格的に実現された無の形態である(48)。自由は徹底して否と言いうる力をもつ。というのは、人間が自由において自己となる権能をもち、しかも自己を自由ならしめる根拠が――その要求が現存するにもかかわらず――それ自身としては常に隠され、そのため自由が自由自身に委ねられているからである。

こうしてあらゆる個々の客体に対する自由の超越は、それ自身通常の意味での存在者でないところ、つまり客体とはならないために「無」とも呼ばれうるような包括的な根拠から生じる。それゆえ人間の理解と自由は、一なる人間存在の諸様式として、無の内に基礎をもつ。この無は存在者一般の地平であると同時に、端的に包括する無として、存在者の共同活動としての世界を開示する無である。

(三)　以上で論究した無のもろもろの個別的様式は、それらの根拠および地平としての無の包括的場[49]を示唆していた。以下の考察で、端的に包括する根拠が徐々にその無という視点から解明されるなら、「無」は操作的補助概念であることは次第に明瞭になる。つまり「無」の概念は、積極的に叙述するなら当の内実を不十分な仕方でしか指示せず、知られたものを否定によって除外することで思考に対して名づけえないものへの方向を示す操作概念なのである。

包括的なものは、まず無として主題化される。というのは、有限的認識はその判断の尺度をあらかじめ有限的存在者から与えられ、この観点においては包括的根拠はそれ自身有限的存在でないがゆえに、非対象的で空虚なものとして[50]、さらに深く見れば、自己を斥ける拒絶として現象するからである。人間が自己の親しんだ有限の閉鎖的領域に最後まで安住しようとする限り、包括者は、人間の尺度を超え、その安全を脅かす無気味なものとして現象する。これは人間の自己満足を否定するものであって、不安の深みにおいて経験され、往々シュルレアリスムの芸術によってその表現が試みられるものである。

しかし人間が自らの限界を超えて自己を開放し、例えば瞑想の潜心において[51]、包括的な知られざるもの自体に関与するならば、このものは区別による対立性の諸特徴を失い、まず形象を欠いた無規定な拡がり、および内にも外にも差別のないものとして現れる。これは、空虚であることにさえ執着せず、名づけようのない空虚にして、純粋の無であり、東アジア、特に中国・日本の伝統においてさまざまに解釈されているものである[52]。それは存在者の単なる否定としての端的な他者ではない[53]。無がそのような他者であるとすれば、対立によって弁証法的に存在者にどこまでも結び付けられたままとなるだろう。例えば積極的可能性の無（「まだ……ない」）や、消極的欠如と消滅の無（「もう……ない」）、または実在や本質の否定の無は、それぞれ無に対峙する存在と存在者という対立物によって限定され、またそうすることによってそれ自身において規定されるが、純粋な無はそれとは違って、それ自身においても概念においても、存在者と存在の外部において選択可能な二者択一の一項ではない。それどころかこの包括的無は、世界の存在者の総体、さらに世界的存在者の存在とは別の選択項とみなされる無の諸様式すべてを乗り越えたものである（否定神学）[54]。包括的無は存在者でもなければ、存在者の無でもないが、存在者とそれの無とを否定的に除外することが包括的無に属する内的様態ではない以上、それを「存在者でもその無でもないもの」（Nicht-das-Seiende-und-sein-Nichts）と表すこともできない（クザーヌス[55]［Nicolaus Cusanus 一四〇一―六四年］）。こうして包括的無は、それ自身と異なるあらゆる前提を排除した純粋・無連関の無差別として現象する。しかしそれ自身は万物の前提および始源であり、諸存在者の空間であると同時にそれらが集約する中心でもある。それは、車輪の車軸通しが車輪の中心であり、空虚な窪みが器の内実であるのと等しい[56]。精神が無の空虚から逃避しないなら、この空虚は次第に恒常で恵み豊かな積極性および純粋な充実として、くっきりと浮び上がり始める[57]。精神がこの無の内に入り込み、かくて認識されたすべてを客観化し無化する精神の自己主張を断念するときにはじめて、包括的無が開示される以上、それはあらゆる主客の区別に先立っている。こうしてこの無が精神の自己存在そのものにまで浸透することによって、それが開かれた充実であるばかりか、それと一つになって自己自身を知る活動的な生命性、自己自身を遂行する無制約的自由であり、あらゆる個別的な精神性と自由の根底にあるものであることが示される[58]。こうしてはじめに空虚な無として、遠巻きに語られたものは、今はその生き生きした充実にもとづいて――すなわち考察の力点を変えながら、しかも矛盾律を廃することなく――「存在」とも呼ばれることができるのである[59]。

区別による思考が、前に戻ってこの存在を世界内的存在者と比較し、これによってより詳細に規定しようとすれば、この純粋な充実は、有限的なものの完全性の卓越した現実化と解される。この充実した現実は、有限的存在者に対して存在論的に先行すること、および自己に基礎をもつことにもとづいて、超越的絶対者と言い表される。この場合、「絶対性」と「超越性」は内的・存在論的規定と理解されるべきであって、実体化して主体に対立させられたり、内在性を排した孤立した彼岸性と誤解されたりしてはならない。絶対者ないし神が、世界内的存在者としてではなく、どこまでも世界の地平としての無の拡がりを通して出会われる限り、その充実は有限的存在者と主体を抑圧し限定するものとはならずに、それを超越的・内在的に自由へと基礎づけるものとなるのである（エックハルト[60]［Meister Eckhart 一二六〇頃―一三二七／二八年］）。

有限的認識が絶対者の溢れるばかりの充実に直面して、有限者から取り入れた肯定的概念の不適切さを理解するとき、否定神学においては神についての否定的規定に立ち返り、ただし神を「無」と呼ぶことはせずに、精神を有限者の像から浄化し、その自発的運動を、それ自身名状すべからざる奥義へ向かう純粋で言語を絶した自由な超越へと解放する。否定的に規定されつつ、しかもそこで――有限者自身がそれである否定的限界に対するさらなる否定として[61]――卓越的かつ積極的に志向される否定神学の神概念は、ついにはすべての特定の見解の神秘的自己放棄へ、「霊魂の暗夜[62]」（十字架のヨハネ［Juan de la Cruz 一五四二―九一年］）へと昇っていく。神秘思想家は感覚と精神を沈黙させたまま、「あまりにも明るい暗黒[63]」（ディオニュシオス［Dionysios

Areopagites 五〇〇年頃］）に身を委ね、ここに神はあらゆる規定・区別・特殊性をもたず、絶対的純粋無[64]として現存する。神秘思想における無は東洋的な無概念の最高の形式に近いが、無において出会うものの完全性・絶対性・超越についてはより明確な理解を提示している。有限者から上昇する際、神秘思想家にとってはじめにまず無の暗黒と見えたものは、合一の状態においては絶対的存在の、自己の内に漂う純粋な光として輝き出る。有限な事物は神と無関係でその外部にあるとみなされる限り、（単に本質的な偶存性においてだけでなく）現実に存在するものであるにしても、無際限な神的光の前では、神の充実に何ものをも付け加えることのできない無[65]へと色褪せる。しかし絶対的否定性としての無の概念は、積極的な意味で理解されたうえで次に否定される絶対性の認識から成り立つのであり、したがって超越論的自己反駁によってこの認識に立ち返るのである[66]。

六　無の原理解

締め括りとして、無がその根源的意味においてまったくないのであるなら、有限な精神に対してどのようにして否定性が現象し、その精神が「無」について語ることができるかという根本的問題に戻りたい。有限な精神にとっては、それが精神としては無際限の拡がりにおいてすべてに対して受容的に開かれているが、それが有限である以上、明示的・能動的・合理的認識においては、普遍的地平内部で特定の領域のみを注視する限定的な把握能力しかもたないということが本質的である。それゆえ明示的・概念的なものとして悟性に属する存在理解が、普遍的存在の特定の側面（例えば理念としての、現実態としての、価値としての存在）に向けられているなら、理性の無制限の超越に対して同様に開かれている存在の別の側面は、歴史的に制約された意識に対しては隠されてしまう。ところが、存在理解において不十分にしか顧みられていない普遍的存在の側面が明示的意識の中に入ってくると、それはただちにまず既知のものと否定的に対照されたものとして、すなわち（反省的に意識された）存在ではないものとなり、そのため無であるように見える。この場合に反省的な存在理解は、第一義的に、また通常どおり有限的存在者またはその特定の諸領域の存在に向けられ、それゆえ包括的根拠を無として現出させるのであるが、光と影、「存在」と「無」は、それぞれ認識する者の歴史的位置と実存的立場に応じてさまざまに現れる。

有限な知識における無の現出を規定しようとするこの試みは、無の多くの様式の共通の根を示しはするが、無の理解そのものの最初の起源をいまだ見出すものではない。なぜならこの説明では、無が真の意味での全体的無でなく、理性の根本的理解においてすでに存在として認識されている未知なものの仮象にすぎないからである。したがって、存在の理解と無の理解の起源は、直観的な客観性の領域の内にではなく、有限的精神自身の存在の内に求められなければならない。その場合、有限的精神自身の存在は、あらゆる主体・客体の区別に先立って自らを開示し、有限な知そのものの超越論的空間と地平とを投企するがゆえに、認識の根源的作用において自らを対象化する。有限な精神が自らを把握して照らし出すとき、この精神は自身が活動する現実態、および完全性、つまり存在であること、しかもなおかつ自らの現実存在を基礎づけることができず、それゆえ自己にもとづいて存在することのできないものであることを知る。これによって有限的精神は自らを（そしてそれとともに有限な世界一般を）偶存的実在として捉える。偶存的実在は、その本質的可能性において存在と非存在へと開かれながら、可能的非存在が現実的存在によって除外された事態である。こうして有限者それ自体は、その存在の精神的自己遂行の内に、固有の可能性および危うさとしての非存在または無が臨在するところのものである。ただしこの危うさは、存在に関与する程度に応じて除去されることになる。確かにこの無は、無性を克服する現実存在によってのみ実在的であるが、有限者は事実上は実在しないことが可能であるという点では、この実在性は単に空虚な仮象でない。有限者が実際に存在するということは、存在と非存在のいずれにも傾斜しない本質可能性からは生じないのであり、むしろ逆に実在的本質そのものは現実的存在によってはじめて与えられるのである以上、偶存的なものは本質と存在をある他者——すなわち非偶存的なもの、ないし絶対的なもの——に負うのであり、しかもそれが偶存的である以上は絶対者の必然性には参与しないため、絶対者の自由に依拠することになる。こうして有限者の無の実在的可能性は、有限者自身が理由なしに絶対者の自由にもとづいて自らに贈与されたものであることの反映である。ところで、自己贈与し自己伝達する自由は、それ自身においては、無に関わりのない純粋な完全性であるが、自由の対象である偶存的有限者に関しては、存在と非存在とへの決定の能力がある。(67) このことによって、無は純粋な完全性から根拠づけられることになる。例えば否認において明らかになる有限的精神の明示的な無の理解は、こうしてまず存在と無の二極性としての有限な精神の地平に帰着する。この超越論的地平は、有限者の実在的・偶存的存在の本来の遂行と自己理解にほかならない。偶存的存在が絶対者の純粋に積極的な自由にもとづいており、したがって自己の有限性を超越しながら絶対的存在へ向かいつつ、それを志向するために、有限な「存在—無」の理解においても、この理解自体を可能にするものとして存在の純粋な積極性が優位に立つのである。

註

（1） R. Carnap, Überwindung der Metaphysik durch logische Analyse der Sprache, *Erkenntnis* 2 (1931-32), S. 229-234.

（2）H. Bergson, *L'évolution créatrice*, éd. 142, Paris 1969, pp. 287s., 296. 287 で I. Kant, *Kritik der reinen Vernunft*, B 737 を引証。

（3）E. Tugendhat, Das Sein und das Nichts, in: V. Klostermann (Hg.), *Durchblicke. Martin Heidegger zum 80. Geburtstag*, Frankfurt a. M. 1970, S. 146, 150.

（4）*Duden. Etymologie*, Mannheim 1963, 468.

（5）Thomas Aquinas, *De potentia* q.9 a.7 ad 15; *Summa theologiae* I-II, q.64 a.3 ad 3; *In IV Metaphysicorum*, lect. 3; 4.

（6）Parmenides: H. Diels, *Die Fragmente der Vorsokratiker*, Bd. 1, 4. Aufl. Berlin 1922, Fragment 6, S. 153.

（7）I. Kant, *Kritik der reinen Vernunft*, B 346-349.

（8）G. W. F. Hegel, *Wissenschaft der Logik*, I, 1, hg. H. Glockner, Bd. 4, Stuttgart 1928, S. 87-121.

（9）E. Fink, *Alles und Nichts, Ein Umweg zur Philosophie*, Den Haag 1959, S. 1.

（10）M. Heidegger, *Was ist Metaphysik?*, 5. Aufl. Frankfurt a. M. 1949, S. 26.

（11）Aristoteles, *Metaphysica* IV, 3, 1005b19-20 の矛盾律を参照。

（12）G. W. F. Hegel, *Phänomenologie des Geistes*, hg. J. Hoffmeister, 6. Aufl. Hamburg 1952, S. 68ff.

（13）Parmenides: H. Diels, *op. cit.*, Fragment 8, 34-36, S. 157.

（14）この点で、M. Blondel, *L'action*, Paris 1893, 第三章、三二一—三二八とは意見を異にする。

（15）Thomas Aquinas, *Summa theologiae* I, q.16 a.3 ad 2.

（16）アリストテレスによって伝承されたヘラクレイトス（Herakleitos 前五五〇頃—四八〇年頃）の見解の一の解釈を参照。*Metaphysica* IV, 3, 1005b23.

（17）この点で G. W. F. Hegel, *Wissenschaft der Logik*, と異なる。

（18）A. N. Prior, Negation, in: P. Edwards (ed.), *The Encyclopedia of Philosophy*, vol. 5, New York/London 1967, pp. 462-463.

（19）M. Heidegger, *op. cit.*, S. 26, 33; J.-P. Sartre, *L'être et le néant*, Paris 1968 (1ère éd. 1943), pp. 41, 46, 54.

（20）R. Berlinger, *Das Nichts und der Tod*, Frankfurt a. M. (1954), S. 54-64.

（21）Aristoteles, *Metaphysica* I, 2, 982b11-21.

（22）M. Heidegger, *op. cit.*, S. 32, 36; R. Berlinger, *op. cit.*, S. 33.

(23) H. Bergson, *op. cit.*, p. 275; R. Berlinger, *op. cit.*, S. 13, 30f.
(24) K. Riesenhuber, *Existenzerfahrung und Religion*, Mainz 1968, S. 25-36.
(25) この点で G. Siewerth, *Der Thomismus als Identitätssystem*, 2. Aufl. Frankfurt a. M. 1961, S. 31-50 と異なる。P. Wust, *Die Dialektik des Geistes*, Münster 1964 (III, 1), S. 58-65 もまた参照。
(26) "Determinatio negatio est": B. Spinoza, 一六七四年六月二日 Jarigh Jelles 宛、第五〇書簡。この点について G. W. F. Hegel, *Wissenschaft der Logik*, S. 122-128.
(27) Platon, *Sophistes*, 256d-257b.
(28) Herakleitos: H. Diels, *op. cit.*, Fragment 51, S. 87.
(29) G. W. F. Hegel, *Phänomenologie des Geistes*, S. 32-39.
(30) E. Bloch, *Philosophische Grundfragen*, I, *Zur Ontologie des Noch-Nicht-Seins*, Frankfurt a. M. 1961.
(31) 老子『道徳経』一六章、「万物並作、吾以観其復、夫物芸芸、各復帰其根、帰根日静」。
(32) Augustinus, *Confessiones* XII, cap. 7; 8.
(33) Anselmus, *Monologion*, cap. 8.
(34) その例証については G. Kahl-Furthmann, *Das Problem des Nicht*, Berlin 1934, S. 266-288 を参照。
(35) Thomas Aquinas, *Summa contra Gentiles* II, 22.
(36) Augustinus, *De beata vita* II 9.
(37) F. Nietzsche, *Der Wille zur Macht*, hg. E. Förster-Nietzsche, Bd. 9, Leipzig 1906, 1. Buch, I., 3-53.
(38) イザヤ書四〇章、一七節および二三節。
(39) M. Heidegger, *Sein und Zeit*, 4. Aufl. Halle 1935, S. 286.
(40) Id., *Was ist Metaphysik?*, S. 37.
(41) G. W. Leibniz, *Principes de la nature et de la grâce fondés en raison*, Hamburg 1956, nr. 7, p. 12.; これは M. Heidegger, *Was ist Metaphysik?*, S. 20 に取り上げられている。
(42) H. Bergson, *op. cit.*, pp. 273, 297.

（43） J.-P. Sartre, *op. cit.*, pp. 44ss.

（44） S. Kierkegaard, *Die Wiederholung*, Gesammelte Werke, 5. Abt., Düsseldorf 1955, S. 70.

（45） K. Marx, *Nationalökonomie und Philosophie*, in: S. Landshut (Hg.), *Die Frühschriften*, Stuttgart 1953, S. 304.

（46） M. Heidegger, *Was ist Metaphysik?*, S. 29.

（47） R. Berlinger, *op. cit.*, S. 110-180.

（48） M. Heidegger, *Sein und Zeit*, S. 283.

（49） 西田幾多郎「場所」、全集第四巻、岩波書店、一九六五年、二〇八―二九〇頁、特に二一八頁。

（50） M. Heidegger, *Holzwege*, Frankfurt a. M. 1957, S. 104.

（51） K. Hemmerle, Nichts, in: *Sacramentum Mundi*, Bd. 3, Freiburg 1969, S. 800-804.

（52） 久松真一『東洋的無の性格』、著作集第一巻、理想社、一九七〇年、三三―六六頁。K. Barth, *Der Römerbrief*, 改訂版 München 1922, 第八刷 Zollikon/Zürich 1947, S. 139.

（53） Cf. K. Barth, *Der Römerbrief* (1922). neue Bearbeitung Zürich 1967, S. 351.

（54） ヨーロッパの伝統の中では、Proklos, *Commentarium in Parmenidem* (Platonis) の Guillaume de Moerbeke のラテン訳としてのみ残っている部分 (R. Klibansky, C. Labowsky [ed.], *Plato Latinus*, vol. 3, London 1953, pp. 62-76); Dionysius Areopagita, *De mystica theologia* 5, (PG 3, 1048 A); Scotus Eriugena, *De divisione naturae*, III, 19-20 (PL 122, 682C-683B).

（55） Nicolaus Cusanus, *Directio speculantis seu de non aliud*, 1-3.

（56） 老子『道徳経』一一章、「三十輻共一轂、当其無、有事之用、挺埴以為器、当其無有器之用」。

（57） Nicolaus Cusanus, *De docta ignorantia* I, 17 結尾の文。

（58） 久松真一、前掲書五四―六六頁。

（59） M. Heidegger, *Was ist Metaphysik?*, S. 41, 46; id., *Holzwege*, S. 104.

（60） Meister Eckhart, 説教 “Intravit Iesus in templum”: hg. J. Quint, *Meister Eckharts Predigten*, (Deutsche Werke, Bd. I), Stuttgart 1958, S. 14.

（61） Id., 説教 “Unus deus et pater omnium”, *op. cit.*, S. 361-364.

（62） Juan de la Cruz, *Noche oscura del alma*, 1618, 特に二巻一章。

（63） Dionysius Areopagita, *De mystica theologia*, 1, PG 3, 997 AB: ὑπέρφωτον ... γνόφον.

（64） Meister Eckhart, 説教 “Surrexit autem Saulus”; J. Quint (Hg.), *Meister Eckehart, Deutsche Predigten und Traktate*, München 1955, 328-334（この説教の著者に関しては、いまだ議論されているが、エックハルトの思想圏から出たものであることは間違いない）; Angelus Silesius, *Cherubinischer Wandersmann* (hg. H. L. Held, 3. Aufl. München 1949), I, 25; I, 111: II, 6; II, 146.

（65） Meister Eckhart, 説教 “Impletum est tempus Elizabeth”: J. Quint (Hg.), *Meister Eckharts Predigten*, Bd. I, S. 185.

（66） H. Kuhn, *Begegnung mit dem Nichts*, Tübingen 1950, S. 15-18.

（67） K. Riesenhuber, *Die Transzendenz der Freiheit zum Guten*, München 1971, S. 347-366.

第三部　超越理解と宗教論——フィヒテ、ハイデガーをめぐって

第九章　フィヒテと現象学
――フィヒテ思想（一八〇四―〇六年）における現象概念について――

本章の標題「フィヒテと現象学」においては、フィヒテ（Johann Gottlieb Fichte 一七六二―一八一四年）の思想と現象学が、「と」という語――フィヒテによれば、結合の原理を明示することなく概念同士を外面的に並列するところから、あらゆる語のなかで最も非哲学的な語――によって結び合わされている。そこでわれわれの思考の課題は、この結合を正確に規定し、両者の関係を明らかにすることによって、「知識学」と現象学の相互解明に寄与することである。そもそも二つの項の関係は相互的であり、さらにその関係は積極的にも消極的にも捉えることができるため、現象学の側からフィヒテ思想を解明する姿勢は肯定的でも否定的でもありうるし、また同様にフィヒテの「知識学」に立って二十世紀の現象学を解釈する際も、そこには同意と批判のどちらも等しく可能である。そこでここでは、フィヒテと現象学をめぐる議論の導入として、現象および現象学についてのフィヒテの理解を問題にするに当たって浮かび上がる若干の論点を、予備的に明確にしておくことにしたい。

フッサール（Edmund Husserl 一八五九―一九三八年）によれば、現象概念とは、意識に直接的かつ絶対的に与えられたものであり、そのため、疑問の余地なく、それ自身の内に正当性の根拠をもっている。それゆえ現象学は、「事象そのものへ」の肉薄にもとづく、哲学の新たな始まりを自認している。しかしながら、現象概念の起源を初期ギリシア哲学にまで遡ってみると分かるように、現象は、アナクサゴラス（Anaxagoras 前五〇〇頃―

四二八年頃）においては隠蔽との対立において理解されており（ディールス／クランツ編『ソクラテス以前哲学者断片集』B21a）、他方プラトン（Platon 前四二七―三四七年）においては、真なる存在との対比で、つまり思考によってのみ捉えられるイデアとの対比で考えられているように（『国家』596c, 598b, 602d）、いずれにしても現象が現象として主題化される際には、現象以外の観点が前提される。このように異なった二つの観点に応じて、隠蔽との対比における積極的な現象概念（現れとしての現象）と、真の存在との対比における消極的な現象概念（仮象としての現象）とが生じるに至る。こうした二重の構造は、現象概念の歴史全体を貫いており、フィヒテの一八〇四年の第二の『知識学』講義でも同様に見て取れる。つまりこの『知識学』の場合、その第一部「真理論・理性論」において、真なる存在を覆い隠す現象とその解釈の否定的な観点が遮断され、第二部「現象論・仮象論」において、意識の構造全体を絶対的存在の現れとして再度導出する試みがなされているのである。ここで用いられた「現象論」あるいは現象学という概念そのものはフィヒテ自身によるものではなく、一七六四年にランベルト（Johann Heinrich Lambert 一七二八―七七年）によってはじめて導入されたものである。カント（Immanuel Kant 一七二四―一八〇四年）（ランベルト宛書簡、一七七〇年九月二付）とヘルダー（Johann Gottfried Herder 一七四四―一八〇三年）（『人類の最古の記録』一七七四年）が、批判的にではあるが、この概念をランベルトより引き継ぎ、ラインホルト（Karl Leonhard Reinhold 一七五八―一八二三年）とフィヒテもこれに追随している。

フッサールの現象学において現象概念が用いられる場合、現象は、単なる概念的構築や、思弁的ないし自然的判断との対比において考えられている。さらに、『論理学研究』と『イデーン』において現象が根源的な論理的形態と本質内容として考察されることによって、「純粋現象」の概念が獲得された。この「純粋現象」は本質的なるものそれ自体であり、それはまた――ハイデガー（Martin Heidegger 一八八九―一九七六年）がその思想を継承し発展させたように――同時にそれ自身においていまだ隠れたものであり、はじめて現れへともたらさねばならない「存在の意味」なのである。

現象を本質として、あるいは存在の意味として理解することは、古代の懐疑主義や中世末期の唯名論、そしてまた近世のイギリス経験論において見出される経験主義的ないし主観主義的な現象概念を斥けるということを基本的動機としている。つまり経験論が目指した「現象の救出」は、フッサールがカントの伝統に連なるかたちで示しているように、悟性による変容を被っていない純粋に感性的な存在仕方に訴える経験主義的な態度によっては達成しえないのであり、精神や志向性に具わるア・プリオリな原理によって構築されるような証明によらなければならない。そもそも「現象の救出」（σώζειν τὰ φαινόμενα）とは、その表現がはじめて術語として定着した古代の天文学において、一見不規則に見える星の運行――アリストテレス（Aristoteles 前三八四―三二二年）以降はすべての自然現象――に対して、合理的で規則に適った説明を展開すること、それによってそうした事象の現象形態を裏づけることを意味していた。すなわち現象そのものは、その妥当性を示し主張しうるためには、構成的な理性的構造を要求するのである。フィヒテの現象論も、意識現象の構造を再構成することによって、このような証明を遂行している。

カントは、現象をただその形式に関してのみ超越論的統覚の原理から根拠づけ、感覚やその内容を経験的な所与とみなしていたのに対して、フィヒテ以降のドイツ観念論の思想家たちは、このような二元論に飽き足らず、原理的には現象をその全体において超越論的源泉から根拠づけることを要求した。そのためフィヒテは、カントにまで継承されていた、現象概念を感性的所与に限定する現象理解を離れ、現象概念を意識と自己意識のあらゆる活動と内容の基本的特徴にまで拡張した。こうして現象概念は、現象を理解にもたらす合理性と対立するものではなくなり、そこからさらに、諸々の意識現象が、意識・自我ないし理性の原理にもとづいて成立するありようを、反省的思索の内的な眼に対して発生論的明証性をもって示すという課題が生じることになる。

こうして現象の現象性はもはや、主観の理性との対立から生じるものではなくなるため、思惟そのものが現象ないし「像」として認識され、思惟自体も本質的にそのようなものとして自らを自覚するに至る。そこにおいて現象そのものの性格は、もっぱら意識・理性ないし主観そのものを構成する原理との対照において、しかも意識・理性によっては汲み尽くせない自己成立的な存在として、それらに先行する原理との対照にもとづいて理解される。思惟は必然的に、自らに先行する存在についての思惟であり、像としての意識は原型を前提しているのと同様に、現象そのものは、それに対しては意識が単なる意識として明らかになるところ、すなわち端的な存在の、意識された現前なのである。このように、フィヒテにおいて現象の本質は、思惟および意識全体の特徴へと拡張されるにともなって、同時に絶対的存在の現象へと深められる。そのため、個別的現象において現出する存在の特殊的意味を問うのに先立ち、現象そのものを、つまり現出としての現象の構成を問わなければならない。現象そのものが何であるのかは、ただ絶対的存在と――『浄福なる生への導き』で語られるように――存在の「現存在」(Dasein)としての思惟との関係にもとづいてのみ、根源的かつ第一義的に理解される。つまりそれは、そのような絶対的存在と思惟との関係から独立した一般的な現象概念から理解されるわけではない。それは一八〇四年の第二の『知識学』から始まり、一八〇六年の『浄福なる生への導き』において展開される主題である。

フィヒテにおいても、「精神現象学」とも呼べるような問題に即して、「現象学」の理解を示唆することはできるだろうが、その場合は、フィヒテの試みとヘーゲル(Georg Wilhelm Friedrich Hegel 一七七〇―一八三一年)の同名著作（一八〇七年）の目的とを本質的に区別しなければならない。ヘーゲルにとって現象学の概念は、「思弁的哲学としての論理学の体系」（『精神現象学』の自著紹介）との対比において規定され、「それ〔精神〕が純粋な知ないし絶対精神へと生成する道の諸段階」（『精神現象学』、全集第九巻、四四六頁）としてのさまざまな意識形態の経過を名指している。その際に現象の現象性は、知、あるいは意識にとっての確実性と意識された事象に含まれる真理とのあいだの区別にもとづいて否定的に理解され、それゆえ、対象においてすでに認識されたものと知自体の自己認識とを比較する弁証法的運動によって克服されるべきものとされる。これに対してフィヒテは、絶対者はただその現出の「通」（durch）においてのみ現前するという理解に立って、現象概念を積極的に構築することに努めている。そのためフィヒテにとっては、ただ特定の意識現象の本質を解明するのでなく、意識そのものの現象としての性格を明確にすることによって、絶対的存在と思惟とのあいだの一致と差異とを同時に捉えるという課題が立てられることになる。現象とは第一義的には思惟にとっての現象ではなく、むしろ思惟それ自体、つまり「概念」こそが現象そのものなのであり、それゆえ現象として再構成されなければならない。

意識ないし「概念」は、自らをその原理から把握するために、それ自身の内的根源へと遡行していくが、その際に意識は、存在を死んだ事態として客体化するようないかなる対象化にも先立って、それ自らにおいて自己自身を光に貫かれた生として見出すのであり、それは絶対的存在への愛へと専心するに応じてますます顕著となる。こうして生と光は、絶対存在が意識の根底において生き生きと構成的に現前する原初的な――主観・客観分裂以前の――あり方なのである。このような根源的生において、存在と意識、神と人間におけるその「現存」は内的な通徹において一なるものであると言えるが、それは静態的な同一性とは決定的に異なっている。なぜならこの生は、それに先行する「自己完結的な」絶対者の存在によって常に養われ、より深くその存在に参与するために、愛においてその存在へと向けて再び自らを超出するからである。対象化された意識の内容は、このような根源的な生に由来する。その際の意識は、思惟された存在として、絶対的存在を自らの起源として指し示し、自らを「像」あるいは「現れ」として構成するが、それは対象化によって自らの生を奪われた二次的な像または現象として、生き生きとした意識の根源的な活動とは区別される。超越論哲学が還帰する根源的な自己意識において、意識それ自体は、「存在の純粋な現実態」(actus purus essendi) の生きた表現として、客観化以前の発生論的明証性をもって自らを発見するのである。ここにおいて現象学は、外部から通用された単なる方法論であることを超えて、意識の自己遂行をその根源から反省的に了解しつつともに遂行すること、またこのような原理からの構成の内的な方向性に従って個々の意識現象にまで下降することを意味するようになる。

意識とは、その根底において、神的存在の動態的な現れないし神顕現《テオファニー》、または「現存」ないし「像」である以上(ここでのフィヒテの思想と語法は、ヨハネス[・スコトゥス]・エリウゲナ[Johannes [Scottus] Eriugena 八一〇頃―八七七年以降]とマイスター・エックハルト[Meister Eckhart 一二六〇頃―一三二七/二八年]に近づいている)、絶対者に関しては、それが自らを意識における現象へともたらす限り、その存在の絶対性やその自己完結性と、光と生命の源として現象へと関わるその関係性とが統一して考えられなければならない。しかもその際にその自存性と関係性は、一方が他方へと解消されるのではなく、不可分でありながら混同もされず、存在と像、神と人間を分離も等置もしない仕方で把握されなければならない。なぜなら像は、絶対者における原型との解消不能で根源的な一致によってこそ像としての性格を有するのであり、しかも像は原型との全面的な相違によってのみ「原型の像」でありうる以上は、像と原型との一致は同時に――「不合理な跳躍」(hiatus irrationalis) ではないにせよ――区別をも意味するからである。このような意味で、現象をその現象としての性格ないし現象性において構成するためには、内的一致（存在）の原理と、分離（現象）の原理は一つのものとして考えられなければならない。ここにおいて思惟は自らの限界に打ち当たり、しかもその限界をそのものとして自ら洞察する。こうして現象学は、ハイデガーが『存在と時間』から一九二〇年代終わりに至るまで追求したように、まさしく存在論の方法として捉えられることになる。しかしながら、ハイデガーがおそらくその『哲学への寄与』（一九三六―三八年）で試みたように、真理が立ち現れる次元としての「存在」（Seyn）を、神の絶対存在、つまり「最後の神」の到来から根本的に区別する場合には、フィヒテの眼から見るならば、現象そのものの成立が危うくなってしまうだろう。

フィヒテは、『浄福なる生への導き』において、愛の概念を導入することによって、絶対者そのものの存在と意識におけるその現れとの一致を解明しようとする。ここにおいては、現象というほかなるものにおける、自らに対する絶対者の愛は、思惟や意識という他なるものを、絶対者へと向かう愛の自己超越、および現象を「絶対者の現象」とするその志向的性格において根拠づけるのである。

第十章　フィヒテの宗教思想の生成
――『浄福なる生への導き』を中心に――

一　『浄福なる生への導き』――書名に含まれる問題

『浄福なる生への導き』（Die Anweisung zum seligen Leben 一八〇六年）は、「フィヒテ（Johann Gottlieb Fichte 一七六二―一八一四年）の宗教哲学的著作のなかで最も重要なものと言って差し支えない」[1]と評され、また「カント（Immanuel Kant 一七二四―一八〇四年）以降の〈同一哲学〉全般の思惟・意図・情感の最も内的な傾向を窺わせる、〈ドイツ観念論〉のまたとない記録」[2]ともされる。それどころか、この著作には、「人類が手にした文献すべてのなかで最も豊かで最も深遠なものの一つ」[3]という評価すらが与えられている。フィヒテ自身はこの著作を、「通俗的教説」の一部分でありながら、「その頂点にして、最も輝く光点」（序文、一五〔二五七〕）とみなしている。

フィヒテの言う「通俗的」著作というのは、哲学的術語や方法についての知識や哲学史上の問題設定についての理解を前提することなく、「一般的に興味あるものや理解可能なもの」（第一一講、二六二〔四四三〕）に関して、聴講者が一緒に考えを追うことだけを求める仕方で論じるものである。そこでこの著作は、専門的な哲学の講義を記録したものではなく、（当時の新聞に告知をしたうえで）一八〇六年一月一二日から同年三月末までベルリンで日曜ごとに昼（一二時から一時）に行われた講演をまとめたものである。しかもこれは「一般市民」（第一一講、同）を前にして講じられたのであり、その参加者には、実務家もいれば、向学心に富んだ主婦や若手の学者も混じっていた（第一講、三七〔二七九〕）。

『浄福なる生への導き』という標題は、この著作の内容と意図を適切に表している。「浄福なる生」（ないし「至福なる生」）とは、古典古代においては、人間存在の完成の総体を表し、倫理学と宗教がそれを目標とすることで互いに一致するところとされた。アウグスティヌス（Augustinus 三五四―四三〇年）はこの主題を、自らの初期の哲学的著作の標題として取り上げ（『至福の生』[De beata vita]）、トマス・アクィナス（Thomas Aquinas 一二二四／二五―七四年）は、アリストテレス（Aristoteles 前三八四―三二二年）の影響の下で、その『神学大全』（Summa theologiae）の倫理的論考において、「至福」の問題をその基盤としている。倫理的課題と人間本性の幸福なる完成とのこのような一致は、ウィリアム・オッカム（William Ockham 一二八五頃―一三四七年）などを代表とする中世末期の唯名論によって解体され、宗教改革においては、原罪によって損なわれた人間本性と神の法との対立というかたちで相互に分裂し、カントに至っては、定言命法によって感覚的欲求が倫理的行為から排除されるという仕方で最終的に解消されることになったのである。フィヒテが「浄福なる生」を講演の主題とした際、そこには一方ではカントと共通の実践的関心がはたらいていたにしても、さらにそれ以上に、定言命法によって人間の自発性を制限したカントの倫理学を克服し、人間理性に固有な、幸福に対する憧憬の積極的意味を強調するという狙いがあったものと思われる。「人間が自己自身と完全に一致するということが……、人間にとっての究極にして最高の目標である」[4]と、フィヒテはすでに一七九四年の時点で記している。

浄福なる生は何らかの「導き」を必要とするな。なぜなら浄福なる生は、カントが「要請」として捉えたような、倫理的に正しい生を送った者に対してあとから与えられる単なる報償ではないからであり、また「理性は実践的である」[5]以上、理性的存在者としての人間によってすでに今の生において実現されうるもの、またそうあるべきものだからである。「倫理的法則の究極目的は、絶対的自由と自立、理性の支配、および至福である」[6]。ここには、人間は外的な状況によって至福を得ることはなく、理性的な洞察にもとづいて自ら独自の本質を自由に完遂すべきであるという考えが含まれている。それゆえこの『浄福なる生への導き』は、「教え」としては、個人的・人格的理性としての人間の本質に対する洞察を促し、同時に「教示」としては、哲学的理論から生の実践への移行を導くものなのである。

この著作には「宗教論」という副題が添えられているところから分かるように、フィヒテは、浄福なる生の人間論的解明は、それ自体の内に宗教の本質を成すものすべてを自ずと包括するものと考えていた。宗教は彼にとって何らかの特殊領域、あるいは「独立した活動」（第五講、一二三〔三四二〕）ではなく、「われわれのすべての思惟と行為を貫徹し、それらを活かし、自らの中に沈める内的精神」なのである。それと同時に宗教は、そこにおいては究極的諸原理への哲学的問いが、哲学者ならざる者にとっても重要な意味をもってくる中心的領域なのであり、それゆえに宗教こそが、哲学的問いが幸福と人生の意味についての問いと一致する本質的次元なのである。そこでフィヒテの宗教論は、反省によって明らかになる人間の意識の分析のみに支えられつつ、「それ自体において絶対的にいかなる時代に対しても妥当し、真理であるもの」（第六講、一三〇〔三四七〕）についての純粋に哲学的な考察の枠組みの中で展開される。

『浄福なる生への導き』の標題から示唆された問題設定を、フィヒテ自身の思想の発展史の内に正確に位置づけるには、まずフィヒテの生涯と著作活動を簡単に振り返る必要があるだろう。そのあとで、この著作を読み解くための手引きとして、本書の基本思想を要約的に概括しておくことにしたい。

二　フィヒテの思想の発展

フィヒテが一八〇六年に『浄福なる生への導き』の講演を行ったとき、彼は壮年の四四歳であり、哲学者たちの尊敬を集めると同時に、その思想は議論の的ともなっていた。一七六二年、ランメナウ村（オーバーラウジッツ）のさほど裕福とは言えない職人の、十人兄弟の総領として生まれたフィヒテは、彼の才能を見抜いたザクセン地方の地主ミルティッツ（Miltitz）侯の援助を得たため、家庭の状況からは思いもよらないことだったが、一七七四年から一七八〇年まで、領主施設の学校として名高い寄宿学校シュールプフォルタ（ナウムブルク近郊）に学び、その後一七八〇年にはイェーナで、一七八一―八四年にはライプツィヒで神学の研鑽を積んだ。経済的問題のため勉学を中断せざるをえなくなったのちは、一七八四年以降はザクセンで、一七八八―九〇年にはチューリヒで、家庭教師として生活の資を得ており、チューリヒでは将来の伴侶（一七九三年結婚）であるマリー・ヨハンナ・ラーン（Marie Johanna Rahn 一七五五―一八一九年）と知り合っている。ライプツィヒで教えていた（一七九〇年以降）生徒の一人から、当時話題になっていたカント哲学の手ほどきを乞われたところから、フィヒテはカントの思想、とりわけその実践哲学を独習し（一七九一年）、このことが彼の思想と生涯にとって決定的な転機となった。

人間を自由な倫理的主体と捉え、時間的・空間的な事物を意識にとっての現象ないし客観と捉えるカントの思想は、フィヒテを新たな世界へと開眼させた。すなわちカント哲学は、自由な人格性の展開を阻む足枷となっていたスピノザ（Baruch de Spinoza 一六三二—七七年）的な決定論的・因果論的世界観からフィヒテを解放することになったのである。そこでカントとの知遇を得るために、フィヒテはカント哲学の精神に則って、わずか数週間で小論考『あらゆる啓示の批判の試み』（Versuch einer Kritik aller Offenbarung 一七九二年、ケーニヒスベルク）を書き上げた。この論考は——おそらく出版社が意図的に著者名を匿したと思われるが——匿名で公刊され、そのため当初のうちは、これこそ長いあいだ待望されていたカントの宗教哲学であるとの風説が流れたほどである。念願のカントとの面会は失望に終わったが、その後カント自身が『あらゆる啓示の批判の試み』の真の著者を公表したために、フィヒテの名は一躍有名になった。さらに家庭教師を続けながら一七九三年に著した二著作、つまり『思想の自由の返還要求——思想の自由の抑圧者たるヨーロッパの君主たちに抗して』（Zurückforderung der Denkfreiheit von den Fürsten Europas, die sie bisher unterdrückten）と『フランス革命論——フランス革命に対する公衆の判断に対する是正』（Beitrag zur Berichtigung der Urteile des Publikums über die französische Revolution）からは、フィヒテが当時の精神的・政治的諸問題に積極的に参加しようという意志をもっていたことが窺える。この二著作によってフィヒテは同時に学者としての名声を確立し、早くも一七九三年には、ゲーテ（Johann Wolfgang von Goethe 一七四九—一八三二年）が理事を務めていたイェーナ大学に、教授として招聘された。そこでフィヒテは、カント学者ラインホルト（Karl Leonhard Reinhold 一七五八—一八二三年）の後任となり、同僚としては、同じくカントの思想に深く共感し、大学では歴史を講じていたシラー（Johann Christoph Friedrich von Schiller 一七五九—一八〇五年）がいた。そしてイェーナでの五年間（一七九四—九九年）にフィヒテは、人間の意識と理性に立脚する自らの観念論哲学の基礎を築き上げていった。

フィヒテはカントの「コペルニクス的転回」を継承している。それによれば、認識とは、前もって与えられている外的な客体によって規定されるのではなく、むしろ逆に客観は意識の自発的活動に従うものとされる。しかしカントは、主観から独立した「物自体」を、それがさまざまな知覚の原因として認識の運動を引き起こすものである限り認識にとって不可欠であるとしたのに対して、フィヒテは意識にとって異質である「物自体」という規定を最後まで残すことには反対する。なぜなら人間は、外的所与の受動的産物や、単なる「事実」(Tatsache)(ラインホルト)ではなく、自立的な理性であり「事行」(Tathandlung)――すなわち自己自身に関わり自己を意識し、自ずと実践的であり、したがって自らの活動の自由にして唯一の原因たるもの――だからである。「自我は根源的かつ端的にそれ独自の存在を措定する」(7)。

これと同時に(ただし二次的にではあるが)、自我はあらゆる客観ないし世界を、自らの内に、そして自らに対して措定し、これらを介して自らを自己自身に向けて媒介することになる。こうして、すべての理論的経験と世界認識は意識ならびに自我の規定である以上、それらは理性ないし自己意識の自己規定の内にその根拠をもつはずである。この場合、自らの前にある客観、すなわち「非我」を考察する理論理性は、自らの意識活動すべてを実践理性の優位の内に遂行しているが、その実践理性は、客観による一切の限定を克服することによって自己自身との合致に至る。こうしてフィヒテは、自らの体系的哲学の核心である「知識学」、すなわち知についての理論において、「自己意識の可能性にもとづく一切の経験の完全な演繹」(8)を展開する。それゆえフィヒテにとって自我とは、カントの理論哲学におけるのとは異なり、対象に関わる意識にとって前提、あるいはその表象に尽きるものではなく、自己意識の知的直観において自己自身を遂行しつつ把握するものとされる。フィヒテはこの問題について、一七九四年から一八一三年のあいだ、一〇編を超える『知識学』(Wissenschaftslehre)で論じることになった。

理性は外的実在に依存することなく、それゆえそれ自身の内で完結した体系であるため、理性の活動領域の諸原理とその実質的な諸部門そのものが理性それ自身にもとづいて導出される。このような実質的な理性使用は、基本的に四領域に分かたれる。すなわちそれは、自然・法・倫理・宗教のそれぞれについての理論へと分岐するのである。すでにイェーナ時代（著述活動の第一期）において、フィヒテは『知識学の原理による自然法の基礎』(Grundlage des Naturrechts nach Prinzipien der Wissenschaftslehre 一七九六年）と『知識学の原理による道徳論の体系』(System der Sittenlehre nach den Prinzipien der Wissenschaftslehre 一七九八年）を著すと同時に、理性の完全な実現の例として、『学者の使命』(Einige Vorlesungen über die Bestimmung des Gelehrten 一七九四年。同じ主題の著作が一八〇五年と一八一一年にもある）をまとめている。

このような多産な時期は、フィヒテの大学職解雇という結果に終わった「無神論論争」によって中断された。それは、フィヒテが共編集者に名を連ねていた『哲学雑誌』(Philosophisches Journal) において、フォールベルク（Friedrich Karl Forberg 一七七〇—一八四八年）が論文「宗教概念の展開」(Entwicklung des Begriffs der Religion 一七九八年）の中で、宗教とはただ道徳的秩序の存在に対する実践的信仰のみをその本質とするという見解を提示したことに端を発する。フィヒテは、これに対する補足的論考『神的世界統治に対するわれわれの信仰の根拠について』(Über den Grund unseres Glaubens an eine göttliche Weltregierung 一七九八年）において、神を道徳的世界秩序と同一視し、神についてそれ以上の人格的・形而上学的ないし宇宙論的特徴づけを一切認めることがなかった。そこでフィヒテに対して無神論者との非難がなされたが、彼はこれに対して二編の論考によって自らの立場を頑強に守り、屈伏するよりは辞職を選ぶと言い張ったところ、フィヒテ自身の目論見とは異なり、この言い分が、宰相ゲーテの同意もあって、当局に辞職願いとして受理されてしまった（一七九九年）。同年、カントがフィヒテに対して公然と反論したばかりか（八月）、ヤコービ（Friedrich Heinrich Jacobi 一七四三―一八一九年）もフィヒテ宛の「公開書簡」において、意識の内在を絶対化するフィヒテの考えに従うなら、「一切は徐々にそれ自身の無の中へと解体してしまう」(9) ということを理由に、その哲学を「ニヒリズム」と呼んで批判した。ヤコービによれば、自存し生きた神に対する信仰によってのみ、自律的意識の空虚さが克服されうるのである。

辞職ののち、一七九九年七月にはベルリンに移住し、その地では初期ロマン主義のサークル――ティーク（Ludwig Tieck 一七七三―一八五三年）、フリードリヒ・シュレーゲル（Karl Wilhelm Friedrich von Schlegel 一七七二―一八二九年）、シュライエルマッハー（Ernst Daniel Friedrich Schleiermacher 一七六八―一八三四年）ら――と親交を結び、ベルリンの文芸雑誌による批判はあったにしても、時を隔てず、学者・芸術家・政府高官の選り抜きの人びとを聴衆として、私的な講義を開催する。一七九七年以来構想が練られていた『人間の使命』（Die Bestimmung des Menschen 一八〇〇年）は、フィヒテ自身が自覚していたように、第二の多産な時期の幕開けとなった。しかしこの時期に関しては、その講義の多くは当初公刊されることなく、ヘーゲル（Georg Wilhelm Friedrich Hegel 一七七〇―一八三一年）をはじめとする同時代の哲学者たちに注目されることがなかったため、従来の哲学史でもかならずしも重視されてこなかった。ようやく近年になってその重要性が正しく認識され、そこからフィヒテ・ルネサンスとも言える動きが生じることになったのである。

すでに『人間の使命』において、フィヒテは「知―懐疑―信仰」という三段階の歩みを通じて、人間の意識による知に先立ってそれを超える絶対的存在を想定するところにまで近づいている。絶対的存在たる神についての宗教哲学的な問いは、無神論論争の経験やヤコービによる批判を通じて芽生えたものである。ただし、ヤコービの場合そうした問いは信仰にもとづく思惟から発していたのに対して、フィヒテにおいてはまさに体系的哲学そのものの中心から生じている。それというのも、一八〇一年以降展開されているように、絶対的自我ないし意識が「知る」、つまり存在を認識することができるのは、ただ絶対的自我が自らを絶対的存在の表現として、つまり「像」(Bild)あるいは「現存在」(Dasein)として理解することによってのみだからである。

それればかりか、ベルリンにおいては、いわゆる通俗的著作も続々と公刊されている。すなわち、政治的論考である『閉鎖商業国家論』(Der geschlossene Handelsstaat 一八〇〇年)、時代の精神状況についての原理的分析である『現代の諸特徴』(Die Grundzüge des gegenwärtigen Zeitalters 一八〇六年)、そして『浄福なる生への導き』、さらに著名な『ドイツ国民に告ぐ』(Reden an die deutsche Nation 一八〇八年)である。この『ドイツ国民に告ぐ』においてフィヒテは、一八〇七/〇八年の冬のフランス軍によるベルリン占領のさなかにあって、確固たるドイツ国民教育の理念を訴えた。こうした充実した活動ゆえに、大臣フォン・ハルデンベルク(Karl August Fürst von Hardenberg 一七五〇—一八二二年)によるプロイセン王への執り成しによって、エルランゲン大学教授に——一八〇五年には臨時で、一八〇六年には常任として——迎えられたが、一八〇六/〇七年の冬学期にはケーニヒスベルクで講義を行い、そこから再びベルリンに戻っている。一八〇八年に重病を患ったのち、彼が一八〇七年にその創設を立案した新設のベルリン大学の職務に就き、一八一〇年には学部長、一八一一—一二年には初代総長の重責を担った。その後の著作、『超越論的論理学』(Transzendentale Logik 一八一二年)、『意識の諸事実』(Die Tatsachen des Bewußtseins 一八一三年)、『法論』(Rechtslehre 一八一二年)、『道徳論』(Sittenlehre 一八一二年)、『国家論』(Staatslehre 一八一三年)においては、超越論哲学の基礎づけ、道徳的・宗教的問題の深化というフィヒテの思想の第二期の主題がさらに展開されている。しかしながら、野戦病院で負傷者の介護に当たっていた妻を介してチフスに感染し、それが元で一八一四年一月二七日、享年五一歳でこの世を去ることになった。

三　『浄福なる生への導き』の形態と内容

（1）論考の形態

『浄福なる生への導き』はフィヒテの著述活動の絶頂期の産物である。つまりそれは、一八〇四年の第二の『知識学』において、すべての知と真理を絶対者ないし神の純粋存在へと超越論的に還元し、さらにその絶対的存在からあらゆる意識ないし自我、および一切の現象を厳密な方法論に従って導出するという構想を実現しようとしたのちのことである。そこで『浄福なる生への導き』は、この「知識学」を単に特殊領域に適用した一般向けの叙述に尽きるものではなく、むしろ当の知識学を乗り越えて、「これ以上の認識はありえないという一切の認識の最も深い根底と要素」（第二講、四〇〔二八一〕）——伝統的な言い方では「最深の形而上学と存在論」（同）——を扱うのである。しかしフィヒテが固く確信していたところに従えば、自ら思惟しようとする者はこうした認識を遂行し、まさにそのつど当の者に固有の洞察を通して自らの思惟をその最高の展開へと導き、それと同時に人格の自由な自立性と至福へと到達することができる。フィヒテはこのような確信がキリスト教において確証されるものと考えた。それというのも、キリスト教の信仰教育はこの同じ洞察を目的とするものであり、それに加えて、こうした洞察はキリスト教の起源において、哲学的方法によることなく発見されたばかりか、哲学者によっても、それが学問的に演繹される以前に直接それ自身によって理解されているはずのものだからである。

そのため、第二講で指摘されているように、同じ真理は学問的形態においても、通俗的形態においても展開されうる。両者の相違は、難易度の差にあるわけではなく（フィヒテの通俗的著作は高度の知的努力を要求するものである)、方法における本質的な違いを意味している。「知識学」として実践されるような学問的講義においては一つの問題に関して可能な諸々の立場が体系的に吟味されるのであり、そこにおいては、斥けられるべき命題を矛盾したものとして排除し、真なるもののみを唯一思考可能なものとして残すという仕方で、真理が確証される。つまりここでフィヒテは、懐疑と誤謬に囚われた思考へと向かい、反駁を通じてそうした思考を真理への洞察にまで導いているのである。これに対して通俗的講義では誤謬に立ち入ることはなく、自ずと思考を納得させる真理それ自体が端的かつ直接的に叙述される。ここではフィヒテは演繹によって証明することをせずに、自然な真理感覚に語りかけ、提示された真理を疑いなく洞察する開かれた健全な思惟に訴えているのである。

『浄福なる生への導き』においては、理論的思想と同時に実践的な教示をも与えようと努めているため、フィヒテは第二講と第一一講において、こうした認識の遂行と獲得に際して、当時の時代精神ゆえに生じる障碍に言及することが必要であるとみなしている。まず、真理を曇りなく叙述し、それを強調すると、無制約的な真理の要求によって自分たちの自由な発意が損なわれると感じる人びとが反感を抱く惧れがある。さらに、真理はひとたび洞察されるならその受容への決断を迫るものであるため、自らの立場を決することを避けようとして、懐疑主義へと逃げ込んでしまう惧れもある。つまり、認識一般の可能性を疑うことによって、真理のあらゆる主張を、とりわけ吟味もせずに相対化し、中立化してしまおうとする態度に陥ることがある。そもそも宗教哲学に対して立ちはだかる困難は、当時隆盛を誇っていた経験論と唯物論が、超感性的な真理や善という考え、とりわけ神の認識における至福という主張によって、自らの根幹が傷つけられるとみなすところから生じる。そのため、宗教はははじめから否定的な感情や軽視の念をもって眺められるのであり、真理を主張するものとしての宗教論を論じるなどということは、傲り昂ぶった不遜な所業であるか、さもなければ非合理的な神秘主義として、社会的に適用する話題からは排除されることになる。フィヒテはこうした感情的な障碍を、真理に対する関心の欠落、および現実に対する愛を欠いた傍観者的態度に由来するものと考え、言葉の限りを尽くしてそうした一般的な傾向を正すべく、倦むことのない努力を重ねるのである。

（2）『浄福なる生への導き』の体系的内容

宗教論全体を萌芽的に含んでいる第一講からしてすでに、フィヒテはただちに中心的な基本的考察へと踏み込み、そこから日常的な平均的意識の曖昧さを暴き立てている。この論考の主題であると同時に人生そのものの目的である至福というものは、生を遂行すること、それも生をそれ自体に即してその最高のありようにおいて実現することである。なぜなら、生それ自体は、愛をその本質的な核心としており、しかも愛は、意識と認識をともなった仕方での、存在の現前、ひいては浄福をそれ自体の内に含んでいるからである。存在が自存し、まさに「ある」と言えるための存在の内的統一はすでに一種の遂行、それゆえ生の一種の行為であるため、生そのものは同時に存在それ自体の本質を成す。存在が生き生きとした現存においてではなく、客観化を行う概念によって捉えられる場合にのみ、存在は死んだ事実となるのである。

存在そのものは一にして単一、それゆえ分割されずに永遠であるため、あらゆる生は、真にして絶対なる一なる存在――それは「神」の名で理解されているものだが――との、愛と認識を通しての一致をその本質とする。これに対して日常的に存在・生・愛・浄福とみなされているものは、世界の有限で多様な現象に関わっているだけである。そこにおいて人びとは、変転常なき客観の移ろいに満足を見出そうとするが、所詮それは叶うはずもない。このような仮象の生は非存在と死によって、つまり存在と生の欠如的対立物によって貫かれているわけだが、それでもそこには、永遠なるものや純粋なる存在への憧憬がなおも息づいている。第二講においては、すでに指摘したように、このような存在は、純粋なる思惟における集中と沈潜を通じてのみ把握されるということ、そして存在・生・至福の関連についての理解は、誰の思惟によっても獲得されうるということが示される。『浄福なる生への導き』の第一部（第五講まで）では、知識と有限的精神の構造が解明され、至福論に対して、「知識学」の意味で、すなわち理論的ないし人間論的・存在論的基盤が据えられる。至福論は第二部（第七講から第一〇講）において、第一部に呼応するかたちで展開される。まず第三講においては、「生」（第一講の基本概念）が「真なる思惟」（第二講の基本概念）において成り立つこと、しかし両者は全一的で不可分の構造を有していることが示唆される。仮象の生ないし単なる思いなしは、個人の明確な意識におけるこの全体的構造が皮相で一面的な愛にもとづいて、ただ部分的にのみ実現されることにもとづいている。それ自体として不可分で、それゆえ自らの全体的な実現を目指して邁進する生を意識的に実現する努力は、一般的には、外面から内面へ、外的な感覚から内的な意識ないし思惟へと歩みを進める。

内的に思惟を遂行する意識は感覚的知覚をも包括する一方で、内的意識は外的知覚によっては認識されることはありえないため、第一にして基底的であるのは感覚的知覚ではなく、思惟の側である。純粋思惟は、感覚的知覚の領域に限定されることなく、知的直観（フィヒテとドイツ観念論全体はカントに逆らってこれを強調した）において、唯一可能であり現実的であり必然的であるもの――すなわちフィヒテによれば、いかなる生成も非存在も含まれることのない本来的で真であり永遠である存在――に関わる。なぜなら、あらゆる思惟は存在についての思惟だからである。意識ないし思惟は、存在そのものからは区別されるが、ただそれこそが存在そのものが自らを表し現前しうる唯一のあり方、すなわち存在の「像」あるいは「現存在」なのである。そのため意識ないし思惟は、本質的に純粋存在あるいは神の内に自らの根拠をもち、それと不可分なのである。

浄福は、第四講の冒頭で語られるように、人間が思惟において一者ないし永遠なる存在を認識し、それを親密なる愛をもって把捉するところに成り立つ。これに対してあらゆる悲惨は、多様に変転するものの内へと精神が分散することに由来する。根本的にはただ不可変の存在と意識におけるその現存、すなわち神と神に関わる人間の思惟のみが存在する。そのためここで問題となるのは、仮象あるいは多様なるものの現象、すなわち感覚的に知覚可能な世界がどのようにして成立するかということである。本来的で根源的な意味においては、ただ一なる存在と、思惟におけるその現れのみが成り立つという根本的洞察を堅持する限り、多様な現象の成立の仕方の解明は、浄福の追求にとってはかならずしも必要なものではないが、フィヒテはこれについても若干の示唆を与えている。

神は思惟において認識され、したがってそこに「現存」する以上、存在と思惟は不可分で、相互に融合し合っている。しかし思惟が存在を存在「として」把握する限り、思惟は存在から分かたれる。認識に具わるこのような「……として」を通じて遂行される区別において、意識は意識自身を振り返り、自らが存在に根差していることを反省し、自らの根源的な内的生を、対象的な事実ないし静態的な客体、すなわち世界として対象化し展開する。それゆえ対象的表象としての世界とは、意識の自己遂行に発する投射、つまり自らの生と、そこにおいて現存する絶対的存在に対する本性的な反省に由来する投射なのである。このような意識にとって本性的な反省において、意識は絶対的存在の一なる無限の内容を、諸々の内容の無限定な多様性へと分割するのであり、その多様性が意識においては感覚的現象の時間的継起というかたちで現れる。したがって意識とは、純粋な光を多彩な色へと分散させることではじめて光を可視的にするプリズムになぞらえられる。意識が自らに再び還帰し、そして主観の内に存する世界の超越論的根源を見抜くならば、意識は世界を、もはや単なる事実としてではなく、神的存在の断片的な表現として見ることができるようになるだろう。

このように世界を現象として、対象的意識内容の総体として認識論的に再構成するという、観念論的とも言うべき試みが宗教論にとって意味をもつのは、フィヒテ自身が暗示しているように、多様な事物がそれ自身において絶対的なものとして自存するわけではないということが捉えられる限りで、つまり事物が先行する絶対的存在と生から生じるもの——この絶対的存在を反映するもの——として捉えられるべきものである限りにおいてである。本性的に反省する主観が、知を遂行する主観と意識される多様な客観の世界とに不可変の仕方で分かたれるこの最初の分裂と同時に、意識においては第二の区別が起こる（第五講）。つまり意識において、世界のみに関わる反省ではなく、世界についての自らの見解や理解の可能なあり方に対する反省が生じるのである。意識の主観・客観構造に対応して、こうした第二の分裂から世界観の五つの可能な立場が成立する。それら五つの世界観に共通の主題は、意識が自発的に探求する問題、すなわち真にして本来的かつ絶対的な存在がどのようなあり方を取り、どこに見出されるかという問いである。

最も低位にある第一の世界観は、ただ感覚的知覚の対象となりうるものだけを現実に存在するものとして、それゆえ真に自存するものとして捉える見方である。そこから帰結する世界観、つまり経験論や唯物論をフィヒテは、当時の時代精神の特徴と考えている。

第二段階において、主観は単なる客観によって制約されている状態から脱し、ただ自由で、自己充足する主観のみを本来的で真なる現実として認める。ところが自由な主観同士は自らの活動領域を、法と倫理を通じて互いに限定し、それを自らの確実な領域たらしめるため、この世界観においては、主観同士の諸々の関係を秩序づける普遍的な法則が最高の現実として理解される。自由そのものは法則との対比関係においてこそ、その自由という点に関して際立つからである。それゆえこのような倫理的法則は、人間を自由な主観として構成する原理であり、さらにこのような主観を通じて感覚的現実を、自由にとって中立無記の活動領域として構成するものである。この第二段階にあっては、人間は単に感覚的な充足を求めるのではなく、倫理法則を遵守するところに自らの尊厳を認めることになる。このような世界観は、カントの実践哲学の内に、しかしまたイェーナ時代のフィヒテ自身の法論や道徳論の内に現れているものとされている。

感性と合法性、つまり単なる客観と単なる主観という二つの低次の立場に続いて、第三の段階としてのより高次の道徳性において、世界理解と存在理解はそれ自身の真にして本来的な次元へと歩み入る。そこからさらに宗教と学知の段階が生じるが、高次の道徳性から始まるより高次の各段階の積極的内容は、それに続く段階においても完全に保持されるのに対して、感覚性と合法性というより低次の段階の内容は、より高次の諸段階においては本質的に変容を被る。まずより高次の道徳性において、人間はもはや、合法性の段階におけるのとは異なり、ただ限定と秩序づけを行うだけの法則によって規定されることはなく、創造的な法則、すなわち真・善・美・聖といった理念によって動かされる。このような理念にもとづいて、主観の生き生きとした自発性は、自己以外の客観的領域へと積極的に関わり、人間の社会共同性を創造的に包括し、ついには秩序づけの法則を取り込むことによって感覚性の領域をも包括する。こうして人間は自らの世界において、知恵や学問、文化・芸術、社会的・政治的実践を通じて、これらの理念の表現となり、神的本質の似姿と啓示にまで高められる。

第四の段階である宗教において、あらゆる階梯を経て純粋な現実ないし絶対的存在へと上昇しようとする精神の憧憬が満たされる。なぜならここにおいて人間は、より高次の道徳性の諸理念（真・善・美・聖）が、人間精神の産物ではなく、理性の生からは独立してそれに先行すると同時にその内奥にある絶対的存在の現象であることと、つまり理性の根底における自らの絶対的生を諸々の理念の反映へと分化させる絶対的存在の現象であることを発見するからである。絶対的存在を意識の根底として明確に把捉するこのような認識によって、意識にとっては、自らの根源的生と、神そのものの生の現出に対する洞察が開かれるが、そうした神そのものの生は、意識による自発的客観化を通じて常に死んだ世界へと変容してしまう。このような生にもとづくことで、神と結び付いた人間は、より高次の道徳性の次元で活動することにもなる。しかし世界がその究極的根源からの現象として解明されるのは、このように絶対的存在を認識することによってのみであるため、人間は宗教の立場においてようやく、第一の根源――すなわち意識ないし現存在をその主観・客観構造全体に関して根拠づけ包括する第一の根源――を把握し観想するに至るのである。

宗教ないし神の観想の段階において存在への上昇は、本質的に凌駕されることのない充実へと至る。そこで、完成した学知、つまり哲学ないし「知識学」という第五の立場は、存在と現存在、神と人間との関係構造全体に対する反省を付加し、それによって知識ないし人間存在の構造全体をそのあらゆる本質的連関にわたって発生論的に――つまり理性の根底に存する神の生と光という根源からの発出に即して――解明するものである。なぜなら「全面的に徹底した明晰性は、神の像および反映に属している」（第五講、一二二〔三四一〕）からである。それゆえ、ヘーゲルのように絶対知のみを目指し、これを宗教の上位に据えることで、人間の有限的意識の立場を止揚してしまうのとは異なり、フィヒテはあくまでも（人間の）知と（神の）存在との本質的な区別を堅持し、宗教の内に生の最高の遂行を見て取るのであり、哲学とはこのような生の遂行に対する副次的な解明にすぎないものと理解するのである。

中間考察として挟まれる第六講では、神と理性についてのフィヒテの捉え方が、『ヨハネによる福音書』におけるロゴスの思想と一致することが示され（後述）、この部分がこの全論考の中央に位置している。ここに至って、第五講までの理論哲学と、そののちに展開される実践哲学とが区別され、以下の第七講から第一〇講ではその主題が、五つの世界観の分析からその実践的・情動的獲得と実現へと移ることになる。

第七講において示されているように、存在と生に関して第一部で展開された理論は、人間が自らをその自立性・力・自由において感受するような集中した思惟によってのみ我がものとして獲得されうる。これに対して、意識における諸々の矛盾を未解決のまま並存させてしまうような精神的無関心は、精神の死、つまり愛の欠落にほかならない。そもそも愛は、存在——それも理解されている限りでの存在——へと向かい、存在の内に自らの根源・中心・目的を有している。そのため愛は存在そのものの情動的受容と享受であり、それゆえ内的生の源泉である。そこで、存在認識および世界観の五段階には、愛・生・享受の五段階が対応することになる。

全面的な無関心、あるいは精神的な非存在というゼロ地点に続いて、感覚的享受の欲求という最初の段階が生じる。この段階では、感覚的対象のみが真に存在するもの、それゆえ追求に値するものとみなされる。引き続いて、合法性という第二段階においては、法則がただそれだけのために至高の規範と現実として認められるのであり、その法則をさらに高次の目的の下に追求するということはなされない。そしてカント的意味での絶対的な道徳法則と当為は、必要や傾向性や愛を考慮することを禁じるため、この第二段階では、積極的充足や価値への関与、および適意ということが否定される。ここで唯一情動として残されるのは、法則を前にして自らを尊重することができるということのみである。

第三段階であるより高次の道徳性の次元以降の本来的な精神的な生へと聴衆を導き入れるため、第八講ではまず、思弁の最高の地点として、存在そのものとその現象形態（知における存在の現存）との相互的な共属関係が示される。それに従えば、神の内的本質がその現象において自らを形成するのであり、しかもそれは、すでに述べたように、一方で世界の確定した形態においてその内的本質の内実が無限定に展開されつつ顕現することとして、他方でこの世界についての見方の五重の可能性として繰り拡げられる。この五つの立場の各々は、それぞれが支配的な原理として互いに排除し合うために、この五つの立場は、それらのあいだで決断を下す自我の自由に関係づけられる。それゆえ絶対的存在は、意識を自由なるものとして自らに対置し、それでいながらこの自由そのものを、絶対的存在それ自身へと関係づける。なぜなら自由は、絶対的存在を現実性のどの段階と同一視し、どのようなものとしてそれとの関係を生きようとするかに関して決断を行うが、そのような決断の不可避性こそが、自由自体の存在根拠だからである。

自立的な自我は自ら自身の自由そのものを感じ享受する限り、自らの愛の情動を、世界内の客観と自らの感性的快楽へと向けるか（第一段階）、主体としての自らの自立と自由に向けるか（第二段階）のどちらかである。このような我意の自由は法則との関係においてはじめて成立し、そのため法則そのものに服するが、その自己愛ゆえに法則とはまだ一致することがない。そのためこの自由に対しては、自らの自由な決断によって、法則に対する自由を断念し、それゆえ自分自身の自由のもつ自己主張を放棄するという課題が課せられる。そうすることによってこそ、法則に完全に従順となることで、自我は、法則においては外的な規則として現れている神的意志そのものと一つになる。神の意志に照らして自らの恣意的自由を否定することによって、自我は神的生へと参与し、精神的生のより高次の段階（第三段階から第五段階）において神の意志を、ただそのものゆえに愛するようになる。それはもはや、恣意的に求められる喜び——例えば、意志の従順に対する報償——という目的のための手段として神の意志を愛するという段階を脱している。このようにしていまや、感覚的世界および自分自身の自我に対する関係も、第一・第二段階の原理であった我欲によって規定されることはなくなり、浄福の原理も、その存在と意志における神への愛の内に見出されるようになる。

第九講では、より高次の内的な生、つまり第三・第四段階の世界観である道徳的・宗教的生がほとんど互いに区別されることなく記述されているが、その力点は内的な道徳的行為のほうに置かれている。道徳的・宗教的人間は、神の内的存在と、人間の世界の内での神の現象をその目的と喜びとする。その際、ただそれ自身だけで最高度の喜びの糧となり、それ自身として愛されるものすべて、つまり完全なるものそのものが、神的なものとして示される。完全にして神的な生の世界における顕現は、例えば美（イエスの母の形象によって具象化される）や、自然統治、国家、学問などの諸々の理念によって導かれる。これらの理念は、その当の理念によって満たされた人間によって、まずは彼自身の内的感情において、次いで世界内の活動として具体化される。

意識そのものの普遍的形態は、多くの自由な個人へと分かたれるため、各々の人間はそれぞれの仕方に即して、超感覚的存在ないし神的生を分かちもつ。人間が自らの自己愛を放棄し、自らを神的存在へと委ねるならば、このような個人的使命は人間にとって明らかとなる。このようにして各々の人間に対しては、自らの才能と固有の課題が分与されるため、人間は自らの天分に応じた行為において、その行為それ自体ゆえに純粋な喜びを感じ、しかも同時にその行為の内実が感覚的現象の世界において顕現し実現されることを意志するのである。その際、自己実現や自己表現が肝心なのではなく、ただ当の人間自身と他の人びとの内に、純粋な完全性、つまり神が現象することのみが求められる。そのため人間の浄福は、感覚的世界における成功にはなんら依存することがない。むしろ失敗によってこそ人間は、自らの内に探く沈潜し、それによって神への無区別の愛や宗教的生へと入り込み、ただ神の内にのみ浄福を見出すことになる。

第一〇講では、存在と生の理論全体が、その根源である宗教論を要として要約され、さらに深められている。それによってそこでは、愛の存在論、つまり愛としての神、および神への愛の理論が展開される。そしてこれは、フィヒテ自身のそれまでの「知識学」、さらにこれ以降の「知識学」よりも高みに立ち、それらの知識の理論に最高の基礎づけと卓越した意味を与えるものである。

なるほど絶対的存在は常に意識において現存するものだが、それは意識にとってはそのつど、反省・分裂・客観化の法則に従って、純粋な行為および生から、世界において時間的に継起する対象的な事象内容へと変容する。客観化をともなう反省と並んで――あるいはそれ以前およびそれを超えて――存在が愛という仕方で、意識をその根底から動かしている。このことは、意識の内的生、およびその無限な追求、そして神への愛の内に成り立つ至福といった、これまで論じられてきた諸々の経験において証しされる。感情として経験されるこの愛は、純粋存在たる神と、知におけるその現存とを結び付ける。しかし存在と現存在が互いに不可分であるのと同様に、両者に共通の結節点としての愛は、人間に対する神の愛であるとともに、この第一の愛にもとづく、神に対する人間の愛でもある。このような相互的な一なる愛、つまり存在と理性（ロゴス）の二性を超えた第三のものにおいて、存在と意識はその双方の区別を保ちながら合一するのであり、そこにおいて存在は意識の内に導き入れられ、意識は自らとその反省形態を超えて神自身へと邁進するのである。

神についての理論的概念が、存在そのものに向かう愛の脱自性を通じてのみ、空虚な悟性形態を超えた内容を獲得するのと同じく、あらゆる理論的認識は、その認識によって構成される対象的実在性の源泉を愛の内に有する。なぜなら、愛は神的存在を把握し所有するのであり、それによって思惟に対してその基本的内容を付与し、次いでその内容が自発的反省によって客観化され、自体的に分節されることになるからである。さらに存在に向けての愛の自己超出において、意識は、反省による自らの悟性的・概念的形態から、そこにおいて与えられる内容としての存在を区別することができるようになる。つまりここにおいて意識は、あらゆる認識に影としてともなう反省的性格と客観化を、存在自体に照らして無効化し、それによって懐疑の根を断ち切るのであり、そうしてはじめて、真理・確実・真なる学知へと踏み入るようになる。それというのも、実在性・真理・確実性そのものの堅固さは、確かに意識の内で遂行されるものであるとはいえ、意識そのものによって根拠づけられるものではなく、無制約的な存在そのものの内に自らの根拠をもつからである。

まさにこの無制約的な存在こそが、愛において意識に伝えられ、そうすることで存在に対する意識の志向性を養うものである。さらに、一切の知がこのように神的存在の遂行としての愛から発するということは、知が有限的な内容にとどまることなく、常に無限なるものへと拡張しようとするという事実からも示される。意識と知の根源としての絶対的愛は、反省的理性よりもより根源的でより高次のものであるため、理性は、神的愛の理論においてはじめて、理性自身の本来的な自己理解に達し、学知の完成へと至る。なぜなら、神への愛におけるこのような自己超越を欠くなら、理性は客観化としての反省が障碍となって、自己をその根源に関して常に覆い隠し、それによって神を自らの根源としては見損なってしまうからである。

カント的意味での定言命法や当為からではなく、このような神的愛からこそ、人間への愛、および道徳的行為が生じる。それゆえ真なる人間愛は、感覚的快適さを広めることに尽きるものではなく、人間の内的悲惨についての鋭敏な認識を通じて、人間自身の自由を活かしつつ、人間を自らの本来的使命の認識、そして愛へと導くことに努めるのである。この真なる人間愛は、人間存在のこうした最高の可能性への信仰に担われ、いかなる失望によっても潰えることのない、人類の究極的完成への希望によって支えられている。

フィヒテは『浄福なる生への導き』の第二部、それもその終わり近くの第一〇講において、再び『ヨハネによる福音書』に言及している。フィヒテ自身の思想と『ヨハネによる福音書』の根本的思想との一致が、第六講、および「第一付論」の主題である（第二付論は、一八〇五年の『学者の本質について』[Über das Wesen des Gelehrten]への書評に対する応答であり、『浄福なる生への導き』とは直接の関係はない）。しかしながらこのような対応関係の叙述において、フィヒテは自らの思想に対して権威による保証を与えたり、キリスト教の教えを理性的証明によって裏づけようとしているわけではない。なぜならこの両者は、各々がそれ自体で自立しているものであり、それ自身として洞察可能で信に値するということを主張するものだからである。『ヨハネによる福音書』をフィヒテが評価しているのは、そこにおいては（とりわけ序の最初の五節において）神的にして神と一致するものとしての理性（ロゴス）への尊崇が現れているからであり、信仰の根拠として奇跡や預言の成就に代わって、内面的な明証性が重視され、イエスと神に対する人間の合一の教え——すなわち、カントとは異なり、単なる道徳性を超える宗教論——が示されているためである。

ナザレのイエスという歴史的存在にもとづく宗教であるキリスト教と、歴史を基盤としない哲学的体系とを比較可能にするために、フィヒテは、偶然の事実と必然的法則、事実の真理と理性の真理という合理論的な区別に立脚し、それを元にキリスト教を理解することで、歴史からは独立して絶対的に妥当する理性的真理である形而上学的命題と、演繹不可能な事実に根差しその妥当性が普遍的でなく歴史的に制約され限定的であるような歴史的命題との区別を導入している。形而上学的真理が歴史的に証明されえないのと同じく、歴史に対しても、形而上学的な根拠づけや意義づけを要求することはできない。「浄福をもたらすのはただ形而上学的なもののみであり、けっして歴史的なものではない」（第六講、一四一〔三五五〕）。

『ヨハネによる福音書』の最初の五節において、フィヒテは、キリスト教に含まれる形而上学的・普遍的真理が語り出されているものとみなしている。それによれば、「はじめに」あったのは、絶対的恣意による神的行為――フィヒテは『創世記』における創造をこのように解釈している――ではなく、神からのロゴス、すなわち理性ないし言葉の発出であり、神におけるロゴスの内在、および神とロゴスとの本質的合致である。これはまさに、絶対的存在からその表現ないし啓示として、現存在ないし意識が発出するというフィヒテの理論に、その表現に至るまで対応している。『ヨハネによる福音書』の序に従えば、一切のものは「言葉」によって成立した（第三節）のであるが、このことは、世界と一切の事物という現象が意識の内から発するという事態、および意識の内に世界と一切の事物が存在するという事態に即応する。『ヨハネによる福音書』は、神的言葉を人間にとっての命であり光であるものとして特徴づけており（第四節）、これと対応して、フィヒテにおいては、意識の根本的力が命として、そして認識の明るみが光として表現されている。理性のこのような本質は精神的生のより下位の段階である「闇」によっては「把握されることがない」（第五節）が、ここにおいてフィヒテは自らの自己意識の諸段階の理論に対応するものを読み取っている。

キリスト教のさらなる二つの根本命題――すなわち、ナザレのイエスは神の独り子ないし受肉したロゴスであるという命題と、すべての人間はイエスを仲保者とすることによってのみ神との合致に至るという命題――に関しては、フィヒテは、確かにただ歴史的な妥当性を認めるのみであるが、これらの命題をある種の解釈を通じて正当なものとしても捉えている。それというのも、まず第一に、イエスは第一の者として、その生と活動において自らと神との一致を意識しているが、この自覚は一般的な哲学的思弁から導出されたものでも、既存の伝統から汲み取られたものでもなく、イエス自身の根源的で前反省的な自己意識によって与えられたものだからである。さらに、それに続くすべての時代の意識はキリスト教の教えの影響を受けており、そのため、人間の意識と神との根源的一致に関する後世のあらゆる理解は、どれを取ってもそうした認識論的意味においてイエスを媒介としているのであり、その限りイエスのありように対する人間の同一化は、人間にとっての規範となっているからである。

『浄福なる生への導き』の講義の数か月後、同年一八〇六年の秋にヘーゲルは『精神現象学』(Phänomenologie des Geistes 一八〇七年公刊)を書き上げている。ヘーゲルもまたこの著作で、意識の発展段階において経験されるものを辿ることによって、精神が自らの本質に即して自身を発見していく過程を叙述している。『浄福なる生への導き』とこの『精神現象学』を比較するなら、それらの関心の類似と同時に、存在と知の関係に関するそれらの考えの相違が浮き彫りになると思われる。またこうした根本的な問題を踏まえつつ、人間の本質と使命、そして人間の真なる幸福への問いを新たに噛みしめることによって、現代においても実り多い洞察を汲み取ることができるだろう。

*本論考は、『浄福なる生への導き』高橋亘訳・堀井泰明改訂・補訳(平凡社ライブラリー、二〇〇〇年)の解説として執筆されたものである。本論中の出典については、括弧内に平凡社ライブラリーの頁を記し、『フィヒテ全集』第一五巻「幸いなる生への導き」(柴田隆行訳、哲書房、二〇〇五年)の頁を〔 〕内に並記する。

註

(1) H.Verweyen, in: J. G. Fichte, *Die Anweisung zum seligen Leben*, hg. von H. Verweyen, PhB 234, Hamburg 1983, S. XVIII.

(2) P. Baumanns, *J. G. Fichte. Gesamtdarstellung seiner Philosophie*, Freiburg/München 1990, S. 280f.

(3) Fr. Medicus, in: J. G. Fichte, *Die Anweisung zum seligen Leben*, hg. von Fr. Medicus, PhB 234, Hamburg 1954, S. III.

(4) J. G. Fichte, *Einige Vorlesungen über die Bestimmung des Gelehrten* [1794], GA I/3, S. 32.

(5) Id., *Rezension Aenesidemus* [1794], GA I/2, S. 65.

(6) Id., *Vorlesungen über Logik und Metaphysik* [1797], GA IV/1, S. 426.

(7) Id., *Grundlage der gesamten Wissenschaftslehre* [1794], GA I/2, S. 261.

(8) Id., *Zweite Einleitung in die Wissenschaftslehre* [1797] GA I/4, S. 216.

(9) F. H. Jacobi, *Werke*, Bd. 3, Leipzig 1816/ Darmstadt 1968, S. 49.

第十一章　フィヒテの宗教哲学的思惟の発展

フィヒテ（Johann Gottlieb Fichte 一七六二―一八一四年）の思惟において、宗教という主題は早い段階に芽生え、主題的には無神論論争から、中期の思弁的思考を経て、後期思想に至るまで、ますます重要な位置を占めるものとなっていく。そのため、ここでは細部の多くの論点にまでは立ち入ることはできないが、フィヒテの哲学的思惟全般をもより深く理解するために、宗教哲学的思惟の発展過程を概括的に辿ることにしたい。

一　前カント期

学知についてのフィヒテの理解においては、生と思惟は相互作用の内にあり、哲学的問いは生から生じ、哲学的洞察はまた生へと還流するものであるため、フィヒテ自身の場合でも、その宗教理解が彼自身の個人的発達と緊密に結び付いていることが確認できる。幼少期から就学期（一七七四―八〇年、最初にマイセン、その後ナウムブルク近くのシュールプフォルタ）、神学（および法学）の勉学時代（一七八〇―八四年。一七八〇年はイェーナ、翌年にライプツィヒに移るが、そこで修了試験は受けていない。また学籍登録はないが、ヴィッテンベルクでの講義受講も立証されている）、そして続く家庭教師時代に至るまで、フィヒテの精神的発展をめぐる資料はわずかなものであるが、そこからでも、フィヒテがのちに体系的に考え抜いていくモチーフと問題設定を窺い知ることができる。
敬虔な両親からの影響 (I. H. Fichte, in: *FiG* I, 5f.)[1] と牧師の手厚い庇護の下で過ごした幸福な少年時代について、フィヒテは生涯にわたって貴重な思い出として語っている (*ibid.*, 8; 10)。「少年時代〔一七七一あるいは七二年頃〕彼が特に好んだのは、聞いた説教を一言一句たがわず再び紙に書き出すことでした」(M. J. Fichte, *ibid.*, 9)。シュールプフォルタ[2]では古典的な著作家たちについての素養を身につけたが、フィヒテを魅了したのは（その読書が禁じられていた）レッシング (Gotthold Ephraim Lessing 一七二九―八一年) の著作であり、それは彼に「無条件的な検証と最も自由な研究への衝動」(I. H. Fichte, *ibid.*, 17) を目覚めさせた。歴史的な諸真理と形而上学的な諸真理を切り離し、後者のみが本来の意味で救済に関わりうるとみなすフィヒテの考えには、レッシングの『理性のキリスト教』(Christentum der Vernunft) の思想が反映している。もっとも、後期著作においては、フィヒテはこの対立を緩和することに努めることになる。シュールプフォルタでのこの数年間については、フィヒテがスピノザ (Baruch de Spinoza 一六三二―七七年) に取り組んだ確証は得られないものの、スピノザの思想的動機はレッシングを介して伝わっていたと考えられる。

フィヒテの思惟は一七八四―八五年以来、厳格な決定論に支配されていたのは確かであり、カント (Immanuel Kant 一七二四―一八〇四年) の『純粋理性批判』の最初の講読のあとに書かれた『宗教と理神論についてのいくつかの箴言』(Einige Aphorismen über Religion und Deismus 一七九〇年八月末頃) で、この決定論から脱け出そうという試みが見られる。この断章に残された考察において、フィヒテは、「哲学的宗教あるいは理神論、しかも理神論としてすらほとんど役に立たない理神論」(GA II/1, 289) と、「確信よりもむしろ感覚」(*ibid.*, 288) にもとづく宗教の第一の根本原則とを対比している。「キリスト教はそれゆえ、悟性よりも心のためにあるように思われる」（*ibid.*, 289）。キリスト教と「人間の一般的要求」は、神の内に、「思弁の初歩の段階においてすら否認されざるをえない」（*ibid.*, 287）特性、つまり「願いを聞き入れ、憐れみと友愛を感じる神」（*ibid.*）といった特性を求める。これに対し合理的な、つまり理神論的な理解――カントによって不可能と断じられたもの――が要求するのは、神、および世界に対する神の関係、それとともに、「それがあるがままに必然的に規定されている」（*ibid.*, 290）世界内の各々の変化である。それゆえ、「また個々の思惟する者および感覚する者も……現状のまま必然的に現存する。その行為やその苦悩も、矛盾なしにはそれが現状と別の仕方ではありえない。人間の一般的な感覚が罪と呼ぶものは、有限者の必然的な、さまざまな度合いの制限から生じる」（*ibid.*）。この「純粋に理神論的な体系」は思弁的には論駁不可能で、キリスト教と一致しうる（cf. *ibid.*）が、神に祈りが聞き届けられることを信じ、罪を嫌悪する宗教的感覚とは対立するものと、フィヒテは考える。哲学・神学的理神論と信仰による神との関係の対立が回避されるのは、神の本性と世界に対する神の関係についての思弁が根絶され、「〔宗教的〕感覚によって与えられる」「自由の概念」（*ibid.*）に正当性が認められる場合である。フィヒテはまさにこの可能性をカントの内に、しかも早くも『純粋理性批判』の内に見出している。それは『純粋理性批判』においては、必然的な因果関係が意識に内在する対象に制限され、哲学的な神学というものが度を越した思弁として見抜かれているからである。それゆえ前カント的な世界観の段階では、生きた宗教は、「哲学的な理屈とただの少しも混合されることのない」（*ibid.*, 287）場合にのみ保たれるものとされる。理性と感情、哲学と生きた宗教という葛藤、さらに必然性と自由、形而上学と歴史的啓示の対立は、のちのフィヒテにとって宗教哲学的な思惟の問題背景となる。

前カント期のフィヒテは、自身を信仰心あるキリスト者と理解し、「神学的なほとんどの主題について」（Juni/

Juli 1790, an Chr. G. von Burgsdorff, GA III/1, 141）体系的に吟味したという。その点は、論考『イエスの死の意図について』（Ueber die Absichten des Todes Jesu, GA II/1, 67-98）（およそ一七八六年頃）によっても示される。「学生時代に彼は説教を行い、多くの賞讃を浴びた」（M. J. Fichte〔フィヒテ婦人〕, in: *FiG* I, 18）と言われている。現存している説教は二つのみである。情感的な修辞に溢れる長文の説教で、フィヒテがその公刊を予定していた『受胎告知の祝日に』（An Mariä Verkündigung, GA II/1, 53-66）では、彼は聖母マリアの恩寵と特権を讃美している（マリアへの五つの讃歌の翻案〔一八〇五年〕も参照〔GA II/7, 491-495, GA II/9, 455-476〕）。カントの著作を読んで一年後の聖体祭の説教（一七九一年六月二三日）では、聖餐式におけるキリストの生理的身体の実在的な現存が思考可能であることを、物理学的根拠によって裏づけようとしているが（GA II/1, 426f.）、同時にそこでは、カント的とは言えない仕方で、「人類の所有する最高のもの、友情と愛の法悦」（*ibid.*, 425）が強調される。

フィヒテの敬虔さの根底には、道徳的な力としての神的摂理への信仰がはたらいており、フィヒテはそれを信頼し、その導きに従って自身の生涯の方向を定めようとする。「私は自分の生の内に摂理の道程を探求し、これもまた、私に関わる摂理の計画でもあろうと考える」（2. März 1790, an M. J. Rahn; GA III/1, 71）。「私は、私たちを導く摂理を信じており、摂理の徴《しるし》に気づく」（*ibid.*, 73）。説教家という経歴から離れる際にも、彼は自身の運命の内に、人格的に捉えられた摂理の徴を見出している。「〔説教家への道を断念するという〕この考えに譲歩したときには、最も内奥の戦いを経ずにはいられなかった。……しかし近頃私の身に起こった運命を見ると、摂理はここで私を用いようとは思っていないということが、摂理の兆しとして示されているように思えた」（26. Nov. 1787, an Chr. Fr. Pezold, *ibid.*, 18）。カント哲学がフィヒテの宗教的確信に動揺をもたらしたのち、フィヒテがあらためて宗教現象へ接近していったのは、無神論論争において摂理の思想に導かれてのことであった。

二　『あらゆる啓示の批判の試み』

カントの三批判書を一七九〇年八月以来その成立順に読解することによって、フィヒテは決定論的な世界体系の思想から解放されるのみならず、本来的な自己自身へ、そして――一八〇六年の宗教論の表現を借りれば――「より高い道徳性」へと導かれた。「私はより高貴な道徳を受け入れ、……以前よりも自分自身に取り組み、……最も浄福な日々を過ごした」(5. Sept. 1790, an M. J. Rahn, *ibid.*, 169)。人間の自由が『実践理性批判』で認められ、かつ『純粋理性批判』でその可能性の根拠が承認されることは、フィヒテにとっては、本来的自己をその道徳的尊厳において発見することを意味した。「私が特にあなたに告白しなければならないのは、私が心底から人間の自由を信じており、またこの前提の下でのみ、義務、徳、そしてそもそも道徳というものが可能になるのをしっかり洞察していることである」(29. Nov. 1790, an H. N. Achelis, *ibid.*, 191)。

自身をカントの学徒にして解釈者と任じていたフィヒテは、一七九一年七月四日のカント訪問が失望に終わったのち、六週間のあいだに論考『あらゆる啓示の批判の試み』(Versuch einer Kritik aller Offenbarung 脱稿一七九一年八月一八日、公刊一七九二年、増補第二版一七九三年)を書き上げ、カントに献呈することで、再度カントに訴えかけている。周知のように、初版の一部が著者名なしに刊行されたこの著作は、待望されていたカントの宗教論とみなされ、その後カントからその真の著者が公表されることによって、フィヒテの名声は磐石のものとなり、イェーナへの招聘が実現した。この著作において、フィヒテはカントの三批判書における宗教哲学的な主題のすべてを取り上げ、啓示概念を実践理性の諸原理から演繹している。啓示の意味は宗教一般と同じく、カント的な意味で、道徳的行為への動機づけとして理解されている。そのため宗教の内容に対しては、認識にとっての構成的機能が認められることはなく、ただ主観的機能のみが帰せられる。というのも宗教の諸主題は、カントの思想に従って、意識の必然的客体ではなく、ただ主観的要求からのみ承認されるからである。

このような留保を踏まえたうえで、神の概念がいくつかの観点から根拠づけられる。神の存在は、理論理性と実践理性の根源的一致——カントでは必然的なものと認められるが、それ自体としては認識不可能とされる事態——の条件として要請される。より詳細には、道徳的義務は神の声、純粋に善なるものの声として理解され、それによって道徳法則の説得力が強化されるが、その妥当性が基礎づけられることはない。神概念は、理性の究極目的の可能性、すなわち、最高の道徳的完全性と最高の幸福の一致の内に成り立つ最高善の実現を保証する。そこから同時に、自然法則と道徳法則の根源的統一と、魂の不滅性の要請が帰結する。さらに道徳的意識は感性界における道徳的目的の現実化を定言的に要求するが、この現実化はただ道徳的意志のみで保証されるわけではないため、道徳的行為が現実へと連関する保証はやはり神の内にある。人間の道徳的使命にもとづいて、「魂の内に、宗教に関わる一切のものへの必然的関心が存する」(GA I/1, 116)。自然因果性と道徳行為における自由の因果性の共鳴についての問いは、カントでは未解決のままであったが、フィヒテはカントに反して、感性界においては、単なる自然因果性に従って偶然の結果が引き起こされることを認めることで、この問いに答えている。道徳的行為は、自然界におけるその作用に関しては、なるほど自然的秩序に従って生じるが、ただそれによってのみ引き起こされるのではない。道徳的行為の作用は、人間の自由の因果性に依存しており、しかもこの自由の原因性もまた、その根源においては、究明不可能な仕方ではあるが、自然の因果性と同一のところに根差している(cf. §7, GA I/1, 69-74)。

啓示概念は三つの異なった宗教概念との連関の内で論じられる。「自然宗教」は自発的な道徳感情から生じるもので、歴史的・社会的変動の影響下にある。これに対して、「理性宗教」という純粋にア・プリオリな宗教概念は哲学的反省から生じ、道徳性そのものに基礎を置く。宗教的意識が堕落し、道徳的義務に十分な妥当性を与えることがなくなると、啓示が条件つきで必要となる。啓示をめぐって、フィヒテはその内容と現象形態についてさまざまな基準を設定しており、感性界への神の介入である「奇跡」――すなわちそれを介して神が道徳法則の立法者として自らを認識させ、道徳法則を有効なものとして意識させる「奇跡」――が、そのような啓示として考えられている。「啓示宗教」という概念の内に認められるのは、道徳性の超越論的かつア・プリオリな根拠づけと事実的な歴史との結合の手掛かりであり、それゆえ、堕落の時代という条件下における歴史の意味の哲学的理解の基盤である。フィヒテは『あらゆる啓示の批判の試み』を書き上げたのち、摂理批判論の執筆を計画していたが、それは実現されなかった。

三　初期知識学の時代

カントの超越論哲学と自由概念の熟考とその受容を通して、一七九三年の秋、フィヒテは意識的生の中心点、それゆえカントの三批判の統一点にして超越論的思考の起源としての絶対的自我の洞察に到達する。一七九八年に無神論論争が始まるまでの諸著作は、知識学という形態によって、このような根本洞察を体系的に練り上げることを課題としている。この頃からフィヒテは自らの全思惟を、自由な自我――すなわち、当為の要求の下で、自身と自身の行為を現実として知る自我――の明証性によって基礎づけようとする。

純粋で、なおかつそのものとしては「絶対的な」自我は、それ自体が「理念」であり、理性的存在者のそれ自身との一致であるため、経験的には見出されることはない。この理念は、任意に案出することはできないが、自我の自由な自己遂行の内に必然的に含まれている。というのも自我が義務に応じうるのは、自我が自由な限りであり、しかしそれが自由であるのは、自我が自身の内に完結しており、外部の影響に依存せず、「純粋」な限りにおいてである。この理念はカントの最高善の概念を可能にするとともに、その基礎としてはたらいており、いわば自然法則性と道徳法則との一貫した調和という思想を裏づけ、それゆえ目的においては完成した道徳性と幸福との統一を基礎づけている。しかしこの道徳性と幸福の一致には、人間の道徳的本性の完成のみならず、人間の自然的存在の完成までが含まれる。知識学が経験的自己意識から純粋自我の理念へと還帰しうるのは、道徳的当為が自我の自由に対して構成的契機であるのと同様に、無制約的な完成を要求し、完成の可能性を保証するからである。この自我が「絶対的」と称される（もとよりフィヒテはそれを一度たりとも絶対者とは呼んでいないのだが）のは、自我あるいは知がそれ自身として自身の内に基礎づけられており、つまり外的な「物自体」とその影響によって限定されず、条件づけられもしないからである。この自我は、道徳的に命じられた自己規定である限り、自己自身と完全に一致しており、意識のあらゆる多様性は自我に内在するただ一つの根拠からア・プリオリに演繹されなければならない。そのため、自我は純粋自我として、自我と非我、および主体と客体への意識の分裂以前にある。フィヒテはこの原則にもとづいて知識学全体の体系構想を展開させ、それを晩年まで堅持することになる。

自我の自己措定と自己遂行への洞察は知識学の根源的中核を成すが、この洞察に達するには適切な導入が必要である。なぜなら、純粋自我は経験的には第一の所与ではなく、「意識の事実」への反省によって遡及的に主題化されねばならないからである。それゆえ哲学が事実としての生から出発するとするなら、この遡及的行程において、超越論的な洞察は、例えば支配的な時代精神の分析のような、経験的状態の叙述と混ざり合ってしまう。この媒介的な中間段階では、予備的な考察は、可能な反対命題をすべて排除するという厳密な方法によって展開されるのではなく、経験と自然な真理感覚に訴えることになる。したがってこの考察は、包括的な意味では体系に属するものの、知識学の前段階を形成するものであり、その構成的契機となる部分ではない。この考察の予備学としての性格に応じて、フィヒテはその領域を一般向け著作において展開した。知識学自体は、自由な自我あるいは純粋知の本質的に必然的な自己構成という中核的領域と、そこから帰結する自由な自我の活動の適用領域とに区分される。この二次的であるが、知識学の構成契機となる部分を、フィヒテはすでに一七九〇年代半ばから、自我の自由な自己規定における可能な立脚点の五重性として構造化している。（1）自己忘却的な経験主義と幸福主義への傾向をもつ感性的認識という低次の段階から始まり、（2）カント倫理学の意味での間人格的な相互限定による法論において、独断的な自己措定としての自我への回帰が提示され、さらに（3）諸理念に導かれた高次の道徳性、（4）および宗教における自我の根底への突破へと向かい、（5）最終的に、哲学におけるあらゆる可能な意識作用の完全な反省としての知識学に至る。この五重性は、知識学の第一期における一連の著作群に反映している。

知識学の中核を成す『全知識学の基礎』（Grundlage der gesamten Wissenschaftslehre 一七九四年）ののちに、『理論的能力に関しての知識学特性綱要』（Grundriß des Eigentümlichen der Wissenschaftslehre in Rücksicht auf das theoretische Vermögen 一七九五年）は第一段階として、感性的直観の諸形式を演繹し、続く『知識学の原理による自然法の基礎』（Grundlage des Naturrechts nach Prinzipien der Wissenschaftslehre 一七九六／九七年）は第二段階として法論を

展開し、『知識学の原理による道徳論の体系』(Das System der Sittenlehre nach den Prinzipien der Wissenschaftslehre 一七九八年)は第三段階として、道徳性の構造と内容を考察している。一七九九年の夏には、著作原稿に則った宗教論講義を予定していたことが知られているが、(3)その実現は無神論論争によって阻まれたため、第四段階となる宗教論が欠けている。さらに第五の階梯である哲学の自己反省は執筆されてはいないものの、この領域はすでに『全知識学の基礎』の内に含まれていると考えることができる。

フィヒテは一七九八年までのこの期間、知識学の諸原理の完成に専念していたため、宗教哲学的な考察には着手していない。一七九八年の『道徳論の体系』では、宗教ではなく、道徳性こそが人間存在の完成とみなされている。そこでは、実定宗教はただ周辺的に、「卓越した人間が、道徳的感覚の涵養を目指して他者にはたらきかけるための工夫」としてだけ言及されている(§16; GA II/5, 187)。教会は「あらゆる人にその確信を教示する」ための「万民の統合体」(§18; *ibid.*, 217)であり、信仰宣言は「真に道徳的な考え方」についての合意を目指す暫定的な「一時的信条」(Noth-Symbol)となる(*ibid.*, 218)。宗教は、カント、およびフィヒテ自身の『あらゆる啓示の批判の試み』と同様、単に道徳性を促進する手段とみなされる。この時代のフィヒテの個人的宗教性について知られるのは、一七九六年に彼が息子インマヌエル・ヘルマンに洗礼を受けさせたことであるが、それはイェーナでは、彼の理論的立場からして不誠実な譲歩とみなされた。(4)しかし顧慮すべきは、自我はまさに倫理的当為においてこそ自由であるが、当為は自由そのものからは演繹不可能であること、それゆえこの時期においても、自我の自己完結性を超出する手掛かりが示されているということである。

四　無神論論争

宗教の本質と根拠をあらためて徹底的に問おうとする切っ掛けは、予期せぬ無神論論争（一七九八／九九年）によって与えられたが、その結果フィヒテは、イェーナから追放され、ベルリンへの転居を余儀なくされた。フォールベルク（Friedrich Karl Forberg 一七七〇―一八四八年）の大胆な論考「宗教概念の発展」（Entwicklung des Begriffs der Religion, 1798）の紹介のためにフィヒテは、『哲学雑誌』の編集者として一七九八年に『神的世界統治に対するわれわれの信仰の根拠について』（Über den Grund unseres Glaubens an eine göttliche Weltregierung）なる論文を執筆した。この概括的で、論争的な基調をもつ論考において、フィヒテは超感性的世界への信仰、すなわち神と神的統治への信仰の根拠を示している。両者の信仰は意識の事実として前提されており、フィヒテは「この事実それ自体を、すべての理性的存在者の必然的な態度から演繹」（GA I/5, 48）しようと試みるのである。

信仰は人間の道徳的存在とともにすでに与えられている以上、この論考の目的は、読者を信仰へと導き入れることではなく、信仰が自由な自我を根源とすることを超越論的に解明する点にある。「自我は自らを、感性界のすべての影響から自由で、自らの内に、自らによって絶対的に活動的で、それゆえ感性的なものすべてを超えた力として見出す。この自由はしかしながら無規定のものではなく、自らの目的を有する。……私自身と私の必然的目的は超感性的なものである」（*ibid.*, 351）。この自由とその倫理的使命との承認こそが信仰であり、この信仰を欠くなら、人間は自己自身を手放すこととなる。ところで、倫理的当為への信仰の内には、自由な自我による倫理的義務の達成可能性と同時に、またそれと不可分に、自我によっては達成不可能な「倫理的な究極目的の実現可能性」（*ibid.*, 352）の確信が埋め込まれている。倫理的行為はすべて、それ自体からは収穫を産み出すことのない種を蒔くこと（『私的覚書から』以下『覚書』［Januar 1800］GA I/6, 379）にも似て、「私に課せられた目的への手段」（GA I/5, 353）という性格をもつ。倫理性が肯定され完遂されるのは、ただ「私の全存在とすべての道徳的存在者の存在、およびわれわれ共有の劇場としての感性界」（*ibid.*）を包括する目的が、倫理的行為によって確実に現実化される場合のみである。倫理への信仰の内には、それゆえ「感性界の実在性への信仰の原理」が含まれており、これが「啓示」と呼ばれうるものであり（*ibid.*, 354）、同じくそこには道徳的秩序への信仰――すなわち、自我の内的な道徳的諸活動とともに、道徳原理に従って間人格的な感性界を実在的に形成している秩序への信仰――も含まれている。「この道徳的秩序こそは神的なものである」（*ibid.*）。神とはそれゆえ、世界秩序にもとづいてその存在が推論されるような超越的根拠ではなく、この世界秩序そのものが神なのである。「かの生きて、作用している道徳的秩序こそが、それ自体として神である。われわれにはこれ以外の神は必要ではないし、そうしたものを把握することもできない」（*ibid.*）。ここから、ある特定の実体としての神の概念は「不可能であるし矛盾である」（*ibid.*, 356）ということになる。とりわけ、神に「人格性と意識」（*ibid.*, 355）を帰属させることは、ただ擬人的な表象にすぎない。なぜなら「人格性」や「意識」といった概念内容は、その「制約性と有限性」（*ibid.*）からして、人間の自己経験に由来することが分かるからである。この最後の否定的見解が、半年後に無神論の非難を引き起こす元となった。

フィヒテは自身の弁明書において、神と道徳的世界秩序を同一とみなす主張を堅持している（『回顧、回答、質問』〔一七九九年。以下『回顧』〕31; GA II/5, 160）。「道徳的秩序の概念以上のものを含む神的なものへの信仰は、その限りですべて虚妄と迷信であり、いくら無害を装っても、理性的存在者の尊厳にはふさわしくない、きわめて疑わしいものである」（『覚書』［一八〇〇年一月公刊］GA I/6, 388）。宗教的信仰の完成形態ではなく、その「礎石」（『回顧』12; GA II/5, 126）を成すのは、道徳的世界秩序の概念であり、「義務に適った意向から、理性の絶対的な目的が現実に生じるような法則、そしてまた、個々人が義務に適った行為の中でただ努力目標とするものが、実際に達成され現実化される法則」（*ibid.*, 31; 160）に対する確信である。宗教的信仰が成立する源泉は「私の哲学によれば、義務の命令に従順である際の人間の必然的目的である」（『覚書』GA I/6, 379）。この主張は、理神論的な体系として構想される形而上学的神学を標的として、それに対立するものである（『回顧』14; GA II/5, 128参照）。「ところで神学においては（神学という用語が、宗教論、つまり有限的存在者に対する神の関わりについての理説ではなく、それが元々そうであるべきように、有限者への関わりなしに神自体における神の本質を論じる理説である限り）この哲学によって何らかの変化が生じるに違いない。まさにこう断じられなければならない、――こうした神学は、有限者の一切の把捉力を超えた妄想として完全に廃棄されるべきであると」（『覚書』GA I/6, 377f.）。

フィヒテは無神論者と呼ばれることを断固として拒否し、その非難を、「秩序（世界秩序）」の概念に対する誤解ゆえのものと考える。「秩序」とはフィヒテの用法では、受動的な「形成され完成した、多様なものの特定の並存的・継続的あり方……秩序づけられた秩序（ordo ordinatus）」（『覚書』*ibid.*, 373）ではなく、能動的な「秩序づける秩序（ordo ordinans）」（*ibid.*, 373f.）である。フィヒテによればその点は、論争の的となった論文で、「かの生きて、活動している道徳的秩序自体が神である」という命題によって表現されている通りである（*ibid.*, 373）。彼が主張する宗教的信仰はそれゆえこう定式化される。「私とすべての理性的存在者、およびわれわれ相互の諸々の関係は、……ある自由な知性的な原理によって作り上げられ、その同じ原理によって維持されており、われわれの理性的目的に向かって導かれている。したがって、かの最高の目的に達するためにわれわれにならん依存することのない一切のものは、それ以上のわれわれの関与を要することなく、世界を統治するこの原理自身の力によって生起するというのは、疑う余地がない」(『回顧』34; GA II/5, 169)。

このような宗教哲学の理解にもとづいて、フィヒテは、哲学の根本原理たる自由な理性の自律を、その理性の内に生きている当為――すなわち「第一にして、最も直接的なもの」(『神的世界統治に対するわれわれの信仰の根拠について』GA I/5, 352)――にもとづいて、道徳的秩序の包括的な威力に向けて開こうとする。こうしてフィヒテは、倫理的意識の内に現存しつつも先行的かつ無制約的な原理との関係を、宗教の根拠として提示しようとするのである。一方でヤコービ(Friedrich Heinrich Jacobi 一七四三―一八一九年)は、一七九九年三月二一日付の「公開書簡」(同年一一月に公刊)において、フィヒテに向けられた無神論の嫌疑を軽減しようしながらも、フィヒテの哲学においては考えられた内容すべてが、理性によってその存在を奪われてしまうという理由から、彼の哲学を「ニヒリズム」と呼んでいる。ヤコービにおいては、人間理性すべてに先立つ存在を肯定する信仰と、理性とが対向させせられるが、フィヒテはそこに、思弁と生という、自らが調停しようとしている対立を見て取っている。ヤコービの批判は、フィヒテの思惟がこの後数年の内に、思惟と存在の関係への問いに突き動かされ、それゆえ超越的実在論と、理性内在的観念論との弁証法によって動かされていくことに対して、少なからぬ貢献を果たしている。有限的理性の哲学的視点から見て、神の内的本質に関わる言明が可能であるか否かという問題に関しては、フィヒテはラインホルト(Karl Leonhard Reinhold 一七五八―一八二三年)宛の書簡(一八〇〇年一月八日付)の中で、ヤコービの異論を考慮しながら、思弁的神学の拒絶という、当該論文での自らの主張を修正している。「神の意識は、なお認める余地があるだろう。神的なものとわれわれの知との連関は想定せざるをえない。この連関を、われわれはその内容に関しては知として以外には正当に思惟することができないが、ただそれはわれわれの論証的意識の形式に準じた知ではない。私は後者のみを拒否したのであり、理性の力をもつ限りは私はこれからも、それを拒否するであろう」(GA III/4, 180f.)。

五　中期思想――一八〇〇年から一八〇六年

無神論論争はフィヒテの経歴にとって不幸な経過を辿った。しかしながら、一八〇〇年から一八〇六年にかけての重要な諸著作において、絶対的存在への問い、それとともに宗教を思惟の中心問題にまで高める路線にフィヒテを導いたのも、やはりこの論争であった。一七九九年一一月五日、夫人に宛てた手紙にあるように、同年秋、『人間の使命』(Die Bestimmung des Menschen) 執筆中に、「宗教に関して、それまでにないほど深い洞察が得られた。……この厄介な論争がなかったら、さらにその不愉快な結末がなかったら、いつかこの明瞭な洞察に達したとは思えない」(*ibid.*, 142)。著述を通じて十分な理解が得られなかったことに失望したフィヒテは、それ以降、知識学の口述講義ならびに一般向け著作と講演に専念したところから、フリードリヒ・シュレーゲル(Karl Wilhelm Friedrich von Schlegel 一七七二―一八二九年)などは、フィヒテはいよいよ「専業の執筆家」(Fr. Medicus, Fichtes Leben, in: id. [Hg.], Gottl. Fichte, Werke I, Leipzig 1922, 187による引用)になったと述べるようにもなる。

(一)『人間の使命』(一八〇〇年公刊)は、演劇的で魅力的な形態にもかかわらず、かなり難解な著作である。この著作でフィヒテは、懐疑と知に対して信仰を優位に置くことで、ヤコービの考えを受け容れ、その共感を得ようとしている。ヤコービはこの接近の試みを見抜き、それを完全に拒絶している(5)。第一巻では、悟性と心情の根本的な緊張関係が、カントの第三アンチノミーを手掛かりに、必然性と自由の対立を介して導入され、それが

「懐疑」を喚起する。この懐疑は第二巻「知識」において、哲学的・自己反省的な知によって超克することが目標とされる。ここで知識学の思考形態に即して意識の反省によって展開されているものは、超越的観念論の思考であり、それは第二巻の結語で「夢見られる生を欠き、夢を見る精神も欠いた夢」(GA I/6, 251)として斥けられるに至る。そうなるとフィヒテはここで、それまでの体系を放棄しているようにも見えかねない。しかし丁寧に繙読するなら、この第二巻では、論敵たちから見た知識学の体系を念頭に、根拠と現実性を欠いているとされる知識学の戯画《カリカチュア》が描かれていることが分かるだろう。そしてこの戯画は、ヤコービの根本語にならって「信仰」と題された第三巻において、現実性の肯定に向かって打ち破られることになる。

第二巻においては、存在の内実が意識に内在している点を反省することで、存在の内実をことごとく単なる表象へと転換する観念論に対して、「知の外にあり、その存在に関して知から完全に独立しているもの」(*ibid.*, 254)を探求する心情の要求と「私の内なる声」(*ibid.*, 261)たる良心が反対する。現実への関係が希求されるのは、自我は自らの行為と成果が現実的であるという確実性なしには、行為しえないからである。「私が行為を意欲しえない。というのも、私はかの学説体系〔観念論〕の内にあっては、自分が行為しうるか否かを知ることができないからである。私が現実に行為しているとはまったく信じられない。私の行為のように私に見えるものは、私にとって……単なる虚像として現れざるをえない」(*ibid.*, 257)。しかしながら自我は、自己自身に注意を向けるなら、自我は行為すべきであることに気づく。そしてまた、義務に適った行為が可能にすることを思惟するのは自我の義務であり、しかもどのような思惟に同意を与えるかは自我の自由な同意に掛かっていることにも気づくのである。「それゆえ私は行為すべきである。もしただ自分の良心の声に服す決意を下したならば、私の思惟はことごとくこの行為に向けられるべきであり、向けられるだろうし、かならず向けられるにちがいない」(*ibid.*,

262)。理論的には打破しえないように思われる懐疑はそれゆえ、行為を命ずる当為に従うことで、現実への信仰によってその効力を奪われる。「真の信仰は、倫理法則の現実化の可能性への信仰である。それ以外のいかなる信仰もありえない」(『神と不死性についての諸着想』［Ideen über Gott und Unsterblichkeit 1799］GA IV/1, 161)。

この信仰は、ただ自身の行為の現実性に関わるだけではなく、すでに示されているように倫理の究極目的の現実化にも向けられる。というのも行為は目的を、まさに現実化しうるものとして、また倫理的行為にともなって実際に現実化されたものとして前提するからである。この現実化は意識内在的な作用の内部で生じることはないため、義務に命じられ行為を可能にしている信仰は、他の理性的存在者の現実性の肯定（cf. GA I/6, 262）と並んで、包括的にして純粋で無限の意志の肯定をも含んでいる。この意志は倫理的なものの究極目的を、理性的存在者の共同体の中で、また彼らの感性界において実現する意志である。「純粋にして、ただ意志としてのみ作用するある意志、……それ自身において法則であり、……永遠不変に定められており……、その内に合法的な有限的存在者の意志が必然的な帰結をもつ意志。……かの崇高な意志はそれゆえ他の理性的世界と隔絶して、自身の道を歩むのではない。……私は純粋かつ決然と自身の義務を意志し、そのうえかの意志は私がうまく成し遂げることを意志する」(*ibid.*, 292)。信仰におけるこの諸現実の承認は、意識を内在的な思惟を超えて、存在へと向かわせる。「良心のこの諸命令によってのみ、真理と実在性が私の諸表象に入り来る」(*ibid.*, 261)。こうした考察でもって思惟それ自体は、生の内にあるその根拠へと、生自身もまた当為へと還元され、そうすることによって思惟はその実践に関する射程の内に制限されるとともに、その現実性への妥当性の内に基礎づけられる。「理性がわれわれに直面させる、われわれの地上の生の目的」は「達成されるべきでなければならない。まさにわれわれの生の内に、われわれの生によって達成されうる。なぜなら理性は私に生きよと命ずるのだから。目的は達成されうる。なぜなら私は存在するのだから」(*ibid.*, 276)。

こうして知の現実との連関をめぐる問いは、有限な自我から、自我の倫理的使命へと向かい、無限にして不変な意志の肯定へと向かっていく。「私は現存している一者と結合して存在し、私は一者の存在に与っている」(*ibid.*, 293)。この無限な意志については、それこそが「私の起源」(*ibid.*)、「われわれ皆に共通の媒介者」(*ibid.*)、また「有限的理性における……創造者」(*ibid.*, 296)であると言われる。

『人間の使命』は、その実質的内容の点では、すでに『あらゆる啓示の批判の試み』で論及していた主題——すなわち、倫理的な究極目的の必然的実現の問題——を、良心と信仰の声に即して、その帰結に至るまで完成させたものである。しかしながらその体系的役割から見れば、『人間の使命』での考察においてこそ、存在、絶対者、あるいは神への問いが、意識と存在の関係の解明にとって、また有限的理性そのものの本質の解明にとって根源的意味をもつものと認められることで、宗教に対して知識学の中での中心的位置がはじめて与えられる。そのためこの著作は、知識学そのものに対しても、知を絶対者の現象と理解するといった、より深遠な問題設定を提起することになった。この問題提起が浮上してくるのは、倫理的なものの現実化は信じられうるのであり、かつ信じられるべきではあるが、しかし信仰自体がこの現実化を客観的に引き起こすことも、保証することもできないからである。そこで理論理性にとっては、理性ないし知それ自身の先行的根源として絶対者を認識する可能性が問われるべきものとなる。

(二)『知識学の叙述』(Darstellung der Wissenschaftslehre 一八〇一/〇二年)は、絶対自我ないし絶対知を、その自己措定において、絶対者に対する自己限定的な関係から捉えようとするはじめての試みである。ここでは明確に、絶対知は絶対者から区別される。「知は絶対者ではないが、それ自身知としては絶対的である」(GA II/6,

153）。絶対的なのは、「それがあるがゆえに、それであるところのもの」（*ibid.*）であって、これは知にも絶対者そのものにも妥当する。自我の事行はいまや、見ることあるいは眼、つまり絶対知の直接的な自己直観として理解される。この直観の内では、絶対的存立と絶対的自由は、自己自身を見る生きた光としての知の絶対的形式へと融合している。すべての知の根拠としての絶対知は、それゆえ自身を知的直観の内に自由と知の統一として知り、光の内でのこの自己遂行から、自身に対する反省へと移行しうる。自我自身は反省の内で自らを超えて上昇することによって、自らの根拠へと遡行する。それというのも、自我は反省において自らを自発的な発出として見出し、かくして自らの発出の根源的な限界と自らの非存在とを捉えるからであるが、それはただ、知の根源である絶対的存在の前で、知が自ら無化することによってのみ達成される。知の自己認識の透徹の中で、知は自身の終極にまで突き進み、そうすることで知のこの非存在を通して、端的に絶対的存在としか言えない、知の根源にまで迫っていく。それゆえ絶対的存在とは「知の内で把握された絶対的根源であり、したがって知の非存在――存在――まさに知の内にありながらも知の存在ではないものとして――絶対的存在である。なぜなら、知は絶対的であるゆえに」（*ibid.*, 195）。このようにして絶対的存在は、絶対知の先行的根源の場として示される。

（三）『一八〇四年知識学第二回講義』（Zweite “Wissenschaftslehre” 1804）は、存在自身の認識可能性、したがって自身を知として定立し、かつ透徹する知における絶対的存在の認識可能性への問いを、その頂点へと導く。この問いの中で、根本的には意識と真理、反省と行為の緊張が、さらに知の観念論的要素と実在論的要素、それゆえ理論理性と実践理性の緊張が一貫して論じられる。すでに初期知識学には実在論的な傾向が密かに響いており、『人間の使命』は「知」の純粋に観念論的な理解の欺瞞を暴き出し、一八〇一／〇二年の『知識学の叙述』は、存在そのものへの関わりを反省的自己把握の否定的限界にして可能根拠として指摘していた。これらを承けて一八〇四年の第二回『知識学』講義はその前半部で、思惟と存在の相克を、両者の統一を示すことで決着に導いたが、それは存在それ自体の積極的開示性を知の内的本質の側から把握可能にするためであった。それに続いてこの存在認識の構成が、同じ『知識学』の後半部で、超越論的に知の内で演繹され、それによって——一八〇一／〇二年の『知識学の叙述』では残されていた——存在と自由（あるいは知）の二元論という見かけが乗り越えられることになった。一八〇四年のフィヒテはそうした解決を、知が自身の——観念論的であれ実在論的であれ——あらゆる形式を超えて、純粋な存在へと上昇することの内に、また知を絶対者の現象あるいは存在の像として構成することの内に見出したのである。

真理の探究において理性は、純粋知から出発して、その知の内に前提されまた同時に遂行されている、明証性の源泉的諸根拠を問い求め、精神的な「光」と、像と像化されたものの根源的相互浸透としての「原概念」へと発生論的に遡行し、ついに真の存在と生としての概念の統一にまで上昇する。理性はこうして、絶対者に対する知はいかに絶対者自身から発出するかという最終的問いにまで突き進み、そこにおいて、観念論的な解決と実在論的な解決との対立、つまり「われわれにとって」（Für-uns）と「自体」（An-sich）との対立に陥る。双方の立場の内的な自己矛盾、つまり低次および高次の階層における主観性と客観性の対立的なもつれ合いが露呈することで、理性に残される方途は、自己自身を、つまり理性の自身に対する意識自身、また理性の全形式における主観と客観を度外視することのみとなる。自身を捨象しつつ自身を超えていくこの上昇の内にこそ、「一なる単純な存在」（GA II/8, 229）が、しかも「まったく自身から、自身の内に、自身によって」のものとして（*ibid.*）開示される。つまり客体化された実体としてではなく、動詞的な意味で「純粋な現実態における存在」（esse in mero actu: *ibid.*）、あるいは生命と存在の相互的な自己透入的な統一として顕わになる。「存在はまったく、直接的で生きた存在の、けっして自身の外へ出ることのできない、自身の内に閉じた単一体である」(*ibid*., 243)。「存在あるいは絶対者は自身の内に閉じられた自我であるという洞察」(*ibid*., 234) と言われているのは、絶対者がけっして述語づけの対象へと客体化されえないということである。確かにこの存在は知られ、意識されるが、しかし存在はその意識に先行する最終で最初の統一根拠として認識されるため、知は、この存在についての知に具わる意識を、存在にとっては構成的ではないものとして無効化することこそ、知の正当なあり方であることを自ら知るのである。こうして知は、下降を遂行する「現象論」において、あらゆる仕方で自らを、絶対的存在という第一のものから発出する第二のものとして把握することができる。知は「そうすることで絶対的な内在的存在の前で、自らの内に自らを無化し」(*ibid*., 386)、それによって自らを、絶対者を「見ること」あるいはその「像」として構成する。(6) それにともなって、この知識学の頂点は、人間への関係における神という、宗教の主題と同一であることが明らかになる。

(四)『エアランゲン知識学』(Erlangener Wissenschaftslehre 一八〇五年) が取り組むのは、前年の『知識学』にもとづいて、知を存在の像あるいは「外立」(Existenz) として解明することである。像は、先行している存在の像でありうるためには、自身を自立的なものとして、つまり存在から帰結するものではないとして知り、それでも、存在へと差し戻すためには、無からの自己像化の中で自身を像として理解しなければならない。絶対者の外立はそれゆえ自己関係性の内にある「として」であり、したがって自己透徹的な「光」である。この光は、しかしながら「として」であり、像であるため、自己自身によって自らの妥当性を(観念論的に)要求するあり方に関して自らを無化し、存在を異質な「自体」として自身から締め出す。というのも、「絶対者としての絶対者という思考の内での自己省察」、すなわち「絶対的反省」(GA II/9, 231) によって、「光が絶対者を産出するのではなく、絶対者が光を産出する」(*ibid.*, 232)ことが明らかにされるからである。こうして神は、知の内で先行的根拠として現存することになる。「光があるゆえに、神が外立するのではない。神が外立するがゆえに、光が外立し、神の外立は必然的に光である、または光の形式をともなう」(*ibid.*, 223f.)。それゆえ存在は、外立あるいは像を、その自律に関して、あるいは構成的原理としての妥当性要求に関して無化することで、像としての知を発出させる。

こうして真理のための知のこの自己止揚、すなわち認識された内容に対する知の構成的作用の無効化が、信仰の内に遂行される。「〈信仰〉は絶対者を産出しはしない」(*ibid.*, 233)。これに対して「信仰が絶対者を産出する」ということになれば、それは観念論的立場へと再び逆行することになり、それゆえこれは「絶対的な信仰ではなかったということになる。そうではなく信仰に対しては、究極かつ絶対的事実(Fakto)として、絶対者が自身を与えるのである……、そうしてはじめて信仰は積極的な信仰になる」(*ibid.*, 233)。ここに及んで信仰は、まさに自由な行為であり、しかしそれが遂行されることで、信仰に自らを与える絶対者そのものによって、信仰の確実性の内に保持される。つまり信仰の自由において頂点に達する知の自立性と、絶対者の像である知が有する絶対者への自己関係は、見かけ上は対立する契機と思われるが、フィヒテはその両者を最終的に、「絶対者の像としての自由への、自由に即した」必然的な「反省法則」(*ibid.*, 308)という概念の内で統一する。それはまさに、自由が自由として自由の内に発出させる法則という概念である。

このような概観から分かる通り、一八〇一年から一八〇五年にかけてのいくつかの『知識学』は、そのつど独立した新たな試みでありながらも、その相互の連関からは前進的な発展が読み取れる。その発展過程は、知の限界の把握を可能にするものとしての存在の発見から始まり、真理論あるいは理性論の目標点、かつ現象論

（Erscheinungslehre; Phänomenologie）の発生点という、知の決定的な折り返し地点を経て、絶対者への自由な同意としての信仰へと至っている。その経過の中では、先行の段階の成果はそのつど一貫して、その次の著作の問題設定の出発点となり、しかしその行程の全体は、徐々に生きた宗教に近づいていく。そのような宗教的関心の深まりはフィヒテの個人的発展に対応していた。この時期フィヒテは、奉公人を含む一家の集いの中で家庭礼拝を催し、とりわけ『ヨハネによる福音書』の聖書朗読を行わせていた（cf. Medicus, *op. cit.*, 198）。フィヒテは一八〇四年以来『ヨハネによる福音書』を自分なりにあらためて考察し、そこに彼固有の理性宗教に一致する宗教性の根本構造が現れていることを見出した。とりわけ、『ヨハネによる福音書』におけるキリストの父との関係の内に、フィヒテは、絶対者の現存在あるいは現象の絶対的存在への関係という、彼自身が考察してきた主題が、的確に先取りされていることを発見する。『浄福なる生への導きのための準備と構想』（1805; GA II/9, 313-325）が示すように、フィヒテは『ヨハネによる福音書』の中に、「神のみの内にある生、神の外にある死という、中心的個所」（*ibid.*, 317）を探し求めたのである。

（五）『浄福なる生への導き、または宗教論』（Die Anweisung zum seligen Leben oder auch die Religionslehre 一八〇六年）は、フィヒテがその序文において自ら、彼の一般向け著作における「頂点にして、最も輝く光点」（GA I/9, 47）、あるいは彼の哲学的発展全体の「結論」（*ibid.*）と呼ぶものである。実際にこの著作の中でフィヒテは、無神論論争以来獲得された諸々の洞察を、完成された幸福な生への展望の内に高めながら総合している。この著作は、超越論的・学的な導出を経ることなく、生それ自体の本質を洞察しようとする自然的な真理感覚を直接に喚起する。生は、愛として成り立っているがゆえに、それ自体からして浄福である。愛はしかし「存在の情熱」（*ibid.*, 133）として存在そのものへと向けられており、それゆえ不変の一者あるいは神を愛しているのであり、そこに自らの充足を見出す。存在それ自体は、主観的現存在とは区別され、この現存在の内に無限の屈折を介して客観的世界として現象する。

主観と客観の五重の可能的総合から、五つの可能的世界観が生じる。それぞれ本来の実在性がどの領域に認められるかに応じて、下位から上昇していくと、まず唯物論における単なる対象の絶対的措定から始まり、次に単なる主観あるいは（カント的な）合法性の立場、第三に、真・美などの諸理念に即して世界を自由に形成しようとする固有な意味での倫理性の立場、第四に、本来的な実在性を神と神の現存在の内に見出す宗教性の立場を経て、最終的に、「多様性を、一なる実在からの産出の内に明瞭に看取する」（*ibid.*, 50）反省的補完としての学に至る。

意志は、浄福を要求することでこれら諸々の世界観のうちから一つを採択するため、生、および情感における幸福探求の五つの方途が、理論的な世界観の諸段階に対応している。真の浄福が始まるのは、カントの義務倫理（第二段階）よりも先の段階、すなわち、自己愛を無化することで、意志が神の生から出発してはたらくような、より高次の道徳性・倫理性においてである。これに対して、時間と世界内部の創造的活動がその活動の外的な成果を期待する限り、単なる道徳性の意味での浄福は、被制約的で限定的なままである。浄福は、意志が外的な依存関係をもたずに、神の存在と直接に結合することの内に浄福を見出す宗教に至ることでのみ満たされる。内容ないし存在との接触に関しては最高である第四段階の宗教は、第五段階としての学によって、意識の生命全体の明瞭化という視点からのみ補完されるが、ヘーゲル（Georg Wilhelm Friedrich Hegel 一七七〇—一八三一年）の場合とは異なり、もはや存在遂行という視点からは学に対して相対化されることはなく、また学の内に解消されはしない。

現存在あるいは意識を存在と結び付けるのは、反省ではなく、神の純粋な存在への愛である。愛は、存在への超越においてすべての反省を締め出すことによって、絶対者の存在を、一切の反省を超えるものとして証し、そこで「真理と確実性の源泉」(*ibid.*, 168) となる。なぜなら真理は、知の存在との一致を本質とするからである。ところで、反省に立脚する学は真理において完成される以上、そこで反省は、自身を根本において愛のはたきであることを知り、それまでのように真理を自身の反省および反省の産物と混同したり、自身をより高次の反省による懐疑にさらすことをせずに、「はじめて純粋かつ客観的な真理の内に入る」(*ibid.*)。現存在は愛の内で、愛の対象である神の絶対的存在から、世界についての知の中で、無限に継起する対象として形成される「本来的な根本質料」(*ibid.*, 167) を獲得する。

ところで愛そのものは、存在ないし神が、その現存在たる意識においてはたらく、その生きた遂行であり、この現存在が「一切の反省の背後に探求されるべき、純粋かつ実在的な絶対者」(*ibid.*) へと永続的に向かう自己超越である。それゆえ「自らの現存在へ向かう神の絶対的な愛、あるいは純粋な存在へ向かう現存在の愛」(*ibid.*) は、反省する理性の自立性に先立っている。「愛はしたがって、すべての理性を超えており、それ自身理性の源泉、実在性の根幹、生と時間の唯一の創造者である」(*ibid.*)。フィヒテが前カント期以来ずっと、感情、感覚、あるいは生という主要概念の下で、真の宗教の指標として、しかし思惟からは独立に、神の内的本性についての形而上学的思弁と対立するかたちで目指していたものは、この「存在論」(*ibid.*, 49) において、超越論的反省の根幹と目的として、体系を構成する役割を獲得することになった。第六講および同書への「第一付録」において、『ヨハネによる福音書』からの詳細な引用によって示そうとしているように、フィヒテは自らの考察がキリスト教――形而上学的にではなく、歴史的に理解されたキリスト教――によって完全に追証されているものとみなし、さらに哲学的思惟がキリスト教的啓示に――体系的ではないが歴史的に――依存していることを認めている。「われわれが、われわれの全時代、またわれわれの哲学的探求のすべてとともに、キリスト教の地盤の上に置かれており、そこから出発していたこと、……もしこの威力ある原理が時間の内にまず現れ出なかったとすれば、われわれは総じて、われわれが現にそうであるものになることは絶対になかったであろうということは、永遠に真理であり続けるだろう」(*ibid.*, 122)。

六　後期著作――一八一〇年から一八一四年

晩年の著作は、反省的な意識内在を超出し、神の存在へと突破することによって開示された中期著作の宗教的(またキリスト教的)な真理空間の枠内で動いている。とはいうものの、中期著作が、信仰と愛という概念の導入を可能にし、かつ生きた宗教への道を確かなものにしたのに比べると、後期著作はもはや、宗教哲学的観点からすれば、そうした思弁的高みと厳密さに達することは稀である。

一八一〇/一一年冬学期講義『意識の諸事実』(Die Tatsachen des Bewußtseins)では、理論的能力および実践的能力である知を考察し、そこから「生の原理としての倫理法則」(GA II/12, 111)へと上昇し、さらに「倫理法則の原理、あるいは究極目的としての神直観」(*ibid.*)を提示している。一八一〇年から一八一四年にかけて、知識学は五回講義され、そこでの問題提起は一八〇四/〇五年の立場を継続し、像あるいは「図式」としての知において、神の存在と、神の生命の可視的な外化とがいかなる関係にあるかを規定することに集中している。「知は、神的生命の図式であり、神に即してあるその図式の存在の内にある」(1810: GA II/11, 381)。こうして知の内容すべては，根本において神の現象として示される。「すべては神の現象であり像であり，そのほかにいかなる現存在もない」(1812; GA II/13, 59)。しかし，それによって感性界は，「倫理的なものの可視性」としてそれ自身が倫理的性格を獲得する。「世界は自由の可視性である。自然は実際に，またあらゆる条件に従ってこうしたものでなければならない。そしてそれは，これまで私が甘んじてそれを捉えてきた単なる絶対的な中立や空虚ではない」(1813; Fr. Medicus [Hg.], Joh. Gottl. Fichte, Werke, VII, 594)。このように変容した世界理解を背景として，一八一二年の『道徳論』(Sittenlehre)，特に——息子によって，『国家論』(Staatslehre) という誤解を招きかねない標題を付して公刊された——一八一三年の『応用哲学からの種々の内容についての講義』(Vorträge verschiedenen Inhalts aus der angewandten Philosophie [Fr. Medicus, Hg.]) (補論を含む) では，生きた宗教の理解にとって基本的な諸洞察が展開されている。

神以外のものすべてが神の現象以外の何ものでもありえないならば，神はただ倫理的法則の原理として自身を内的に啓示するばかりではなく，感性界をも含む自由の世界全体を，倫理的意義に向けて構造化する。世界はそれゆえ，その根底から，倫理性を目指しての神の啓示である。世界は「精神的自然」ないし「倫理的自然」として規定されることで，倫理的行為の課題へと導き入れ，倫理的行為を積極的に可能にする。したがって倫理的行為は，そのはじめから神的な「世界統治」あるいは「世界計画」の枠組みの内で行われている。「神的悟性」——彼の息子の証言によれば一八一三年のフィヒテの思惟の特徴となる概念——はしたがって，知ないし現存在を神の像へと形づくる根本原理にして形成力である。人間的知とは異なる神の悟性，すなわち神の，それ自体として実在的な悟性を想定することによって，人間的知は，神的な知をそのものとして現実化する通過段階，あるいはその単なる場という機能から解放され，したがって自由に，自らを神的理念の像として実現できるようになる（7）。

神の「摂理」が世界の中で倫理的究極目的を根本的に現実化するならば、自然と歴史の内にはそのための、神の付加的な恣意的介入は不要である。啓示の顕現としての「奇跡」は、自然法則をなんら無効化するものではなく、神が自身の世界計画についての永遠の諸法則に従って、自然あるいは自然の法則性の内に新たな始まりを設定する可能性をその本質とする。啓示という新たな始まりは、有限的理性の自己展開によって生じるのではなく、この理性の進展する問題意識へと関わり、人類の倫理的陶冶への道を指示する。とはいえ、倫理性の完成に向かわせる契機としては、倫理性の内容および目的の伝達だけでは十分ではない。むしろ倫理的活動の完成のために要求されるのは、人間一人ひとりが、すでに生じた倫理性の完成の実現を目にすることで、自身もそうした倫理性を実現しうるという確信に達することである。この意味で、歴史における完成された倫理性の実在的現象、すなわち完成された人間存在が、一回限り現実に現れることは必然的である。こうした完成された倫理の実現は、歴史的事実としてイエスの内に起こったとされる。イエスは、神への完全な関係をただ教えただけではなく、「子」としてそれを生きることで、神の完全な像となり、「仲保者」として人びとに対して、彼に従うように呼びかける。

さて、その神の生との一致である「天の王国」、あるいは完成された倫理性は、全体像においてすべての人の統合を、単なる手段としてではなく、その本質において実現するのであり、イエスはこの「理性の王国」の「創設者」であり、「第一の市民」である。というのもイエスの内には、「神的悟性」、すなわち『ヨハネによる福音書』で語られる「ロゴス」が、一回限りの完全性において現存しているからである。こうして、イエスとともに始まった「新たな世界」においては、イエスの内に出現した啓示への信仰にもとづいて、すべての人の統合、すなわち教会が、真の倫理とその現実化の可能性を伝播させるという目的の下で形成される。教育の施設としての教会は、常に改善の余地ある信仰宣言文、「一時的信条」を基盤とするが、この信条はそのつどすべての構成員に共通する最小限の確信を表現するものであり、けっして啓示全部の内容を尽くしているものではない。それゆえ教会には、神とその像イエスと並ぶ第三の原理である「聖霊」（Geist）に導かれ、信仰を通して受け容れられた啓示を、理性的考察によって理解可能なものとするという課題が課せられる。このことは、ただ歴史的な論拠だけでは信仰がますます説得力を失っている現代においてはなおさらのこととされる。

完全な人間存在の顕現において、信仰と理性の――認識仕方においては異なるが――内容的な一致、すなわち、単に外的な権威の放棄は、イエスの内に開示された新しい世界をキリスト以前の「古い世界」と区別する特徴である。「信仰と悟性は人類の二つの根本原理であり、両者の相互作用から歴史が生ずる。両原理の統合の内にのみ真の進歩が獲得されるが、それはまさしく、信仰が悟性の内に解消する一方で、悟性が信仰を尊重することによる」（『国家論』I. H. Fichte [Hg.], Johann Gottlieb Fichtes Sämtliche Werke, Nachdruck, Berlin 1971, IV, 493）。この意味でフィヒテは、一八一三年の夏講義『国家論』においてキリスト教の中心的思想を、哲学的理性と宗教との調和に照らして解釈する。「倫理的信仰は、ただ啓示と霊感によってのみ事実的に現存在に入る。そのため哲学はすべて、その形式に関してはすべての教会を完全に凌駕するとしても、その事実的存在に関しては、教会と、教会の原理である啓示から発してくる。したがって哲学者は教会の成員であり、そうあり続ける。なぜなら哲学者はかならず教会という母胎において引き起こされ、そこから誕生したのだから」（GA II/13, 390）。

註

（1） E. Fuchs (Hg.), *J. G. Fichte im Gespräch* (= *FiG*), I, Stuttgart-Bad Cannstatt 1978.

（2） Cf. S. Bacin, *Fichte in Schulpforta (1774-1780), Kontexte und Dokumente*, Stuttgart-Bad Cannstatt 2007.

（3） Cf. J. Widmann, *Johann Gottlieb Fichte. Einführung in seine Philosophie*, Berlin/ New York 1982, S. 236.

（4） Cf. Fr. Medicus, *Fichtes Leben*, in: id. (Hg.), Fichtes Werke, I, Leipzig 1922, S. 95.

（5） Cf. I. Radrizzani, Die "Bestimmung des Menschen": der Wendepunkt zur Spätphilosophie?, in: *Fichte-Studien* 17, Amsterdam/ Atlanta GA 2000, 21f.

（6） Cf. W. Janke, *Vom Bilde des Absoluten. Grundzüge der Phänomenologie Fichtes*, Berlin/New York 1993, S. 126-132.

（7） Cf. J. Widmann, *op. cit*., S. 247f.

第十二章　ハイデガーにおける神学と神への問い

一　神学によるハイデガーの受容

ハイデガー（Martin Heidegger 一八八九―一九七六年）の思惟は、一九二〇年代初頭より、キリスト教神学の中心的な諸概念と言葉に密接に対応する言葉によって導かれている。とはいえその際にも、キリスト教的思想が前提されたり、単純に適用されるわけではなく、その神学的な根本語の実存論的・存在論的な意味を理解する基盤を解明することが試みられた。すでに『存在と時間』（Sein und Zeit 一九二七年）では、実存・本来性・覚悟性、事実性と頽落、死・有責性・良心、世界・時間性・歴史性といった問題群によって、キリスト教信仰の根本的モチーフが暗示されている。他方、存在と言語と人間の関係、真理と歴史の関係、神秘や聖なるものをめぐる語りといった後期の主題もまた、現代神学の努力と呼応している。それというのも現代神学は、キリスト教信仰を超時間的な形而上学的カテゴリーにもとづく解釈モデルから解き放ち、それを自由な実存、呼びかけとしての言葉、生起と啓示といった、聖書的思考にはよく知られたモチーフから理解しようとしているからである。そのため、たとえハイデガーが『存在と時間』以来『同一性と差異性』（Identität und Differenz 一九五六―五七年）などに至るまで、キリスト教に対して批判的な距離を取り続けていたにしても、神学的にも重要な根本的問いを哲学的に彫琢するハイデガーの思想が、キリスト教神学にとって特別な魅力をもつものであったとしても、それはなんら驚くべきことではない(1)。

キリスト教の側でのハイデガーの受容としては、まずプロテスタントにおいてブルトマン(2)(Rudolf Bultmann 一八八四—一九七六年)により、実存論的現存在分析がキリスト教信仰の根本構造として受け取られた。しかしブルトマンは、実存論的分析の存在論的意図を誤認しただけでなく、ハイデガーが形式化を通じて脱落させたキリスト教的内容を取り戻して、実存論的分析を豊かにするということもできなかった。プロテスタントによる受容の第二波は、フックス(Ernst Fuchs 一九〇三—八三年)やエーベリング(Gerhard Ebeling 一九一二—二〇〇一年)によって代表されるものであるが、後期ハイデガーの言語の思索に刺激を受けた彼らは、信仰を言語的生起として理解し、キリスト教の教義を解釈学的に釈義しようと試みた(3)。それと同時に、バルト(Karl Barth 一八八六—一九六八年)学派からは、啓示を人間論的・存在論的に還元することに対する警告の声が上がった。こうしてユンゲル(Eberhard Jüngel 一九三四—)などに見られるように(4)、ハイデガーによる沈黙や隠蔽性の強調が、言葉の積極的な意義を力説するための機縁となりえたのである。三〇年代から始まるカトリック側での受容の試みは、これらとは性格を異にしている。ジーヴェルト(Gustav Siewerth 一九〇三—六三年)、ロッツ(Johannes Baptist Lotz 一九〇三—九二年)、ミュラー(Max Müller 一九〇六—九四年)、ラーナー(Karl Rahner 一九〇四—八四年)、マルク(André Marc 一八九二—一九六一年)など、マレシャル(Joseph Maréchal 一八七八—一九四四年)学派とその周辺において、ハイデガーの存在論的関心の受容が試みられた。そこにおいて、ハイデガーの存在の思惟はトマス・アクィナス(Thomas Aquinas 一二二四/二五—七四年)への還帰によって理解されると同時に、ハイデガーにも近しい超越論的問題提起の下で、存在論的な神理解への展開が目指された(5)。こうして六〇年代以降、宗派の違いを超えたハイデガー受容のこれらさまざまな流れは、神学的思索に豊かな実りを与えてきたと言えるが、その反面では、ハイデガー本来の関心からは離れてしまう結果にもなった。なぜなら、ハイデガーは実存論的人間論を思惟の目標としたわけでもなければ、言葉の生起を存在の問いから切り放して単独で主題化したわけでもなく、また自身が思惟によって捉えようとした存在を神の絶対的存在と同一視することをも拒否していたからである。そのため、ハイデガー独自の問いの理解が深まり、そうした理解が浸透するに連れて、神学への影響は次第に後退していった。「転回《ケーレ》」以降のハイデガーの後期思想は確かに、神学への問いかけや提案として理解されはするものの、その神学的受容はわずかな範囲に限られる。

こうして神学的なハイデガー解釈の動向を概観することによって、ハイデガーの思惟とキリスト教の問題意識との関連が示され、それと同時にハイデガーを神学的に吸収する試みの限界も明らかとなった。そこで以下では、ハイデガーの思考にとって異質な観点には立ち入らず、神学、特に神への問いに対するハイデガーの関わりについて、いくつかの段階と側面とを――そこにハイデガーの存在と真理への問いが反映される限りで――提示することを試みたい。

二　『存在と時間』までの発展

ハイデガーの思惟の内に生涯にわたって認められるカトリック的な背景は、家庭でのカトリック教育、特に信仰篤い母親からの持続的な影響に根差している。そうした関心は、コンスタンツのギュムナジウムにおける修学時代を通じて、校長のグレーバー（Conrad Gröber 一八七二―一九四八年）によってハイデガーの哲学的な天分が発見されたことによってさらに深められた。のちにフライブルクの司教となり、第二次世界大戦後の時代までハイデガーを年下の友人とみなしていたグレーバーは、一九〇七年に、ブレンターノ(Franz Brentano 一八三八―一九一七年)の『アリストテレスによる存在者の多様な意義について』(Von der mannigfachen Bedeutung des Seienden nach Aristoteles 一八六二年)という書物を通して、ハイデガーを存在の意味の統一への問い、存在の本質への問いへと導いたのであった。また同じ頃、ハイデガーは、カール・ブライク(Carl Braig 一八五三―一九二三年)の『存在について――存在論綱要』(Vom Sein. Abriß der Ontologie 一八九六年)を読んでいる。その「序言」からも明らかなように、テュービンゲン思弁神学の学派から出たブライクは、存在への問いを超越論的に切り開き、ボナヴェントゥラ(Bonaventura 一二一七/二一―七四年)にならって、光としての存在を存在者から区別し、存在への問いの存在論的な解明に尽力したのである(6)。

ハイデガーは、個人としても宗教的信仰の促しに導かれ、まず半年ほどのあいだ、イエズス会で修練期を過ごし、自由時間には哲学的な著作に取り組んだ。しかしやがて病弱のために修練期を断念している。ハイデガーが司祭志願者としてフライブルク大学神学部において神学的な司祭養成を受けるようになるのは、これに続く一九〇九年から一一年にかけての四学期間のことであった。その後こうした神学上の経歴は中断するが、ハイデガーはなおも、高く評価していたブライクの神学的教義学の講義を聴講している。とはいえ、そこでハイデガーの関心を引いたのは、その神学的な内容というよりも、その思想上の構造やそれが含意する哲学であった。こうしてハイデガーは、自分に使命として課せられているのは、信仰ではなく、思惟であることを次第に自覚するに至る。事実ハイデガーは一九一九年に、「私は、哲学へと内的に召し出されていることを信じている(7)」と語っている。ハイデガーにおける思惟と信仰との区別は、神学的な履歴を中断せざるをえなかったという事実、そして神学の実存的要求との関係を断とうとする試みから理解されるだろう。しかし思惟と信仰との区別は——『現象学と神学』（Phänomenologie und Theologie）に明瞭に語られているように——後年まで根本的なものであり続ける。それにもかかわらず、自身の出発点が神学にあったことが、自らの思惟にとって宿命的な意味をもっていたと、ハイデガーは自覚していた。「この神学的な由来がなければ、私はけっして思惟の道には至らなかったであろう。由来(Herkunft)は常に将来(Zukunft)であり続ける」(8)。

その後の哲学科の学生時代は、新カント学派のリッケルト（Heinrich Rickert 一八六三—一九三六年）による超越論的問題設定の影響下にあったため、この時期には、存在論的な問いは展開されえなかった。ハイデガーの関心は、論理学や、学位獲得のための二つの副専攻科目であった数学と物理学にも向けられたが、そこでは方法的な厳密さへの要求の陰に——エルフルトのトマス（Thomas de Erfordia 十四世紀前半）の範疇論と意義論（これは当時ドゥンス・スコトゥス〔Johannes Duns Scotus 一二六五／六六—一三〇八年〕のものと思われていた）を論じた教授資格論文において言及されるように——真理への問いが潜在的に含まれていた。ハイデガーはここではあくまでも論理学的・超越論的な構想の枠内にとどまろうとしてはいるものの、それでも中世の超越論概念の理論によって、存在と真理との共属性を考察するように駆り立てられることになった。それ以来、彼の思惟はこの根本的な問いに規定され、神への問いに至るまで、その問いに導かれることになる。とはいうものの、ハイデガーは教授資格論文ではなおも存在者の真理を、認識の構成的作用に還元しようとしている。「対象は何らかの仕方で認識の内に入り込み、認識によって捉えられることで、はじめて真なる対象、すなわち認識の内に存する対象となる」(9)。真理は、こうして認識作用の結果とみなされる(10)。それに応じて、確かに「存在者（ens）は、もはやその背後に遡って問うことのできない最終的で最高のものを表示する」(11)とみなされているにもかかわらず、存在者はその際、

「対象認識一般の可能の制約にほかならないもの」[12]として、超越論的主観の権能によってその力を奪われてしまうことになる。ただし、「認識の対象と対象の認識とがこのように本質的に結び付いていることは、対象一般の規定である超越論概念の一つである〈真〉(verum)の概念において、きわめて明確に表現されている」[13]と語られていることを見るなら、ここでは、存在への問いと真理への問いとの統一が発見されているとも言えるだろう。それにもかかわらず、論理的次元に対する存在論的次元の先行性、主観に対する存在の先行性は認識されないままにとどまっている。存在が存在者から明瞭に区別されない限り、こうした先行性の主張は、無反省的な実在論への逆行を意味すると思われたためであろう。

この厳密に超越論的な立場を『存在と時間』における「最も根源的な真理」[14]への問いと比較するならば、真理理解の深まりにつれて、ハイデガーが次第に存在論的次元へと開かれていったことが分かる。「言表は真理の第一次的な〈場所〉ではなく、逆に言表は……発見、ないしは現存在の開示性にもとづく」[15]。真理生起の存在論的性格への洞察を露呈することが、『存在と時間』に至るまでの続く一〇年の課題となった。とはいえ、『存在と時間』でも、存在と真理の存在論的な理解は、超越論的な制約の構造とに繋ぎ止められたままであった。

ハイデガーは、第一次世界大戦後のフライブルクおよびマールブルク時代には、伝統的な教義神学の思惟の路線から離れ、一九一六年よりプロテスタント神学、特に初期ルター(Martin Luther 一四八三―一五四六年)に取り組むことになる。ルターの思想を検討することで、信仰の根源的理解が得られるのではないかと期待されたのである。ルター研究は、ハイデガーにとって、「カトリシズムの体系を疑わしく受け入れがたいものとした――しかし、キリスト教と形而上学は別です」[16]。一九一九年以降、ハイデガーはフッサール(Edmund Husserl 一八五九―一九三八年)の初期現象学にも集中的に関心を寄せ、その結果、二〇年代の前半において、現象学的な見方と神学的なモチーフ、およびアリストテレス（Aristoteles 前三八四―三二二年）による存在の問いとが結合する。ハイデガーはこのとき、神学的・宗教哲学的な問いに専念することによって、現象学運動の中での自身の位置を見出そうと考えていたように思われる。それでハイデガーは、一九二一年のレーヴィット（Karl Löwith 一八九七―一九七三年）宛ての書簡の中で、自分がただ哲学者とだけみなされることに異義を唱えている。「そう仰るのはご自由です。ただその場合、私は哲学者ではないと言わねばなりません。……私はキリスト教的神学者なのです」[17]。

神学的主題に関するハイデガーの取り組みは、一九二〇／二一年の冬学期の週二時間の講義『宗教現象学入門』によって始まる。ハイデガーの哲学的発展に対してこの講義がもつ意義は、事実的な生の経験を、意味と真理との根源的な現象と源泉として発見した点にある。事実的な生は、世界への開かれた連関において遂行される。したがって、経験されるもの、つまり「意味内容」（Gehaltssinn）は、「連関意味」（Bezugssinn）、すなわち「〈世界〉との対峙」[18]（Sich-Auseinander-Setzen mit）の中でのみ与えられる。世界との関係は、有意義性に関しての「憂慮」（Bekümmerung）（『存在と時間』の関心［Sorge］）から発現する。連関意味は、『存在と時間』では「世界-内-存在」として主題化されているが、それは世界連関の遂行様式としての「遂行意味」（Vollzugssinn）によって規定される。しかしこの根本的な遂行意味は、事実的な実存の時間性の内に見出される以上、事実的な実存という第一次的現象の解釈を課題とする哲学は、「根源的に歴史的なものへの還帰」[19]を目指さなければならない。「現象学の仕事は、意味の生起のまさしく時間的な実現を主題化することである」[20]。その構造形式の分析は、二倍の長さをもつ講義の第二部において、具体的事象から汲み取られている。そこでは、新約聖書のパウロ書簡（「テサロニケの信徒への手紙」一、二）の中で表現されているような、原始キリスト教における事実的な生の経験が解釈されている。主の終末論的な到来の近さは，信じる者にとっては確かであるが，その時機は不確かである。差し迫りつつも把握できない生起によって，人間は決断の内に置き入れられ，無制約的な真理の到来を待望しながらも，日常の具体的な状況に結び付けられる。こうした記述によって，事実性，情態性，関心，覚悟性，そしてとりわけ時間性といった，『存在と時間』における現存在の実存論的分析の本質的要素はすでに獲得されているといえるだろう。[21] しかし，神の近さによって無制約的に呼び寄せられているという事実を，現存在のそれらの契機の終末論的・神学的な基礎と理解する思考は，ここでは排除される。『存在と時間』においてこれらの契機は，実存論的構造の内にその可能の制約が遡及的に問い求められ，その結果，内容的に中立化されることになった。

こうして事実的現存在が，真理の現出に対して，未来へと方向づけられるという仕方で時間的に開示されていることが発見されたが，さらにこの発見は一九二一年以来，いくつものアリストテレスの現象学的解釈によって補充されることになる。真なるものとしての存在者という主要テーマにおいて，真理は存在者の現前（Anwesen）として，存在論的に捉えられる。存在と真理は——ハイデガーが原始キリスト教の歴史経験から学び取っていたように——常住なる現在としての永遠からではなく，将来からの自己生起にもとづいて思惟されるべきではあるが，現前としての存在はさらに，存在の意味の根拠として，時間性を遡及的に指示している。

キリスト教的な生の遂行の解釈は，一九二一年夏学期の週三時間の講義『アウグスティヌスと新プラトン主義』によって継続されるが，このとき同時に，事実的な生の根源的な現象とその形而上学的解釈とが批判的に区別されるようになる。[22] 真理への愛と至福への希求から出発する限り，アウグスティヌス（Augustinus 三五四—四三〇年）は客観的な所与としての内容に依拠することなく，人間存在の事実的な遂行そのものに光を当てていると言えよう。しかし，神をいわば客観的に存在する可視的な最高善として享受するという「至福直観」（visio beatifica）の理論を導入することによって、アウグスティヌスは、存在を生命のない常住なる現在として捉えるギリシア的思考に陥りかけているのである。アウグスティヌスとのこうした出会いは、その痕跡を『存在と時間』の内に残しており、例えば、恐れと不安、関心、日常的世界、好奇心、本来性と非本来性といった概念の内にそれを感じ取ることができる。

キリスト教の形而上学的自己解釈という、アウグスティヌスにも見られる傾向を批判することで、この時期のハイデガーは、神学のヘレニズム化というハルナック（Adolf von Harnack 一八五一―一九三〇年）の主張に賛同しながら、神に向かう人間の根源的なあり方を再発見することを狙っていた。神について語ることは、フッサール的な意識による現前化にもとづくのではなく、ただ現存在の――根本的には信仰の――将来へと関わる遂行の主題化によってのみ可能となるものであるため、神について語る際には、ギリシア的な存在理解では不十分なのである。そのため、一九二三年の時点でもなおハイデガー自身が語るように、「信仰へと呼び寄せ、信仰の内にとどまることを可能にする言葉を発見すること」[23]こそが課題とされていた。

ハイデガーは『存在と時間』以降、キリスト教に対して批判的・拒否的な姿勢を取るようになるが、このような変化が生じたのは、信仰や宗教的遂行が疑問視されたためではなく、キリスト教神学の思考形態とそこで前提されている存在理解から身を守るためであった。「〈永遠の真理〉の主張は、現象的に根拠づけられた現存在の〈理念性〉を、理念化された絶対的主観と混同してしまうことと同様に、哲学的問題構制の内部における、まだなお徹底的には締め出されていないキリスト教神学の残滓の一つに数えられる」[24]。『存在と時間』では、現象が超越論的に還元可能な領域を超え、超越という神学的領域を指示し始めるような可能性が生じると、おそらく神学的思考の吸引力に屈することを懸念してのことであろうが、その時点で現象の分析は中断されてしまう。そのような中断は、例えば「究極目的」、事実性の根拠と情態性の内容、「死への存在」の焦点、有責性の対象、「良心の呼び声」の根源、あるいは将来性の源泉への問いに関して見られるものである。哲学を神学的なモチーフから純化しようとする要求によって、キリスト教的源泉も、ハイデガーにとっては、真理を開示する哲学的な力を失うことになる。確かにハイデガーは、宗教的遂行としてのキリスト者の祈りに畏敬の念を抱き続けており、その祈りにおいては「神的なものはまったく特別な仕方で近くに存する」[25]と語ってはいる。しかし、ハイデガーは、キリスト教的信仰の遂行と神学的思考形式との違いを理論的に一貫して展開することはなく、むしろ三〇年代になると、ニーチェ（Friedrich Nietzsche 一八四四―一九〇〇年）の影響の下に、次第にキリスト教を無差別にギリシア的・プラトン的現実理解と同一視するようになる。

三　神学と哲学

キリスト教との公然たる対決は、講演『現象学と神学』（一九二七／二八年）によって着手されるが、それがなお学の構造という観点においてなされていることは注目に値する。ハイデガーはそこで、神学に対する哲学の独立性と先行性を根拠づけ、次いで哲学が人間の信仰以前の実存様式を分析する点で神学に先立つことを示したのち、神学が（形而上学的）哲学に依存することなく固有の主題を展開する課題をもつ点を論じている。そこにおいてハイデガーは、まずは哲学と神学との主題領域が交差するのを避けようとしている。そのため、神学は化学や数学などと並ぶ実証科学として、つまり所与として与えられた客観を対象的に主題化する「存在者についての学」と規定され、これに対して哲学は、反省的な考察を行う「存在についての学」と規定されている。そして両者を単純に折衷するのではないこの対立こそが、「神学と哲学の、学としての可能な共通性を支えるものでなければならない[26]」とみなされる。キリスト教の実証性は、それが現存在にもとづくのでも、現存在によって発現するのでもなく、十字架につけられた神という、信仰において現れた事柄に根差しているという点に求められる。これによって、哲学に還元されえないとする神学の要求は確かに考慮されたと言えるが、その代わりに、神学の主題は単に存在的で対象的なものと規定される代価を支払わされることになる。ハイデガーの後期の著作でもこれに応ずるかたちで、神は存在的に思惟されており、これに対し存在の真理の現出という存在論的次元は、有限的存在者である現存在への連関、特に了解と言語に結び付けられているように思える。そのため存在は、（『存在と時間』におけるように）「存在の意味」として理解されようと、あるいは真理の生起として理解されようと、それ自身は無制約的な存在者としては思惟されえないことになる。いずれにせよ『現象学と神学』では、根本的な神への問いそのものが主題となることはなかった。というのは、「神は、その〔神学の〕探求の対象ではけっしてない[27]」からである。ハイデガーによれば、神学の課題はむしろ、人間の歴史的な実存様式としてのキリスト者性ないし信仰を――根拠づけるのではなく――解釈し、その遂行へと導くことにある。それゆえ神学の体系とは、哲学的思惟とは根本的に異なり、理論的・思弁的というより、歴史的・実践的であることになる。したがって、自らの認識源泉にもとづいて人間的現存在の全体と世界とに根源的に関わるといった可能性は、神学に対しては結果的に認められない。ハイデガーは、神学の限界をこのように設定することによって、哲学にそれ独自の活動領域を開き、それと同時に、神学を哲学の側から評価する可能性を保証しようと試みたのである。それというのも、「なるほど実証科学としての信仰の学には哲学は必要であるが、信仰そのものは哲学を必要としない[28]」からである。神学は確かに、その実証的・歴史的な内容に関しては、哲学には及びがたい固有の領域をもっている。しかし神学のすべての根本概念は、キリスト教信仰以前の実存を前提としており、それゆえ、この実存様式を信仰において変容させたとしても、その実存的変容の場面において、神学の根本概念は、実存論的な根本諸規定、およびそれとともに与えられる存在了解によって制約され続ける。「神学的概念はすべて、人間的現存在がそれ自身としてそもそも実存する限り自らもっている、まさにその存在了解を必然的に含んでいる」[29]。こうして、ただ信仰においてのみ把握可能な罪なども、有責性という実存論的概念を前提するものと考えられる。「哲学は、神学的根本諸概念の、存在的でなおかつキリスト教信仰以前の内容を形式的に告知し、存在論的な調整を行うことなのである」[30]。哲学はこうして、哲学自身の普遍的要求を放棄しないまま、神学に依存せず、神学的理解を修正するための消極的な基準として機能することで、哲学においては、キリスト教の実証的な内容は度外視されることになる。それゆえ現存在の哲学的解釈は、「神に向かう可能な存在仕方を積極的にも消極的にも決定しえない」[31]のである。

それでは、こうした考察において、信仰以前の存在了解を変容する可能性は、現存在の実存論的構造の内にいかにして与えられていることになるのか、また、信仰が実存にとって応答可能で遂行可能な行為だとするならば、どのようにして現存在の構造がそれ自身からして信仰という実存様式へと現実に関わったり、関わる可能性を有したりするのか、しかも、信仰の根拠が歴史的な啓示にもとづいており、この啓示は、実存論的構造からは推し計れないものでありながら、それを凌駕し充実する生起であるとするならば、それは一体いかにして可能なのであろうか――これらの問いは、『現象学と神学』における構想においては熟慮されないままになっているように思われる。さらにこれらの問題は、一つのより広い哲学的洞察へと繋がっていく。すなわち、歴史的現象が無意義なものとして中立化されるべきでないなら、実存論的・超越論的な構造は、存在了解の自己完結的な枠組みとはみなされえないのではないかという洞察である。こうして、ハイデガーは三〇年代の始めから、いわゆる「転回《ケーレ》」を行い、もはや超越論的分析によって制約されたり限定されたりすることのない存在了解へと向かうことになる。

四　形而上学とキリスト教における神理解への批判

ハイデガーは、一九三〇年代において、存在への問いの新たな手掛かりを求めて、形而上学の歴史に対する批判的な再検討を行っており、キリスト教批判もそこに組み込まれることになる。ハイデガーが形而上学の概念を獲得するために採った方途は、近代形而上学から逆行して、アリストテレスやプラトン（Platon 前四二七―三四七年）における存在了解の投企に眼差しを向け、形而上学の歴史を、一貫して展開された――そしてニーチェにおいてその真なる本質を実現した――統一体として捉えるというものであった。しかしハイデガーはその際、聖書原典における神理解に立ち返ったり、トマス・アクィナスなどのキリスト教的思想家における存在と神との関係などを解明するようなことは一切行っていない。まさにそれゆえに、キリスト教的神概念に対するハイデガーの解体もまた、その形而上学批判の一契機として把握されねばならないことになるのである。

「形而上学」という名称は、「そこでの存在の思惟が、存在者を現前する客体的存在者という意味で捉え、それを存在への上り道のための出発点かつ目標とみなすと同時に、そこからただちに再び存在者への下り道に至るという意味で目標ともみなすということ」(32)を意味する。したがって存在への根本的な哲学的問いは、形而上学の内では、存在者をそれ自身としてかつ全体において問う問いとして提起されるのである。存在者の存在者性がその恒常的現前性あるいは客体的存在性とみなされる以上、存在はまず、無時間的な永遠の現在という規範の下で、最も普遍的で自明な存在概念として現れ、次に根拠への問いに対する解答として捉えられるときには、最高の存在者として、つまり「純粋現実態」、「最高善」あるいは「神」として受け取られる。しかしこの形而上学的思考において、神が、存在者の原因と捉えられるために、それ自身において「自己原因」（causa sui）とみなされるなら、神は存在者を成立させる機能として、存在者を中心に捉えられることになる。存在者は存在の内でこそはじめて存在者として現れ、理解されうるようになるが、以上のような形而上学的な考察においては、存在そのものへの問いは締め出されることになる。その限りで形而上学は、根本において存在忘却と存在棄却に陥っているのである。「〔形而上学においては〕すべての存在者の原因としての最高の存在者が存在（Seyn）の本質を請け負っている」[33]。

こうして神は、この〔形而上学的な〕「存在-神論」（Onto-theologie）の図式に則り、上り道において対象的存在者の方から存在者に類比的な仕方で、したがって超越的存在者として表象される。「〈最高の存在者〉（summum ens）こそ、存在者の内に属するのである」[34]。神を無制約的で無限で絶対のものとして規定することは、「神の神性にもとづくものではない。存在者の本質は、それが恒常的に現前するもの、対象的なもの、端的にそれ自身で思惟され、措定的表象にもとづく説明において最も明瞭なものであるという点に存し、このことが対-象である神にも帰属すると認められるのである限り、〔絶対者としての神の規定は〕むしろ存在者の存在者としての本質にもとづく規定なのである」[35]。このような神の超越を背景にする限り、それに応じて存在者は所産として、つまり被造物として理解される。しかしその場合、存在者はその存在においては問いかけられず、また理解されることもない。こうして、「被造物—近代的自然と歴史—技術」[36]という存在史的連関が明らかにされるのである。

定型として反復されるこの形而上学の図式は、ハイデガーにとって、さらにキリスト教の教義を規定するものとなり、その教義の内に定着させられる。「キリスト教神学――被造的存在者（ens creatum）と存在の類比（analogia entis）」[37]。つまり神学とは、存在の意味や神の意味を問うものではなく、ただ原因の概念によって、ある存在者を別の存在者の下へ還元することだとされるのである。他方、キリスト教の神が創造主であるのみならず、また救い主でもあるのならば、歴史は救済史として、自らの救いの保証を求める人間の意志を中心に秩序づけられることになる。信仰による救いの確信の内には、「自作の保証の利己的な奪取」[38]が潜んでいる。三〇年代のハイデガーは、ニーチェとともに、キリスト教をプラトン主義と同一視するだけでなく、形而上学そのものを最終的には本質的にキリスト教的なもの、つまり「（すでにプラトンにおいて始まっていた）キリスト教化」[39]として把握しており、形而上学とキリスト教を同様の仕方で克服しようとしている。それゆえ、形而上学的・キリスト教的な神理解に対する批判は、存在忘却への非難と合致することになる。というのも、最高の価値としての神概念や神の存在証明は、神を客体的存在者として扱い、それゆえ神の神性を冒瀆するものだからである。そこで思惟にとっては、より神的な神を求めることこそが課題となる。なぜなら、形而上学の神に向かって、「人は祈ったり、犠牲を捧げたりすることはできないからである。人間は、自己原因を畏怖し、そのもとに跪くことはなく、この神の前で楽を奏でたり踊ったりすることもない」[41]。形而上学的な神理解の諸々の根源が使い尽くされ、それが洞察されたあとでは、思惟はもはやこの神学的な神に立ち返ることはできない。むしろ、「無神論の仮象を恐れず、神の不在の近くにとどまり、不在に対する近さを整えながら、不在の神への近さから高き者を名指す始源的な言葉が与えられるまで待ち望むこと」[42]こそが必要である。こうして後期ハイデガーの場合、キリスト教が形而上学的であるという理解については原則的に変化は見られないが、三〇年代の辛辣な批判が、抑制された沈黙に場を譲ることになる。「キリスト教信仰の神学であれ、哲学の神学であれ、神学をそれが生じ来たった由来から経験する者は、今日、神の思惟の領域では、沈黙することの方を好む[43]」。ただ以前より認められるように、ハイデガーは、キリスト教との対話に積極的な態度を示しており、またユダヤ教の預言者やイエスの説教における神的なものの現出に対しても距離を置きつつ、時折積極的な評価を下してもいるのである[44]。

五　存在の思惟における神への問い

形而上学の神概念の否定にもとづく無神論に陥ることなく、神学的形而上学から自由になったため、いまやハイデガーは神への問いを、存在への問いの内的な契機として新たに根源的に提起しうるようになる。「存在史的思惟はあらゆる神学の外に立っていながら、いかなる無神論にも関与しない[45]」。「神」という言葉によって思惟に課せられている問いは、あらゆる理解の最も始源的な根幹である存在の露呈の「性起」（Ereignis）にまで遡っていく。了解は、存在の露呈においてこそ、究極的意味に向けて自らを投企することができる。しかし、真理の自己露開と存在からの要求の可能性を思惟しうるには、非表象的で非論述的な言葉が必要とされる。そこでハイデガーは、一九三六年以降、ヘルダーリン（Johann Christian Friedrich Hölderlin 一七七〇—一八四三年）の詩作の内に、そのような言葉を見出そうとするのである。

ヘルダーリンの言葉は、言語的表現から独立して客体的に存在する事態を記述するものではない。それは、言葉の内に贈られた目配せに敏感に聴き入り、そこで「神々が根源的に名指され、事物の本質が語に到来して、事物がはじめて輝き出す[46]」ような「あいだ」（Zwischen）の明るみを設立するのである。それゆえ詩作は存在を、すべての存在者がはじめて自らを存在者として示すことを可能とする次元として呼び覚ます。存在者は「存在（Seyn）の真理の内にもとづくということからのみ知られる。存在は、存在者の真理として本質現成する」[47]。それゆえ、言葉において隠蔽性の内から露開される存在の次元は、根源的な真理が現出する場である。しかしこの真理は、任意の対象にとっての無差別な領野ではなく、世界を意味の接合の内に集めることであり、その接合はそれ自身として、秩序づけの根源と中心を要求するのである。したがって、真理としての存在の次元には、「人間と事物を自らの内に集め、このように集めることにもとづいて、世界歴史と、人間のそこでの滞留とを接合する」[48]神への開かれた問いが保蔵されている。

神性と神的なるものは、世界を、高き者と最後のものとが滞留可能な場に整えるが、神の近さは、この神性と神的なるものの輝きにおいて予告される。そして詩人の言葉は、先取りという仕方によってではあるが、神的なものの目配せに誠実にそして敏感に聴きつつ応答することによって、神を名指し、神に呼びかけようとするのであり、これによって、真理の次元や存在の明るみを現前させることができる。「詩作することは、神々を根源的に名指すことである」[49]。「神々」についてのこのような語りは、最後で最高のものが思惟され、語られうるものとなる次元を開き、それを、待つという無規定性の内にもちこたえようと試みる。さらに「神々」という言い方は、「神々の存在について、それが一であるか多であるかは未決定であるということを示唆している」[50]。こうして詩作は、神々を名指すことによって、神に対し、神が真理の内に現出しうる場を提供するのである。「詩作しつつ名指すことは、言葉の内に高き者それ自身を現出させることを意味する」[51]。

神的なものが神の先駆けとして現れるためには、天空と大地、神々と人間、つまり「方域」[52] (Geviert) が、存在の真理にもとづき、その共属性の内へ接合されていなければならない。人間は世界のこの共鳴の中で自らの本質を見出し、そのことによって健やか（heil）になる限り、存在の真理の内には、「救うもの」（das Heilende）が、それゆえまた「聖なるもの」（das Heilige）が認められる。「聖なるもの」とは、神々と人間とをその一致にもたらす「あいだ」の領域である[53]。それゆえ詩人は、聖なるものに対し、その把握しえない近さのための場を整えることによって、問いつつ待ちながら世界を神の到来のために開くのである。詩人は、「どのような神が人間のどのような本質に対し、どのような仕方で、極端な困窮に迫られてもう一度立ち現れるのか、また、そもそもそのようなことが実際に起こるのか[54]」という問いについて、思惟を、受容に開かれた揺動の内へと引きとどめる。というのは、神の本質にとっての限界や定義を思惟によって措定することは、神的なもの自身の本質にもとづいて、思惟には禁じられているからである。形式的な告知という意味においてのみ、神は先取りされて、「最後のもの」や「最後の神」として性格づけられる。「では、神々はどのように〈思惟されるべきであろうか〉。それは〈宗教〉に由来するものでも、客体的なものでも、人間の必要のためのものでもない。それは存在に由来し、その決定として、最後のものの唯一性において将来的に〈性格づけられる[55]〉」。

存在を名指す思惟は、一つの次元を開く。すなわち、神が現出へともたらされうるために必要とする「一つの規範を付与する領域[56]」と「明るみつつ送り届けること[57]」を与えるのである。それゆえ、存在は真理の根源ではあっても、けっして神そのものではない。「存在——それは神ではない[58]」。聖なるものの次元を通して、神の到来に対し規範付与的かつ受容的に待つことの内に、存在の最も深い意義が認められる。「存在は、神々のなかの神とすべての神的顕現が必要とするところのものとして認識されるとき、はじめてその偉大さに到達する[59]」。こうして存在は、最終的に「神を証しすること[60]」のために仕えるのである。なぜなら、「最後の神は、存在の真理の本質現成の内、性起の内に、性起として、自らを隠すからである[61]」。存在が神と同一視されえないように、神もまた存在と同一視されえない。つまり、存在が真理の次元であるのに対して、神はハイデガーによって常に存在者として思惟されているのである。「神もまた、もしそれが存在するならば存在者であり、存在者として存在とその本質の内にある」(62)。この意味で、ハイデガーは、神への問いを存在への問いによって開こうとしたのであるが、神を、一つの暗号として存在の露呈へと還元するようなことはしていない。「というのは、存在はけっして神そのものの規定ではないし、存在は神が神として顕現するために必要とされるものであるが、しかし完全にそれとは区別されるものだからである」(63)。ハイデガーは、存在と神との区別によって、「形而上学が問いうる以上により始源的に問う」(64)問いの端緒へと入り込んでいく。

存在と神との次元の相違は、聖なるものと神的なるものの次元によって橋渡しされる。「聖なるものの本質は、存在の真理からはじめて思惟される。神性の本質は、聖なるものの本質からはじめて思惟されうる。〈神〉という語が何を名指すかは、神性の本質の光においてはじめて思惟され、語られうるようになる」(65)。つまり、いっそう高くより中心的な次元は、いっそう広くより無規定的な次元によって、しかも根本的には存在の真理によって可能になるのである。しかしそれは、存在の真理から結果として生じるわけではない。神により近い次元はより広い次元の中ではじめて思惟可能となるのであるが、前者が後者に対してもつ余剰は、最終的には、神が存在に対して自立していることにもとづいている。しかしこの自立性は、神がその到来のために存在を「必要とする」(brauchen)といった依存性を締め出すものではない。「存在は、神々によって必要とされるものである。……〈神々〉によって強要されるものではあるが、しかし、神々によって引き起こされたり条件づけられたりするものではありえない」(66)。このように、存在は「神と人間とのあいだであり、このあいだの空間が神と人間に対してはじめて本質現出の可能性を開くのである」(67)。それゆえ神への根源的な問いは、思惟しつつ存在の真理の中へ入り込んでいくことから始まる。「聖なるものはただ神性の本質空間となる場であり、神性はまたそれ自体としてはただ神々と神のための次元を与えるにすぎないものであるが、この聖なるものは、まずもって長い準備ののちに存在そのものが明るみ、その真理において経験される場合にのみ、輝きへと至る(68)」。ところが存在は、人間の自由な処理から自ら脱去する。存在は、「客体や生物としての人間の内にではなく、現-存在に(69)」もとづくからである。そして神の神性、つまりその顕わな現存は、こうした存在の意味にもとづいて可能となる。そのため、神の現存は、人間の力によって左右されるようなものではない。「神が神であるかどうかは、存在の配置(Konstellation)から、そしてその配置の内で性起する(70)」。

ところで存在、聖なるもの、神的なもの、そして神の露呈の様態と段階は、こうした全体的構造の内部において、歴史的な変容を被りうる。現代という時代にあっては、すべては、存在の真理に気づき、聖なるものをその未知の近さにおいて見出すことに掛かっているのである。こう考える点で、ハイデガーはヘルダーリンと歩調を合わせている。「聖なるものは確かに現出する。しかし、神は遠くにとどまっている(71)」。神のこの不在は、神について語ることの困窮の只中において、「聖なる名の欠如(72)」によって示される。しかし神の退避は、それ自体として経験されるならば、その限りにおいて、それ自身神の隠蔽された現前性の可能な様態であると言える。「天からのものが近づくことの内で、不在の神が挨拶する(73)」。それゆえ、神の不在の経験は、単純に取り除かれるべき脱落や欠乏と理解さるべきではない。むしろ、それは命運として、そして思惟しつつ将来的な近さを待ち焦がれることを促す要請として受け止められるべきなのである。

歴史を性起させる命運としての存在は、最終的に、語りえない起源を指し示す。というのも、人間には存在が贈られ、時間が与えられるが、晩年のハイデガーが思惟しようと試みているように、この場合、この現前させることの内には、積極的な「させること」(Lassen)、つまり「それが与える」(Es gibt 存在する)が示されるからである。この「それが与える」は、存在と時間をそれぞれその固有性と相互の共属性とに接合する。「存在の命運を遣わすことの内には、そして時間を届けることの内には、存在を現前性として、そして時間を開けた場という領域としてその固有性(Eigenes)へと捧げ、譲渡すること(Zueignen, Übereignen)が示されているのである[74]」。存在と時間の二重性は、存在と存在者との二重性と同様に、それ自身においては隠蔽されている「それ」という共通の根源において、ただ存在と存在者の時間的・歴史的な露開においてのみ告知される性起において共鳴し合う。「存在は性起において消え去る[75]」。しかしまた、存在を遣わすことの内で、性起は「人間を神に捧げることによって、神を人間に譲渡するのである[76]」。「それが与える」という性起は、こうしてすべてが存在の内へと出現することの最初で最後の根源として示される。

ハイデガーはのように存在と存在者すべてを接合する一なる起源を問い求めたが、最後には、神と存在(Seyn)ないし性起のあいだの関係への問いを提起せねばならなくなる。なぜなら、神と存在の相違と共鳴とは、その現出の仕方において把捉されるべきであるが、神が神とは異なる存在や性起によって制約され統合されるということは、神が神であることとは相容れないように思えるからである。確かに、存在は、神が現出しうるための制約として、神によって前提とされ、「必要とされる」。しかし神が現出するときには、神は存在を自身と並ぶ、自らとは異なったものとして許容するわけではない。「存在は神々によって必要とされるものである。それは神々の危急である。……思惟にとって存在の危急性がいまだ暗いままであり続けなければならないとはいえ、この危急性は神々を、存在を必要とするものとして思惟するための最初の手がかりを与える[77]」。すなわち、存在は来たるべき神の先行的輝き、つまり曙光として、また性起は神の現出において自らを抑止しつつ贈り与える接合として、神の現れの場へと止揚されるのだと推定することができるだろう。それはちょうど、『存在と時間』において、世界という真理の場が道具の働きの内に姿を消し、道具という存在者が欠落したり、使用不可能になったりするときにはじめて主題化されるのと軌を一にしている。なぜなら、最後の神は、その本来的な唯一性において、自己自身による純粋な自己露呈と自己贈与だからである。「性-起と時間-空間の深淵におけるその接合は、最後の神が自ら絡め取られる網であるが、そうすることによって最後の神はその網を引き裂き、自らの比類なさ〔唯一性〕において、網を終わらせるのである[78]」。

ハイデガーの思惟は、宗教的信仰への促しから距離を置き、意図的に未決定性にとどまっているが、キリスト教と形而上学に背を向けることの内には、より根源的な追求への志向が芽生えている[79]。ただし、その志向はいまだ時期尚早なものとして経験されており、近くにあり近づきつつある神秘の前に留め置かれているのである。

註

（1） J. Möller, *Existenzialphilosophie und katholische Theologie*, Baden/Baden 1952; J. Macquarrie, *An Existentialist Theology: A Comparison of Heidegger and Bulmann*, (1955), reprint New York 1980; H. Ott, *Denken und Sein. Der Weg Martin Heideggers und der Weg der Theologie*, Zollikon 1959.〔「思考と存在」川原栄峰・小川圭治訳、『現代キリスト教思想叢書14』所収、白水社、一九五七年〕; G. Schneeberger, *Nachlese zu Heidegger. Dokumente zu seinem Leben und Denken*, Bern 1962〔『ハイデガー拾遺——その生と思想のドキュメント』山本尤訳、未知谷、二〇〇一年〕; J. M. Robinson, J. B. Cobb (eds.), *The Later Heidegger and Theology*, Westport 1963 (deutsch: Zürich 1964); O. Pöggeler, *Der Denkweg Martin Heideggers*, Pfullingen 1963〔『ハイデッガーの根本問題』大橋良介・溝口宏平訳、晃洋書房、一九七九年〕; G. Noller (Hg.), *Heidegger und die Theologie*, München 1967; H. Danner, *Das Göttliche und der Gott bei Heidegger*, Meisenheim am Glan 1971; J. L. Perotti, *Heidegger on the Divine*, Athens, Ohio 1974; U. Regina, *Heidegger: Esistenza e Sacro*, Brescia 1974; A. Gethmann-Siefert, *Das Verhältnis von Philosophie und Theologie im*

Denken Martin Heideggers, Freiburg / München 1975; J. R. Williams, *Heidgger's Philosophy of Religion*, Waterloo 1977; R. Schaeffler, *Frömmigkeit des Denkens? Martin Heidegger und die Katholische Theologie*, Darmstadt 1978; A. Jäger, *Gott. Nochmals Martin Heidegger*, Tübingen 1978; J. D. Caputo, *The Mystical Element in Heidegger's Thought*, Athens, Ohio 1978; L. Weber, *Heidegger und die Theologie*, Königstein, Ts. 1980; F. Guibal, "*... et combien de dieux nouveaux." Approches contemporaines: Heidegger*, Paris 1980; J. D. Caputo, *Heidegger and Aquinas: An Essay Overcoming Metaphysics*, New York 1982; A. C. Thiselton, *The Two Horizons: New Testament Hermeneutics and Philosophical Description with Special Reference to Heidegger, Bultmann, and Wittgenstein*, Grand Rapids, Mich. 1980; H.-G. Gadamer, *Heideggers Wege. Studien zum Spätwerk*, Tübingen 1983; R. Vancourt, *La phénomenologie et la foi*, Tournai 1984; H. Ott, *Martin Heidegger. Unterwegs zu seiner Biographie*, Frankfurt a. M. 1988〔『マルティン・ハイデガー――伝記の途上で』北川東子・忽那敬三訳、未來社、一九九五年〕.

（2） Cf. A. Gethmann-Siefert, *op. cit.*

（3） Cf. O. Pöggeler, Heidegger und die hermeneutische Theologie, in: *Verifikationen. Festschrift für G. Ebeling*, hgg. von E. Jüngel et al., Tübingen 1982, S. 475-498.

（4） E. Jüngel, Gott entsprechendes Schweigen? Theologie in der Nachbarschaft des Denkens von Martin Heidegger, in: *Martin Heidegger, Fragen an sein Werk. Ein Symposium*, Stuttgart 1977, S. 37-45.

（5） Cf. J. B. Lotz, *Martin Heidegger und Thomas von Aquin*, Pfullingen 1975.

（6） R. Schaeffler, *op. cit.*, S. 3-10.

（7） Brief an Prof. Krebs vom 9. Januar 1919, in: H. Ott, *Martin Heidegger. Unterwegs zu seiner Biographie*, S. 107.

（8） M. Heidegger, *Unterwegs zur Sprache*, 3. Aufl. Pfullingen 1965, S. 96.

（9） Id., Die Kategorien- und Bedeutungslehre des Duns Scotus, in: *Frühe Schriften*, Frankfurt a. M. 1972, S. 208.

（10） *Ibid.*, S. 209.

（11） *Ibid.*, S. 157.

（12） *Ibid.*

（13） *Ibid.*, S. 344.

(14) Id., *Sein und Zeit*, 14. Aufl. Tübingen 1977, S. 226.
(15) *Ibid.*, S. 226.
(16) Brief an Prof. Krebs vom 9. Januar 1919, in: H. Ott, *Martin Heidegger. Unterwegs zu seiner Biographie*, S. 106.
(17) H.-G. Gadamer, *op. cit.*, S. 17.
(18) Th. Sheehan, Heidegger's "Introduction to the Phenomenology of Religion," 1920-21: *The Personalist* (Los Angeles) 60 (1979), p. 316. M. Heidegger, *Phänomenologie des religiösen Lebens*, Gesamtausgabe, Bd. 60, Frankfurt a. M. 1995, S. 9.
(19) Th. Sheehan, *op. cit.*, S. 317.
(20) *Ibid.*, S. 318.
(21) K. Lehmann, Christliche Geschichtserfahrung und ontologische Frage beim jungen Heidegger, *Philosophisches Jahrbuch* 74 (1966-67), S. 126-139.
(22) O. Pöggeler, *Der Denkweg Martin Heideggers*, S. 38f.; K. Lehmann, *op. cit.*, S. 145-150.
(23) H.-G. Gadamer, *op. cit.*, S. 147.
(24) M. Heidegger, *Sein und Zeit*, S. 229.
(25) Ein Gespräch mit Max Müller, in: B. Martin (Hg.), *Martin Heidegger und das Dritte Reich. Ein Kompendium*, Darmstadt 1989, S. 140.（このページ数は校正刷のもの）
(26) M. Heidegger, *Phänomenologie und Theologie*, Frankfurt a. M. 1970, S. 66.
(27) *Ibid.*, S. 59.
(28) *Ibid.*, S. 61.
(29) *Ibid.*, S. 63.
(30) *Ibid.*, S. 65.
(31) Id., Vom Wesen des Grundes, in: *Wegmarken*, Frankfurt a. M. 1967, S. 55.
(32) Id., *Beiträge zur Philosophie (Vom Ereignis)*, Gesamtausgabe, Bd. 65, Frankfurt a. M. 1989, S. 423.
(33) *Ibid.*, S. 111.

(34) *Ibid.*, S. 509.
(35) *Ibid.*, S. 438.
(36) *Ibid.*, S. 107.
(37) *Ibid.*, S. 273.
(38) *Ibid.*, S. 370.
(39) *Ibid.*, S. 431.
(40) Cf. id., *Nietzsche*, Erster Band, Pfullingen 1961, S. 324, 366.
(41) Id., *Identität und Differenz*, Pfullingen 1957, S. 70.
(42) Id., *Erläuterungen zu Hölderlins Dichtung*, 4. erweiterte Aufl. Frankfurt a. M. 1971, S. 28.
(43) Id., *Identität und Differenz*, S. 51.
(44) Id., Das Ding, in: *Vorträge und Aufsätze*, Pfullingen 1954, S. 183.
(45) Id., *Beiträge zur Philosophie*, S. 439.
(46) Id., *Erläuterungen zu Hölderlins Dichtung*, S. 41.
(47) Id., *Beiträge zur Philosophie*, S. 235.
(48) Id., Wozu Dichter?, in: *Holzwege*, 5. Aufl. Frankfurt a. M. 1972, S. 248.
(49) Id., *Erläuterungen zu Hölderlins Dichtung*, S. 45.
(50) Id., *Beiträge zur Philosophie*, S. 437.
(51) Id., *Erläuterungen zu Hölderlins Dichtung*, S. 27.
(52) Id., Das Ding, *loc. cit.*, S. 179.
(53) Cf. H. Danner, *op. cit.*, S. 51.
(54) M. Heidegger, *Beiträge zur Philosophie*, S. 437.
(55) *Ibid.*, S. 508.
(56) Id., Grundsätze des Denkens, *Jahrbuch für Psychologie und Psychotherapie* 6 (1958), S. 35.

(57) Id., Zeit und Sein, in: *Zur Sache des Denkens*, Tübingen 1969, S. 15.

(58) Id., Brief über den ›Humanismus‹, in: *Wegmarken*, Frankfurt a. M. 1967, S. 162.

(59) Id., *Beiträge zur Philosophie*, S. 243.

(60) *Ibid.*, S. 228.

(61) *Ibid.*, S. 24.

(62) Id., *Einführung in die Metaphysik*, 3. Aufl., Tübingen 1966, S. 169.

(63) Id., *Beiträge zur Philosophie*, S. 240.

(64) Id., Brief über den ›Humanismus‹, *loc. cit.*, S. 181.

(65) *Ibid.*, S. 181f.

(66) Id., *Beiträge zur Philosophie*, S. 438.

(67) *Ibid.*, S. 476.

(68) Id., Brief über den ›Humanismus‹, *loc. cit.*, S. 169.

(69) Id., *Beiträge zur Philosophie*, S. 263.

(70) Id., *Die Technik und die Kehre*, Pfullingen 1962, S. 46.

(71) Id., *Erläuterungen zu Hölderlins Dichtung*, S. 27.

(72) *Ibid.*, S. 28.

(73) *Ibid.*

(74) Id., Zeit und Sein, *loc. cit.*, S. 20.

(75) *Ibid.*, S. 22.

(76) Id., *Beiträge zur Philosophie*, S. 280.

(77) *Ibid.*, S. 438: Das Seyn ist das von den Göttern Gebrauchte; es ist ihre Not .... Und so dunkel noch die Notschaft des Seyns für das Denken bleiben muß, sie gibt doch den ersten Anhalt, um die Götter zu denken als Jene, die das Seyn brauchen. Cf. O. Pöggeler, *Der Denkweg Martin Heideggers*, S. 262.

(78) M. Heidegger, *Beiträge zur Philosophie*, S. 263.
(79) Id., Vom Wesen der Wahrheit, in: *Wegmarken*, S. 89-91.

第四部　純粋経験と宗教

――西田哲学をめぐって

第十三章　西田幾多郎

――生涯と思想――

序　西田の生涯

西田幾多郎（一八七〇年五月一九日―一九四五年六月七日）は、加賀国（石川県）で、金沢からも遠い河北郡宇ノ気村字森で、西田得登《やすのり》の長男として生まれた。幼少の頃から読書に親しみ、十三歳（一八八三年）のとき、母親の望みでもあった学者への志を抱いて、石川師範学校に入学した。しかし重いチフスに罹かり一年の休学を余儀なくされたが、十六歳（一八八六年）で金沢の石川県専門学校（第四高等学校の前身）に入学した。当時のこの学校は外国語や西洋の学問に比較的熱心であり、木村栄、松本文三郎、藤岡作太郎などが在学していたが、生涯の友となる鈴木大拙と知り合ったのもこの学校においてであった。また西田はここで恩師北条時敬の影響を受け、数学に強い関心を覚えた。このような関心はのちに、とりわけ『自覚に於ける直観と反省』（一九一七年）以降顕著に見られるように、自身の哲学を論理的に裏づけようとする努力の動機の一つになったと考えられる。西田が青春を謳歌したこの金沢時代には、「純粋経験」と「真実在」という、のちの『善の研究』にとっての中心的な着想が、自身の経験から芽生えることになる。二〇歳（一八九〇年）で四高を中退したのち、一八九一年から（東京）帝国大学文科大学哲学科選科に籍を置き、ブッセ（Ludwig Busse 一八六二―一九〇七年）からロッツェ（Rudolf Hermann Lotze 一八一七―八一年）の価値形而上学を、またのちにはケーベル（Raphael Koeber 一八四八―一九二三年）からショーペンハウアー（Arthur Schopenhauer 一七八八―一八六〇年）を学んだ。しかし当時の西田は、選科生としての自分の姿を人生の落後者のように感じていたようである。

卒業（一八九四年）ののち一八九五年に、故郷に近い七尾の中学教師となり、翌年に四高の講師の職を得た。さらに一八九七年（この年から、一九四五年までに及ぶ『日記』が書き始められることになる）、山口の高等学校の教授となり、一八九九年から一〇年間は四高の教授を務めている。この時期は、主としてドイツ語の担当であったが、倫理学・哲学・心理学をも教える機会があった。宗教と哲学の理解の基盤を求めて、すでに一八九九年から参禅しており、一九〇三年には無字を許された（「されども余甚悦ばず」『日記』、一七・一一九〔一七・一二八〕）。また雪門和尚老師から寸心という居士号を贈られた。金沢時代の前半（一九〇三―〇四年頃まで）には、宗教（親鸞・新約聖書・キリスト教神秘思想・漢籍）に対する理論的関心が強かったが、その後半になると、西洋哲学（プラトン、スピノザ、カント、フィヒテ、ヘーゲル、ショーペンハウアーなど）の研究が主たるものとなった。当時の西田の哲学は、主に一九〇六―〇七年から雑誌論文として公表されるが、それが『善の研究』としてまとめられるに先立って、四〇歳（一九一〇年）で倫理学担当の助教授として京都帝国大学文科大学に招かれることになった。

一九一一年に出版された『善の研究』によって、西田の哲学は哲学界のみならず、広く一般に注目されるようになった。この京都時代（一九一〇から二八年の定年退官まで）は西田の生涯の第二の時期であり、その思想は『善の研究』から始まり、『自覚に於ける直観と反省』の段階を経て、論文「場所」（一九二六年）において明らかになってくる「西田哲学」（一九二五年、左右田喜一郎による命名）を形成する道となった。一九一三年には文学博士の学位を授与され、同年、京都帝大教授（宗教学講座、一九一四年哲学・哲学史講座）となった。このように西田の京都時代は、哲学的には実り豊かな期間であったが、私生活の面では子供たちを相次いで亡くし、一九二五年にはそれまで久しく病床にあった妻の寿美の死という不幸にさえ見舞われるのであった。

退官してからの西田は、毎年、春と秋には京都で論文を書き、冬と夏は鎌倉で過ごすのが常であった。一九三一年には山田琴子と再婚する。こうした静かで安定した時代が彼の生涯の第三の時期に当たる。この時代の西田は、一九四一年から翌年にわたり病気のためやむなく研究を中断せざるをえなかった以外は、倦むことなく研究に携わり、全著作の半分以上に当たるものを生み出している。さらに一九四〇年の文化勲章の授与によって、彼の哲学的業績は広く一般に認知されることになったが、他方では政治的な攻撃にもさらされることになった。その哲学的な厳密さと思考の自律性にもかかわらず、時代の動向にも絶えず関心を払う思索的姿勢ゆえに、この時代の彼の哲学的主題が、当時の日本国内の精神的・政治的状況によって影響を受けたことは否定できない。それでも西田は自身の思想が直接、政治的に悪用されることのないように努めようとしていた。教壇にあるときには寡黙で無愛想で、そのうえ学生に恐れられるような性格の西田であったが、友人とのあいだでは歳を経るごとにますます交友を深め、好んで哲学的な対話に耽った。死を前にした数か月間、いよいよ西田は、早い時期から自身の哲学を導く基礎であった宗教的問題に集中して取り組み、その完成後に突然の病に倒れ、一週間後の一九四五年六月七日に鎌倉にて世を去った。

一　概観

明治時代になって、日本の思想はようやく西洋の哲学に接することになったが、その接触の仕方はいまだ手探りで、折衷的なものであった。西田の思索によって、彼自身の独創的な思想と西洋哲学の主潮の広範な受容とが結び合わされることで、そうした状態が破られ、日本の哲学は一挙に頂点に達することになる。西田の思索は根源的意識の経験に由来するが、それは同時にその経験の体系的な明晰さを求め、古代や近代、なかでもドイツの哲学を咀嚼しようとしていた。前期においては、東洋思想からの引用はほとんど見られず、後期になっても、最後の宗教哲学的論文を除けば、断片的に用いられているにとどまる。それに対し、西洋の主だった哲学者のうちで彼の著作に影響の跡をとどめていない者はまずいないと言ってよい。西田はそれらの哲学者の著作によって触発され、それらをあたかも自分の思索にとっての素材や道具のように使いこなすことができた。しかしそうすることで西田が目指していたのは、文献学的に忠実なテクスト理解を超え、それらに自由な解釈を施すことによって、そこで意味されている事柄自体の体系的な理解を得ることにほかならなかった。その際に西田の理解地平となっていたものは、東洋的な思索の進め方と経験の仕方なのであり、そのなかでも特に若い頃の彼自身の参禅体験が挙げられるが、禅だけに限らず大乗仏教一般が西田の思想形成に大きな意味をもったと言える。そして西田は、そうした自らの理解地平を、後期の諸論考において、しかも昭和初期の時代精神の影響を受けていっそう明確に主題化するようになる。

西田が取り上げた主題は、哲学の領域のほぼすべてに及んでいる。論理学、認識論、意識論、倫理学、美学、宗教哲学、空間・時間・数に関する諸理論、生命や身体や相互主体性に関する諸考察、それに世界や歴史に関する理論などである。それでも彼は、これらの諸問題を相互に関連のない別個の領域として扱ったわけではない。むしろそれらのすべてにわたって問題とされていたのは、『善の研究』の表現を借りれば、ひたすら「真実在」を探究すること、実在全体の論理をその根底において探究することであった。したがって西田の哲学はまったく一貫して「第一哲学」（アリストテレス）、ないしは形而上学なのである。主観としての人間を中心とする近代思想を踏まえながらも、西田は実在を対象的に捉えようとするのではなく、むしろそれを（特に前期の著作では）人間の意識の生を通して見ようとしている。というのは、主観そのものにおいて実在の深みが自ずと自らを開示してくるからである。そうした意識の分析は、まず経験の分析に始まり、そこから純粋意識とその根源である自由意志へと深められる。それは意識される意識を超えて、絶対無に根源を有している真に主体的な、意識する意識へと進んでいく。このようにして、主観と客観との、価値と実在との分裂すべてに先立って、意識の根底において「無の場所」が示される。そこで西田の後期の著作（一九二八年の退官の少し前から開始される）においてはまず、実在の諸層を絶対無との関係から、その絶対無の自覚的な自己限定と自己表現として把握するという課題が立てられる。こうして、実在の深層構造は世界の具体的な仕組みの内に現象するものであるとされ、それにともない後期の諸論考は、諸対立の弁証法的な統一という特徴をもつ歴史的世界の探究に向けられる。これらの具体的な分析を経て、いよいよ西田最後の論考では、絶対者の前に立つ人間の宗教的なあり方を問う実存的な根本的問題が、再び取り上げられることになる。

西田の思想を理解するには、全般的な概観だけでなく、その思想が歩んだ各段階を辿る必要がある。その試みとして、ここではその発展を追跡しながら、最初の段階である『善の研究』と、最後の段階である「場所的論理と宗教的世界観」を少し詳しく見ていくことにしたい。

二　発展の諸段階

(1)『善の研究』

『善の研究』によって、西田の名は一躍広く知られるようになった。それどころかこの著作は、西田の思想を理解する鍵とみなせるものである。なぜならそこでは、個々の論点に関してはまだ粗削りではあっても、「純粋経験」の概念を中心とした議論が展開されており、そこには、後年の西田の思想における中心的主題が窺われるからである。カント(Immanuel Kant 一七二四—一八〇四年)のいう意味での「純粋理性」ではなく、「純粋経験」(第一編)こそが真の「実在」(第二編)へ通じる道とされる。「経験するといふのは事実其儘に知るの意である」(『善の研究』、一・九〔一・九〕)。実在はここでは、カントの言うような物自体として認識の彼方にあるのではなく、まさに意識される現象の内にあり、しかもそれと一体なのである。バークリ(George Berkeley 一六八五—一七五三年)の意味での「有即知 esse = percipi」(一・五四〔一・四五〕)なのである。したがって経験はそれ自身によって直接に確実であり、批判的な懐疑の余地を残さない。こうした意味での経験が、個別的・具体的で、いかなる解釈にも先立ったそのままの意識現象として解され、しかも個々の色彩の知覚などを範例としている限り、西田のこうした経験概念は、まずはイギリスの経験論、とりわけウィリアム・ジェームズ(William James 一八四二—一九一〇年)の心理主義的考察に従っている。

そのため経験は、アリストテレス(Aristoteles 前三八四—三二二年)の場合のように、時間的に推移する諸現象から恒常的で普遍的な本質を取り出すのではない。経験は常に体験の現在の内にある。というのも、ここで経験は理論的な知識に至ろうとしているのではなく、実在そのものとの生きた統一を求めるものだからである。この点で西田の経験概念は、確実な知識を問い求めようとする近代の経験論を超えている。こうして西田にとっての経験は、感覚的認識だけに限られるのではなく、思考・意志・感情の内にも見出され、しかもその最高の形態としては、福音書の言葉に従えば、幼子の経験と一致する神秘家のまったく純一な経験が挙げられる。経験とはしたがって、意識一般の根本形態なのである。西田はその心理主義的考察によって、思惟と意志と直観とのあいだの本質的な区別を相対化し、最終的には廃棄するが、そうすることで西田が目指していたのは、それらのすべての意識作用の区別を貫いてはたらく、根源的な意識作用の統一を取り出すことであった。この意識作用の根本的な統一は純粋経険の内で遂行されるが、それはまた、シェリング（Friedrich Wilhelm Joseph von Schelling 一七七五―一八五四年）の言う知的直観の意味で、主観と客観とのあらゆる分裂に先行している。それゆえ経験されるのは、根本的には対象としての外界ではなく、その意識内容を通して意識内容と一体になっている意識それ自身の実在なのである。こうして実在は非対象化されるのであるが、それだからといって現象主義的に主観的な意識内容へと還元されてしまうわけではない。むしろ経験において、主観は自らを客観的な内容へと委ね、そうすることで単なる反省的な自己意識としては没し去るのである。その結果そこでは主観それ自身が自らを、根底にある実在そのものの生きた表現として把握することになる。それゆえ経験とは、自己完結的な主観の活動などではなく、むしろ主観それ自身の方こそ、包括的で超個人的な経験の内に含まれていると言えるだろう。経験論においては、経験が受動的・偶然的なものと理解されるのに対して、西田においては、意識は活動的、つまり意志的なものと捉えられる。ここでは意識は、例えばカントの超越論的統覚のような意味で、区別されたもの、対立的なものを統一するはたらきである。意識それ自身が根底にある実在の表現にほかならないため、そうした意識の統一力の根底には、宇宙を成立させる無限の統一力が、その原動力として働いている。このように西田は『善の研究』においては、あらゆる区別に先立つ純粋経験の統一という点を強調している。ところが彼はまた、「具体的普遍」としての「概念」というヘーゲル（Georg Wilhelm Friedrich Hegel 一七七〇―一八三一年）の考えに触発されて、純粋経験を自発的に発展する自己分化の体系として特徴づけており、この点ではすでに後期の論考に繋がる重要な萌芽も認められる。理想と現実、思惟と意志、主観と客観、精神と自然などのような、意識におけるすべての区別は、そうした体系にとっての不可欠の諸段階となっており、それらを経て意識はいっそう高次で包括的な総合へと進展していくようになる。

このような意識の活動と、その意識に現れる実在とは、『善の研究』という書名やその第三編の「善」といった表題にも示されているように、もともと実践的・倫理的なものとしても理解されていた。そこで西田は、倫理を基礎づけるに当たって、そこから一切の他律を排除するだけでなく、経験的な快楽主義を斥け、さらにカントの意味での形式的な義務倫理をも克服する。彼が倫理の根底に据えるのは、人間の人格の内なるダイナミズムである。それは、意志のア・プリオリな努力や要求というかたちで現れるにしても、それ自体としては、宇宙の根本的な統一力の発現である。意志という最も深い力によって人間は、その完全な活動を通して自己自身の実現に向かっていく。「善とは自己の発展完成 self-realization である」（一・一四五〔一・一一七〕）。倫理的善はしたがって無制約的な命法であるとともに、それが人間の自発的な傾向性から発している限り、真の幸福へと達する。人間は、愛という行為の内で自己を忘れ実在と一体となることで、真の自己を達成するのである。そのため人間の人格の実現は個々人にとって絶対的な善であるが、さらにその実現そのものを通して社会的な善へと、人類の統一へと貢献することができる。善の理想は、真理と同じように意識自身から現れてくるため、倫理的行為は、理性の法則と、その理性において意識の内に示される実在自身の法則に従っている。こうして根底にある実在自身が悟性の真理を経て意志の善にまで自らを展開し、さらにその善が完全な善行となるなら、それは美とも一致する。倫理のこうした基礎づけにおいて、西田はまず自覚的に、アリストテレスの倫理学から出発し、そこでの目的論的な自己実現の原理であるエンテレケイアという根本概念を取り入れる。そのうえで西田はそれを——実質上はトマス・アクィナス（Thomas Aquinas 一二二四／二五—七四年）にならい——真・善・美という実在の存在論的・超越論的な諸規定によって展開し、そうした展開を通して、倫理的なダイナミズムがあらゆる実在の根底にある絶対的な統一力の発現にほかならないことを見届ける。こうして倫理は、まさにそれ自身の自律において、究極的には宗教の領域に基礎づけられる。

倫理によって人間は能動的に自己を実現しようとするのに対して、第四編「宗教」の内では、人間は自己の有限性を思い知り、絶対者との合一を求めてやまない存在とみなされる。こうした憧憬は、生の根拠と意味を尋ねる問いから必然的に生じるものであるため、人間は自己の問題の解決を、すなわち絶対の実在との合一を、ただ宗教の内にのみ見出すことになる。宗教的要求はこのように人間の中心に根差しており、それゆえ人間は宗教の内で、認識や意志による自己意識の単に主観的な統一をも超えていく。というのも宗教の本質は、意識をその根拠へと立ち返らせ、自己を神に対する信仰と畏敬の念に徹底して委ねることによって、神を生命の源泉として見出すことにあるからである。「基督がその生命を得る者は之を失ひ我が為に生命を失ふ者は之を得べしと言はれたのが宗教の最も醇なる者である」（一・一七四〔一・一三九〕）。神とはそこでは宇宙の根底であり、意識の最内奥の内面的生命の内に存する内面的統一力にほかならない。ここにおいて実在は精神的なものとされ、神と人間との宗教的関係は父と子の関係として考えられるところから、神の人格性や神の世界との関係が問われることになる。その際、人格概念のカテゴリーである、自覚や自由や愛、さらには個人性といったものを神へと適用するに当たって、そうした適用の可能性を確かにするために、西田はそれらのカテゴリーから有限者に具わる諸制限、例えば反省や恣意や排他性や偶然性などを払拭し、それらを純化する。同時に西田は、新プラトン主義的・キリスト教的な神秘主義や、とりわけヘーゲルにならって、神と世界との関係を純粋経験を手がかりとして規定している。すなわち意識の統一と、その分化された意識内容とは確かに区別されるが、それにもかかわらず、意識の統一の方がより根本的であり、そのもとでそれらは相互に連関し合一している。それと同様に、自我と世界とは神の分化発展であり、神の表現である。なぜなら、それらは神の愛から発出し、そのためそれらは神との統一においてそれ自体として自立しているからである。ところで西田は、自らの参禅体験によって得られた統一と区別との同一という直覚を、さらに概念的に把捉するまでには至っていないように思える。確かに『善の研究』においては、基本的な緊張関係について、つまり、純粋経験の直接性と、区別をもたらす思惟の媒介性とのあいだの緊張、もしくは、純粋な統一の直観と弁証法的な現実的活動とのあいだの緊張、すなわち根本的には、神と世界とのあいだの関係といった問題について、なるほど予示されてはいるにしても、まだ十分展開されてはいないようである。しかし、そうした緊張が西田の思想にとってその後の発展を促す動機の一つになっていることは確かである。したがって西田思想の体系に対する一つの批判的な問題提起として、そうした緊張がそのまま矮小化されずに保持され、そうして思弁的に解き明かされるに至ったのかどうか、ということを問うことができるだろう。

(2)『自覚に於ける直観と反省』

次の段階（一九一三年まで）に至って西田は、まだいくらか心理主義的で事実的な面が残されていた純粋経験の立場を、カントや特にフィヒテ（Johann Gottlieb Fichte 一七六二―一八一四年）に従うことによって、自覚の超越論的論理の体系へと深めることになる。まず『思索と体験』（一九一五年）は、リッケルト（Heinrich Rickert 一八六三―一九三六年）の新カント学派的論理主義とベルクソン（Henri Bergson 一八五九―一九四一年）の直観主義という、当時の対立する見解を総合しようと試みたものであるが、そのなかではじめて、『善の研究』ではまだ克服されていなかった、思惟と純粋経験とのあいだの緊張関係が問題にされる。さらに重要な『自覚に於ける直観と反省』（一九一七年）では、「我がある」という直接の直観と、「我が我を知る」という思惟の反省とが、それらに共通のア・プリオリである自覚の内で統一される。自覚というものは、経験と反省（存在と当為、内容と形式、具体者と一般者）とが絶えず他方の中へと入り込むことによって、無限に自己発展していくものである。この自覚にもとづいて純粋な論理（「AはAである」としての「我は我である」）から数学が、その数学から幾何学が導き出され、さらにそこから経験の体系が構想されようとする。その試みを通して、経験と思惟との根源的統一という主題が取り上げられる。自覚と、その自覚にもとづく自然の理論的体系との深みには、絶対的自由の創造的意志がはたらいていることが明らかにされる（これは『善の研究』での統一力の考えの発展したものである）。しかも自由な意志は永遠の今においてあり、そのためあらゆる概念的把握を超えて、神秘的なものの経験をも開く。この点で西田は、エリウゲナ（Johannes［Scottus］Eriugena 八一〇頃―八七七年以降）やディオニュシオス・アレオパギテス（Dionysios Areopagites 五〇〇年頃）やアウグスティヌス（Augustinus 三五四―四三〇年）に依拠している。『自覚に於ける直観と反省』の根本的立場は、知・情・意の関係を主体的意識の内で見届けようとした

『意識の問題』（一九二〇年）や、善と美の源泉を、したがって道徳と芸術の源泉を、超越論的意志に遡って示そうとした『芸術と道徳』（一九二三年）でも保たれている。

（3）「場所」の思想

『働くものから見るものへ』（一九二七年）、およびそこに収められている「場所」（一九二六年）に至って、西田は、プラトン（Platon 前四二七―三四七年）とアリストテレスに立脚して、後期の円熟した著作への転換を果たす。ここでは、それ以前の段階ではまだ固執されていた、超越論的・観念論的な主観性の哲学が克服されて、実在そのものの論理が目指される。『自覚に於ける直観と反省』でのフィヒテ的な主意主義に代わり、いまや一種の直観主義が、究極的には宗教的動機に支えられて主張される。すなわち、主観の活動的で自由な意志に先立って、そうした主観の関与する以前の、実在そのものの純粋直観といったものが前提とされるのである。この新しい実在主義では、実在それ自身がその深みにおいて意識に達する意志的なものとされる。しかもそれでいてそれは意識主観へと還元されるわけではない。むしろ、主観的なものはすべて構成的に実在そのものの中へと没入していく（これはフッサール〔Edmund Husserl 一八五九―一九三八年〕の志向性を存在論的に理解したものである）。そしてその結果、実在それ自身がそれ自身を見ることになる。しかもそれは、もはやどのような主観性も具体的存在形態も有していないために絶対無としてしか表現できないような、そうした場所においてそれ自身を見るのである。西田はそのことを東洋の思想から学び取っている。というのも、「東洋文化の根底には、形なきものの形を見、声なきものの声を聞くと云つた様なものが潜んで居る」（『働くものから見るものへ』、四・六〔三・二五五〕）からである。

実在がこのようにして知られうるものである限り、そこには何らかの（存在論的）論理が具わっているはずである。西田はそれを、具体的一般者の根源的分裂（Ur-teil）というヘーゲルの考えにならって、判断の分析から取り出そうとする。包摂的判断においては述語の内に主語が包まれている。したがって述語は主語の可能根拠、もしくは、主語がそこ「に於てある」ことではじめて存在し認識されることが可能となる「場所」なのである（西田はこの「場所」という表現をプラトンの『ティマイオス』や、アリストテレスから受容している）。一般者としての述語面もしくは意識面が、意味と実在とを根拠づけながら（文法的）主語もしくは個物の面の根底になっているのである。ところがこの個物そのものは、意識され内容的に規定された諸述語を合成したり特殊化したりすることによって考えられるわけではない。なぜなら意識というものは、常に何かについての意識であり、そのため常に内容的に限定されざるをえないからである。したがって個物が真に捉えられるためには、そうした意識に先立って、それ自体どのような特殊な内容によっても限定されていない超越的述語面といったものが考えられなくてはならない。この超越的述語面こそがまさにそのように絶対無として、その対極である超越的主語面に対して、諸述語によっては定義されえない個物そのものを規定することができる。そのため個物は、特殊で相対的に一般的な内容に関係する意識面によって媒介されていながら、直接にこの包括的な絶対無を根底としているのである。こうして場所には三つの段階が生じる。まず有の場所であるが、これは自然界であり、個物やその力や相互作用がそこにおいて「ある」ような、物理的世界である（判断的一般者もしくは推論式的一般者の段階）。しかしその根底には、相対的無の場所、すなわち意識が存している。これは心理学的認識と歴史認識の場所であり、知覚から思惟を経て意志にまで深められる（自覚的一般者の段階）。ところが意識はそれ自体では形式的にすぎず、そのためそれは自らの意味を、自らの根底にある叡知的世界の場所、すなわち絶対無を根底とする場所から汲み取らなくてはならない（叡知的一般者の段階）。「叡知的世界」（一九二八年）とは、純粋な自己直観の場であり、そこでは自己は真理のイデアの内に認識的自己を、善のイデアの内に意志的自己を、美のイデアの内に情意的自己を認め、しかもそれらの根底の究極的深みにおいて神を求める宗教的自己を見出すのである。

こうした場所の考えは『一般者の自覚的体系』（一九三〇年）や『無の自覚的限定』（一九三二年）の中で掘り下げられていくが、それにともなって次第に、行為と表現の弁証法という考えが徹底され支配的になっていく。新プラトン主義的・プロティノス（Plotinos 二〇五頃―二七〇年）的な特徴をいくらか有する場所の三層的構造は、いまや自律的な歴史的弁証法のそれと重なり合うことになるが、この点に、西田の後期思想の究極の意味が、多様な解釈を受ける余地も残されている。こうした展開の外的な切っかけとなったものは、おそらく同時代のマルクス主義との対決であったろう。西田はマルクス主義の唯物論と実用主義とを斥ける反面、その実践的・歴史的な実在の弁証法という理念を自ら構築しようと努めている。

ところでその実在の構造はまず身体において現れるのであるが、西田にとって身体というものは内的欲求の行為的表現にほかならない。そうした身体から見て取れるように、実在はその意味を象徴的に実現するものであり、したがってそこから、実在は一般者が自己自身を限定する表現と解されなくてはならない。こうして『無の自覚的限定』において、叡知的世界は行為的表現的一般者へと転換され、そこにおいて実在は自然界と意識界（フッサールの意味でのノエマとノエシス）という二重構造によって構成されることになる。自己が自己自身を無に至るまで深めたとき、かえって自己はあらゆる実在が表現的であるということを把握できるようになる。ところで個物というものは無の自己限定にほかならず、そのためいかなる他者や外物によっても限定されることはない。したがって個物は、個物自身をその実在において根源的に自ら限定し、そうすることで一般者をもまた限定するのである。この個物の自己限定は非連続の連続という時間の相の下に現れる。というのも、各々の瞬間はそのつど独立した直接の現在でありながら、その現在の只中に、その過去と未来である他のあらゆる時間相を含んでおり、したがってその限りでそれは永遠の今の表現であり、自己限定であると解されるからである。さてそうした個物の自己限定は、それが多くの個の自己限定でありうるためには、同時にそれらの個の相互的限定でなくてはならない。西田はそれを、バルト（Karl Barth 一八八六―一九六八年）の弁証法神学の影響の下で、「私と汝」（一九三二年）という関係を範例として考察している。共通の環境（この概念はすぐに世界の概念に拡大される）において私と汝とはまったくの他者であるが、それにもかかわらず、ライプニッツ（Gottfried Wilhelm Leibniz 一六四六―一七一六年）のモナドのように、非連続の連続という弁証法的原理へと転換しつつある無に媒介され、相互関係をもつことになる。こうして、多くの個の自己限定と相互的限定との統一は、さらに遡って、包括的全体者、すなわち弁証法的世界を前提とすることになる。

（4）弁証法的世界の立場

弁証法的世界の立場は『哲学の根本問題』（一九三三年、『続編』一九三四年）ではじめて前面に現れる。それはその後の論文集（『哲学論文集』一―七、一九三五―四六年）でも保持され、体系化されるとともに、また生物の種、身体、道具、言語、知識、科学、芸術的創作、文化、国家などの分析を通して、内容的にも充実されていく。すでにこれらの主題からも読み取れるように、ここでは実在はもはや自覚や、無の場所の実在論理の側から内的に見られるのではなく、むしろディルタイ（Wilhelm Dilthey 一八三三―一九一一年）を筆頭とする当時の歴史主義の影響もあって、歴史的・社会的世界の側から見られている。そうした観点からして、実在性がはじめてそこに現れる個物の自己限定が、その個物に意味と可知性を付与する一般者の自己限定と一つになり、その両者は弁証法的世界の自己限定にまで深められる。世界とはしたがって、そこにおいて実在が一般者と個物との弁証法的統一を通して歴史的に自己を形成し、発展させていく、形而上学的場所にほかならない。この形成作用は、ライプニッツも示しているように、根本的には自己表現の作用であるため、そこにはすでに意識がはたらいており、したがって人間の意識的・形成的な活動こそが表現の場所の中心となる。世界の自己実現はそれゆえ、文化の世界においてはじめて本来の意味で達成される。それで西田は、とりわけ『日本文化の問題』（一九三八年講演、一九四〇年刊行）において、東洋と西洋の文化をめぐって、体系的基盤をもった文化形態学を展開しようと試みる（この論考はのちに政治的理由から厳しく批判されることになる）。

とりわけ芸術的創作の場合に顕著であるように、形成作用的行為は同時に認識作用でもある。例えば画家は自分の内的な着想を外的なかたちへと具現し、はじめてそれを直観することができる。この「行為的直観の立場」（一九三五年）によって認識作用は歴史的運動の弁証法の中へと取り入れられる。そこで真理もまた、歴史的過程の内にのみ実現され現象することになるが、それによって真理の客観性が損なわれるわけではない。歴史的行為において外に産出された作品は再び産出するものを形成し、作られたものは再び作るものへと転換していく。外は内になり、多は一になる。こうして歴史的生成に具わる弁証法的性格が明らかにされ、西田はそれを、ニコラウス・クザーヌス（Nicolaus Cusanus 一四〇一—六四年）に準じて、「絶対矛盾的自己同一」（一九三九年）と表している。すなわち、「働く」ということは、空間的に構築された単なる物質的世界の段階では、機械的に主として多から一へと向かい、時間的に構築された生命的世界の段階では、合目的的に一から多へと進展するのに対し、具体的な歴史的世界においては、それは多と一との絶え間ない矛盾の統一として遂行されるのである。

（5）「場所的論理と宗教的世界観」

死の間近に完成された宗教論「場所的論理と宗教的世界観」（一九四五年）は、西田の後期の著作のなかでも特に注目に値する論文である。そこにおいて西田は、キリスト教や浄土真宗、それに大乗仏教の論理を批判的に総合しようと試みており、そうすることで場所の思想や歴史的世界の概念を宗教的・形而上学的に新たに基礎づけようとしている。というのも、歴史的世界における諸対立の弁証法的統一は、それ自体のなかにその統一の根拠を有するわけでもなく、また世界の中に閉ざされているわけでもない。むしろそれは、世界がそこにおいてある永遠の今に照らしてこそ、はじめて真の矛盾的統一、つまり一者の自己矛盾的表現として認識されるのである。すでに人間と実在との根底にある超越的深みに関しては、これまでも西田は絶えず言及してきた。すなわちそれは、場所の思想の段階では「絶対的無」の内に、「私と汝」では「絶対の他」の内に、矛盾的自己同一の段階では「超越的一者」の内に見られるものである。それがここに至ってようやく、体系的にそして宗教的な意味で明確に解明されることになる。

西田において宗教というものは、カントの理解とは異なり、単に文化や道徳から派生した一分野とは認められない。というのも宗教にとっては、人間による価値の実現を主題にするものではないからである。むしろ宗教はそれ自体独立した根本的な領域であり、パスカル（Blaise Pascal 一六二三―六二年）が言うように、人間が自己の存在の有限性や罪深さや惨めさに直面し、そこから自らの存在の深い自己矛盾を自覚するに至ったときに生じてくる。そのうちでも最も深い矛盾は、人間は死が避けられないという事実を意識することによってのみ、真の自己に目覚めるという点にある。人間は絶対者に対することによってのみ、個としての真の自己になるため、人間は自らの自己存在の根源的なありかを求めつつ、そうした自己が絶対の神の前に立たされているのを知る。そうして自己が世界と自己自身に対して死ぬことによってはじめて、自己は「知ある無知」（クザーヌス）の内で神に触れ、神の内で自らの真の生命を得るのである。しかしながら、この宗教的意識の深みは、何らかの特別な神秘的経験を要するわけではなく、かえってごく普通の日常生活（「平常底」）の中に現れてくる。その際、神は対象的な超越として現れるのではなく、自覚の根底において、それでいてまさに自己の死を通して現れるのであり、したがって「即非」の論理、あるいは絶対と相対との「逆対応」によって、内在的超越として現れるのである。

自己の根底における矛盾には、神自身における自己矛盾的同一が対応している。なぜなら超越的一者もしくは神というものは、ヘーゲルも言うように、それが相対や無に対立するのではなく、それ自らの内に自己自身の絶対的否定を含み、したがって絶対無であると同時に、そのようなものとして世界の創造的根源になる限りで、はじめて真に絶対的であると言わなくてはならないからである。神なくして世界もないように、世界なくしては神もない。とはいえこれは、神と世界が同列的な対極として同一視されたり、弁証法的に媒介されるといったこと（汎神論）を意味するのではない。むしろそれは、自らとは異なるものである世界を、自己自身の内に自らの表現として含む絶対者自身の弁証法（万有在神論）を意味する。したがって神は、浄土真宗やキリスト教によって最も深く理解されているように、神が罪人の救済のために絶対の悪にまで下っていき、そうして自己自身を相対化することによって、自らの絶対性を明らかにする。人間は神を求める中で自己自身に対して死に、そうすることで絶対者の自己否定的で創造的な自己限定に与り、そしてまた、一切のものが究極的に神の意志の啓示であるような歴史的世界の根源と真理とに触れるのである。

結　語

西田にはその思索に決定的な影響を与えた師はいなかったが、西田自身は、教授活動を通して、さらには著作を通してよりいっそう、現代の思想家にとっても稀なほど広範な影響を及ぼした。西田の思想は京都大学における彼の講座の後継者である田辺元（一八八五―一九六二年）や、その弟子たちを中心に形成された京都学派にとどまらず、広く一般の哲学的論議においても継承され、手を加えられ、反論を提起されながら、今日でもその生命を保っている。

西田の著作は、国際的にも、東洋の思想や日本の伝統を典型的に代表するものとみなされるようになったが、そうした評価には多少、異論の余地もあろう。しかしたとえそうであったとしても、大正期および昭和初期を通じて最も徹底した思弁的体系として、また哲学における東洋と西洋の創造的な出会いをもたらした古典として、西田の思想はその歴史的、哲学的意義をこれからも失うことはないだろう。

＊ 本論での西田からの引用については、旧版全集第四版（全一九巻、岩波書店、一九八九年）と新版全集（全二四巻、岩波書店、二〇〇二―〇九年）の巻数と頁数を並記する。〔 〕内が新版全集の頁数である。

第十四章　「純粋経験」の宗教的側面

一　問題の所在

いかなる偉大な哲学も、現実の真のありさまを全にして一なるものとして問題とするように、西田の思考もまた——初期著作での経験に対する反省から、自己意識・場所の論理・弁証法的世界といった段階を経て、後期著作における宗教的世界観に至るまでの変容過程はあるにしても——真の現実に対する探求によって駆り立てられている。しかしながらこうした一連の探求は、西田の初期の時代、とりわけ『善の研究』前後に展開された「純粋経験」という動機によって導かれている。「純粋経験」とは、現実の全体が認識に対する所与性とその存在に関して根源的に開示される根本的洞察を意味する。このような根本的洞察は同時に、分岐した現実の全体を一つの原理から把握する試みの基盤ともなる（一三・九六—九七〔一三・三三二—三三四〕）。『善の研究』において西田は、現実のあり方についての基本的問いを展開するにとどまらず、「純粋経験」という中心的主題に対して——のちには体系的にはいまだ不十分なものとみなされる心理学的傾向をもつ仕方によってではあるが——徹底した反省を行っている。『善の研究』のなかでも最初に書かれた第二部では「実在」そのものが扱われているように、そこでは存在論的関心が基盤となっている。それに続いて、そうした長年にわたる予備的研究に支えられた第三部「善」が書かれることになった（〔一四・六四九―六五四、六五六〕）。そこでは、倫理的自己実現における現実（実在）の遂行的性格が論じられる。第一部は三番目に書かれたものであり、そこでは純粋経験が、現実への認識論的通路と捉えられ、また現実そのものに固有の本質として論じられる。デカルト（René Descartes 一五九六―一六五〇年）やアウグスティヌス（Augustinus 三五四―四三〇年）（一五・一七九―一八〇〔一五・九七―九九〕）と同様に、純粋経験に立ち戻ることによって、一切の疑いの可能性や一切の先入見が排除され、認識と現実が不可分の仕方で一致するという洞察が展開される（一・四七―五〇〔一・四〇―四二〕）。純粋経験は現実に関する経験であり、現実とは純粋経験にほかならないとする基本的主張において、西田自身の経験、ないし経験に対する洞察は、われわれ各自が不可避的に行っている経験そのものと重なり合う。こうして純粋経験は、体系の認識論的・存在論的礎石とされるのである。

経験の概念と現実の概念が内容的に区別され、したがって現実がその認識の可能性にもとづいて定義されるのではなく、それ自体で自存する存在と理解されることによってのみ、経験と現実の同一性というテーゼは有意味で、単なる同語反復を超えたものとなる。最後に書かれた第四部「宗教」では、宗教的行為が純粋経験の最高の遂行として叙述され、それと同時に、宗教においては「神」と呼ばれる完全な現実が、純粋経験を支えるものであるがゆえに、いかなる純粋経験の内にも現存するものとして示されている。このように純粋経験は、その内に現存する第一にして最高の現実へと開かれているために、それぞれの純粋経験の含む現実の内容と現実としての経験自体の性格が最終的に保証される。それというのも、究極的現実としての神は意識や純粋経験の対象や産物ではなく、純粋経験に先行しながらも、純粋経験そのものに内在する統一根拠にほかならないからである。このように純粋経験は、神という根源的現実に根ざしているため、存在の認識への関わりを見失う経験論に陥ることもなければ、自己完結的な意識がそれ自身のみに甘んじてしまうような独我論にも囚われることもない。むしろ意識は、絶対的な統一力ないし神にもとづいていることによって、その事実的な状況から呼び起こされ、絶えざる自己超越によって、神の無限な現実との合致の内に究極的な充足を見出すという課題に目覚めるのである。このように意識が絶対的な統一力にもとづき、意識の特徴となる統一の遂行がそこから発するがゆえに、意識内容は現実性という性格を有する。なぜなら、現実性そのものは、自ら自身との統一をその本質としているからである。こうして純粋経験は宗教的行為においてその完成に達する以上、宗教こそが、現実の最高の遂行として、人間の最高の自己遂行なのである。さらに、自らの根底へと還帰するという純粋経験の目的の内で、意識と現実の動態的な自己展開が、そのあらゆる形態とともに生じる。そのため西田にとっては、純粋経験を包括的な体系として叙述するということが課題となる。

ここで純粋経験の概念を宗教との関係において考察するにあたっては、純粋経験の概念が主導的な役割を果たしていた初期の著作に絞って吟味することになるが、その場合、『善の研究』のほかにいくつかの草稿を活用することができる。(1) なかでも「純粋経験に関する断章」という標題の下で公刊されたテクスト(一六・二六七―五七二〔一六・三―二九一〕)は、その思索の深さの点で傑出している。成立時期の記されていないこの草稿は、「何の時に書かれたかということが全く不明である」(山内得立、一六・六八二〔一六・七三三〕)。しかし、内容面から判断するなら、これはすでに一九〇五年頃には成立していたものと推測できるのであり(永井博、一九・六七六)、いずれにせよ『善の研究』以前のものと見て差し支えないだろう。この草稿はところどころで『善の研究』の一節と内容的に重なっているし、西田が『善の研究』の公刊以降、同じ思考を繰り返し書き記したとは考えにくい。さらにこの草稿では、「純粋経験」の代わりに「直接経験」という最初の表現が用いられているのに対して、『善の研究』では「直接経験」の用語はほんの時折言及されるにとどまっている（一・九〔一・九〕）。「直接経験」という表現は、西田の経験概念の元となった、ヴィルヘルム・ヴント（Wilhelm Wundt 一八三二—一九二〇年）やウィリアム・ジェームズ（William James 一八四二—一九一〇年）の心理学に見られるものであり、あるいは西田がフィヒテ（Johann Gottlieb Fichte 一七六二—一八一四年）の思想を吸収するに連れて、純粋経験の概念に取って代わられ、徐々に背景に退いていったものとも考えられる（務臺理作、一六・六七七）。その一方で、「純粋経験」の概念は、時代的に初期西田と重なる時期に、アヴェナリウス（Richard Avenarius 一八四三—九六年）がその主著『純粋経験批判』（Kritik der reinen Erfahrung 二巻、一八八八—九〇年）において展開したように、カント（Immanuel Kant 一七二四—一八〇四年）の『純粋理性批判』と並行しながら、それを批判するかたちで、経験批判論の中心概念ともなっていた。

二　純粋経験の概念

西田の純粋経験の概念の内には、確かに個人的な経験の諸要素が大きな役割を果たしてはいるものの、例えば、フェヒナー（Gustav Theodor Fechner 一八〇一—八七年）による『夜の見方に対する昼の見方』（「版を新にするに当つて」一・七〔一・三〕）との関係が見られるように、文献的な影響も窺える。西田自身の参禅の実践は、自覚的な自己経験を深めることに寄与したであろうが、『善の研究』の議論の内にその体験が直接に組み込まれているわけではない。むしろ西田の経験概念は、理論的な領域、すなわちアングロ・サクソンの経験論、および同時代のドイツの心理学をその源泉としている。とはいうものの、西田は経験概念の哲学的な解明とその根拠づけを追求し、その結果、ジェームズにおいては見出すことができなかった、経験の形而上学の体系化へと進むことになった。

経験は、そこにおいて現実がそれ自身としてあるがままの仕方で認識されるという点で、意識遂行の他の諸形態に対して優位をもっている。「経験するといふのは事実其儘に知るの意である」(一・九〔一・九〕)。経験とは、現実との直接的関係を意味する以上、経験は、思考の主観的な付加物が少なければそれだけ純粋なものとなる。そこで、概念、判断、解釈、反省などが経験内容に対して事後的な付加を与えるものである限り、純粋経験はそうしたものとは無縁である。しかしながら、例えば感覚的経験においても、すでに人間の認識能力がはたらいているということが否定されるわけではない。また思考においても真正な経験が遂行されうるのも確かである。したがって、ここで言う経験そのものは感覚的経験のみに制限されるものではなく、その内にはさまざまな段階が認められうる。つまりそこには、(コンディヤック〔Étienne Bonnot de Condillac 一七一五―八〇年〕の示した例にあるように)幼児における最初の光の経験――光、ひいては宇宙と自分とが合致しているような経験――から始まって、色の視角的認識や音の聴取のような単純な感覚知覚、さらには感覚的・知的次元での無数の日常的経験を経て、最高の神秘的経験にまで至る段階が含まれる。これらの経験に共通しているのは、(ジェームズが言うように)そこでは現実が「事実」(that)や「これ」として現れ、そのものが「何であるか」(what)ということは概念以前に、事実と未分化のものとして与えられるということである(一六・二九一〔一六・二六〕)。「何であるか」の述定的把握はこうした直接性を排除する。「直接経験は that である、非直接の示す所は what である」(一六・二八七

〔一六・二二二〕。こうした直接性ゆえに、純粋経験は誤謬を免れている。「〈何々…〉といふことを現在に意識するといつて居る間はいつも直接で、間違ひやうがない」（一六・二八六〔一六・二二二〕）。

純粋経験においては、現実はそのものとして認識されるという仕方で遂行されているため、そこには「存在することは認識されることである」（esse = percipi）というバークリ（George Berkeley 一六八五—一七五三年）の公理が、その真の根源的意味において——つまり、バークリのように存在を知覚に還元するという意味ではない仕方で——当てはまる（一六・二八五〔一六・二二一〕）。認識されるものと認識するものとの根源的一致は、すでにアリストテレスとトマス・アクィナス（Thomas Aquinas 一二二四／二五—七四年）が認識そのものの特徴として規定していたものであり、そうした根源的一致は、いまだ認識する主観と認識される客観との区別を許容するものではなく、したがって対象との関係としての志向性によっては捉えられない。そのため純粋経験は主観と客観の分裂以前にはたらくものであり、また認識として反省されることも客観として質料化されることもなく、精神と物質の区別にも先行している。それというのも、純粋経験は、それ自身と区別される現実を示すのではなく、能動的に遂行することと受動的に遂行されることにおける現実それ自身にほかならないからである。ここで現実は、客観として多様な可能的様相において与えられるのではない以上、純粋経験においては、思考・意志・情動の諸能力がそれらの根源的連関のまま、意識の根底においてはたらいているのである。心的諸作用は人格そのものの内で根源的に統一されているため、純粋経験は、その前反省的な根源とその最高次の遂行において、人格的な経験である。なぜなら、人格そのものにおいて、本質的に多様な人間の諸行為が、先行的かつ包括的に統合されているからである。

純粋経験は内的な統一である以上、それとは別の外的な何ものとの比較考量による関係を含むのではなく、それ自身だけによって内在的に意識を満たしている。したがって純粋経験はそのつど、現実が純粋経験として成立しうる「今」という現在においてのみ遂行される。純粋経験において、意識がさまざまな時間の次元と対象の諸側面へと分散することはありえないため、純粋経験は――その内容は意識されうるためには複合的な対立的構造を要求するものであるにしても（一六・二七五〔一六・一一二〕）――行為として見られる限りは、単一でまとまった意識作用である。しかしこの統一は、意識作用が連続的な経過の内に移行することを排除するものではない。そこで純粋経験は、常に具体的な現実に関わることにおいて、個物を全体の地平の内で看取し、同時に所与のものの個別性を――それのみを抽出して主題化することはないにしても――その内に現存する普遍性の内に見届ける（一三・九八〔一三・三五〕）。しかしながら純粋経験においては、抽象的思考の可能性が開かれている。そのような思考は、経験を内容的に豊かにするものではなく、ただ分析的な解明を行うものである（一六・二七七〔一六・一一三〕）。思考は、その現実との関係を保持するために、経験を支えとしている以上、その経験の範囲を超え出ることはできない。「我々の意識の根柢にはいかなる場合にも純粋経験の統一があつて、我々はこの外に跳出することはできぬ」（一・一八六〔一・一四八〕）。純粋経験は、あらゆる認識の地盤であり、その包括的な場なのである。

三　純粋経験における形而上学的・宗教的次元の端緒

純粋経験の概念を解明するに当たって、西田はジェームズの経験論的な経験理解を離れ、純粋経験そのものの内に、宗教的次元に繋がる形而上学的な深層を見出している。これに対してジェームズにおいて、宗教的経験は、ただ単にさまざまな経験のうちの特殊な一種類として示される。西田はまず、経験が認識の唯一の基礎であり、したがって一切の問題は経験から解明されるべきであるとする点で、ジェームズに同調している（一三・一〇三〔一三・三九〕）。しかし西田は、経験そのものの構造と特性（「組織」）に関して、ジェームズとの根本的な相違を自覚していた。こうした相違は、多様な個別的経験はどのようにして一貫した意識流を形成するのかという問いにおいて明確に現れる。西田の解釈によれば、ジェームズにとって諸経験は互いに自存しており、有限で断片的かつ複数的で、混沌としている。それが一つの世界に統合されるのは、外部から、いわば「モザイック」（一三・九七〔一三・三四〕）のようにしてなされる。しかしその場合、そうした結合の可能根拠と原理は未解明のままである。したがってジェームズにおいては、経験には根源的な統一が欠けているため、世界にも本質的な秩序が具わっていない。「世界の統一とか絶対とかいふやうなことは名ばかりの空想であるといつて痛く一元論的の考に反対し、又すべて真理といふものは expedient なるものであるといつて絶対的真理の説に反対し、例の実用主義を主張して居られるやうであります」（一三・一〇三〔一三・四〇〕）。

西田は、経験の構成要素としての統一の側面を反省することによって、このような経験論的・実用主義的構想を乗り越えていく（一三・一〇三〔一三・四〇〕）。経験は、それぞれ個別的なものとして、またそれぞれの相互にあらかじめ統合されることによって、はじめて成立しうる。経験は本質的に、経験を通じて「段々に分化発展して」（一三・一〇三〔一三・四〇〕）いく先行的な秩序の内にその基礎を有している以上、理性的に洞察可能な全体性を成している。経験を遂行する意識は、個々の経験とその連関を通じて真理そのものが生起する一個の活きた体系である。「経験が体系的に発展し一の〈システム〉の下にあるものとすれば、我々がその全体を知り得ると否とは別問題として、一般的真理の存在を許し得ること、思ひます」（一三・一〇五〔一三・四一〕）。感覚的経験と思惟における絶対的真理についての確信は、こうした絶対的統一の内的自己所与性にもとづいているのである(一六・二八八〔一六・二二四〕)。

現実的に見るならば、経験は選択の余地なく与えられ、その意味で受容的に受け取られるということは、確かに経験の本質に属している。しかし、人間は一連の経験を通じて自らを実現するものである以上、こうした現象的な受容性の根底には意識の包括的な能動性がはたらいている。したがって、受容された印象によって刻印される外官ではなく、意識の自発的な根本力としての意志こそが、経験をその体系的統一において構成している。「私の考では純粋の経験と云ふものは従来の経験学者の考へた様に受働的のものではない、精神活動の状態即ち意志が我々の経験の最も直接なる状態であると考へるのであります」(一三・九七―九八〔一三・三四〕)。意識と対象の区別に先立ち、それゆえ能動性と受動性の区別に先行して、根本的な意志の遂行が一切の意識的内容の源泉となっているのである。「意思は想を実となし、実在をつくり、現在をつくる力あり」(一六・二七六〔一六・一二〕)。このように、経験の本質を意志における意識の自発性の内に求める試みを通じて、西田は対象との関係にもとづいた経験論の経験概念から離れ、普遍的な構成作用をもつ意識それ自身の自己探求といった、形而上学的な――とはいえ経験に立脚した――超越論的理論へと転じることになった。

経験概念を経験論の諸前提から解放し、超越論的・存在論的に基礎づけることによって、西田は経験そのものの深層に無制約的なものが現前することを示している。いかなる経験もその内に形而上学的・宗教的核心を有している以上、経験の領域と形而上学的・宗教的次元を分離したり、相互の対立からその各々を定義することはできない。むしろ意識そのものの経験は、一切の現実の第一の根源に接しているのである。宗教的領域を示唆する経験一般の概念の要素を、いくつかここで列挙してみよう。

まず第一に、経験にとっては、われわれの意向とは無縁に端的に与えられているということが本質的である。所与性の契機は、その根源的な意味と経験の内実に即して捉えるなら、経験においては主体が何らかの対象の事実に突き当たるだけでなく、むしろ経験内容が意識に対して積極的な意味をもったものとして与えられること、つまりは意識の志向性や意志に先立って意識に対して授けられ贈与されるということを意味している。「直接経験は全く我々に与へられたる者であつて、我々のいかんともすることのできない」（一六・二七五―二七六〔一六・一一〕）。そのため経験は、自己がその内へと組み入れられながらも、自己がその経験を自らの意のままにしたり、その根源から包括したりすることのできないものである。「直接経験の背後には切り込むことはできない」（一六・二七五〔一六・一〇〕。一六・二八三〔一六・一九〕参照）。こうして直接経験は、思考が凌駕したり、相対化することのできないものである。しかしそれは、例えば経験が、理性の把握を拒む非合理的な性格をもつということによるのではなく、その内容がいかなる限定的な対象化をも受けつけない優位性をもつということにもとづいている。なぜなら経験はいくら個別的であっても、普遍的で、したがって包括不可能な根底に至るまで洞察可能なものだからである。「経験の背後にはいつでも〈ユニバーサル〉なるものがある」（一三・九八〔一三・三五〕）。「〈ユニバーサル〉なるもの〔普遍的なもの〕」とはここで、抽象的な普遍概念を指すのではなく、無制約者としての包括者、すなわち、個々の経験がそれを通じて世界の中心に据えられることを意味している。「individual は universal で絶対である。this はいつでも centre of world である」（一六・二八八〔一六・二四〕）。ところで、個物は、それが第一根拠の具体的現象であるがゆえに、無制約的な中心である。そのため個々の経験は、その根底において現実の解きがたい神秘への洞察を開く。「直接経験の背後には無限の神秘的秘密がある」（一六・二七五〔一六・一〇〕）。したがって、個々の経験を支えるのは、空虚な可能性の無限定的な地平ではなく、汲み尽くしがたい活動的充実である無限なのである。「直接経験は無限である。直接経験の実際についてみるに、瞬間的でない、其背後に常に実現し尽さざる無限の潜勢力がある」（一六・二七八〔一六・一四〕）。

「ユニバーサル」、「神秘的秘密」、「無限」などの用語で西田がここで述べようとしているのは、まさしく絶対者のことであり、しかもその現前と直接的経験可能性にほかならない。「我々はこゝにいつでもdas Absoluteにふれてをる」（一六・二八六〔一六・二二二〕）。ここでの絶対者とは、ただ単に対象化的経験の可能根拠に対する超越論的な遡行によって見出されるようなものではなく、むしろ直接経験ないし純粋経験そのものの地盤ないし核心を成しているものであるが、その経験は「我々の最も深き自己である」（一六・二七六〔一六・一一〕）。さらに、無限および絶対者の現存は、経験をそのつど現在の生起として構成する。それというのも、経験は根源的には、時間流内部の一契機ではなく、それに先行する時間そのものの根源だからである。「現在は過、現、未の一鎖ではなく、之が中心である。絶対無限である」（一六・二八六〔一六・二二二〕）。純粋経験は、自己を現在の様態において、無限なる絶対者との直接性へと媒介するため、純粋経験は非対象的でありながら直接的な直観（「直覚」）に近いものとなる。「直接経験といふ語は直覚と同義であらう」（一六・二七三〔一六・九〕。一六・二七七〔一六・一三〕参照）。純粋経験における直観とは、認識という仕方で――しかし主観・客観の分離をともなうことなく――合致を遂行することである。「真の知識は行にある。実在との一致にある。之を神秘的知識といふ」（一六・四八一〔一六・二〇二〕）。したがって、神認識の理論が有効であるか否かの判別基準は、「神其者を自己の直接経験に於て直に之を証明」（一・九八〔一・八〇〕）できるかどうかというところにある。

四　哲学の根本原理としての純粋経験

西田にとって経験とは根本的に一種の現実遂行であるため、西田は純粋経験の現象学的記述にとどまることなく、そうした記述を通じて、現実そのもの、および現実全体に関する哲学的、さらには形而上学的な理解へと邁進していく。その場合、純粋経験とは、認識された現実に外的に関わる単なる認識様式ではなく、現実そのものの存在仕方として、その本質と根底とを開示するものである。とはいえ、現実は経験的知識において展開されるため、それは包括的な統一を形成する。それというのも、いかなる知識も、真理と意識そのものの包括的領域において統合された全体としてのみ成立しうるからである。こうした現実の統一は、本来的に無関係な諸要素を経験的に寄せ集めて形成されるものではなく、いかなる直接経験をも自らの内から湧出させる無制約的な根底によってはじめて可能になる。一切の現実と経験はこの一なる原理にもとづいて展開される以上、それらはある分節された全体を成している。そのために西田は、純粋経験と現実を、スピノザ（Baruch de Spinoza 一六三二—一七七年）やヘーゲル（Georg Wilhelm Friedrich Hegel 一七七〇—一八三一年）に依拠しながら、一つの体系として理解するのである。「経験は此の〈システム〉に連結せられ、統一せらる、ことに由つて成立するのであります」（一三・一〇四〔一三・四〇〕）。いかなる経験の内にもその根底として現存する絶対者は、そのようなものとして、自らが展開される諸相の全体への眼差しを開くものであるため、体系という構想、すなわち、一なる原理である絶対者から一切の現象が原理的に演繹されうるという思考が可能となる。したがって西田は純粋経験に根差した哲学体系を追究しているのである。「宇宙の最根本的説明を為すといふ哲学の出立点は秋毫の仮定をも許さぬ直接の経験の事実より為〔さ〕ねばならぬ」（一六・二七九〔一六・一五〕）。そこで、西田の純粋経験の体系がその出発点において依拠する体系的諸前提が取り出されなければならないだろう。

（二）すでに見たように、まずは現実そのものは純粋経験と同一のものであり、なおかつ経験は意識の内にその場を有する。すなわち、時間の諸様相は意識において成立するため、現実が現在として生じるのは、ただ「意識現象」（一・一七九〔一・一四三〕）としてのみなのである。ただしここで言う意識とは、自らを反省するものとして、経験的世界の対極にあるようなものを指すのではなく、むしろそうした主観と客観の分裂に先立つところを意味している。そしてこうした包括的な意識は、カント的ないしドイツ観念論的な意味で普遍的で非人格的なものとしてではなく、分裂を含まない内的根底における具体的自己の意識として理解されなければならない。もちろん、自然、世界ないし宇宙は、西田の場合でも、経験的意識の平面において、自己と並列するものとして現れる。しかしながら、徹底した哲学的反省においては、自然・世界・宇宙は意識の内に見出されるのであって、その結果として唯物論的世界観はその地盤を失うことになる。「物体に由りて精神を説明せうとするのはその本末を顛倒した者といはねばならぬ」（一・一八〇〔一・一四三〕）。なぜなら、対象的世界はその統一性を、自己の内にはたらく統一力から受け取っているからである。「実際の自然は単に客観的一方といふ如き抽象的概念ではなく、主客を具したる意識の具体的事実である。従つてその統一的自己は我々の意識と何等の関係のない不可知的或者ではなく、実に我々の意識の統一作用その者である」（一・八一〔一・七一〕）。全体性と統一性は、現実の原理として、意味と目的と同様に根源的に意識の内に成立するものである以上、世界は、根源的に自己の内に告知される統一化の作用によって、その現実性と意味に関して開示される。「最も根本的な説明は必ず自己に還つてくる。宇宙を説明する秘鑰は此自己にあるのである」（一・一八〇〔一・一四三〕）。

このような意識への還帰という点で、西田は近代思想の根本的動機を受け継いではいるものの、主観の意識を単に媒介的な原理とみなし、自然と世界を構成する根源的根拠とはみなしていない点で、その動機を変容させている。そのために西田哲学は、意識そのものを第一の構成原理とみなす観念論と本質的に区別される。しかしながら、意識そのものが産出するものは、ただ意識されたもののみ、すなわち客観的実在の諸表象のみであるため、意識は、それ自体において存立する現実性の第一の構成原理としては不十分である。それというのも、自然と世界は、それがそれ自体で存立し、意識との相関の内へと解消されることがないという点において、はじめて人間にとって有意義なものとなるからである。他方で、自然と意識は、例えばシェリング（Friedrich Wilhelm Joseph von Schelling 一七七五―一八五四年）の場合のように、両者を超えた無差別的同一性の二つの契機として、対極的な性格をもちながら、相互に補完しつつ対向するというようなものでもない。むしろ自然には意識的自己が欠けているがゆえに、意識ないし主観性の原理は、自然に対して存在論的な優位性と先行性を有する。西田は、意識そのものをより深い根源、すなわち、意識の関与の下で、あるいは意識を通じて現実そのものを発現させる根源から理解することによって、世界の自存性と構成的意識作用のあいだの緊張と対立を解決しようとしている。このような超越論的・存在論的原理は、新プラトン主義のプロティノス（Plotinos 二〇五頃―二七〇年）と同様に、統一そのものであり、具体的には、意識と世界の背後と根底ではたらく絶対的統一力なのである。

(二) 現実は、自らと合致している限りで、それ自体として存立する。「その統一の程度は別として全然統一のないものはない」（一三・九八〔一三・三五〕）。一切の現実的なものの本質をなす一性は、根源的には単なる不動の事実ではなく、意識のあり方がまさにそうであるように、根拠づけを遂行しつつ自らに還帰する活動である。そこで思考・意志・感情といった意識的活動は一体をなす遂行であるが、そのなかで自覚をともなう合一として現実そのものを遂行するのは意志にほかならない。「真の自覚は寧ろ意志活動の上にあつて知的反省の上にないのである」(一・一八三〔一・一四六〕)。現実を遂行するのは、思考による知的反省以前に先立ち、その基盤である活動的意識であるため、その活動的意識こそが純粋経験なのである。したがって純粋経験は、自覚された自己そのものの合一の遂行において発現する。そのため純粋経験は構成的原理としての意識の統一力を共に経験する。「私の考ではすべての経験の根抵にいつでも此の一般的統一力が働いて居るのであり、我々の経験は之に由て成立するのであると思ひます」(一三・一〇五〔一三・四一〕)。現実とその経験は統一の遂行から生じるため、経験の純粋性は、その経験がどれほどそれ自身において統一され、いかに現実の充実に満たされているかということに対応している。統一は、感覚におけるよりも精神活動において、より内的で高次の仕方で遂行されるため、意識とは根本的には精神的な統一活動なのである。

(三) 純粋意識の哲学的体系にとっては、統一力と自己ないし意識との関係をめぐる洞察が基本的である。これまで見てきたように、「実在は……意識活動である」(一・七二〔一・五九〕)という一方で、意識の活動性はその統一機能に根差すことによって成立する。ところで、統一そのものは、それ自体において純粋な一性であるところによってのみ果たされる。ところで意識は、何ものかを意識しうるためには、それ自身の内ですでに差異化が起こり、対立によって特徴づけられていなければならない。それゆえ意識はその統一活動において同時に差異化することで、そうした差異化と総合を通じて一つの体系を形成していく。したがって意識は、それ自身が統一活動の第一の根源ではなく、むしろ統一活動の根源を自ら自身の第一原理として自らの内に前提する。そのため意識はその統一機能ともども、意識に先行しながらも意識に内在する純粋な一性によって根拠づけられている。それゆえ西田は、純粋な統一力が意識と一切の現実の根拠として、あくまでも意識に先行することを繰り返し示しているのである。「知覚的活動の背後にも、やはり或無意識統一力が働いて居らねばならぬ」（一・一三〔一・一二〕）。「思惟の根柢にも常に統一的或者がある」（一・五一〔一・四三〕）。ここで用いられる「背後」（一・六七〔一・五五〕、一六・二八九〔一六・二五〕、一三・九八〔一三・三五〕）、あるいは「根柢」（一・六八、七四、七七、一七六―一七九〔一・五六、六〇、六三、一四〇―一四三〕、一三・一〇五〔一三・四一〕、一六・二八四〔一六・二〇〕）、「根本」（一・九九、一〇〇、一七三、一七六、一七八〔一・八〇、八一、一三八、一四〇、一四二〕）、「心底に」（一六・四三三〔一六・一五五〕）などといった術語は、統一力が意識の単なる属性ではなく、意識を支える活動的根源として意識の基底に存するということを明確に表している。それゆえ意識を支え統一する一性は、意識の内部に想定されるようなものではない。むしろ意識は、その一性に自らの存立を負っているのである。「意識あつてこの統一が行はれるのではなく、この統一あつてかくの如き意識を生ずるのである」（一・一八三〔一・一四六〕）。したがって、先行する統一力はその深さと力に関して、意識を凌駕している。「其背後に於ける一者は……我以上である」（一六・二八九〔一六・二五〕）。

一者はまさに、このような存在論的な優位性によって意識を形成するものであるため、その意識は、自らとその相対的な真理理解の内に限定されるような独我論的なものではない。「直接の意識の中に我以上の者がある事が明である。此者が我々に絶対的確実の標準を与ふる者である。（意識は個人の意識ではない）」（一六・二八九〔一六・二五〕）。この一者ないし神は、個人的意識の内での現存に制限されることがない以上、その元には複数的意識の共同的領域が構成され、これがまた自然の客観的世界の意味空間を開くのである。「自然界といふのはかくの如き超個人的統一に由りて成れる意識の一体系である。我々が個人的主観に由りて自己の経験を統一し、更に超個人的主観に由りて各人の経験を統一してゆくのであつて、自然界はこの超個人的主観の対象として生ずるのである」(一・一八〇〔一・一四四〕)。「〔意識の〕統一は神の統一より来る」(一・一八二〔一・一四五〕)ために、意識はこの一者による根拠づけに応じて自らの相対性を自覚し、同時に自らの狭さを無制約的な一性へと向けて突破し、それによって無限な現実性に向けて開かれる(一・一八九〔一・一五〇〕)。こうした諸々の特徴を考慮するなら、意識と、意識に先立つ根源との関係は、「分有」という古典的概念によって理解することができるだろう。

五　神への還帰としての宗教的行為における自己超越

こうして意識は、絶対的一性ないし無限の現実性によってその根底から形成されるものである以上、意識はその絶対的一性を自らの力で獲得することはできず、むしろその絶対的一性によって、またそこにおいてはじめて自らの本質を得る。したがって意識においては、自己自身を実現しようとする希求にもとづいて、自らの根底へと向かい、その根底との合致において自ら自身の完全な同一性を見出そうとする探求の運動が始まる。「宗教心　相対的有限のものが絶対的無限の者を慕ひ之に由りて安心せんとする希望である」(一六・五一六〔一六・二三三〕)。意識ないし自己は、自らの根源の次元から、絶対者ないし無限者と類縁性をもつため、「自己の内心に絶対を求める」(一六・五一八〔一六・二三五〕)。「元来絶対無限である心は其本来の家郷を求めて已まぬのである」(一六・五一八〔一六・二三五〕)。有限なるものの絶対的なるものへの、あるいは相対的なもののその可能根拠である絶対的なものへのこの緊張は、自己ないし有限者一般の内に本質的に具わっているのであり、その緊張こそが、自らの根底に対面する還帰への要求である宗教的意識(「宗教心」)を、意識全体の「根本的欲望」(一六・五一七〔一六・二三四〕)として駆り立てるのである。こうした希求は、無限の現実・真理・統一・平和・生命（一・一七〇―一七一〔一・一三六〕）などへの希求として、さまざまな仕方で主題化されるものであるが、それ自体としては、自己自身を自覚している意識が絶対者ないし無限者へと向かう一なる存在論的・超越論的運動である。「宗教心は人心の全体が無限なる真理に対する希望なるが、或る一理を解せんとする知識欲や或る一事を行はんとする実行欲の如き明了なる観念に伴ふて起るにあらず」（一六・四九三―四九四〔一六・二一一三〕）。

自己は、思考・感情・意志といったそれ自身にとって本質的な行為を、自ら自身の力のみでは実現・遂行可能ではないものとして、むしろ自らに先立って無限なものによって構成されたものとして自覚することによって、絶対者に向かう探求の運動が反省的意識にとって可能となる。「人心は知識に於ても情意に於ても相対的の自己の力によりて立つことはできぬ」（一六・五一八〔一六・二二三四〕）。日常的思考・感情・意志にとっては、絶対的一者はただその背景に意識される超越論的な可能根拠を成しているのみであるのに対して、宗教的希求においては、絶対的一者が意識の目的として自己の中心に据えられ、人間をその全体において動かす希求であることが明らかとなる。「この宗教心と云ふのが人心の最も深き最も強き欲望である」（一六・五一七〔一六・二二三四〕）。これに対して、他の一切の希求は、その有限的な分化にすぎない。「我々の凡ての要求は宗教的要求より分化したもので、又その発展の結果之に帰着するといつてよい」（一・一七二〔一・一三七―一三八〕）。無制約的一者をこのように主題化することが人間の意識――「人とは我々の個人的意識をさす」（一・一七三〔一・一三八〕）――にとって可能なのは、絶対的一者が、人間の人格をその個人的全体性において統一する根拠だからである。「宗教心とは精神全体の要求である。人格の要求である」（一六・四九三〔一六・二一一二〕）。宗教心は思考・感情・意志といった個別的行為に先立ち、それらを超えて、それらを人格の諸行為としての最高の統一にまで導く。「宗教心は知識及び意志の外に立ちて此の両者を統一せんとするのである」（一六・四八九〔一六・二〇九〕）。

意識は本質的に自らに具わった根本的衝動を実現する際に、一者すなわち神との合一を目指す。自らの根底に向かう還帰においてのみ、有限者と無限者との緊張が解消され、意識は自らの真の自己を見出すに至る。「独り宗教は自己其者の解決である」（一・一七二〔一・一三七〕）。ところで自己は、神、すなわち一者ないし絶対者に関わるため、「意識の統一を求め」（一・一七二〔一・一三七〕）ながら、自らを超越し、そこにおいて自立的な自己所有を放棄していく。まさにこのような徹底した自己超越こそが宗教の本質を成し、絶対的一者の絶対的・先行的卓越性を確証する。その際に自己は、自らにとっての他者や外部へと逸脱するのではなく、むしろ自らにとって最も深い意味で近しく親しい固有の根底へと遡っていく。「凡ての宗教の本には神人同性の関係がなければならぬ、即ち父子の関係がなければならぬ」（一・一七三―一七四〔一・一三八〕）。このように、自らの人格の起源である絶対的根源とのあいだには本質的な親和性が認められるにしても、神との関係の中での全面的な自己放棄の課題が、それによって緩和されるわけではない。なぜなら、そのような自己放棄においてのみ、自己は自らを神の内に再び見出し、自らの本来的な生へと達するからである（一・一七四〔一・一三九〕）。「我等が神に帰するのは一方より見れば己を失ふやうであるが、一方より見れば己を得る所以である。基督がその生命を得る者は之を失ひ我が為に生命を失ふ者は之を得べしといはれたのが宗教の最も醇なる者である。真の宗教に於ける神人の関係は必ず斯の如き者でなければならぬ」（一・一七四〔一・一三九〕。一六・五一六〔一六・二三三〕参照）。このような徹底的な自己超越は卓越した根底への遡行にほかならない以上、そうした自己超越の内的必然性から明らかになるのは、意識活動にとって本質的に内在的であるにもかかわらず、意識の背後にはたらくこの統一の力は、自立的で独立のものとして意識に対して先行しているということであり、意識において開示されるこの「神の超越性」（一・一七五〔一・一四〇〕）によってこそ、自己譲渡を通じての自己の成就が可能になるということである。「意識の根柢には時間の外に超越せる不変的或者がある」（一・七四〔一・六〇〕）。

宗教的行為における神への自己超越が、自己実現という目的に限定されたり、自己実現の手段やあり方としてそれに組み込まれているわけではなく、神それ自身のために遂行されるものとされているところからして、ここではさらに、真の自己超越が問題となっているということが確証される。「我々が神に祈り又は感謝するといふも、自己の存在の為にするのではない、己が本分の家郷たる神に帰せんことを祈り又之に帰せしことを感謝するのである。……神に於て真の自己を見出すなどいふ語は或は自己に重きを置く様に思はれるかも知らぬが、これ反つて真に己をすて、神を崇ぶ所以である」（一・一七四〔一・一三九〕）。

こうした自己超越は元来、対象的な通常の認識においてではなく、愛においてのみ実現されるのであり、しかもそのような愛は、一切の現実を根拠づける一なる根底が人格的性格をもつことによって可能となる。「普通の知とは非人格的対象の知識である。たとひ対象が人格的であつても、之を非人格的として見た時の知識である。之に反し、愛とは人格的知識の対象である……。宇宙実在の本体は人格的の者であるとすると、愛は実在の本体を捕捉する力である。物の最も深き知識である」（一・一九八―一九九〔一・一五八〕）。愛とは絶対者に関する最高の認識である。なぜなら、自己は愛においてこそ自らの主観性を乗り越え、自己とは区別されながらも自己を支えてくれる力を信じることによって、神の意志へと自発的に自らを委ねるからである。「主観は自力である、客観は他力である。我々が物を知り物を愛すといふのは自力をすて、他力の信心に入る謂である。……宗教は宇宙全体の上に於て絶対無限の仏陀其者に接するのである。〈父よ、若しみこゝろにかなはゝ、この杯を我より離したまへ、されど我が意のまゝをなすにあらず、唯みこゝろのまゝになしたまへ〉とか……いふ語が宗教の極意である。而してこの絶対無限の仏若しくは神を知るのは只之を愛するに因りて能くするのである」（一・一九九

〔一・一五八―一五九〕。神の人格性は、忘我的な愛を自らに引き寄せるのであり、そうした神への愛においてこそ、絶対的現実ないし神の最も純粋な経験が成立する。このようにして遂行される経験が宗教の核心を成すのであり、これによって宗教は単なる哲学の領域を凌駕することになる（一六・四九二〔一六・二一二〕）。「宗教には必ず此の如き内面的経験を要す。これなけ〔れ〕ば宗教は哲学と区別なく一の知識たるにすぎず……。宗教の本質は……内面的経験、神秘的直覚にあるのである」（一六・四九五〔一六・二一四〕）。こうして現実に関する純粋経験そのものは、その中心と頂点において、人格的絶対者に関する宗教的経験であることが示されるため、『善の研究』全体、およびその中心となる第二編「実在」は、それぞれその最後の文章において、人間の愛の根底としての神の人格性を、神への愛および隣人愛というかたちで強調しているのである。「実在の本質が人格的の者であるとすれば、神は最人格的なる者である。……我唯神を愛す又は之を信ずといふ者は、最も能く神を知り居る者である」（一・二〇〇〔一・一五九〕）。「宇宙の統一なる神は実にか、る統一的活動の根本である。我々の愛の根本、喜びの根本である。神は無限の愛、無限の喜悦、平安である」（一・一〇一〔一・八二〕）。

愛を可能にする経験的意識に対するこのような絶対的統一力の先行的卓越性ゆえに、そこには統一力と差異化された経験とのあいだの連続性の経験――ただしそれは両者の相互作用ではない――が含まれており、その連続性の経験にもとづいて、経験全体は絶対的根底の自己展開として現れる。「統一的或者が己自身を発展して行くと云ふ Self-development の形が凡ての経験の〈タイプ〉であると思ふのであります。……つまり経験の背後にはいつでも〈ユニバーサル〉なものがある、この〈ユニバーサル〉が経験の要素であると考へます」（一三・九八〔一三・三五〕）。

したがって世界は、芸術家とその作品のあいだに成立するような対象的な外的超越の表象によってではなく、むしろ――本質的な差異を保持しながらではあるが――神との可能な限り最高の内的結合の概念において考えられなければならない。なぜなら、一切の有限者は常に神を直接に表すものだからである。「宇宙は神の所作物ではなく、神の表現manifestationである。外は日月星辰の運行より内は人心の機微に至るまで悉く神の表現でないものはない」(一・一七八〔一・一四二〕。一・一八一―一八二〔一・一四四―一四五〕参照)。このような「表現」、または「包含」などの術語は、神によって根拠づけられるものと神との内密な近接性を表すものではあるが、それは神の自立性を否定したり、いわんや世界や人間の独自性を解消するようなものではない。「万物は唯一なる神の表現であるといふことは、必ずしも各人の自覚的独立を否定するに及ばぬ」(一・一九三〔一・一五四〕)。むしろこのような関係は、他なるもの(世界および人間)にそれ固有の自立と存在をもたらし、まさにそのような仕方で他者と結合される愛という意味で、人格同士の交流の経験にもとづいて、人格的カテゴリーによって把握されるべきなのである。「愛に於て二つの人格が互に相尊重し相独立しながら而も合一して一人格を形成するのである。かく考へれば神は無限の愛なるが故に、凡ての人格を包含すると共に全ての人格の独立を認めるといふことができる」(一・一九四〔一・一五四〕)。

こうして神は人間の意識において自ら自身を顕現させるため、神の理解は、宗教的意識の内面性から汲み取られるべきであるが、それによって神の理解は意識の産物へと解消されてしまうわけではない。「神の概念と自己の不完全の考と孰か宗教心の中軸となり得べきや。神の存在といふことは宗教心のcausa essendi〔存在根拠〕であるが、宗教心といふことは……神のcausa cognoscendi〔認識根拠〕である」(一六・四九一〔一六・二一一〕)。そこで、神に帰せられる一切の特性は、自らと統一されている意識の深みにおける純粋経験の内から読み取られる。「神の性質及世界との関係もすべて我々の純粋経験の統一即ち意識統一の性質及之と其内容との関係より知ることができる。……神の永久とか遍在とか全知全能とかいふやうのことも、皆この意識統一の性質より解釈せねばならぬ」(一・一八九―一九〇〔一・一五二〕)。そうすることによって、神は意識の内に解消されるのではなく、意識の深みへの〈超越論的〉還帰(「我等が神に帰する」、「神に於て其本に帰する」〔一・一七四〔一・一三九〕〕)によって、「超越的なるもの」が、認識と経験におけるあらゆる確実性の第一の基盤として開示されるのである。「意識の根底にはいつでも此の das Transcendentale〔超越論的なもの〕が働いて居る。immediate certainty〔直接的な確実性〕は此の超越的或者より来るのである。推論の本にもいつも此の或者がある」(一六・二八四〔一六・二一〇〕)。

六 純粋経験とキリスト教神秘思想

意識の根底における神の経験は、西田の純粋経験の理論において、その核心と頂点を成しているということが示された。「我々は自己の心底に於て宇宙を構成する実在の根本を知ることができる、即ち神の面目を捕捉することができる。人心の無限に自在なる活動は直に神其者を証明するのである」(一・九九〔一・八〇〕)。こうした純粋経験は、神を対象的に認識されたものとして把握するわけではないが、自由な意識活動の全体に対して、その方向と内容とを与えうる。「我々は之になりきり之に即して働くことができるが、之を意識の対象として見ることのできないものである」(一・七五〔一・六一〕)。意識の根底における神の経験によって超越との宗教的関係を基礎づけるこうした考えを、西田は中世末期の神秘思想の内に見出している。それゆえ西田はしばしば――『善の研究』に至る予備研究(一九〇五年頃)の段階から、また『自覚における直観と反省』(一九一七年)の超越論的意識論においても――エックハルト(Meister Eckhart 一二六〇頃―一三二七／二八年)、クザーヌス(Nicolaus

Cusanus 一四〇一—一六四年)、ベーメ (Jakob Böhme 一五七五—一六二四年) などを引き合いに出している。「上古に於ける印度の宗教及欧洲の一五六世紀の時代に盛であつた神秘学派は神を内心に於ける直覚に求めて居る、之が最も深き神の知識であると考へる」(一・九九〔一・八〇〕)。その際に西田は、こうした理論の宗教的源泉を、新約聖書——とりわけ、父としての神、自らの意識と神の意志への合一、命に至る道としての自己滅却といったキリストの教えと生き方、およびキリストと共に自らに対して死ぬ者の内へのキリストの内在といったパウロの思想——の内に求め、また同様に、自我の内面性というアウグスティヌスの理論、およびディオニュシオス・アレオパギテス (Dionysios Areopagites 五〇〇年頃) の否定神学、神の顕現としての世界というエリウゲナ (Johannes [Scottus] Eriugena 八一〇頃—八七七年以降) の思想にも立脚し、さらにはこれらの思想の源流であり、西田自身も早い時期から親しんでいたプロティノスの精神形而上学にもたびたび言及している。このように西田は、キリスト教的プラトン主義、あるい新プラトン主義的に解釈されたキリスト教という脈々たる伝統のなかでも、中世末期・近世初頭の形態に強く感化されている。それというのも、この精神論および宗教論は、中世末期において意識論へと改変され、霊性、すなわち内面的生活への指針として具体化されているからであり、そのためその思想は、純粋経験の体系を目指す西田の意図に呼応するものだったのである。総じて西田の思想は、既存の哲学的理論を取り入れ、それを創造的に解釈し直すことによって形成されていることを考慮するなら、若き西田の着想源の一つとなったこの中世の精神論を視野に収めつつ、初期の資料状況を踏まえて考察することによって、西田の初期の純粋経験の哲学も、それを動かし方向を定めていた根本的動機に即して解釈し、再吟味することが可能になるであろう。

＊ 本論での西田からの引用については、旧版全集第四版（全一九巻、岩波書店、一九八九年）と新版全集（全二四巻、岩波書店、二〇〇二―〇九年）の巻数と頁数を並記する。〔 〕内が新版全集の頁数である。

註

（1） 上田閑照『西田幾多郎を読む』（岩波セミナーブックス38）、岩波書店、一九九一年、一六九頁参照。さらに、初期西田の宗教理解に関しては、『哲学概論』の原型となる講義ノート（旧全集では第一五巻『哲学概論』「附録第二 純粋経験」、新全集では第一五巻『哲学概論』第三篇第一章「Pure Experience」）、『宗教学』（新全集一四・三―一五一）をも参照。

第十五章　前期西田における自己意識と自由意志

一　『自覚に於ける直観と反省』の位置づけ

西田幾多郎の前期の著作のなかで意識の構造を最も主題的に論じた『自覚に於ける直観と反省』は、西田が京都帝国大学教授に任じられ、文学博士の学位を授与された一九一三年に書き始められたものである。それはまず、論文のかたちで京都帝国大学文学部紀要『芸文』（一九一三年九月—一六年三月）と『哲学研究』（一九一六年一〇月一七年五月）に発表され、最後に、「跋」に当たる東京帝国大学哲学会（一九一七年四月）での講演「種々の世界」が『哲学雑誌』（一九一七年六月）に掲載された。このような経緯ゆえに、四四節に及ぶこの著作は、京都での教授活動の四年間にわたる西田の思索の歩みを端的に表している。

西田研究において従来この著作は顧みられることが少なかったが、それにはいくつかの理由を挙げることができる。この著作において西田は、東洋的伝統や自らの参禅体験を直接取り入れることなしに、同時代の新カント学派との対話に多くの頁を割いている。ところが、新カント学派の問題提起は、『自覚に於ける直観と反省』が公刊された当時、ブレンターノ（Franz Brentano 一八三八—一九一七年）の志向性概念によって準備されたフッサール（Edmund Husserl 一八五九—一九三八年）の現象学によって乗り越えられていた。しかも、当時の哲学の発展を規定していた概念や方法論、つまり現象記述および志向性の分析、また特に二〇年代以降の実存開明などに対して、西田は積極的な評価を控えるだけでなく、むしろそれらを批判的に捉えていたために、『自覚に於ける直観と反省』は、哲学としての現代性を欠いていると考えられがちである。そのうえ西田自身、「改版の序」(一九四一年)においては、この著作を思想発展の一段階の証言とみなして、記録としての意義を認めるにとどめ、その後に継承される体系的な思想の端緒をそこに求めることはなかった。西田の自己批判によれば、目標とされた意識活動の体系についての理論が結論に至るまで実現されてはいないために、この著作は結局のところ、手探り状態で「未解決のまゝ」(二・一二〔二・三〕)なのである。「此書は余の思索に於ける悪戦苦闘のドッキュメントである。幾多の肝余曲折の後、余は遂に何等の新らしい思想も解決も得なかったと言はなければならない」(二・一一〔二・一一〕)。こうして『自覚に於ける直観と反省』は、西田の思索の展開にとっても——脇道とまでは言わないにせよ——中間段階として、「場所」(一九二六年)の論理以降のいわゆる「西田哲学」(左右田喜一郎)によって克服されたかのように思われるのである。またこの著作は「初めから、目次の如き計画を立てて書いたものでない」(二・一一〔二・一一〕)ため、明確に区分された思索の流れを示しているわけでもない。そして最後に、西田は、極度の張りつめた問題意識ゆえに、かならずしもいつも純一なる根本的洞察に一致するとは限らない、複雑で大胆な思弁に踏み入ることを余儀なくさせられているのである。

『自覚に於ける直観と反省』には以上のような限界があるために、哲学史および西田の思索の成長におけるその位置づけ、あるいは思索の歩みの完結性といった形式的側面からその価値を計ることはできないが、そこにおいて試みられた思索を忍耐づよく辿るならば、それによってこの著作の真価を見定めることができるであろう。この著作の真の意義は、「事行」(Tathandlung)、または意志としての自己意識に対するフィヒテ (Johann Gottlieb

Fichte 一七六二―一八一四年）の根源的洞察を積極的に吸収し、その洞察をさらに、創造的な絶対意志における主体的な自由意志の超越論的根拠づけという方向に推し進めるという点に求められるが、この洞察は西田自身、後期においては、それ以上追究することのなかったものなのである。

二　『自覚に於ける直観と反省』の問題設定

西田がのちに認めているように、処女作『善の研究』における多様な創造的洞察の問題点は、それらの洞察が意識の経験から汲み取られたものであるがゆえに、経験それ自体を体系的構造をもったものとしては示しえないということであった。『善の研究』は「実在」（第二編標題）の解明を目標としているため、ウィリアム・ジェームズ（William James 一八四二―一九一〇年）に範を採った経験主義および認識論的観点は、存在論的問題設定へ向かって乗り越えられ、第一の根源への問い、さらには宗教的次元（第四編）に至るまで一貫した議論が展開されている。すでにここにおいて経験は、自らの活動から独立した所与の内容から対象的に理解されるのではなく、意識の根本的遂行、およびそこにおいて内在的に自覚される無制約的な統一力として捉えられる。こうして存在論的な関心は、意識の自己自身に対する反省を通して超越論的に具体化されることになるが、このような考想は、懐疑主義に抗して認識内容の不可疑の確実性を確保しようとする――デカルト（René Descartes 一五九六―一六五〇年）に見られるような――認識論的動機に由来するのではなく、現実を意識における存在の遂行として捉える根本的洞察にもとづいている。意識は存在の開示性として理解されるため、意識の根源的遂行は「純粋経験」として、すなわち事実を「事実其儘に知る」（一・九〔一・九〕）こととして規定される。しかしながら経験は、純粋な、つまり現実を開示するものとみなされ、解釈と抽象を行う思惟との区別を通じて規定される限り、経験主義的色彩をもつ『善の研究』の基本的姿勢は、経験と意識についての理論にとって思索がもっている本質的な意義を覆い隠してしまったのである。

続いての著作『思索と体験』（一九一五年）の標題には、あたかも対立するかに思える意識の二つの側面を結び付けようとする西田の努力が現れている。「体験」（経験）は直観の性格を、「思索」（思惟）は反省の性格をもつために、『自覚に於ける直観と反省』の構想も同様の問題設定によって規定されていると言えよう。きわめて適切なこの標題は、同時に、直観と反省の両規定を総合するために西田が採った道、つまり「自覚」（自己意識）の先行的な根本遂行における総合という方向を告げている。自己意識の遂行にもとづいて、経験と思惟はその対立的構造と相互関係において把握される。それによってこそ意識自身は、経験における現実の遂行という自らの性格を失うことなしに、理性的に把握可能な体系として自らを示すことができるのである。

西田が序文（二・三〔二・五〕）で述べ、またのちにも繰り返し語っているように、『自覚に於ける直観と反省』の基本的着想は、すでに『思索と体験』に収められた論文「論理の理解と数理の理解」（一九一二年）においてあらかじめ形成されていた。「此論文は次の著書「自覚に於ける直観と反省」へ私の考を導いたものである」（一・二六七〔一・二二五〕、一九三七年一二月）。この論文は「理解とは如何なることであるか」（一・二五〇〔一・二〇二〕）という問いから出発し、理解の最も純粋な形態を論理学の内に見ている。包摂という論理的操作が示すように、理解とは一般者から個別者への移行（一・二五一〔一・二〇二〕）を行い、この個別者を再び一般者と一致させることである。一般者はこうして、自ら分化しつつ再び自身と一致する「一種の内面的創造力」（一・二五一〔一・二〇三〕）なのである。一般者のこうした運動の根本形態は、同一律・矛盾律・排中律といった三つの論理法則において見て取ることができる。なぜなら同一性は、必然的にして、いかなる第三項をも排する仕方で相反するものへと発展し、そこから同一性へと還帰するからである。同一性の自己発展は、カント（Immanuel Kant 一七二四―一八〇四年）的意味での「生産的構想力」（「生産的想像力」、一・二五九〔一・二〇九〕）の運動として記述されるものであり、数学的理解の根底を成すだけでなく、あらゆる経験的・直観的意識をも規定している。それというのも、意識は自らの対象を他と区別することによって、その内容を一なるものとして意識するのであり、完全に無内容な意識というものはありえないからである（一・二六〇〔一・二一〇〕）。しかしながら、「すべて判断の根柢には直観的統一」（一・二六一〔一・二一〇〕）がある。ヘーゲル（Georg Wilhelm Friedrich Hegel 一七七〇―一八三一年）が語るように、「真に無限なるものは己自身の中に変化の動機を蔵して居る」（一・二六四〔一・二一二〕）ものであり、他ないしは他在との連関を通して対自（das Fursichseiende）に至る（一・二六四〔一・二一二〕）がゆえに、「動的一般者」は自ら「発展」するのである（一・二六二〔一・二一一〕）。このような意味で、ロイス（Josiah Royce 一八五五―一九一六年）およびヘーゲルにおけると同様に、「動的統一」（一・二六六〔一・二一四〕）としての自我は、自らを表現しそれによって自らに還帰する体系であり（一・二六六〔一・二一四〕）、経験における現実との関係および反省的自己関係に先立つ、直観と思惟との統一なのである。

『自覚に於ける直観と反省』は、こうした自己発展の原理を自己意識の能動的自己遂行の内に見出すことによって、意識の動的自己発展の概念をよりいっそう深めている。意識は自らに関係する活動であるという決定的洞察を、西田はフィヒテの超越論哲学に負っている。それゆえフィヒテの「事行」の概念は、この著作における意識論の中心に据えられるが、その際には「具体的経験の自発自展」（「改版の序」一九四一年二月、二・一一〔二・三〕）を強調するという変更がなされた。さらにこの著作の問題設定は、リッケルト（Heinrich Rickert 一八六三一九三六年）ならびにコーヘン（Hermann Cohen 一八四二―一九一八年）の新カント学派における「価値と存在、意味と事実との峻別」（二・一二〔二・三〕。序〔二・一〔二・五〕〕、跋〔二・三三八〔二・二六二〕〕参照）の批判的吟味によって拡張されている。ここでも同様に、自己意識の内に意志としての能動的性格に対するフィヒテの洞察が、諸領域の区別に先立つ統一を証示することを可能にしている。また西田は、意識の自発的自己展開の動的性格が、ベルクソン（Henri Bergson 一八五九―一九四一年）の「生の跳躍」によって確証されることを認めていたが、同時にそこに、意識の根源的自己遂行の二次的で、すでに客観化されたあり方を見抜き、それを批判的に扱っている（二・二七八〔二・二一五〕、二・三三四〔二・二五八〕）。

このように多様な問題設定からは、『自覚に於ける直観と反省』での西田の思索を育んだ哲学史上の問題連関を明確に見て取ることができる。さらに付け加えるなら、この著作の特徴として、オリゲネス（Origenes 一八五頃―二五四年頃）、アウグスティヌス（Augustinus 三五四―四三〇年）、ディオニュシオス・アレオパギテス（Dionysios Areopagites 五〇〇年頃）、ヨハネス・［スコトゥス・］エリウゲナ（Johannes [Scottus] Eriugena 八一〇頃―八七七年以降）、ヤコブ・ベーメ（Jakob Böhme 一五七五―一六二四年）などのキリスト教神学者・神秘思想家たちが、この著作の重要な結論部における思索の展開を動機づけ、共感をもって引用されているという点が挙げられる。彼のあらゆる著作と同様に、西田はここでも、他の思想家を引用するに当たって、自らの洞察の明確化や限定あるいは深化のために、体系的観点にもとづいてそれらを比較的自由に利用している。

三　『自覚に於ける直観と反省』の思索の展開

多岐にわたる探究の複雑な歩みを概観し、読者がその跡を追うのを容易にするための配慮から、西田は刊行に当たって付け加えた目次において節ごとの主題を示すだけではなく、初版の「序」の中で思索の主要な道行きを簡潔に要約している。西田は、本稿でこれまで触れてきたような問題設定から始めて、まず最初の六節において、「主客の未だ分れない……現実その儘な……意識」（二・一五〔二・一三〕）として定義し、それゆえ『善の研究』における「純粋経験」に相当する直観と、思惟において自らの遂行に向き直る反省との統一を試みる。すなわち西田は、自己意識の同一性を反省的自己関係として捉え、またこの自己関係を、無限に繰り返される再帰的活動において、自己の自己客観化と自己展開の過程、すなわち直観を引き起こし、それを絶えず進行させるものと理解することによって、反省と直観とを統一しようとするのである。したがって真の自己同一は静的な同一性ではなく、動的な展開であり、「動かすべからざる個人的歴史」（二・一六〔二・一四〕）の概念もここにもとづいている。対象的現実とのあらゆる関係に先立つ自己自身に対する自己関係は――リッケルトに従って――あらゆる意識活動の根底にはたらく超越論的「当為」（Sollen）、または意味ないし価値によって担われているのであり、その根底から構成された認識はすべて、それとの関係によって規定される。これによって、「此書の目的たる直観と反省との深い内面的関係」（二・二三〔二・一九〕）が示唆されたばかりか、現実経験一般に対する価値認識の根本的意義が示され、それとともに自己意識の遂行における価値と現実との統一が主張されているのである。

自己意識の体系的構造の解明に際し、西田は第二部で、「論理の理解と数理の理解」においてすでに見られたように、理解のなかでも比較的容易に見通せる事例、すなわち純粋思惟において現れる同一律から出発し、その根本要素を分析している（七—一〇節）。これによって西田は、「当為と存在、対象と認識作用へ形式と内容の対立及び相互の関係」（二・四〔二・六〕）の一般的範疇と類型を獲得し、それらを具体的な経験的認識に適用し、その体系的構造を解明しようとしている。経験的認識を超越論的に、すなわち主体におけるその構成根拠から理解しようとする試みは、経験的対象の諸領域、つまり世界の諸層をその構成的連関に従って体系的に分節化するという課題を内に含んでいる。しかし、意識の活動はまず普遍的で形式的な構造として示されるために、この普遍的・形式的構造、すなわち思惟はいかにして自らを超えて特殊で個別的な内容である経験に至るのかを証明しなければならない（一一—一三節）。フィヒテの超越論的観念論に従うなら（二・一九〔二・一六〕）、意識の能動的活動において構成されたもののみが意識の対象になりうるのであり、それゆえに意識化された経験は、その対象的内容に関しても、主観の遂行構造から把握されなければならない。それゆえ『自覚に於ける直観と反省』は、純粋思惟の体系から経験の体系への移行を明確にするための試みを繰り返し行っている。そこで、経験はまず、純粋思惟の体系と並行するかたちで、自ら展開する自己意識的体系として提示される。このような理解は乗り越えがたい困難をもつかに見えるため（一四—一六節）、続く数節においては、意識現象を普遍的で無限な理念の無限に持続する発展的・能動的な自己規定として捉え（一七—二〇節）、次いでそれを連続する直線についての意識の例によって具体的に示している（二一—二三節）。しかしながら、これらの考察は、展開する自己規定の必然性を一般者の本性から導出することができないということ、および直観の構成を遂行する自発性と対象化を行う反省との関係がなお不明瞭なままであるという難点をもっている（二四—二五節）。

第三部では、意識の多様なあり方と経験の諸領域との連関が、まず「或一つの立場から到達することのできない高次的立場であって、而かも此立場の成立の基礎となるもの」（二・八〔二・九〕）としての（数学的）「極限」の概念を手掛かりとしながら論じられる（二六―二八節）。解析幾何学の例が示すように、思惟と知覚、つまり形式と内容、高次の立場と低次の立場とは相互に密接な関係にあり、そこには自己意識の根底におけるそれらの直接的統一が前提されているのである（二九節）。思惟の形式から直観的内容への移行を明確にする新たな試みとして、この原理は、数と空間との関係に適用される（三〇―三四節）。思惟と直観との関係という問題は、精神と物質との関係についての考察を通してさらに展開される（三五―三九節）。

序文での証言によれば、西田はこの著作を書き終えた時点で、一部から三部までの分析とその成果をすでに不十分なものと感じていた。実際、これら多岐にわたる論述においては、論証の厳密な一貫性が損なわれるばかりか、なによりも全体を統一する原理が不明瞭なままになっているのである。しかしながら西田は、三五節から三九節において、まさに意識の活動の根源的原理の探究を推し進め、精神現象のように自らの内に意味を有するもののみに真の現実性を承認する見地、すなわち現実と意識の目的論的把握にまで到達している。この見解によって、身体および物質に対して心および精神の優位が認められるだけでなく、――この著作の結論部（四〇―四四節）で展開される――自由意志としての自己意識の原理が準備されるのである。意識が本質的に目的論的なものとして、意味と目的に関係するものと規定されるなら、その原理は純粋思惟の論理的一般者の内にも、また「論理の理解と数理の理解」における産出的構想力の内にも見出すことはできず、意味と目的をそれとして遂行することができる意志の内にこそ、その原理は求められなければならない。意志の活動としての自己意識の性格の内には、形式と内容との根源的統一、さらに思惟と経験、理念的なものと現実的なもの、存在と価値との統一が成立するために、この著作はこれらの最後の数節において、はじめに立てられた課題の解決に近づくことになる。さらに、絶対的自己同一あるいは意志の自由は、意識の発展的体系の内在的原理としての機能を超えて、神の意志ないし創造的無へ自らを超出していく自己の神秘的深淵への見通しを開く。西田の思弁的思考力は、意識の発展的構造の導出が試みられた、かならずしも成功していない個所よりも、むしろ自己意識の原理としての意志を論じたこれらの個所においてこそ発揮されているために、次に、意志としての自己意識の概念の根本構造をより詳細に解釈しておかなければならない。

四 事行および自由意志としての自己意識

意識の根源を探究するに際して、意識と世界との全次元がそこにおいて開示される究極的主観へ遡行するには、心理学的反省（二・一七〔二・一五〕）あるいは内省（二・二九六〔二・二二九〕）に依拠するだけでは不十分である。なぜなら、自らの遂行に対するこのような反省は、その遂行を外部より把握するがゆえに、遂行そのものから切り離され、当の遂行を対象として考察することになるからである。あらゆる意識の根源的原理は、主観・客観分裂の一項として位置づけることのできない純粋な「「我」の統一」（二・二九四〔二・二二七〕）でなければならない。いずれにせよ、遂行が対象化されるなら、その遂行は、対象化に先立つ自らの根拠を示すその内的な明るみを、反省的意識に対して顕わにすることはないのである。それゆえ意識の根源は、対象化以前の経験によってのみ開示されるのであり、意識がそこへと立ち返るには、自らの世界経験の超越論的構造の分析を経なければならない。対象化をともなう反省は、意識の根源的遂行を把握しようとするなら、意識それ自体を可能にする「認識の限界」（二・二九四〔二・二二七〕）に直面することになるのである。

ところで、経験の世界は、自然あるいは学問の対象としての客観的・普遍的・間主観的世界に限定されはしない。西田が――ハイデガー（Martin Heidegger 一八八九―一九七六年）や後期フッサールと同じく――強調するように、これらの世界は個人の歴史という具体的世界からの二次的な抽象にすぎない（二・三三四〔二・二五八〕、二・三四二―三四三〔二・二六五―二六六〕）。具体的経験の世界は、その過去を自らの内に含む（二・三四六〔二・二六八〕）がゆえに歴史的なのである。この歴史的世界においては、過去と現在とが機械的な因果関係によって結合されているのではなく、意味の連関を通して目的論的に繋がり合っており、たとえ個々の歴史的出来事の意味を隈なく見通すことはできないにせよ（二・三二九〔二・二五四〕）、それらには何らかの意味が具わっているという想定の下でこそ、個々の出来事は経験され、生きられるのである。そして歴史としての世界の意味連関は、目的と意味とを付与する創造的な絶対意志を遡及的に示し、それによって意志は個々人の歴史の根源として顕わになる。こうして歴史経験は、意識の根底においてこの歴史的な意味の探究や意味経験を導く絶対的意志へと個々人の意識を立ち返らせるのである。

意識は、意味への問い、あるいは「当為」という背景の下で自己自身を見出すがゆえに（二・五九〔二・四七〕、二・二六六〔二・二〇四〕、二・三〇九〔二・二三九〕）、自らを能動的で自由な意志として把握する。なぜなら、意味や当為は、主体を自らへと呼び戻し、その意味を主体それ自身の現実として獲得するよう主体を促すからである。そのため主体は、理論的反省において自らを既存の事実として見出すことはなく、それ自体として行為的なのであり、それゆえに意味に向かう自己関係的な行為こそが、主体としての自らに固有な現実を成している（二・一七―一八〔二・一五〕）。このようなフィヒテ的意味における事行は、行為の形式と行為の中で生じる内容とが不可分の仕方で統一される、現実そのものの最も充実した遂行である。したがって、主体の根本的活動は、このように能動的主体の措定を通しての内容および現実の自己措定としても、また現実そのものの措定を通しての主体の自己措定としても記述されうる。なぜなら、純粋で非対象的な遂行において、現実は、さまざまな本質や対象的な内容あるいは理念の区別に先立って（二・二七二〔二・二〇九〕）、現実そのものとして与えられるのであり、またこの現実そのものにおいて、自己はその自由な自立性のままに自己自らを創造的に発見するからである。

このような自立的現実のそれ自身との能動的統一、あるいはその遂行の活動において獲得されたものとしての現実の所有は、人格的存在の本質を成している。こうして意識の根本的作用は、「単に決断といふ如き無内容なる形式的意志ではなく具体的人格の作用」（二・一〇〔二・一〇〕）であることが示される。それゆえ、最も根源的で最も直接的な経験は本質的に人格的なものであり（二・二九〇〔二・二二四〕）、したがってそのはたらきにおける人格の自己経験は、自然経験をも含むあらゆる経験の根源かつ主導的目的となる。「自然の世界の根柢には自由なる人格がある」（二・三四五〔二・二六七〕）。人格は自己運動であり、この自己運動は現実そのものの根源的遂行であるがゆえに、「人格の力」は「すべての実在に実在性を付与する根本的実在である」（二・二九五〔二・二二八〕）。

根本的活動は、活動そのものと異なる対象へと志向的に関わるのではなく、むしろ「人格的統一」（二・三〇七〔二・二三七〕）において自らと一致するという仕方で自らの内に完結し、活動の現実性において自らの下に留まりつつ自己貫徹を行うものである。それゆえ、この活動はその内部において自己に対して自己を開示し、それによって意識の根源的形態を構成する。したがって意識そのものは、カントにおける「意識一般」や、特定の内容の外的な性質とは異なり、遂行における自己同一性にその起源をもつ個的なものである。こうして根本的現実は、自己と不可分の仕方で結び付く自己同一的な遂行ないしは人格的存在であるがゆえに、それはまた意識にほかならないのであるが、それと同時に意識は、根源的には能動的な自己意識として自らを示す（一・二五七―二五八〔一・一九八〕）。このような根本的活動の自己解明においてこそ、他を他として意識する場である空間が開かれる（一・三〇三〔一・二三四〕）とともに、志向的認識が成立する。それゆえ対象的内容についてのいかなる意識も、自己意識の派生的形態として、能動的遂行によるものとして理解されるのである（一・一四一〔一・一〇九〕）。

意識はそれ固有の活動において自らを貫徹し、活動の遂行としての自己自らに立ち返る際に、意識は自らを直接に現在の「今」として把握する。現実のあらゆる内容は、自己自身に再帰する活動において現前化する現在の現実を、自らの中心または根源としているからである。「具体的なる真実在は何時でもこの現実である、現実が何処までも全実在の中心となるのである、……我が我を反省する所、即ち我が働く所、そこが我の現在である」（一・二五五―二五六〔一・一九七〕）。このような自己現前において、自己の活動は存在そのものの現前の場となる。すなわち、このような活動の端的な自己現前としての「今」は、すでに過ぎ去った時間の否定によって減少することもなければ、将来の存在の不在を通してさらなる存在へと拡張することもなく、その「今」は、自己意識の現在の明るみにおいて、純粋な現在あるいは「永久の今」（一・三三一〔一・二五五〕）を現前させるのである。「我々の現在とは此の如き無限なる実在の統一点である、我々はこの現在に於て無限の実在と連絡し、此点から無限の実在に移り行くことができるのである。現在とは経験の一体系が……己自身の根柢に還り行く点である」（一・二五八〔一・一九八〕）。根源へ向けての透明化によって、「今」としての現在における意識の活動は、具体的な「此」（一・三三一〔一・二五五〕）としてそのかけがえのなさを獲得し、具体的で個的な人格性を現実の現在の根本形態として自らを構成するのである。そのつどの「今」における現在としての現実は、過去・現在・未来という包括的な時間図式の地平によってその外部から規定されることはなく、むしろそれは、そのつどの「瞬間」

（二・二七七〔二・二一三〕）において、「時間を創造する絶対的自由の我」（二・二六五〔二・二〇四〕）から構成されるのである。このような根源的で生き生きとした現在にもとづいて、またその明るみにおいてこそ、意識に対して、過去と将来への展望が開かれる（二・二六六〔二・二〇五〕）。こうして現在は、時間の延長的性格、およびベルクソン的「持続」を根拠づけるものとしてそれらに先行する一方で、自己意識の能動的自己遂行は時間の根底にあると同時に、それを超越するのである（二・二六三〔二・二〇三〕）。

自己同一的な現実は、その活動において自らに立ち返ることによって、自我と対象との根源的統一であり（二・二六五〔二・二〇四〕）、それゆえこの現実は、あらゆる対象的認識や志向的思惟——例えばブレンターノの志向性（二・二六一〔二・二〇一〕）——に先立っている。現実は、その純粋な根源的形態においては能動的な自己運動であり（二・二五七〔二・一九八〕）、その運動において自己意識的な現在へともたらされるがゆえに、現実はその根本において意志なのである（二・二六〇〔二・二〇〇〕）。なぜなら意志とは、フィヒテに従えば、その能動的な活動において絶対的反省であるような純粋な活動性だからである（二・二七〇〔二・二〇八〕）。この意志は、あらゆる意識の根源にして根底である限り、認識と対立するかたちで区別されるような無意識的で盲目の衝動ではなく、その自己遂行において自ら固有の認識を形成するものなのである。「自覚に於ては「知る」といふことは「行ふ」といふことであり、「行ふ」といふことは「知る」といふことである」（二・二六〇〔二・二〇〇〕）。意志が自己を知ることは、自らの自由意志としてのあり方を消失させてしまうような対象的な仕方によるのではなく（二・二六〇〔二・二〇〇〕）、根源的かつ直接的に自らを覚るという仕方によるのである。純粋な自己同一性の遂行である意志は、普遍的構造へと組み込まれることを拒み、それゆえ、あらゆる因果的連関やあらゆる本質連関からも独立したものとして、それらに先行する。こうして意志としての自己意識は、対象認識の構造に固有の制約や視点拘束性に縛られることなく（二・二七〇〔一一・二〇八〕）、端的に自由なのである（二・三一二〔一一・二四一〕）。意志は同時に、あらゆる活動性と自己発展の原型であるため、「真に己自身に依つて立つ自動的経験体系は意志の形であると云はねばならぬ」（二・二六四〔一一・二〇三〕）。それゆえ、「意志は意識の根本的統一である」（二・二六五〔一一・二〇四〕）。

　意志としての自己意識の構造にもとづいて、その活動の根本的方向性は二通りの仕方で、すなわち不断に発展を続ける経験ないし直観、および自己への反省を行う再帰的思惟として理解される。標題にあるように、自己意識における直観と反省との連関は『自覚に於ける直観と反省』の中心的問題であるが、ここにおいてそれが、自己意識の意志としての性格への洞察を通して解明されることになる。それと同時に、『善の研究』以来根本的な役割を果たしていた「純粋経験」の概念が、それ自身の構造においても、またその思惟との関わりにおいても明確なものとなるのである。

　まず、経験の自己拡張的な自発性は、まさに意志にとって固有のあり方、すなわち遂行と内容とが区別されえないような活動として示される。そして自らと一致する根源的遂行において、現実そのものは直接に意志に与えられるとともに、意志によって遂行される。それゆえに意志は、そこから派生したあらゆる経験的意識活動の内にこの根源的な現実経験を浸透させ、個別的で部分的な経験に対しても、現実および客観性との接触という性格を分与する。つまり「意志はすべての内容をして実在的たらしめるもの」（二・二七六〔一一・二一二〕）なのである。それゆえ、いかなる認識にとっても必要とされる客観性は、「純粋経験の動的方面……即ち絶対的意志の発展の方面」（二・三〇四〔一一・二三五〕）の内にその根拠をもつ。こうして純粋経験ないし「純粋知覚」（二・三〇四〔一一・二三五〕）は、まさにその中心において、自らの根底にはたらく純粋な意志の活動性に対しての洞察を開くのである。このように、純粋な現実性を無制約的意志から発現したものとして見抜くなら、「真に直接なる意志の体験に於ては、有限が直に無限である」（二・二九九〔二・二三一〕）ことが洞見される。経験の諸体系は、純粋意志の部分的発現であるがゆえに（二・三一一〔二・二四〇〕）、経験はその根底においては、意志の活動性の経験である。したがって「我々に貴も直接なる具体的経験の真相は絶対自由の意志である」（二・三一二〔二・二四一〕）。純粋経験は意志の純粋な活動性から発出するため、それはその無制約的な動態において、自らに先行する現実内容のもつ無尽蔵の充実を展開させようとするのである。

意志は根源的に、その活動において、同時に自己遂行、自己所有、および自己把握であるような自己同一性である。活動としての意志のこの側面は、意識が自己から発する自己展開である限り、意識においては自己への立ち返り、すなわち反省として実現される。意識はこの反省において、経験的直観の系列から抜け出て、それとともに、何ものかについての志向的認識としての自己自身を、そこにおいて思念された実在、すなわち他者（二・三〇三〔二・二三四〕）ないし対象から区別する。経験内容としての実在と自己完結的な意識遂行とのこのような区別によって、対象的認識は、経験から区別された反省的意識遂行として構成される。思惟（認識、反省）と経験（知覚、直観）とのこのような二重性は、自己意識の根本的活動である意志における現実の自己遂行的統一意識の展開の派生的次元において映し出されたものにほかならない。そこにおいて自己意識の自己関係的活動は、それ自身の内から絶えず直観的・経験的実在を産出するとともに、その実在を対象化しながら、同時に活動自身を当の実在から切り離すことによって、思惟および反省の純粋な自己同一性において、あらゆる具体的・個別的経験を凌駕することになる（二・三〇七〔二・二三七〕）。ところが、反省および反省によって可能となる対象的認識はともに経験を前提としているために、思惟を通しての認識はけっして経験を汲み尽くすことができない。こうして認識は、「認識の到達することのできない、而かも認識が之を目的としなければならない対象」（二・三〇四〔二・二三五〕）をもつのである。もとより思惟は経験のあらゆる体系を包括するものである以上、「思惟の統一はすべてのアプリオリの統一」（二・三〇六〔二・二三七〕）ではあるが、思惟それ自身もより高次の見地から把握される以上は、思惟もまた「もはや特殊的なることを免かれない、即ち絶対意志の一方面であって絶対意志其者ではない」（二・三〇六〔二・二三七〕）。こうして経験は、運動・措定（肯定）・内容として規定されるのに対して、反省ないし思惟は、静止・否定・形式として表現され（二・三〇二―三〇六〔二・二三三―二三六〕）、さらに両者の根底にはたらく自由意志の根本的活動は、運動と静止、肯定と否定、内容と形式との統一として記述される（二・三〇七〔二・二三七〕）。「アプリオリのアプリオリたる絶対意志」（二・三二一〔二・二四八〕）はあらゆるア・プリオリを内容的および構造的に規定し、意識の個別的な体系の根拠としてそれらに先行する（二・三五〇〔二・二七二〕）。そのため絶対意志は、すべての意識体系を凌駕し（二・二六八〔二・二〇六〕）、その無規定的な自己同一性において自由にあらゆる意識体系の内に移行し（二・三三四〔二・二五八〕）、それを自らの人格的活動性の重心として選択することができる。「真に創造的なる絶対意志は単なる否定でないのみならず、又何等の意味に於ても限定せられないものでなければならぬ、無限に貧なると共に無限に富でなければならぬ。真に絶対意志の統一は肯定と否定との統一、形式と内容との統一、即ち一言にして云へば人格的統一でなければならぬ、此処に思惟と経験との統一があり、此処に知識の客観性があるのである」（二・三〇六―三〇七〔二・二三七〕）。

五　絶対意志における自己意識の根拠づけ

以上のように、絶対自由意志の純粋な同一性は自己意識によっては把握も所有もできない立場である。それどころか自己意識における自己は、それが与えられた時点ですでに自己との差異をともなっており、その差異は遡行的な反省によってあとから橋渡しされるのである。純粋な同一性は、自己意識自身の本質から要請されるものではありながら、それによっては到達されえない。「真の絶対的統一は達すべからざるものではあるが、我々は何処までも之に近づくことができる」（二・三〇七〔二・二三七〕）。自己意識それ自身における同一性は、事実的にはすでに与えられているものではあるが、それは「甲は甲である」（二・三〇六〔二・二三六〕）という形式をもつもの、すなわち相等しい二項への一者の分裂とその統一である。「同一者が自己の中に自己を写すのである」（二・六九〔二・五五〕）。互いに区別された二項の統一、すなわち、意識が自己自身をはじめて自覚するような、意識の自己自身への媒介は、二重性の根底にはたらく絶対的統一を前提している。「『甲は甲である』といふ命題を成立せしむるものは、主語「甲」の中にあるのでもなければ、客語「甲」の中にあるのでもない、然らばとて此二者を離れてあるのでもない、而かも此全体は我々が「甲は甲である」といふことを考へる前に与へられてあるものとせねばならぬ」（二・二七九〔二・二一六〕）。「この二者の根柢に更に統一的同一者が」（二・六九〔二・五四―五五〕）あるのである。この先行的な根拠はまず、すでに示されたように、当為として特徴づけられた。なぜなら、自由意志の自己自身との統一は、意志の活動に先行しつつ意志をその下へと呼び戻す「意味」からこそ発現するからである。「認識といふことは時間を超越して意識の根柢に行くことである、「甲は甲である」といふ場合の後の

「甲」が前に「甲」を知るのではない、その根柢たる当為を意識するのである」（二・九九〔二・七七―七八〕）。この当為にもとづいて、自己の意志は倫理的であり（二・二六六〔二・二〇四〕）、良心（二・二八五〔二・二二〇〕）によ る規定を受けるとともに、カント的意味での実践的自我であり（二・二八五〔二・二二〇〕）、また意味と目的の総体に関係するものとして（二・三四二〔二・二六五〕）、「目的の王国」（二・二九六〔二・二二八〕）あるいは包括的な意味秩序の内にその成員として属するのである。

自己意識をその内部から根拠づけると同時に自己意識に先行する当為、ないしは意味の呼びかけは、自らと同一な絶対自由意志の表現である（二・二八四―二八五〔二・二一九―二二〇〕）。「余は之まですべての実在を自覚的体系として考へて来たが、自覚的体系の背後は絶対自由の意志でなければならぬ」（二・二八五〔二・二二〇〕）。自己意識の根源として自己意識に先行するものは、いまや反省的な対象化を受けつけず、無として現象するとされるが、この無は倫理的自己意識およびその世界の根源である限りは、「創造的無」（二・二八一〔二・二一七〕）であり、究め尽くせない神秘なのである（二・二七二、二九九〔二・二〇九、二三一〕）。この原初的な現実は、あらゆる理念的世界を超越するという意味では、プロティノス（Plotinos 二〇五頃―二七〇年）に従って「一者」とも言えるが、それは自然における因果性または流出の必然的な原理とされるよりも、むしろプロティノスに対してオリゲネスが正当にも主張したように、自由な意志とされるべきなのである（二・二八七〔二・二二二〕）。なぜなら、自然における因果的連関は、本性的必然性に先立って、自己同一的な原理にもとづくが、この原理は、本性的力の根源である以前に、倫理的意味の根源だからである（二・二八〇、二八七〔二・二一六―二一七、二二二〕）。それゆえ、この原初的現実は意志として記述されるのがふさわしい（二・二八四〔二・二一九〕）のであり、それはまた神の自由な意志とも呼ばれる（二・二八五〔二・二二〇〕）。「我々に最も直接なる絶対自由の意志の立場は、此の如き意味に於て、すべての立場の根柢となり、すべての立場が拠って以て成立する最も具体的なる立場であって、すべての立場の目的となるといふことができる」（二・三四八〔二・二六九―二七〇〕）。自我における個別的な自己意識は、直観と反省への分裂に先立って、根源的には意志の遂行であるため、この自己意識はその中心において、神の意志の内に存するその根拠に向かって透明に開かれており、いかなる活動においてもその根拠を経験する（二・二八一〔二・二一七〕）。「我々の自我はその奥底に於て此の如き絶対意志に接続して居る」（二・三三五〔二・二五八〕）。それゆえ神の絶対自由意志は、有限的主体の自由意志と同じ次元で互いに対立することもなければ、有限的意志を制限することもない。絶対意志は有限的意志の源であるとともにそれに無制約的に先行し、有限的意志を要請することによって、善と悪――アウグスティヌスの『神の国』における二つの国（二・三二八、三四七〔二・二五三、二六九〕）――のはざまで決断を行う道徳的意志へと有限的意志を導くのである。「此の如き絶対自由の意志と我々の個人的自由意志との関係」（二・二九五〔二・二二八〕）において、「意識現象の根柢となる全体は、その部分を否定する全体ではなくして、各部分の独立、各部分の自由を許す全体である」（二・二九六〔二・二二八〕）。こうして神の自由意志は、その超越的な根拠づけの関係を通して人格的自由を呼び起こす。「我々は我々の内省的経験に於て知る如く、我々の意志は其の一々が自由なると共に、一大自由の意志の中に包摂せられて居る」（二・三四二〔二・二六五〕）。「我々は絶対自由の意志の中に於て自由である」（二・二九六〔二・二二九〕）がゆえに、人格的活動の経験においては、「絶対自由の意志の体験」（二・三四一〔二・二六四〕）が与えられるのである。

絶対自由意志、または「スコトゥス・エリューゲナなどが考へた様に、神の超越性 natura superessentialis はすべての範疇を否定し」（二・二七七〔二・二一三〕。二・三四一〔二・二六四〕参照）、それゆえディオニュシオス・アレオパギテスが言うように「一切であると共に、一切でない」（二・二七五〔二・二一二〕）のであり、またこの無限性にもとづいて、まさしく意志（二・二七六〔二・二一二〕）ないしは絶対的自己意識なのである。「真に無限なるものは即ち自覚的でなければならぬ」（二・二七八〔二・二一三〕）。なぜなら、エリウゲナが示したように、無限なるものは、同時に静止と運動、すなわち純粋な同一性と絶対的な自己運動なのであり、それゆえに意志である（二・二七七—二七八〔二・二一三〕）。しかし「絶対矛盾的自己同一」（「改版の序」、二・一二〔二・三〕）としての神の意志はそれ自体、論理的矛盾によっては規定しきれない。自由意志が内的または外的必然性を通しての規定から自由であるように（二・二八〇〔二・二一七〕）、神の自由意志は——再びディオニュシオス・アレオパギテスおよびエリウゲナとともに語るなら——存在と無（二・二八五〔二・二二〇〕）、静止と運動（二・二七八〔二・二一五〕）という二項対立的規定を超えているからである。規定の欠如という意味でのこの無は、原初的根源ないしは「創造的なる絶対意志」（二・三〇六〔二・二三六〕）であるため、世界の創造は神の自由な業《わざ》である。世界は「神の意志に依つて」（二・二八一〔二・二一七〕）、またはアウグスティヌスに従って「愛から」（二・二八五〔二・二二一〕）創造されたと言われる。この神の絶対意志は、自我における個別的意志において現存し、自己意識において開示されるために、神の創造行為は、有限的な自由意志およびその世界を構成する内的根拠への問いというかたちで超越論的に理解されるとともに、それぞれの意志の自己遂行において、その根拠として経験されるのである。

　世界内の実在の対立的な諸次元、すなわち思惟と経験、精神と身体、存在と価値などは、神の創造的意志への還帰において、「唯一つの直接経験」（二・三三一〔二・二五六〕）としてその対立が互いに媒介され、「神の人格的顕現」（二・三三一〔二・二五五〕）としての世界に統括される。この世界は段階的な分化の過程を辿り、まず宗教と芸術の象徴的世界から始まって、個人的歴史の基底層に降り、そこからさらに自然および対象的学問の派生的領域にまで展開するが、『自覚に於ける直観と反省』においてはこれはあくまで素描にとどまっており、真・善・

美の観点からこの主題がより詳細に解明されるためには、のちの『芸術と道徳』（一九二三年）を俟たなくてはならない。

＊　本論での西田からの引用については、旧版全集第四版（全一九巻、岩波書店、一九八九年）と新版全集（全二四巻、岩波書店、二〇〇二―〇九年）の巻数と頁数を並記する。〔　〕内が新版全集の頁数である。

第十六章　純粋経験と絶対意志

序

ある思想家を理解するとは、思想家自身にもおそらくは自覚されていない基本的動機として思索を導き、そのあらゆる発言を有機的に結び合わせているある根本的関心にまで遡り、そこからその思想を解釈することである。具体的表現の多くは暗中模索の内に揺れ動き、また思索の展開にともなって乗り越えられもしようが、その根本的関心に忠実であり続ける限り、思索の始元は真理の領域から離れることはない。したがって、さまざまな著作にわたる思索の連続的進展が認められる場合でも、その各々の段階は、単なる発展の記録にとどまらない内容的な重要性をもっている。それゆえに思想家の解釈に当たっては、その思索の内に絶えず現存する真理を目指して解釈を進めることが、可能にもまた必要にもなるのである。

西田幾多郎の思索の営みもまた、回顧的に整理するなら、各々の主語と術語をもったいくつかの段階に区分することができる。しかしながら、根源的思索を言葉にもたらす際には、思想家は自らの存在を賭して語り、その思索は彼の存在を証することになる。それゆえ彼の思索のあらゆる段階は、たとえそれが各々の段階の根本語から類比的な仕方でのみ推察されるものだとしても、ある根本的な問題理解に一貫して導かれていると言える。西田は初期著作『善の研究』において、自らの根本的関心を「純粋経験」として表したが、これはより根本的には「真実在」への問いを意味していた。このことは、『善の研究』の第一編「純粋経験」が、第二編「実在」のあとに書かれたことからも窺える（一・三〔一・六〕）。こうしてまさに、真にして根底的な実在への問いは、解釈によっていまだ歪められていない根源的所与、すなわち純粋経験への問いと不可分であるということが、西田の思索の根本的志向を特徴づけている。つまり西田は、意識を動かすと同時にその運動を統括する根本的力を究明することによって、実在に近づくことを試みたのである。

『善の研究』があまりに心理学的で、論理的・体系的思考に欠けるということを西田が自覚したのちも（『善の研究』「版を新にするに当つて」〔一九三六年〕一・六〔一・三〕）、「具体的経験の自発自展」（『自覚に於ける直観と反省』「改版の序」〔一九四一年〕二・一二〔一・三〕）への問いは、彼にとって中心的な課題であり続けた。彼の思索の第二期の中心的著作である『自覚に於ける直観と反省』（一九一七年）ではこの問題がより顕著になる。それによって彼は、体系としての意識論を構想する際に手掛かりとしたリッケルト（Heinrich Rickert 一八六三―一九三六年）、ヴィンデルバント（Wilhelm Windelband 一八四八―一九一五年）、コーヘン（Hermann Cohen 一八四二―一九一八年）、ナトルプ（Paul Natorp 一八五四―一九二四年）らの新カント学派の単なる継承から一歩踏み出すと同時に、フィヒテ（Johann Gottlieb Fichte 一七六二―一八一四年）の「事行」（Tathandlung）概念の受容をさらに推し進めて、自らフィヒテの根本思想の創造的発展を手掛けることになった。西田は新カント学派に接するに当たって、主観・客観、存在・当為、直観・反省、実在・価値、内容・形式、個・普遍、認識・意志、心理学・論理学などの二分法に批判的態度を採る一方、ベルクソン（Henri Bergson 一八五九―一九四一年）の「生の飛躍」（élan vital）の着想をも批判的に取り込んでいく。(1) こうした経緯に現れる方向性に従って、西田は『自覚に於ける直観と反省』において、純粋意志の活動という、フィヒテに依拠した意識理解を徐々に研ぎ澄ましていった。西田がその問題設定を受け入れた新カント学派の思想家たちは、今日ではその依って立つ前提ゆえに、疑わしく、実り少ないものとみなされるが、他方で西田が批判したブレンターノ（Franz Brentano 一八三八―一九一七年）（二・二六一―二六二〔二・二〇一―二〇二〕）、フッサール（Edmund Husserl 一八五九―一九三八年）（二・二七二〔二・二〇九〕）といった思想家は、意識の能作と志向的内容の区別という思想によって、二〇世紀哲学の動向を決定する役割を果たした。(2)西田自身は『自覚に於ける直観と反省』の最後に書かれた「序」において、この著作を不十分なものとみなした。彼の見るところ、この著作は事前の全体的計画と統一的構成を欠き、複雑な分析はしばしば確たる結論をもたらさないままに漠然と進行しているのである。「此書は余の思索に於ける悪戦苦闘のドッキュメントである。幾多の紆余曲折の後、余ほ遂に何等の新らしい思想も解決も得なかったと言はなければならない」（二・一一〔二・一一〕）。

西田研究においても、初期著作『善の研究』のみに立脚する場合を除いては、一般的に西田のこの自己診断が尊重され、二〇年代半ばの「場の論理」を「西田哲学」の主要時期の開始とみなし、三〇年代の歴史的世界の弁証法をもってその頂点とするのが通例である。なるほどいまだ『自覚に於ける直観と反省』においては、後期の著作で試みられるような徹底した思弁の持つ構成力を窺うことはできない。しかし、西田はこの著作の最後の数章において、意識と実在に関する一つの完結した理解へと歩みを進めており、この理解は、分節化された個別的構造を具えた意識の体系を実現するものではないにせよ、意識の根拠と根源についてのそこでの叙述は、深さと記述の的確さにおいて後期の著作に少しも劣るものではない。本稿の課題は、西田のこうした根本洞察を、段階的な発展過程を通じて反省的に解明することにある。そのためにはまず、『善の研究』にもとづいて「純粋経験」

の概念を総括することが不可欠のように思われる。(3) なぜならこの概念には、『自覚に於ける直観と反省』における意識理解と実在理解の核心となる基本的要素が、萌芽としてすでに内在していると考えられるからである。(4)

一　純粋経験

経験理解を展開するに際して西田は、最終的にはそれを乗り越えはするものの、ウィリアム・ジェームズ（William James 一八四二―一九一〇年）（一・一〇―一一〔一・一〇・一一〕）に代表される経験論の少なからぬ影響を受けて、(5) やはり個別的・感覚的知覚をモデルとしていた。個別的で、それ自身の内に安らう知覚は、思考や想起などによってそれに付加される、外的で単に志向的な関係をことごとく脱落させ、それによって意識の活動と意識内容の充実した実在性との相互の完全な合致を保証するのである。現実とその意識とのこのような相互浸透および統一は、西田にとって経験の本質を成している。それゆえバークリ（George Berkeley 一六八五―一七五三年）の命題「存在するとは知覚されることである」（esse ＝ percipi）（一・五四〔一・四五〕）も、認識論的な狭い意味ではなく、存在論的な内実に富んだものとして理解された。ここで註記するなら、西洋の伝統を規定している経験概念は、アリストテレス（Aristoteles 前三八四―三二二年）による経験の分析、すなわち統合的で複雑な、想起によって媒介され、知的な本質認識を目指す活動としての経験概念に始まり、トマス・アクィナス（Thomas Aquinas 一二二四／二五―七四年）とカント（Immanuel Kant 一七二四―一八〇四年）を経てヘーゲル（Georg Wilhelm Friedrich Hegel 一七七〇―一八三一年）の「意識の経験の学」（『精神現象学』の最初の標題）にまで至るものだが、(6) 西田はイギリス経験論から受け継いだ基本的経験概念によって、当初からこの伝統に対して距離を置いていた。

しかし同時に西田の経験概念の意図は、ユダヤ・キリスト教的伝統における宗教的な経験理解、すなわち、知によっては確証しえない根源的存在からの要求に担われ、内面的深層で神の意志の霊的経験にまで深まるような経験理解により多くの親近性をもっているのである。

西田によれば経験は、その内にはたらく意識の志向的活動が意識現象によって完全に満たされることによってはじめて純粋となる。それゆえ純粋意識の特徴はその無媒介性と直接性（一・九〔一・九〕）であり、このことを示す例としては、夢や幼児の意識が引き合いに出される（一・一二、一三〔一・一一、一二〕）。解釈による意味付与や、概念的・論証的判断形成、および対象化する反省はそれゆえに、経験の純粋性を損ない攪き乱すものにほかならない（一・一六〔一・一四〕）。理論的思考や批判的反省を遮断し、意識内容の対象化と主観・客観の分裂が解消されたときに、自己確証的な真実在の経験が立ち現れるのである。「経験するといふのは事実其儘に知るの意である」（一・九〔一・九〕）。この直接的経験を言葉で表し、何らかの学問的な把握を試みるなら、その固有の内実は消え去ってしまう。しかしながら経験は、アリストテレスが理解するような、(7) 純粋で普遍的な知識に先立つ不完全な段階ではなく、それどころかその具体性のゆえに、抽象的な知の「未完の状態」（一・二四〔一・二二〕）を凌駕している。(8) なぜなら意識の本質は、対象的な情報の受動的な取得にではなく、内容をはじめて意識へともたらす能動的な遂行にこそあるからである（一・五九〔一・四九〕）。この能動的な遂行においては、意識内容とともに意識それ自身の生き生きとした活動が経験される。そのため意識が目的とするのは、意識遂行から切り離されるような客観的知識を獲得することではない。アリストテレスからヘーゲルに至る理解に見られるように、そのような知識は、記憶において保持されるとともに言語を通じて伝達され、間主観性を介してその意味と真理が確証される。これに対して意識の真理は、それ自身の実在とともに、実在そのものを直接に遂行するところに認められるのである（一・七二〔一・五九〕）。

意識は、ヘーゲルの場合のように[9]、懐疑的な吟味によってはじめて対象の真理を識別するのではない以上、意識は有限的で主観的な活動としてその内容から区別されるのではなく、むしろ自己放棄によって自らを内容へと移入し、客観と一致する（一・一九六〔一・一五六〕）。このような単なる主観性の死を通じて、意識は内容自体の内でその本来の生を回復するのである。それゆえここにおいて、主観と客観の統一（一・九、一一〔一・九、一一〕）が知的直観（一・四〇、四二〔一・三三、三四〕）の意味で経験され、この具体的経験の内にあってそれに先行する根本的活動としての意識の統一が経験される。ここでは、すべての対象認識の基底ではたらく意識への遡行がなされているが、この超越論的解明は、カントとは異なり、認識一般の可能性への批判的問いを通じて、それ自体主題化されえない認識の可能の制約を解明するという意味で理解されてはいない。むしろ超越論的解明は、そのつどの内容に直面しつつその内容自身を通して自らを遂行する、意識そのものの根源的な活動として捉えられているのである。それゆえ純粋経験本来の主題は、例えば判断における主語と述語の結合に見られるあらゆる対象的総合を可能にするような、意識の根底ではたらく統一力なのである。

こうして純粋経験における意識は、外的な他なるものとの境界を消し去り、それとともに有限性を離脱するため、意識の基底的統一力においては、すべての現実を現実たらしめる統一力が根本的に経験される（一・六〇〔一・五〇〕）。「我々の思惟の根柢に於ける統一力と宇宙現象の根柢に於ける統一力とは直に同一である」（一・六八〔一・五六〕）。

全存在の根拠は純粋経験の根底において現前するために（一・七六―七七〔一・六三〕）、経験はそれに先行する主観あるいは自我の変容であるというよりも、むしろ主観そのものが根底的な経験の生起の領域から立ち現れる。

知・感情・意志などの主観の能力や、真・美・善といったその対象、またそれゆえに学問・芸術・道徳の諸次元は、多様化しながらも根源的には統一的な表出として、根底的な統一力から発現するのである（一・六三〔一・五二〕）。この統一力は、多様化による産出を通して自身を開示しながら、最高段階の宗教的次元においてはそれらを統一する遂行へと還帰する（一・一八〇〔一・一四三〕）。『善の研究』においては、意識におけるすべての質的差異をその連続的結合と相互の均衡に解消する試みがなされたが、このことは経験論に見られるように一切の本質的差異を均質化することだけを意味するわけではなく、むしろ、意識の根底的統一をその根源的活動のままに見抜く洞察を開くものであった。

二　事行としての自覚

『善の研究』の内には『自覚に於ける直観と反省』の分析にもち込まれるモチーフが多く含まれているが、『善の研究』においては純粋経験それ自体の性格はいまだ十分に整理されてはいない。『善の研究』第一編で心理的根本作用がさまざまに取り扱われてはいるものの、ここでは経験を能動的な遂行として捉えようとする西田の意向に反して、知覚が経験のモデルとされるとともに、意識を受動的なものとして理解する経験論的前提が入り込んでしまったため、経験のもつ活動の構造は十分には解明されていないのである。このような緊張ゆえに、経験の担い手としての意識の概念は、最終的には展開が妨げられ、それと同時に経験主観そのものへの問いも放置されることになった。

『自覚に於ける直観と反省』において西田は、あらゆる経験を意識の体系として把握するという課題を掲げ

（二・三〔二・五〕）、そのために、多様な意識作用に共通する原理を問わなければならなかった。慎重に選ばれた標題『自覚に於ける直観と反省』は、具体的な直観を表出する意識作用と理論化を行う反省の両者を、その共通の根としての自覚（自己意識）に指し戻す構想を表現している。この場合、直観とは「主客の未だ分れない、知るものと知られるものと一つである、現実その儘な、不断進行の意識」（二・一五〔二・一三〕）であり、反省とは「この進行の外に立つて、翻つて之を見た意識」（二・一五〔二・一三〕）を言う。この両者はベルクソンの用語では、生き生きした時間流と、静止的空間形式におけるその対象化とに相当するが（二・一五〔二・一三〕）、西田はフィヒテとともに、自己意識の構造の内にこれら相対立する意識運動の統一を見て取る（二・二一〔二・一七―一八〕）。なぜなら自己意識は、自己自身への反省において進行する「無限なる統一的発展」（二・一六〔二・一四〕）を意味するからである。[10] 直観は実在に関わり、反省は妥当性の問いを立てるものであるため、自己意識における両作用の合一は、新カント学派が成し遂げえなかった、実在と価値の結合または統一を実現している（二・四〔二・五〕）。こうして自己意識は、あらゆる意識活動とそれに対応する実在的諸次元の主体および根源となる。そのためにこの著作は、「自覚的体系の形式に依つてすべての実在を考へ〔る〕」（二・三〔二・五〕）ことを目標とするのである。

自己意識という語ないしは概念の内に含まれている意識の自己関係性は、[11] 根源的意識作用にあとから加わり、当の作用をそれとは別の作用によって対象化するような外的な反省として理解されてはならない（二・一六〔二・一四〕）。そのような偶然的な心理学的反省以前には、それを可能にする自己関係がはたらいており、これは本質的に根源的活動に内在しながらも、その活動をまさに意識として構成するものでもある（二・一七〔二・一四〕）。なぜなら意識とは、自己自身についての意識、つまり主観そのものの自己所与であるときにのみ、何らかの客観についての意識でありうるからである。[12] しかし主観は、内的行為において自らを主観として遂行し、自己自身の能動的遂行を通じて自身を主観として産出することによって、はじめて自らを主観ないし自己として把握することができる（二・一八―一九〔二・一六〕）。自己意識にとって構成的であるこの反省はそれゆえ、能動的かつ自己発展的な過程であり（二・二八七〔二・二二二〕）、知覚や理論的認識などの他の一切の意識活動はこれによって養われているのである。

このように自己意識とは能動的な自己遂行であり、つまりフィヒテの言うように、自らによって、自らにおいて、自らを通して自己を完遂する「事行」なのである（二・五六〔二・四四〕）。この活動は、一切の表象に先立つ自己自身へのはたらきにおいて、活動の存在を自らのものとして把握し、しかもその自己把握を主観・客観分裂に妨げられないかたちで遂行することによって、活動は自らを自己意識として構成する。それゆえ意識そのものは、ある内容に言わば外的に付加される不可解な性質ではなく、自己遂行そのものの内的な特性なのである（二・二五六〔二・一九七〕）。実在ないし存在は、根源的にはこの能動的な自己遂行において把握されるが、その際にそれらは純粋な実在そのものとして把握されるのであって、何らかの特定の性質をもった内容として理解されるのではない。したがって元初的な理解において実在は、意味内容や、カント的意味での範疇的対象性としてではなく、むしろアリストテレス的なエネルゲイアとして自らを示すのである。それゆえ、純粋経験の根源的形態は、表象や知覚の内にではなく、自己意識そのもの、すなわち未分化で無媒介的な知的直観そのものの内に求められる（二・二二〔二・一七―一八〕）。

このような根源的な自己経験はその遂行の自己同一ゆえに、主観的な解釈の入り込む余地はなく、その遂行の内では主観の活動の現実そのものがありのまま開示される。そのため意識する自己の純粋経験は、カント自身が実践哲学において主張しているような意味で(13)、物自体の根本形態なのである（二・三四一〔二・二六四〕）。またこの根源的経験は対象的認識を可能にする。なぜなら認識とはかならず、認識作用に先立った現実へと関わるものであるし、しかもその現実は自らと異なったものによって対象として認識される以上、それ自体において直接に遂行されるはずはなく、それゆえに現実は、認識への展開を秘めた直接的な現実経験によってはじめて可能になるはずだからである。そのため対象についての意識と対象認識は、超越論的観念論が考えたように、根源的自己経験あるいは知的直観の派生的形態として産出される〔二・二五五―二五六〔二・一九六―一九七〕〕。自己意識は現実把握の内で自己自身を遂行し、この能動的な自己同一と自身への自己透徹の只中で自己自身を透明化しながら、他なる現実がそのものとして開示される開かれた領野を構成する。したがって現実は、対象的でそれゆえに種別化された特殊な内容的規定に先立って純粋に現実そのものとして遂行される限りは、同時に現実そのものの明るみでもある意識の明るみの場、つまり真理の領野となる。それゆえに自己意識は、その存在の個的な具体性において遂行されるならば、現実全体の意味と認識の場、すなわち具体的普遍となるのである〔二・一四一〔二・一〇九〕〕。

自己意識の視野が現実一般を知覚する場へと拡がると、自我は現実の包括的領域における具体的中心として現れる。自我意識と現実世界一般についての意識はそれゆえに、自己意識の展開における二つの根本的次元として相互に不可分の関係にある。自我意識と現実意識という自己意識の二面性に応じて、自己意識の反省的・産出的根源作用は展開を続け、現実へ向けての対向的な産出的展開運動、つまり直観作用と、再帰的な自己発見、つまり反省作用とに分化する〔二・三〇〇〔二・二三二〕〕。そして対象意識には必然的に自己意識がともない、自己意識は自己を対象的現実に関わるものとして経験するがゆえに、直観と反省の二つの運動は具体的意識の内で分かちがたく共働している。このようにして発出と還帰は〔二・二八四〔二・二一九〕〕、認識遂行の只中で存在論的に統一されるのであり、これはまた、流出と一者への還帰というプロティノス（Plotinos 二〇五頃—二七〇年）の新プラトン主義的体系を思わせる。生の遂行とは自己拡張であると同時に自らに集中する現実の自己遂行であるため、この過程はまさしく、自己意識という生の脈動を形成しているのである。

自己意識の活動はそれ自らの内で自らへと遡及し、自らに対して現前するものとして自身を把握するがゆえに、この自己の具体的遂行と自己解明の只中で、現在が生起する（二・二五六、二七五〔二・一九七、二一一〕）。この場合、現在は、それに先立って存在する時間の座標系に即して決定されるものではなく、むしろあらゆる時間把捉の根底として自己遂行そのものから発現するのである。根源的な現在経験から見るならば、ベルクソンの時間流といえども、時間意識を空間的直観において二次的かつ外的に対象化したものにすぎない（二・二七七、三三四〔二・二一三、二五八〕）。現在の明るみは自己意識の内で発生し、この自己意識が現実一般の空間性を開くのであるから、過去・未来という次元への時間全体の伸長も「現在」の根本経験から展開されるのである（二・二四九—二五〇、二五六〔二・一九二—一九三、一九七〕）。未来と過去は現在という時間点を限界づけるものではなくして、現在が根源的には未来と過去を包括しているという事実は、自らの過去と未来を自由に意義づける自己意識の力によって示されている（二・二六六〔二・二〇五〕）。それゆえにこそ、西田が時間の本質に対する洞察を援用したアウグスティヌス（Augustinus 三五四—四三〇年）は、回心に際して、現在における自己現前の力から彼自身の過去の意義を新たに規定することができた（二・二五九〔二・一九九〕）。こうして純粋な現在の経験は、過去と未来の中間という時間的規定を凌駕するため、根源的現在の深みにおいては純粋なる現在、あるいは無制約的な「永遠の今」が見出される（二・二八四、三三二〔二・二一九、二五五〕）。

三　意志としての自覚

自己意識は直接に自己に対して現前する遂行であり、そこにおいて純粋経験が産出されるため、それは意志遂行とも意志経験とも呼ぶことができる（二・二六〇〔二・二〇〇〕）。もちろんこの名称は大まかなものであり、説明を必要とするであろう。ここで言う意志とは、心理学的意味で分析され、他の作用から区別されるような意識の一現象ではなく、多様な作用への分化に先立った自己意識の根源的活動を意味する。ところで認識とは、認識されるものを対象的に呈示すると同時に、その根拠へ向かっての問いを通じて認識されるものを超越するが、自己意識の根本活動は内観によって到達されもしなければ、原因からの説明も受けつけないために、根本活動を単なる認識として解釈する試みは不適切なのである（二・二六四〔二・二〇三〕）。それにもかかわらずこの根本活動は、対象意識の超越論的な可能の制約にはとどまらず、意識の根本形態と認識の起源とを成している（二・二八〇〔二・二一六―二一七〕）。根本活動は能動的な自己遂行の只中で、意識と認識の始源を行為的に実現するが、このことはまさしく意志の特徴である（二・三〇一〔二・二三二〕）。なぜなら意志は、あらゆる意志遂行を通じて自らを意志し、そこにおいて自らに触れ、能動的現実としての己れ自身を内的に摑むからである（二・二六二―二六三〔二・二〇一―二〇三〕）。このように、対象化によらずに、遂行を通して己れ自身に還帰することを介して、意志は自らをその活動において捉え、それによってあらゆる対象関係に先立って、己れ自身を自主的に行使する（二・二七五〔二・二一一―二一二〕）。意志の自己遂行の内で主観と客観は一致するがゆえに、それは最も密度の高い経験として、対象としての自らの遂行と合致し、それによって能動的現実の遂行の只中で現実自身を自らの内で成立させる（二・二九九〔二・二三二〕）。したがって意志においては、活動は現実そのものによって満たされ、現実は純粋な活動として現実態化される（二・二七八、三三一〔二・二一五、二五五〕）。それゆえ意志はまさしく現実の最高形態であり、そこには外的で派生的な実在が入り込む余地はまったくない。現実はこうして、根源的には自由な遂行であると同時に、人格的な自立として自己を実現するために（二・三一二〔二・二四一〕）、人格の力は現実の他のあらゆる形態を凌駕している（二・二九五〔二・二二八〕）。人格的主体として、意志は元初的には自らの能動的活動を己れ自身の内から始動させるのであり、それゆえ外的な影響には一切さらされないばかりか、己れ自身の過去によって決定されることすらありえない。それどころか意志は、それぞれの「今」において自らを新たに産み出し、自らに対するこの創造的な能動性にもとづいて、自身の過去の痕跡を新たに形成された現在の内へと組み込むことができる（二・二六六―二六七〔二・二〇四―二〇五〕）。

意志とは意識と現実の元初的形態であるがゆえに、それは根源的領野として、のちに展開される意識のあらゆる形態と、そこで開示される現実のあらゆる領域の根底ではたらいている。そしてあらゆる意識活動には一つのア・プリオリな構造が具わっている限り、意志はすべてのア・プリオリのア・プリオリであり（二・三四四〔二・二六七〕）、すべての活動は意志固有の形式と力によって隈なく貫かれている。それゆえ認識を含めた意識の各形態は、根源的意志の能動的活動性と自己所有の構造を分有している（二・二六四〔二・二〇三〕）。しかしながら意志自身は、そのような二次的ア・プリオリとその遂行形式によってはまったく規定されることがないので（二・三三四〔二・二五八〕）、意志は一切の能力を、自らの自由な自己所有にもとづいて活動させることができる。それと同時に意志は、意識の全領域と、そこにおいて主題化される世界とを包括している。そのため、意志の自由な遂行のさなかで主体には包括的な立脚点が具わり、そこにおいて現実の全次元が、本質的な構造と自由に付与される意味に関して一致することによって、人間の世界が統一あるものとして成立するのである（二・二七五―二七六〔二・二一一―二一二〕）。

自己意識の根本活動は意志の自由な支配としてはたらくため、それはまず力として表現される。しかしながらこの力は、盲目的衝動、または自由を欠いた欲求や単なる事実的な力とは異なり（二・二八九〔二・二二三〕）、意味と真理を実現するものである。意志はその遂行の内部において根源的に意味によって貫かれている限り、それは自らに還帰し、自らを解明することができ、また二次的な意識現象の源として機能する際にも、あくまで自己のもとに留まり続ける（二・六一〔二・四八―四九〕）。それゆえ意志の自己遂行そのものは、先行するある中心をめぐって展開され、その中心は意志の活動を自らへの反省を通してその中心自身へと関わらせ、そうすることによってその意志の活動に自己同一性の無制約性を付与するのである（二・三三、三五〔二・二七、二八〕）。意志は自らの自由によって事実性を支配できるがゆえに、能動的な活動性をはじめて発現させるこの意味の中心は、一切の事実性に先行し（二・一九〔二・一六〕）、己れを規範性、妥当性、価値あるいは当為として開示する。ところで意識は、例えば判断などの諸々の活動において、この当為の要求の下ではたらくということを見るならば、妥当性や当為といった新カント学派の主要概念は、意識の派生的な活動に由来すると言えよう。しかしこれらの概念は、意識の諸活動やそれに対応する現実をはじめて統一的に成立させる根源的当為の要求を照らし出すものである（二・五九、二八四〔二・四七、二一九―二二〇〕）。それゆえ根源的意志は、当為の要求に自ら応じることによって、精神的な自己把握と人格的な自由を獲得し、その自己遂行を通じて当為の要求に向かって自己を超越する。つまり意志が能動的に意志自身として存在することができるのは、意志が当為の要求の下で自身を道徳的能力として構成するからなのである。

こうして、自己自身への意志の還帰は現実そのものの存在論的自己遂行であるとともに、道徳的な根元的活動である。すなわち、その活動において自己意識は、自立的な意志遂行を自らの自己同一性の測り知れない根源による要求に聴従させ、その遂行を当為の要求に従って形成する〔二・二九六〔二一・二二八〕〕。意志は自らにとって構成的な遺徳的要求を通じて自己自身を所有し、自らの自由を獲得する。それゆえ意志はこの先行的な要求による拘束から抜け出ることができないにもかかわらず、その要求に反した決断において、真理と意味の代わりに誤謬〔二・三三五〔二一・二五八〕〕と悪〔二・三〇二〔二一・二五八〕〕を選択することができると同時に、回心によって再び自らの意味の根源へと還帰することもできるのである。こうしてあらゆる実存的存在の下で実践的自己が活動し〔二・二六六〔二一・二〇四〕〕、この自己は良心において〔二・二八五〔二一・二二〇〕〕無制約的要求を受け入れる。そしてこの絶対的要求への恭順にもとづいて、実践的自己は現実を意味あるものとして、また意味を現実として〔二・二八四〔二一・二一九〕〕遂行することができる。このように、当為の要求による意志遂行の構成を分析することによってはじめて、自己意識においては実在と価値などの二分法があらかじめ乗り越えられているということが明らかになる。「我々の世界は当為を以て始まるのである。「神、光あれと言ひ給ひければ光ありき」と云つた様に、世界は神の意志を以て始まるのである。オリゲネスが新プラトン学派に反して、世界創造の根元に道徳的自由を認め、物質界を神の最後の流出とせずして、所罰の世界としたのは、単に知的なる新プラトン学派に比して、一層深い所があると思ふ」〔二・二八五〔二一・二二〇〕〕。

四　絶対意志

現実および意味の遂行としての意志は、無制約な道徳的要求によって支えられているために、意志はこの要求の根拠である絶対的意志に向けて自らを超越する。なぜなら、プラトン（Platon 前四二七―三四七年）やフッサールに見られるような理念的意味の体系ではなく、プロティノス的な絶対的一者こそが、具体的現実を根拠づけうるからである。しかもこの絶対的一者もプロティノスが主張するような必然的流出によってではなく、最も具体的な現実活動、すなわち自由な意志を通じてのみ、人間の自由意志とその歴史的世界（二・二八七、三四一〔二・二二二、二六四〕）を産出する。道徳的意志が神の絶対的意志における自らの根源へと超越する事態は、いまやより正確に記述されなければならないが、その際には超越論哲学の中心的問題に直面せざるをえなくなる。つまり、自己意識の内で主題化されるあらゆる内容は自己意識によって能動的に構成・遂行されるというのが超越論的思惟の原理であるが（二・一九〔二・一六〕）、ここで問題となるのは、如何にして自己意識の内でかつそれによって、自己意識に先行する現実、すなわち自己意識によっては構成しえない現実が認識されるのかということである。すなわち、自己意識の内で何らかの内容が、自己意識の活動性に解消しえないものとして自らを示すことはいかにして可能であるのかが問われるのである（二・二七八―二七九〔二・二一五―二一六〕）。この問題の解決は、自己意識が自らへ還帰することを通じて、自らの構成作用をそれに先行する根拠に由来するものとして把握することによって、つまり自己意識は、自己把握の只中で、絶対的なものによって把握されたものとしてしか自らを把握しえないという洞察によって果たされるのである（二・二八八〔二・二二三〕）。

フィヒテが展開したように、自己意識の自己把握は、自我意識、すなわち「自我は自我である」(Ich bin Ich)という意識の内に現れるが、これは「AはAである」(A ist A)という表現形式を取る[14](二・五六―六四〔二・四四―五二〕)。この定式によって、自己を自己として遂行する意識の自己同一性が表現される。この定式においては、その基盤となる自己意識におけると同様に、ある分離が表されているが、この分離は「である」(ist)という、妥当性を要求する意志の措定によって、同一性へ向けて乗り越えられている[15]。このようにして自己意識は自らの自己同一性の遂行において、分離した二重の項によって自らを把握し、それゆえに二極分化を媒介としてはじめて自らの自己同一性に到達する。その際に自己意識は、二重の項に共通の根底、およびそれらの統一の根拠として、一性をあらかじめ前提しているのである(二・六九、九九、二七九〔二・五四、七八、二一六〕)。

この絶対的な一性は、あらゆる反省的な対象化に先行している。なぜならおよそ反省とは、その対象を客観として扱うものであり、それゆえその対象を第二のものとして、反省する主体へと結び付け、その限りで二重性を内含するからである。純粋な一性はしたがって、絶対的に把握不可能で、解明を拒む秘義である(二・二七二、二七四―二七五〔二・二〇九、二一一―二一二〕)。それはベーメ(Jakob Böhme 一五七五―一六二四年)の語るような「無底」(Ungrund)(二・二七四〔二・二一二〕)でありながら、自己意識がそこから経験世界をありのままに捉え(二・一九〔二・一六〕)、自己をも自己同一的なるものとして反省的に措定しつつ、己れを自由意志として把握するような絶対的視点でもある。絶対的一性そのものは隠れており、それについては何も述定することはできないために無であるとしか言えないが(二・二七五〔二・二一一〕)、それは同時にあらゆる現実の根源であるがゆえにまさしく創造的な無なのである(二・二八一〔二・二一七〕)。かくしてこの一性そのものは、判断主体のより高次の視点から一性を包摂するかのような概念的理解の営みを拒け、己れ自身がそれらの意志と理解の根源として承認されることを要求する。しかし一性の絶対的優位と隠蔽性ゆえに一切の概念的理解を挫折させるこの要求において、一性は自らをその積極的なあり方において顕わにする。このあり方は、概念的把握の意志においてではないにせよ、当為の絶対的要求のはたらきかけを受け止めようとする自己意識の受容性において、言葉を通して辛うじて表現されうる。

このような理解と語りの限界を考慮するなら、絶対的一性あるいは創造的無は、絶対的意志として特徴づけられる。なぜなら、次に示すように、絶対的意志のみが有限的な自由と現実を根拠づけることができるからである(二・二八一〔二・二一七〕、二八四〔二一九〕)。まず有限的現実は、思惟、または理念のような理性的原理へ還元されることがない。すなわち理性は、なるほど意味と何性を構成することはできるが、実在をその具体的で能動的な現実において産出することはできない(二・二七三〔二・二一〇〕)。それに対して純粋経験は具体的な現実を遂行し、意志のみが個的で具体的な現実そのものに関わることができる(二・二七二〔二・二〇九―二一〇〕)。現実は一見して単なる事実のように見えても、基本的には目的論的性格をもつものとして自らを示すのである。しかし目的への関わりはやはり意志によって定められている(二・三三〇〔二・二五五〕)。またさらに対象的世界は自然法則によって支配され、それぞれの領域には特定の法則的な原因性がはたらいている。しかし因果性は、現実の遂行を含むために、現実を支配する原理、すなわち実在的力に由来する(二・二七五〔二・二一二〕)。さらにこの力は、多様な本質に即した原因性の原理である限り、それ自身としては本質的に無規定的であり、自ら自由な規定を遂行する。それゆえ絶対的自由意志は、世界内の自然法則の可能の制約なのである(二・二八一、二八五〔二・二一七、二二一〕)。また何よりも人間の自由と人格そのものは、絶対的自由と絶対的人格によってのみ呼び覚まされうる。なぜなら、もし自然界の因果性が普遍的に支配するならば、人間も包括的必然性の関係の下に位置づけられ、人間の自己意識と自由な自己規定は解消されることになるからである（二・二六六〔二・二〇四〕）。人間の自由はそれゆえ、絶対的自由の無底の内に、すなわち「無」ないしは絶対意志の超越の内に自らの根拠を有するのである（二・二九六〔二・二二九〕）。

絶対的自由からの根拠づけは、人間の自由を排除するものでも制限するものでもないし、両者の自由は相互に補足し限定し合う共働の関係にあるのでもないことは、これまでの考察から明らかである。人間の意志は絶対的自由がはたらく領域においてこそ、つまり絶対的意志を通じてこそ、自由でありうる（二・二九五—二九六、三四二〔二・二二八—二二九、二六五〕）。西田は、カントの「目的の王国」をこのような意味で理解している（二・二九六〔二・二二八〕）。神の自由および人格は、自らの有限な顕現または似像（二・二九一〔二・二二五〕）としての人間の自由および人格において自らを確証する。それゆえ、神の自由意志を己れの自由において受容することは、人間の意志を構成する課題なのである。すなわち人間の意志は、神の意志によってまさに自由意志として成立し、それゆえ神の意志と対面するために、人間の自由意志には、神の意志と一致するという道徳的・宗教的使命が本質的に具わっている（二・二七七〔二・二一三〕）。したがって自己との人格的一致の経験の内では、自らに優越する絶対的自由意志が経験される。それゆえに人間は、神の自由意志との一致を強めれば強めるほど自由となり、それだけますます自己自身になるのである（二・二七七〔二・二一三〕）。

純粋経験は純粋な現実そのものを洞察することによって、唯一の絶対的に純粋な現実としての神の意志に、人間の自己意識を直接に触れさせる（二・二八〇〔二・二一七〕）。このような神の意志との直接の接触の内にこそ、純粋経験の核心がある（二・二七七—二七八〔二・二一三〕）。この神の意志からあらゆる現実が発出するために、有限的な存在者は、神の意志、すなわち——アウグスティヌスの言葉では（二・二八五〔二・二二一〕）——神の愛によって、無制約的に肯定されたものとして成立し、それゆえに純粋経験において（二・二九九〔二・二三二〕）完全に肯定しうるものとして自らを顕わにする。対象的認識が、経験内容を外的な視点から概念的に規定し、客観的な判断を通してそれを把握するのに対して、純粋経験は、創造的無ないしは神の視点から有限者をその構成過程に即して洞察する。すなわち有限者は、その内部から、自らあるがままに見られるときに、まさにそれ自身が、神の創造的意志において存在するあり様で認識されるのである。それゆえ、純粋経験がそのつど「今」の瞬間において遂行されるということは、自己と被造物が、神の自由な意志から産出されるものとして、いつでも「今」において創造されることによるのである（二・二八三、三三一〔二・二一九、二五五〕）。

西田がエリウゲナ（Johannes［Scottus］Eriugena 八一〇頃—八七七年以降）から学んだように、絶対的自由意志は、運動と静止の統一、あるいは創造する力と創造しない自己との同一性として、思惟において把捉される（二・二七八—二七九、三四一〔二・二一五—二一六、二六四〕）。このように思惟が、神の述定に当たって相対立する範疇を結び合わせるために、思惟は自らの範疇と、対象に向かう自らの思考自身を乗り越えざるをえなくなる（二・二七八、三四一〔二・二一五、二六四〕）。こうして、範疇と合理的な分析的思考は、運動と静止の一致へと還元され、それによって思惟は超理性的に自らを開き、絶対自由意志それ自身にふさわしい洞察へと還帰する（二・二七七、三四一〔二・二一三、二六四〕）。その際に運動ないし展開の契機には直観が対応し、静止の契機には反省ないし同一性が対応するがゆえに（二・三〇三—三〇四〔二・二三四—二三五〕）、この絶対的自由意志は、認識の根源原理としても理解されるようになる。運動と静止の概念のこのような超理性的一致においては、概念的には相対立するものが一致するのであり（二・二八四〔二・二二〇〕）、西田はのちに（一九三九年）これを、ニコラウス・クザーヌス（Nicolaus Cusanus 一四〇一—六四年）の「反対物の一致」（coincidentia oppositorum）にならって「絶対矛盾的自己同一」（改版の序、二・一二〔二・三〕）と呼んでいる。合理的思考にとっては対立する契機同士が、ここでは自己否定を通して止揚されるため、神は対立項のどちらかの一契機によって規定されることもなければ、対立そのものによって特徴づけられることもない。それゆえ神は、こうした対立を貫き通すことによってはじめて理解されるその自由意志において、測り知れない秘義（二・二七七、三一六〔二・二一三、二四四〕）として顕現するのである。西田がディオニュシオス・アレオパギテス（Dionysios Areopagites 五〇〇年頃）やエリウゲナ[16]に依拠しながら詳述しているように、それ自身否定的性格を持つ思惟が矛盾によって否定される結果（二・三〇七〔二・二三七〕）、絶対的自由意志は、概念把握にはよらない仕方で洞察されながら、その無制約的な現在においてあらゆる把握を拒絶し続ける（二・三一七―三一八〔二・二四五〕）。直接に出会われながらも把握を拒む純粋な現実を、その無限性と無制約性において超理性的に洞察することこそが、純粋経験の最も深い本質である（二・三四一〔二・二六四〕）。そのため、同時に行われる肯定と否定、つまり対立とその否定によって神を規定するディオニュシオスの否定神学は、純粋経験の核心を言語的・理性的に表現するにはふさわしい。なぜなら否定神学そのものは、神をあるゆる本質上の規定に先立って、絶対的自由あるいは絶対意志として洞察しようとするからである（二・三三一〔二・二五五〕）。

有限な現実に直面した有限な純粋経験は、その中心において神の意志の純粋現実に触れ（二・三〇四〔二・二三五〕）、肯定・否定の両述定による弁証法は、絶対自由意志の静止的運動を顕わにする。ここから、神による有限的現実の創造の絶対的自由が確証される。もし神と世界との関係が必然性として理解されるならば、この解釈は、自然法則の必然性、あるいはスピノザ（Baruch de Spinoza 一六三二―七七年）（二・二八一〔二・二一七〕）からヘーゲルにまで見られる、思惟としての精神の必然性に導かれたものとなる。しかしそうすると、絶対者そのものに具わる独立性と自己同一性は消え去ってしまうことであろう。また否定神学においても、神に対する概念的把握を完全に脱したにしても、主題となる神の超越が絶対的自由そのものとして捉えられない限り、すなわち超越そのものが、そこから生じた結果――超越が直接にその内に現前しているその結果――から区別されない限り、神自身とその世界との関係を一つとして理解するという思惟の究極の目標には至りえないのである。絶対的自由としての神の絶対的現実は、有限的自立と人間の自由を内的に可能にするものと考えられる以上、神の自由を承認することによってはじめて、神は絶対的なるものとして、また世界と人間は自立的なるものとして成立する。人間と世界は、その成立に先立って思惟され、自由において愛されているがゆえに〔二・二八八〔二・二二二〕〕、そのあるがままに存在する。それゆえ意志と人格による根拠づけは、自然因果性による根拠づけよりもはるかに深く根源的なのである。したがって、有限的存在が創造的無の絶対意志から発現するという意味での自由な創造は〔二・二八一〔二・二一七〕〕、人間の自由の内的な可能の制約として超越論的に、また有限な現実の根拠として存在論的に、さらに純粋経験の核心の開示として認識論的に示されるのである。

　創造は本質的に自由そのものの活動であるため、神の創造行為は、まず自由で自己意識的な自己〔二・三一九〔二・二四六〕〕と、その道徳的世界として表現される。世界はまた、美的形象すなわち芸術を通して、再び自己を超え出て遡り、形象をともなわない絶対的根源にまで還帰する〔二・三一〇〔二・二四一〕〕。しかし具体的世界は、ことごとく道徳的自己を通じて構成されている限り、根源的には人間の歴史的世界である〔二・二七六、二八六―二八七〔二・二一二―二一三、二二一―二二二〕〕。この歴史的世界を通して、最後の段階として単なる知覚や自然の世界が派生し、純粋な理論的学問の対象が構成される〔二・三二八〔二・二五三〕〕。その超越論的根源から見るならば、世界は、人間存在の歴史遂行の次元を成しているために、人間の人格的行為や運命に与っている。そこで人間は、アウグスティヌスが語ったように、肉体的・内世界的な存在として、本質的に善と悪の二つの国のあいだでの選択にさらされている（一・二二八、三四七〔一・二五三、二六九〕）。それと同時に世界と歴史は、目的論的に人間の道徳的・宗教的意味に関わり、それゆえに根底においては、人間に対する神の重心の絶対的呼びかけの表現なのである。

宗教の次元から始まって、道徳・芸術・歴史の次元を経て自然にまで至る、現実の諸次元の段階は、純粋経験の諸段階と並行している。そのために、純粋経験の最も中心的な実現は、自らの自己における神の意志との接触の内にあるが、これはさらに道徳・芸術の諸領域へと拡大し、歴史の世界において自らを実現しながら、最終的には自然の知覚にまで至る（二・三〇六―三〇七〔二・二三六―二三七〕）。こうして歴史経験は単なる感性的知覚に先行し、それよりも根源的である。しかし歴史経験は本質的に過去と未来への連関を含むため、その限りで完結性を欠き、開放的である。そして純粋経験は知覚よりも先に歴史的世界の内にこそ成立するがゆえに、ここにおいて経験と歴史についての新たな思惟が課せられる。つまり、歴史そのものの具体的な錯綜と無際限の開放性の只中で、如何にして純粋な現実とその絶対自由意志とが経験されうるのかが問われなければならないのである。

＊　本論での西田からの引用については、旧版全集第四版（全一九巻、岩波書店、一九八九年）と新版全集（全二四巻、岩波書店、二〇〇二―〇九年）の巻数と頁数を並記する。〔　〕内が新版全集の頁数である。

註

（1）　上田閑照『西田幾多郎を読む』（岩波セミナーブックス38）、岩波書店、一九九一年、二六四―二八〇頁参照。

（2）　Cf. Joseph S. O'Leary, Foreword, in: Nishida Kitaro, *Intuition and Reflection in Self-Consciousness* (tr. Valdo H.Viglielmo et al.)

Albany, N.Y., 1987, p. x.

（3） K・リーゼンフーバー「経験と超越――アリストテレス・西田幾多郎・偽ディオニュシオスにおける経験の構造」、『中世における自由と超越』創文社、一九八八年、三九三―三九七頁参照。

（4） 上田閑照「純粋経験と自覚と場所」『禅文化研究所紀要』第一七号（一九九一年三月）、二五四頁参照。

（5） 笹川裕通「西田幾多郎とジェイムズ――純粋経験をめぐって」、峰島旭雄編『東洋の論理』北樹出版、一九八一年、所収、一〇四―一一四頁参照。

（6） K・リーゼンフーバー「経験の構造――西洋的伝統と西田幾多郎における」、新田大作編『中国思想研究論集――欧米思想よりの照射』雄山閣出版、一九八六年、所収、四三一―四四一頁参照。

（7） Cf. Aristoteles, *Analytica Posteriora*, 100a16f.

（8） 西谷啓治『西田幾多郎――その人と思想』筑摩書房、一九八五年、一四四頁参照。

（9） Cf. G. W. F. Hegel, *Phänomenologie des Geistes*, Einleitung（hg. J. Hoffmeister [PhB 114], 6. Aufl. Hamburg 1952, S. 67).

（10） 中村雄二郎『西田哲学の脱構築』岩波書店、一九八七年、一九七頁参照。

（11） 高坂正顕「西田幾多郎先生の生涯と思想」、『高坂正顕著作集』第八巻、理想社、一九六五年、所収、七三頁参照。

（12） 高山岩男『西田哲学』岩波書店、一九三五年、九七頁参照。

（13） Cf. I. Kant, *Kritik der praktischen Vernunft*, Erster Teil, I. Buch, 3. Hauptstück, Kritische Beleuchtung der Analytik der reinen praktischen Vernunft (Originalausgabe, S. 170).

（14） Cf. J. G. Fichte, *Grundlage der gesamten Wissenschaftslehre* (1794), Erster Teil, 1. Erster, schlechthin unbedingter Grundsatz (Gesamtausgabe der Bayerischen Akademie der Wissenschaften, I, 2, Stuttgart-Bad Cannstatt 1965, S. 256-261).

（15） 小坂国継『西田哲学の研究――場所の論理の生成と構造』ミネルヴァ書房、一九九一年、一五〇―一五三、一五八―一五九頁参照。

（16） Cf. Johannes Scottus Eriugena, *Periphyseon De divisione naturae*, I, cc. 9-14. ヨハネス・エリウゲナ『ペリフュセオン（自然について）』、上智大学中世思想研究所編訳／監修『中世思想原典集成』第六巻「カロリング・ルネサンス」平凡社、一九九二年、所収、四九二―五〇九頁参照。

初出一覧

本書に収めた論文の初出時の翻訳者、掲載誌、関連する欧文論文、および発表学会などは以下の通りである。本書への収録に当たっては、各論文の翻訳を全面的に見直し、改訳を行ったが、初出典の翻訳も十分に参考にさせていただいた。初出時の翻訳者の方々に感謝の意を表したい。

（村井則夫 記）

第一部　言葉と歴史

第一章　解釈学と言語分析——対話への手がかり
（『哲学』第二七号、日本哲学会編、一九七七年、法政大学出版局、一六—三〇頁、本間英世・山脇直司訳。ドイツ語原文は、Hermeneutik und Sprachanalyse. Ansätze zu einem Gespräch として、*Zeitschrift für Katholische Theologie* 101 (1979), S. 374-385 に掲載）

第二章　歴史哲学と歴史理解
（『思想』六六七号、一九八〇年一月、岩波書店、五七—七七頁、本間英世訳）

第三章　時間と歴史
（『哲学』第五二号、日本哲学会編、二〇〇一年、法政大学出版局、七八—九二頁、村井則夫訳）

第四章　呼びかけへの傾聴——言語の超越論的構成機能について

（『現象学年報』二号、日本現象学会編、一九八五年、北斗出版、二五―三八頁、酒井一郎訳。第三節の翻訳は今回新たに追加。第三節を含むドイツ語原文は、Hören auf den Anruf ― Zur transzendental konstitutiven Funktion des Wortes として、Yoshihiro Nitta (Hg.), *Japanische Beiträge zur Phänomenologie*, Verlag Karl Alber, Freiburg/München 1984, S. 113-139 に掲載）

第二部　自由とその根底

第五章　自由な自己規定と意味への関わり
（『理想』四九二号、一九七四年五月、理想社、七八―九五頁、本間英世訳。ドイツ語原文は、Grundentscheidung und Sinnbezogenheit として、*Tommaso d'Aquino nel suo settimo centenario* (*Atti del Congresso Internazionale* 6), Edizioni Domenicane Italiane, Napoli 1977, pp. 374-387 に掲載）

第六章　意味と価値――言語論的観点から
（「意味と価値」『理想』五三〇号、一九七七年七月、理想社、五九―七四頁、坂井秀寿訳）

第七章　価値と存在――リンテレンの価値哲学から出発して
（『理想』五〇三号、一九七五年六月、理想社、七五―八六頁、本間英世訳）

第八章　無の概念と現象
（『理想』四八四号、一九七三年九月、理想社、五八―七五頁、高橋憲一訳。ドイツ語原文は、辞典項目 Nichts として、H. Krings, H. M. Baumgartner, Ch. Wild (Hgg.), *Handbuch philosophischer Grundbegriffe*, Bd. 2, Kösel-Verlag,

München 1973, S. 991-1008 に掲載)

第三部　超越理解と宗教論――フィヒテ、ハイデガーをめぐって

第九章　フィヒテと現象学――フィヒテ思想(一八〇四―〇六年)における現象概念について
(「フィヒテ思想(1804-1806年)における現象概念について」『フィヒテ研究』第五号、一九九七年、晃洋書房、二―八頁、無記名・村井則夫訳。シンポジウム「フィヒテと現象学」(一九九六年一一月)提題)

第十章　フィヒテの宗教思想の生成――『浄福なる生への導き』を中心に
(「フィヒテ宗教論の生成と発展」、J・G・フィヒテ『浄福なる生への導き』(高橋亘訳/堀井泰明改訂・補訳)平凡社、二〇〇〇年一一月、二九四―三三〇頁、村井則夫訳)

第十一章　フィヒテの宗教哲学的思惟の発展
(『フィヒテ研究』第一五号、二〇〇七年、晃洋書房、四二―六六頁、鈴木伸国訳。シンポジウム「フィヒテと宗教」(二〇〇六年一一月)提題)

第十二章　ハイデガーにおける神学と神への問い
(『現象学年報』六号、日本現象学会編、一九九〇年、一二三―一四二頁、丹木博一訳)

第四部　純粋経験と宗教――西田哲学をめぐって

K・リーゼンフーバー（Klaus Riesenhuber）

1938年フランクフルト（ドイツ）に生まれる。ミュンヘン大学卒，Dr. phil.; 神学博士（上智大学）。1967年来日。1974－2004年上智大学中世思想研究所所長。上智大学名誉教授。

〔主要著書〕“Existenzerfahrung und Religion” (Matthias-Grünewald-Verlag), “Die Transzendenz der Freiheit zum Guten” (Berchmanskolleg Verlag), “Maria im theologischen Verständnis von Karl Barth und Karl Rahner” (Herder),『中世における自由と超越』,『中世哲学の源流』,『超越に貫かれた人間』（以上，創文社),『中世における理性と霊性』(知泉書館),『西洋古代・中世哲学史』,『中世思想史』（以上，平凡社ライブラリー）。監修・編集（共著を含む）:『教育思想史』全6巻（東洋館出版社),『中世研究』(第1-11巻:創文社，第12巻:知泉書館),『キリスト教史』全11巻（平凡社ライブラリー），パラグラフ編『図説キリスト教文化史』全3巻，バンガート著『イエズス会の歴史』（以上，原書房),『キリスト教神秘思想史』全3巻,『中世思想原典集成』全21巻（以上，平凡社）。共編集『トマス・アクィナス研究』,『中世における知と超越』(以上，創文社),『西田幾多郎全集』(岩波書店)，その他。

村井則夫（むらい・のりお）　監訳者

1962年東京に生まれる。上智大学大学院博士後期課程単位取得退学。明星大学教授。

〔著書〕『ニーチェ―ツァラトゥストラの謎』(中公新書),『ニーチェ―仮象の文献学』(知泉書館)。共著:『ハイデッガーと思索の将来』(理想社),『哲学の歴史』(平凡社),『西洋哲学史1』(講談社)。訳書:ブルーメンベルク『近代の正統性III』, シュナイダース『理性への希望』(以上，法政大学出版局)，その他。

〔近代哲学の根本問題〕　ISBN978-4-86285-190-1

2014年7月 5日　第1刷印刷
2014年7月10日　第1刷発行

著　者　K・リーゼンフーバー
発行者　小 山 光 夫
製　版　ジ ャ ッ ト

発行所　〒113-0033 東京都文京区本郷1-13-2　電話03(3814)6161 振替00120-6-117170　http://www.chisen.co.jp　株式会社 知 泉 書 館

印刷・製本／藤原印刷

人名索引

ア　行

カ　行

サ　行

アヴェナリウス Avenarius, Richard　336
アウグスティヌス Augustinus　32, 65, 70, 74-77, 84, 170, 171, 228, 290, 291, 323, 334, 356, 364, 378, 379, 391, 399, 403
アドルノ Adorno, Theodor Ludwig Wiesengrund　39, 41, 44
アナクサゴラス Anaxagoras　219
アーペル Apel, Karl-Otto　13, 22, 23, 38
アリストクセノス Aristoxenos　30
アリストテレス Aristoteles　15, 30, 31, 65, 71, 77, 78, 84, 116-18, 140, 141, 167, 170, 176, 181, 212, 221, 228, 286, 289, 290, 295, 317, 318, 321, 324, 325, 338, 384, 385, 389, 404
イエス Jesus Christus　31, 246, 249-51, 256, 275, 280, 281, 298, 356
ヴァイツゼッカー Weizsäcker, Carl Friedrich Freiherr von　69
ウィトゲンシュタイン Wittgenstein, Ludwig　6-14, 16, 17, 20-22, 24, 25, 74, 92, 146, 147, 152
ヴィンケルマン Winckelmann, Johann Joachim　33
ヴィンデルバント Windelband, Wilhelm　55, 69, 382
ヴェーバー Weber, Max　59
ヴント Wundt, Wilhelm　336
エーベリング Ebeling, Gerhard　284
エリウゲナ Johannes Scottus Eriugena　224, 323, 356, 364, 379, 400, 401, 404
オースティン Austin, John Langshaw　14, 17
オッカム、ウィリアム Ockham, William; Guillelmus de Ockham　118, 140, 228

オリゲネス Origenes　72, 364, 377, 395
オロシウス Orosius　75

カエサル Caesar　42, 56
ガダマー Gadamer, Hans-Georg　16, 18, 22-24, 34, 41, 49, 51-53, 57, 164
カルナップ Carnap, Rudolf　9
カント Kant, Immanuel　12, 36, 37, 44, 66-68, 72, 75, 81, 115, 162, 171, 177, 220, 221, 227, 228, 230-33, 239, 242, 244, 248, 249, 254-62, 267, 276, 314, 318-20, 323, 329, 336, 345, 363, 370, 377, 384, 386, 389, 399
キケロ Cicero, Marcus Tullius　30
木村栄　313
キリスト　→イエス
クザーヌス Cusanus, Nicolaus　158, 207, 328, 330, 355, 400
グレーバー Gröber, Conrad　285, 286
ゲーテ Goethe, Johann Wolfgang von　172, 231, 233
ケーベル Koeber, Raphael　314
ゲーレン Gehlen, Arnold　40
コーヘン Cohen, Hermann　364, 382
コンツェルマン Conzelmann, Hans　73
コンディヤック Condillac, Étienne Bonnot de　337

サール Searle, John　14
サルトル Sartre, Jean-Paul　119, 140
ジーヴェルト Siewerth, Gustav　284
ジェームズ James, William　318, 336, 337, 339, 340, 361, 384
シェーラー Scheler, Max　167, 171-73,

1

177
シェリング Schelling, Friedrich Wilhelm Joseph von 319, 346
十字架のヨハネ Juan de la Cruz 208
シュペーマン Spaemann, Robert 38
シュライエルマッハー Schleiermacher, Friedrich Daniel Ernst 25, 48, 234
シュレーゲル Schlegel, Karl Wilhelm Friedrich von 33, 71, 234, 267
ショーペンハウアー Schopenhauer, Arthur 314
シラー Schiller, Johann Christoph Friedrich von 231
親鸞 314
鈴木大拙 168, 313
スピノザ Spinoza, Baruch de 139, 201, 231, 254, 314, 344, 401
左右田喜一郎 315, 360

タ・ナ 行

田辺元 331
ダントー Danto, Arthur Coleman 56, 73
ディオニュシオス・アレオパギテス Dionysios Areopagites 208, 323, 356, 364, 378, 379, 401
ティーク Tieck, Ludwig 234
ディルタイ Dilthey, Wilhelm 18, 34, 49, 69, 327
デカルト Descartes, René 7, 115, 119, 122, 148, 334, 361
トゥーゲントハット Tugendhat, Ernst 7, 17
ドゥンス・スコトゥス Duns Scotus, Johannes 171, 287
トマス・アクィナス Thomas Aquinas 66, 117, 118, 138, 143, 168, 170, 171, 176, 185, 228, 284, 295, 321, 338, 384
トマス，エルフルトの Thomas de Erfordia 287
ドレイ Dray, William Herbert 56
トレルチ Troeltsch, Ernst 169
ドロイゼン Droysen, Johann Gustav 58
ナトルプ Natorp, Paul 382
ナポレオン Napoléon Bonaparte 42
西田幾多郎 214, 313–404
ニーチェ Nietzsche, Friedrich 71, 119, 292, 295, 297

ハ 行

ハイデガー Heidegger, Martin 6, 7, 9, 10, 12, 13, 18, 22–24, 34, 48, 76, 87, 92, 143, 163, 205, 220, 225, 283–309, 369
パウロ Paulus 289, 356
バークリ Berkeley, George 318, 338, 384
パスカル Pascal, Blaise 329
パネンベルク Pannenberg, Wolfhart 46
ハーバーマス Habermas, Jürgen 13, 15, 22, 23, 38–41, 45, 51–53
ハルデンベルク Hardenberg, Karl August Fürst von 235
バルト Barth, Karl 284, 327
ハルトマン Hartmann, Eduard von 169
ハルトマン Hartmann, Nicolai 167, 171, 172
ハルナック Harnack, Adolf von 291
久松真一 214
フィヒテ Fichte, Immanuel Hermann 262
フィヒテ Fichte, Johann Gottlieb 37, 81, 115, 219–82, 314, 323, 324, 336, 360, 363, 364, 366, 369, 372, 382, 383, 388, 389, 397
フェヒナー Fechner, Gustav Theodor 336
フォールベルク Forberg, Friedrich Karl 233, 263
藤岡作太郎 313
フックス Fuchs, Ernst 284
フッサール Husserl, Edmund 6, 88–92, 162, 176, 219–21, 288, 291, 324, 326, 359, 369, 383, 396
ブッセ Busse, Ludwig 314
ブライク Braig, Carl 286

プリニウス Gaius Plinius Secundus　68
ブルトマン Bultmann, Rudolf　18, 284
ブレンターノ Brentano, Franz　286, 359, 372, 383
フロイト Freud, Sigmund　22
プロティノス Plotinos　326, 346, 356, 377, 391, 396
ヘーゲル Hegel, Georg Wilhelm Friedrich　33, 37, 42–44, 77, 78, 81, 119, 139, 201, 222, 223, 243, 251, 276, 314, 320, 322, 325, 330, 344, 363, 384–86, 401
ベッティ Betti, Emilio　52
ベッヒャー Becher, Erich　174
ベーメ Böhme, Jakob　356, 364, 397
ヘラクレイトス Herakleitos　212
ベルクソン Bergson, Henri　83, 323, 364, 372, 382, 388, 391
ヘルダー Herder, Johann Gottfried　33, 75, 81, 220, 298, 302
ヘルダーリン Hölderlin, Johann Christian Friedrich　298, 302
ヘロドトス Herodotos　71
ボイムカー Baeumker, Clemens　169
北条時敬　313
ボシュエ Bossuet, Jacques-Bénigne　32
ボナヴェントゥラ Bonaventura　286
ホルクハイマー Horkheimer, Max　41, 45

マ～ラ 行

松本文三郎　313
マルク Marc, André　284
マルクヴァルト Marquard, Odo　45
マルクス Marx, Karl　38
マレシャル Maréchal, Joseph　284
ミュラー Müller, Max　284
モムゼン Mommsen, Theodor　54
モリス Morris, Charles　14

ヤコービ Jacobi, Friedrich Heinrich　234, 266–68
ヤスパース Jaspers, Karl　70
ユンゲル Jüngel, Eberhard　284
ヨアキム，フィオーレの Joachim de Floris　73

ライル Ryle, Gilbert　7
ラインホルト Reinhold, Karl Leonhard　220, 231, 232, 266
ラーナー Rahner, Karl　284
ラーン Rahn, Marie Johanna　230
ランケ Ranke, Leopold von　35
ランペルト Lampert, Johann Heinrich　220
リッケルト Rickert, Heinrich　69, 287, 323, 363, 365, 382
リッター Ritter, Joachim　22
リルケ Rilke, Rainer Maria　142
リンテレン Rintelen, Fritz Joachim von　167–86
ルター Luther, Martin　288
ルーマン Luhmann, Niklas　40
レーヴィット Löwith, Karl　289
レッシング Lessing, Gotthold Ephraim　254
ロイス Royce, Josiah　363
老子　213, 214
ロッツ Lotz, Johannes Baptist　284
ロッツェ Lotze, Rudolph Hermann　167, 314

事項索引

ア　行

カ　行

サ　行

タ　行

ナ　行

ハ　行

マ　行

ヤ～ワ　行

（索引作成：上智大学特別研究員・梅田孝太）

第十三章　西田幾多郎――生涯と思想

（「西田幾多郎」、伊藤友信他編、中村元・武田清子監修『近代日本哲学思想家辞典』（東京書籍、一九八二年）所収、四三九―四四七頁、酒井一郎訳）

第十四章「純粋経験」の宗教的側面

（『西田哲学会年報』二号、二〇〇五年、八四―一〇一頁、村井則夫訳。シンポジウム（二〇〇四年七月）提題）

第十五章　前期西田における自己意識と自由意志

（大峯顕編『西田哲学を学ぶ人のために』（世界思想社、一九九六年）所収、九〇―一一二頁、村井則夫訳。ドイツ語原文は、Zur Struktur des Bewusstseins bei Nishida Kitaro. Selbstbewusstsein und freier Wille in „Anschauung und Reflexion im Selbstbewusstsein" として、H. Eisenhofer-Halim (Hg.), *Wandel zwischen den Welten. Festschrift für Johannes Laube*, Peter Lang, Frankfurt a. M., etc. 2003, S. 603-617 に掲載）

第十六章　純粋経験と絶対意志

（「純粋経験と絶対意志――『自覚に於ける直観と反省』における意識の構成」、上田閑照編『西田哲学――没後五十年記念論文集』（創文社、一九九四年）所収、五―二七頁、村井則夫訳）